Geertje Tutschka

**Kanzleigründung und Kanzleimanagement**

Geertje Tutschka

# Kanzleigründung und Kanzleimanagement

DE GRUYTER

**Dr. Geertje Tutschka, ACC**
Rechtsanwältin (D/A), Business-Coach, Trainer bei CLP – Consulting for Legal Professionals (München/Salzburg)

**Hinweis:**
Alle Angaben in diesem Werk sind nach bestem Wissen und Gewissen unter Anwendung aller gebotenen Sorgfalt erstellt worden. Trotzdem können weder der Verlag noch die Autorin Haftung für etwaige Fehler übernehmen.

ISBN 978-3-11-051727-9
e-ISBN (PDF) 978-3-11-051912-9
e-ISBN (EPUB) 978-3-11-051738-5

**Library of Congress Control Number: 2018941200**

**Bibliografische Information der Deutschen Nationalbibliothek**
Die Deutsche Nationalbibliothek verzeichnet diese Publikation in der Deutschen Nationalbibliografie; detaillierte bibliografische Daten sind im Internet über http://dnb.dnb.de abrufbar.


Einbandabbildung: ismagilov/iStock/thinkstock
Datenkonvertierung/Satz: jürgen ullrich typosatz, Nördlingen
Druck und Bindung: CPI books GmbH, Leck
♾ Gedruckt auf säurefreiem Papier

MIX
Papier aus verantwortungsvollen Quellen
FSC® C083411

www.degruyter.com

Meinem Mann,
weil ich gute Juristen liebe.

# Vorwort

Sie sind Anwalt oder Jurist, Kanzleiinhaber oder Berufsanfänger; Sie sind ein erfahrener Kollege, der auf dem Weg ist, in eigener Kanzlei durchzustarten – in jedem Fall stehen Sie am Anfang; am Anfang eines großen Projektes: der erfolgreichen Gründung Ihrer Kanzlei, deren Management und Entwicklung.

Dieses Buch hat den fast unrealistischen Anspruch, dabei sämtliche Kanzleikonstellationen abzuholen: den Einzelkämpfer ebenso wie die spezialisierte Boutique-Kanzlei, die mittelständische Kanzlei wie die Großkanzlei. Unrealistisch mag dieses Unterfangen sein, weil Kanzleien so individuell sind wie die Juristen, die sie führen und das Geschäftsfeld, auf dem sie tätig sind. Daher mag nicht jedes Kapitel für jeden Leser gleichermaßen notwendig oder spannend sein. Doch gibt es mehr Gemeinsamkeiten bei aller Unterschiedlichkeit als man im Allgemeinen annimmt.

Es ist wie bei der Kindererziehung: egal ob Babys, Kleinkinder oder Teenager – manche Dinge ändern sich nie und dazu gehört auch das Verhältnis zu uns Eltern. Das kann ich sagen als Mutter dreier fast erwachsener Teenager und als deutsche Anwältin, die seit zwanzig Jahren in Deutschland, den USA und Österreich in fremder und eigener Kanzlei tätig war und seit über sechs Jahren international Kollegen in Kanzleientwicklung berät.

**Kanzleigründung und -management ist in erster Linie Kanzleientwicklung.** Bewusst, zielgerichtet und professionell. Es ist Wachstum, aber nicht um jeden Preis.

Es ist doch so: Kinder und Kanzleien in die Welt zu bringen und beim Heranwachsen zu begleiten, verlangt ohne Frage Nerven, Einsatz und Durchhaltevermögen. Doch das alles Entscheidende ist: ihnen „Wurzeln und Flügel" mitzugeben und sie nicht nur irgendwie durchzubringen.

Wertvoll sind also Fragen wie:
Wie sehr kann ich mich verwirklichen?
Kann ich die mir wichtigen Werte leben und vermitteln?
Womit macht meine Kanzlei die Welt ein Stück besser?
Sind die Mitarbeiter meiner Kanzlei mehr als die Summe ihrer Kompetenzen?
Wertvoller die Antworten darauf.

**Wozu braucht es dieses Buch?**
Es ist nicht das erste Buch, welches sich diesem Thema widmet. Und manch einer wird sich vielleicht fragen, welche Daseinsberechtigung nun gerade ein

https://doi.org/10.1515/97831105191290-202

derart umfangreiches Hardcover – Buch in einer Zeit der Digitalisierung hat. Nun es ist ganz einfach: Dieses Buch ist eine Absichtserklärung. Wir haben uns daher mit der Umschlaggestaltung und dem Titel besondere Mühe gegeben, damit er nicht nur dekorativ, sondern auch an Eindeutigkeit nicht zu überbieten ist. Wer dieses Buch liest, hat etwas vor. Daran sollte in seinem Umfeld kein Zweifel bestehen. Ich empfehle daher, sich nicht nur ein Buch für den Schreibtisch (in Sichtweite von Chef, Mitarbeiter und Kollegen zu legen), sondern auch eines für Ihre Sofaecke (Stichwort: Freunde, Kinder, Erbtante) und eines für den Nachttisch (für sich und Ihren Partner) anzuschaffen. Mit einem Hardcover-Buch zu diesem Thema geben Sie ein klares Statement ab: Jetzt wird es Ernst. Und es wird Sie jeden Tag gewichtig daran erinnern.

**Formales:**
Ich habe aus Gründen der Lesbarkeit nur eine Form – zumeist die männliche - verwendet. Damit möchte ich nicht die vielen starken Anwältinnen und erfolgreichen Juristinnen diskreditieren oder beim Leser – der Leserin – den Eindruck erwecken, diese hätten nicht ebenso etwas zum Thema beizutragen. Ganz im Gegenteil. Bitte lesen Sie für sich die verwendete Form wie es Ihnen beliebt. Ich persönlich halte die Wahl der Form nur für eine „Verpackungsfrage", die inhaltlich nichts hinzufügt. Ich verzichte daher auch gern darauf, mich selbst Anwältin zu nennen (oder Doktorin), da sich meine Befähigung nicht aus meinem Gender ableitet. Anwalt genügt für mich persönlich als Berufsbezeichnung vollkommen.

Wenn ich in diesem Buch den Begriff der Paralegals verwendet habe, bin ich mir bewusst, dass dieser nicht aus dem deutschsprachigen Rechtskreis stammt. Ich will ihn daher auch eher untechnisch verstanden wissen: als allgemeinen unspezifizierten Überbegriff für alle den Rechtsanwalt (Legal) unterstützenden Mitarbeiter: vom Auszubildenden über die Assistenz, das Sekretariat und Schreibbüro bis hin zur besonderes ausgebildeten und qualifizierten Fachkraft.

Als in Deutschland und Österreich zugelassene Anwältin war es mir ein besonderes Anliegen, nicht nur für den deutschen Rechtsmarkt zu schreiben, sondern für den gesamten deutschsprachigen Markt. Wenn und soweit es österreichische Besonderheiten zu berücksichtigen gilt, werden diese explizit erwähnt. Als Kanzleiberaterin in der gesamten DACH Region und darüber hinaus möchte ich zeigen, dass der Blick über den eigenen Tellerrand auch für meine Legals nicht nur nützlich, sondern auch perspektiverweiternd sein kann (und zwar nicht erst seit dem deutschen beA-Wintermärchen).

**Ein herzlicher Dank** geht an die zahlreichen Kollegen aus meinem Netzwerk an spezialisierten Service-Providern für die Legal Branche, die mit ihrem besonderen Fachwissen zu Marketing, Akquise, Controlling, Recruiting und vielem mehr dieses Buch nicht nur bereichert haben, sondern zu dem gemacht haben, was es sein soll: ein solides Basisbuch zum Thema Kanzleigründung und -management. Dabei liegt mir nichts ferner, als allgemeingültige Bauanleitungen für Kanzleien zu liefern. Vielmehr möchte ich für den Leser, der sich ernsthaft mit diesem Thema beschäftigen möchte, Übersicht, Struktur und Pragmatik in die Komplexität des Ganzen bringen. Ich verweise daher an vielen Stellen auf Spezial- und Ergänzungsliteratur. Es lohnt also ganz sicher ein Blick in das Literaturverzeichnis. Ein besonderer Dank gilt natürlich auch dem engagierten Team von DeGruyter, das wie immer professionell und souverän dieses Buch-Projekt erfolgreich begleitet hat. „Um ein Kind aufzuziehen, braucht es ein ganzes Dorf“ – gilt eben auch beim Projekt Kanzleigründung und -management.

**Kanzleimanagement;** ein Begriff, der sich erst in den letzten Jahren im Zusammenhang mit Kanzleien etabliert hat. Bislang „passierte“ das eher nebenbei. Höchste Zeit, sich diesem Thema unabhängig von der Kanzleigröße zu nähern. Und noch wichtiger: von der reinen Verwaltung und Optimierung einer Kanzlei sich hin zur strategischen Kanzleientwicklung zu bewegen.

**Kanzleigründung;** lohnt sich das heute überhaupt noch? Sollte man nicht jedem raten, lieber etwas anderes zu studieren oder zumindest vernünftigerweise nicht in eigener Kanzlei tätig zu sein? Sollte man Unternehmer werden in einer Branche, die sich selbst in puncto Unternehmertum viele Begrenzungen und Regularien auferlegt und vor einem tiefgreifenden Wandel steht?

Ein ganz klares JA von mir.
Doch Sie sollten Spaß an Veränderungen und an Neuanfängen haben, Humor mitbringen und Leidenschaft. Und ein guter Jurist sein.

Ich liebe es, Anwalt und Unternehmer zu sein.
Ich liebe es, Kollegen auf ihrem Weg zu begleiten.

München/Salzburg im Februar 2018 Dr. Geertje Tutschka, ACC

**CLP:**
**Consulting/Coaching for legal professionals**
**– Weil wir gute Juristen lieben –**
www.consultingforleglas.com
www.coachingforlegals.com

# Geleitwort

Keine schlechte Entscheidung, die Sie mit dem Erwerb dieses Buchs getroffen haben. Immerhin zeigen Sie, dass Sie Ihre Kanzleientwicklung nicht nur dem Zufall überlassen wollen.

Zufall – das bestimmt die Entwicklung vieler Anwaltskanzleien. Für viele Anwälte ist Management der eigenen Kanzlei noch ein Fremdwort. Vielleicht gibt es zu Beginn mal gute Vorsätze, aber dann läuft es zu Beginn doch besser als gedacht, für Management ist da auch keine Zeit mehr. Das geht gut, bis ... ja, bis wann geht es gut? Bis die Kanzlei wächst. Jedenfalls die Kostenquote wächst. Oder eine Krise am Horizont erscheint. Oder ein neuer Wettbewerber auftaucht, der in Ihrem Sprengel wildert. Wenn irgendeiner der vielen Zufälle geschieht, die einen Plan B erfordern. Das ist alles so lange nicht schlimm, wie Sie einen Plan haben.

Der Rechtsmarkt in Deutschland hat sich als schwieriges und herausforderndes Umfeld erwiesen. Für die Sozietäten, die sich „strategisch aufgestellt" haben, war es eine Erfolgsgeschichte. Für andere nicht. Trotzdem sind in den letzten Jahrzehnten viele Anwälte dazugekommen – einen Großteil sicherlich aus Neigung, aber ein nennenswerter Teil auch deshalb, weil es nicht anders ging. Für alle galt, dass sie das, was sie als anwaltliche Unternehmer „können" müssen, weder im Studium noch im Referendariat lernen konnten. Selbststudium war nicht einfach. Und Literatur: Tatsächlich gab es schon vor vielen Jahren Managementliteratur für Anwälte. Allerdings eher Einzelerscheinungen, manchmal auch nur Eintagsfliegen. Nur wenige Werke haben sich seit 2010 tatsächlich etablieren können (z.B. in 3. Aufl. das Buch von Benno Heussen und das von Claudia Schieblon herausgegebene Kanzleimanagement-Buch, dessen 4. Auflage ansteht), andere sind dabei, sich zu etablieren (insbesondere Bücher zum Marketing, z.B. von Busmann, inzwischen in 2. Auflage, und von Halfmann, dessen 2. Auflage im Erscheinen ist).

Wenn ich als Mitautor des Schieblon'schen Buchs (zu den Themen Strategische Ausrichtung und Partnerwerdung) in dem vorliegenden Buch (Konkurrenz!) das Geleitwort schreibe, dann deshalb, weil die bloße Existenz dieses Buchs ein gutes Zeichen ist: Kanzleimanagement wird ernst genommen. So verführerisch der Rechtsmarkt mit seinen niedrigen Eintrittsschwellen auch sein mag – was braucht man schon mehr als seine juristischen sieben Sinne, ein Handy und einen Internetanschluss? –, so naiv wäre es zu glauben, es reiche aus, ein guter oder sogar exzellenter Jurist zu sein. Das vorliegende Werk zeichnet sich durch die systematische Darstellung der Themen aus, die man berücksichtigen sollte, wenn man eine Kanzlei gründet oder wenn man eine bestehende Kanzlei neu ausrichten, d.h. strategisch positionieren möchte. Das alles folgt

https://doi.org/10.1515/97831105191290-203

bestimmten Regeln, die man besser nicht ignoriert: Es beginnt mit einer eingehenden Marktanalyse und geht bis zur Ausführung und Umsetzung beschlossener Maßnahmen. Gerade heute, in Zeiten von Legal Tech und dem großen Erfolg vieler nichtanwaltlicher Dienstleister, muss sich jeder Rechtsanwalt fragen, warum Mandanten ausgerechnet zu ihm kommen sollen. Durch die Plattformen (wie 123recht.net oder anwalt.de) haben Anwälte inzwischen die Chance, ihr Profil auf einem sehr großen und viel transparenteren Markt anzubieten, aber damit verbunden ist eben auch: Das gilt für alle. Die Konkurrenz ist nicht kleiner geworden. Neben die erste Frage (warum ich?) tritt die zweite Frage: Wie mache ich es Mandanten so einfach wie möglich, mit mir in Verbindung zu treten und zu bleiben? Mandanten sind durch Legal Tech-Anbieter und durch das Internet verwöhnt und manchmal etwas bequem geworden, und da man seine Mandanten bekanntlich dort abholen muss, wo sie sind, muss man sich über die, technisch gesprochen, „Schnittstelle" sehr eingehende Gedanken machen. Überhaupt gehen wir davon aus, dass sich durch Legal Tech die anwaltliche Dienstleistung nachhaltig verändern wird, und darauf muss sich jeder Anwalt, jede Anwältin einstellen.

Um diese Kernfragen herum baut man dann seine Kanzlei auf – und was man dabei beachten sollte, lesen Sie hier. Ihnen (und dem Buch) wünsche ich viel Erfolg!

Markus Hartung, Rechtsanwalt, Direktor des Bucerius Center on the Legal Profession an der Bucerius Law School, Vorsitzender des Berufsrechtsausschusses des Deutschen Anwaltvereins, Hamburg/Berlin.
Markus.hartung@law-school.de
www.bucerius-clp.de

Hamburg, im Februar 2018

# Inhaltsübersicht



https://doi.org/10.1515/97831105191290-204

# Inhaltsverzeichnis



https://doi.org/10.1515/97831105191290-205

# A. Der Rechtsberatungsmarkt

Kanzleistrategiemeetings sind in der Regel von dem Gedanken getragen, kurzfristig auf negative Entwicklungen zu reagieren:

Da ist eine Kanzlei zu schnell gewachsen und sieht sich plötzlich mit der Herausforderung konfrontiert, dass diese Kleinstteams weder ressourcenschonend miteinander kooperieren noch in dieselbe Richtung wollen.

Eine andere Kanzlei hat offensichtlich die „falschen" Mandanten angezogen, die jedoch zu Hauf. Die Folge: Infrastruktur und das nötige Fachwissen sind dafür (noch) nicht vorhanden, bestehendes Know-How und Ressourcen bleiben ungenutzt.

Die dritte Kanzlei versteht sich als modern und diversifiziert. Das Förderprogramm für junge Anwältinnen zahlt sich nun nach einigen Jahren aus und man blickt stolz auf das erste ausgewogene Genderverhältnis. Doch nun verabschieden sich genau diese zukünftigen Partnerinnen in die Familienpause und schlimmer noch: sie kehren nicht wieder zurück. Das Wegbrechen dieser zukünftigen High Potentials wird nun nicht nur als Fehlinvestition bewertet, sondern es fehlen tatsächlich für den bevorstehenden Generationenwechsel auf Führungsebene die aufgebauten Nachwuchskräfte. Und die Zeit wird knapp.

Was sagen uns diese Fallbeispiele?

Einerseits: die Anwaltsbranche ist so bunt wie das Leben. Keine Kanzlei gleicht der anderen. Kein Anwalt gleicht dem anderen.

Andererseits: Alle diese unterschiedlichen Kanzleien haben doch eines gemeinsam. Es fehlt ihnen an einer konkreten wertegetragenen Kanzleivision und einer Strategie, diese umzusetzen. Anwälte reagieren: Auf Marktbewegungen, Digitalisierung, Branchenwandel. Das muss sicher auch sein. Genau so haben es Anwälte gelernt. Genau so läuft es in den allermeisten Mandaten ab: erst ist das Problem da, dann geht's zum Anwalt.

In welchem Markt bewegen wir uns – und mit welchem Produkt?

Das sind die zentralen Fragen.

Doch wichtiger als zu reagieren ist es zu agieren. Seinen Markt und seine Branche so gut zu kennen, damit man frühzeitig und zielgerichtet Kurswechsel vornehmen oder sich gar einen neuen Markt erschließen, Branchenwandel beeinflussen kann. Dafür muss man jedoch sich selbst, seine Glaubenssätze und seine Sicht von der Welt bereit sein zu hinterfragen. Und genau das fällt vielen Anwälten schwer. Denn sie sind diejenigen, die dafür bezahlt werden, ihre Sicht der Dinge durchzusetzen.

https://doi.org/10.1515/97831105191290-001

Doch beginnen wir mit dem Anfang:

Kennen Sie Ihre Branche? Was sind im Moment die drei wichtigsten Faktoren, die Ihrer Branche zu schaffen machen, auch „GameChanger“ genannt?

## I. Zahlen, Daten, Fakten

165.000 Anwälte sind in Deutschland zugelassen[1]. Die Zahl der Anwaltszulassungen hat sich damit seit 1990 verdreifacht. Kamen 1950 noch circa fünftausend Einwohner auf einen Anwalt, sind es heute nur noch circa fünfhundert[2]. Damit bilden die deutschen Anwälte das Schlusslicht im europäischen Vergleich auch im Hinblick auf ihre durchschnittlich erzielbaren Einkommen.

Der Konkurrenzdruck ist groß: Viele Anwälte arbeiten achtzig Wochenstunden und mehr. Kanzleien stehen vor dem wirtschaftlichen Aus.

Zwei weitere Faktoren kommen hinzu: Einerseits ermöglicht die Globalisierung[3] heute ohne weiteres, einen deutschen Anwalt in Shanghai zu beauftragen. Andererseits macht die zunehmende Gleichstellung von Mann und Frau auch nicht vor der Legal Branche halt. Mehr qualifizierte Juristinnen für denselben Markt und steigende Gehälter für die bislang schlecht bezahlten Anwältinnen sind die Folge.

Zwar ist dieser Umbruch im Rechtsmarkt noch lange nicht abgeschlossen[4]. Genaugenommen beweist sie sich gerade wieder als erzkonservativ, da das Gender Pay Gap in der deutschen Rechtsbranche im Vergleich zu anderen Branchen am Größten ist[5], obwohl bereits vor fast hundert Jahren, nämlich 1922, die erste Frau zur Rechtsanwaltschaft in Deutschland[6] zugelassen worden ist[7]. Und auch der Anteil der Anwältinnen an Entscheidungspositionen und Partnerschaften bildet im Vergleich zu anderen Branchen das Schlusslicht[8], obwohl

---

1 Aktuelle Zahl: 164.539 laut BRAK Statistik vom 1.1.2017.

2 Siehe oben.

3 Genaugenommen startete es schon mit dem Wegfall der Singularzulassung sowie der immer sicherer werdenden technischen Möglichkeiten.

4 Prof. Dr. Harald Koch, „Anwältinnen im internationalen Vergleich“, Anwaltsblatt 05/2017.

5 Dr. Tutschka in „Female Leadership in der Legal Branche“, S. 138 in djbZ 03/2017.

6 Die Rechtsanwältin in Österreich war übrigens Marianne Beth, die 1929 in Wien zugelassen worden ist.

7 Maria Otto – nach ihr ist der Maria – Otto – Preis des Deutschen AnwaltVereins benannt, der seit 2010 vergeben wird.

8 Dr. Tutschka in „Female Leadership in der Legal Branche“, S. 138 in djbZ 03/2017.

heute nahezu ebenso viele Frauen wie Männer zur Rechtsanwaltschaft zugelassen sind[9].

Eine vom Deutschen Anwaltsverein beauftragte Studie der Prognos AG von 2013 prognostizierte „Die Zukunft der Anwaltschaft ist weiblich“, was viele Headline-Leser dazu verleitete, dies allein aus dem Trend der rasant wachsenden Zahl der Jurastudentinnen herzuleiten. In der Tat wird es schon in zehn Jahren mehr Anwältinnen als Anwälte in Deutschland geben, wenn sich dieser Trend fortsetzt.

Doch das Ergebnis der Zukunftsstudie war tatsächlich differenzierter: die Zukunftsforscher prognostizierten nämlich, dass der Rechtsberatungsmarkt unabhängig von den Geschlechteranteilen bei der Anwaltschaft quasi ab sofort vermehrt sogenannte „typisch weibliche“ Eigenschaften einfordern würde. Eigenschaften wie Diplomatie, Verhandlungsgeschick, Kommunikationsfähigkeit, Empathie und soziales Verantwortungsbewusstsein würden den ehemals „typisch männlichen“ Erfolgsfaktoren wie Durchsetzungskraft, Dominanz, Führung und Stärke den Rang ablaufen[10] und zukünftig klar bevorzugt werden von Mandanten. Ähnlich dem gesamtgesellschaftspolitischen Trend hin zu „weicher Macht“ und damit Abkehr vom bislang dominierenden Trend der „harten Macht“ durch militärische und wirtschaftliche Stärke. Weiche Macht beruht auf kultureller Anziehung und politischer Vorbildwirkung[11].

Und als wären der stetig wachsende Konkurrenzdruck und die grundlegende Wandlung des Berufsbildes vom graumelierten Seniorpartner im dunkelblauen Zweireiher mit Goldknöpfen und klassischen Statussymbolen hin zum dienstleistungsorientierten Mandantenversteher auf Augenhöhe nicht schon genug, hält nun auch noch der technische Fortschritt Einzug in die Legal Branche. Diese konnte zwar den unbequemen Eindringling lange erfolgreich mit Recht und Gesetz, Tradition und Ignoranz[12] abwehren. Was man an der erfolgreichen Verhinderung der Einführung des „Besonderen elektronischen Anwaltspostfachs“ (beA), welches weder am 1.1.2016, noch am 1.1.2017 noch am 1.1.2018 starten konnte, unterhaltsam nachverfolgen kann. Doch nun hat die Digitalisierung den Fuß in der Tür und ist nicht mehr aufzuhalten. Sie überrollt die Rechtsberatungsbranche gerade mit einer unglaublichen Wucht und Geschwindigkeit und lässt keinen Stein auf dem anderen.

---

**9** Laut BRAK Statistik vom 1.1.2017.

**10** Dr. Tutschka, „Jurist oder Juristin – (k)ein Unterschied“, LTO vom 16.12.2015.

**11** Als „Soft Power“ beschreibt der US Politikforscher Joseph S. Nye dies in seinem Buch „The Means to success in world politics“ (2004).

**12** Manche behaupten auch Arroganz wäre im Spiel gewesen.

Auch daran kann man sehen, dass der Markt für Rechtsberatung in Deutschland allen Unkenrufen zum Trotz immer noch ein sehr attraktiver Markt ist:

Während die stetig steigende Zahl der Anwaltszulassungen nur bedingt ein Indiz für die Attraktivität dieses Marktes ist, weil schwache Examensergebnisse, die eine Anstellung in der Justiz, in Unternehmen oder der öffentlichen Verwaltung verhindern zu einer „Flucht in die Anwaltschaft" führen, ist der stete Zustrom, den der deutsche Rechtsberatungsmarkt seit einigen Jahren durch renommierte englische und amerikanische Großkanzleien erfährt, schon aussagekräftiger. Das große Interesse, welches Kreditinstitute und Versicherer an einer aktiven Teilnahme am Rechtsberatungsmarkt entwickeln, spricht ebenfalls für die Attraktivität dieses Marktes.

Gleiches gilt für das Auftauchen neuer Serviceleistungen für die Rechtsberatung, wie beispielsweise der Dienstleistung „Prozessfinanzierung" oder „juristische Fachübersetzung" oder aber auf die Legal Branche spezialisierte Personalvermittler, Texter, PR-Spezialisten und Kommunikationsprofis für sensible Öffentlichkeitsarbeit wie beispielsweise bei Fällen, die hohes gesellschaftspolitisches Aufsehen erzeugen[13].

Auch die Automatisierung von juristischen Standardfällen als neues juristisches Produkt wie „geblitzt.de" oder „FlightRight" oder Marktplätze für anwaltliche Dienstleistungen wie „Anwalt.de" oder „LegalBase" sowie Internet-Portale für Rechtsauskünfte schießen wie Pilze aus dem Boden.

**„Legal Tech" ist das Thema der Stunde**: Zukunftskongresse und Legal-Tech-Messen, Kamingespräche, Fachtagungen und Podiumsdiskussionen sowie Medien widmen sich nahezu ausschließlich diesem ebenso angstbesetzten wie geschäftsträchtigem Thema.

Technikunternehmen und Dienstleister entdecken die Legal Branche: Egal ob Hardware (wie der „Anwaltskopierer") oder Software (wie Mandantenprogramme), Cloud- und Transferlösungen für die branchenspezifische besondere Datensicherheit, Diktierprogramme, Terminkalender. Fast scheint es, als gäbe es nichts mehr, was es nicht gibt. Die Stichworte beA[14] und „elektronische Akte"[15] gehören zu den meistgenutzten Begriffen der Branche in den letzten Jahren. Das ist grundsätzlich nicht bedrohlich. Ja tatsächlich vereinfacht es auch

---

13 Wie beispielsweis consilium aus Berlin oder Susanne Kleiner aus München.

14 beA: Besonderes elektronisches Anwaltspostfach (deutschlandweit einheitliches Kommunikationssystem zwischen Kanzleien, Gerichten und Behörden, welches den besonderen Sicherheitsanforderungen der Branche entspricht).

15 Branchenkenner prophezeien, dass Kanzleien „die letzten Papier-Dinosaurer" sein werden in einer Welt der papierlosen Büros.

vieles, spart Kosten und Zeit. Die Herausforderung besteht hier jedoch darin, dass die ohnehin in der Rechtsbranche eher wenig definierten Strukturen und Prozesse dadurch verändert werden müssen. Dies ist den Wenigsten bewusst. Tatsächlich wird sogar dem konservativen Prozess der neue Prozess ohne weitere Überlegung danebengestellt. Dopplungen und systemische Lücken sind die fatale Folge, Kosten explodieren und ungeahnte Gefahrenquellen erhöhen das Haftungsrisiko enorm.

Die Legal Branche wird also gerade mit existenziellen Herausforderungen konfrontiert und dabei nicht nur neu modelliert, sondern in vielen Bereichen neu definiert:

- Globalisierung
- Wandlung des Berufsbildes
- Digitalisierung
- Konkurrenzdruck

Alle Faktoren greifen ineinander und beeinflussen sich gegenseitig:

So ist der Konkurrenzdruck auch deshalb größer geworden, weil der Mandant dank Internet und modernen Kommunikationsmethoden (Digitalisierung) nicht mehr nur zum lokalen Anwalt geht (Globalisierung). Die Digitalisierung wiederum schraubt den vom Mandanten erwarteten Anspruch an den Serviceaspekt der Rechtsdienstleistung hoch. Denn Wissen muss er beim Anwalt nicht mehr teuer einkaufen, wenn dieses im Internet quasi rund um die Uhr kostenfrei abrufbar ist. So wandelt sich wiederum das traditionelle Bild des Juristen, der entweder nun auch rund um die Uhr verfügbar ist, gleichzeitig der Digitalisierung sei Dank effizienter und von überall arbeiten kann. Seine eigenen Ansprüche an ein erfülltes Arbeitsleben und eine ausgewogene Work-Life-Balance steigen.

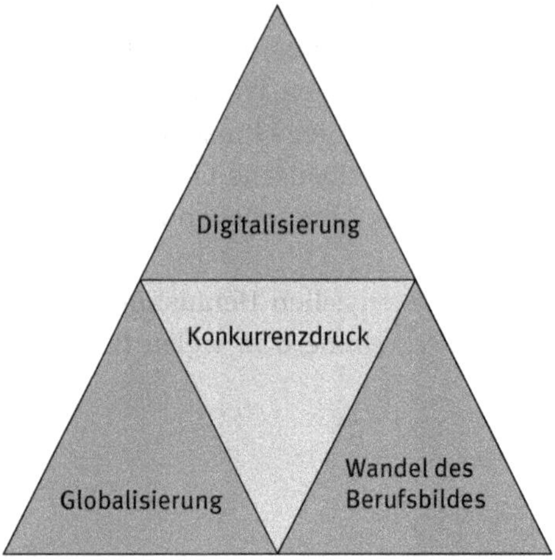


Herausforderungen der Legal Branche, © Dr. Geertje Tutschka

Jeder Markt wird durch Angebot und Nachfrage reguliert.

Ein genauerer Blick auf die Anbieter und Nachfrager im Rechtsmarkt ist also erforderlich.

Wer erbringt heute alles Rechtsberatung und wer fragt Rechtsdienstleistung nach?

## 1. Anbieter

Tatsache ist, dass die Zahl der Anbieter in den vergangenen zehn Jahren überproportional gestiegen ist. Dies ist jedoch nur zu einem Teil auf die Zulassungsflut in der Anwaltschaft zurückzuführen.

Im Wesentlichen sind drei Gruppen zu unterscheiden:

- Juristisch Sachkundige
  Die zahlenmäßig stärkste Gruppe sind Rechtsanwälte (inklusive Europaanwälte und Mediatoren) und Notare sowie die, die es einmal werden wollen, wie Studenten, Referendare, Assessoren oder auch Rechtsbeistände, Richter und Hochschullehrer

- professionelle Wettbewerber mit eingeschränkter juristischer Kompetenz
  Daneben kommen auch diejenigen in Betracht, die keine Volljuristen sind bzw. Spezialisten aus eng begrenzten Rechtsbereichen wie Kammern, Verbänden, Schlichtungsstellen oder unter Umständen Patentanwälte, Wirtschaftsprüfer und Steuerberater.

- Laien
  Auch Berufsfremde und Anbieter ohne hinreichende juristische Ausbildung (Laien) drängen (neben Legal Tech) verstärkt in diesen Markt.

Ob Wettbewerb zwischen Rechtsanwälten besteht, hängt davon ab, in welchen Bereichen sie arbeiten. Der Spezialist für Straßenverkehrsunfälle steht nicht im Wettbewerb mit dem sich auf das Vergaberecht konzentrierenden Kollegen. Der Familienrechtler ist nicht Konkurrent des Gesellschaftsrechtlers. Eher ist es so, dass beide sich im Einzelfall ergänzen können. Es ist wichtig für Anwälte, über den Tellerrand des eigenen Tätigkeitsbereichs zu schauen und Kontakt zu Kolleginnen und Kollegen, die andere Gebiete bearbeiten, zu halten. Denn auf diese Weise können neue Mandate aufgrund der Empfehlung von Kollegen in Bereichen, in denen diese nicht tätig sind, gewonnen werden.

Noch bis vor wenigen Jahren galt die Aussage, dass die Mehrzahl der kleinen bis mittelständischen Kanzleien lokal bestenfalls regional tätig sind und kein Wettbewerb beispielsweise zwischen einer auf Baurecht spezialisierten Kanzlei in München mit eine solchen aus Berlin besteht. Diese Zeiten sind (leider oder Gott sei Dank) vorbei. Der Wegfall der Singularzulassung stieß eine Tür auf, die der Rechtsmarkt dank der gleichzeitig sich entwickelnden Technologien und des Internets weit öffnete. Selbstverständlich spielt es heute überhaupt keine Rolle mehr, wo der Anwalt seine Kanzlei hat. Zwar suchen einige Mandanten noch den persönlichen Kontakt und wollen den Besprechungstermin in der Kanzlei. Die allermeisten sind jedoch nur zu gern am Wochenende, nach Feierabend bequem von zu Hause oder aus dem Büro heraus bereit, die nötigen Besprechungen mit dem Anwalt zu führen und die Unterlagen per Email gescannt zu übersenden. Ja manche können so sogar transparenten Zugang zu Ihrer Akte erhalten. Dank Smartphone ist der Anwalt nun überall und jederzeit erreichbar und hat auch überall die „Akte" zur Hand – ein Fluch und Segen zugleich. Denn natürlich besticht die Vorstellung, auf einer Sonnenliege unter Palmen liegend seine Akten zu bearbeiten statt im tristen Hochhausbüro im verregneten Essen – und gleichzeitig ist diese Vorstellung ein Alptraum, wenn man auf dieser Sonnenliege gerade seine langersehnte Jahresurlaubswoche verbringt. Gleichwohl: viele Kanzleien bieten zumindest einzelne Produkte und Rechtsgebiete bereits explizit online an, wobei auch hier nicht pauschal gesagt werden kann, dass sich einzelne Rechtsgebiete dafür besser eignen als andere (wie beispielsweise „Scheidung online", wo es doch gerade bei Scheidungen erfahrungsgemäß auch immer um eine vertrauensvolle, sensible und prozessbegleitende Betreuung der Mandanten geht).

Die „Gewichtsklasse" einer Kanzlei spielt per se keine Rolle dabei, mit welchen anderen Anwaltskanzleien sie im Wettbewerb steht. Die Größe einer Kanzlei oder die Bekanntheit des Kanzleinamens sind nicht gleichzusetzen mit der Qualität der juristischen Dienstleistung oder der Kompetenz der Kanzlei in jedem Einzelfall. Zwar vergleichen Mandanten grundsätzlich Kanzleien derselben Größe miteinander. Doch kann der Experte, der in den Medien seit Jahren für ein bestimmtes Thema steht, publiziert hat, die sozialen Medien entsprechend bedient und präsent ist durchaus auch vor einem großen Kunden mit einer Großkanzlei konkurrieren.

Auch Anwälte aus anderen Ländern können Wettbewerber sein. In erster Linie natürlich die deutschen Anwälte, die sich im Ausland befinden. Gerade im außergerichtlichen Bereich, in der Beratung, aber auch bei der Recherche, Rechtsgutachten- und Schriftsatzfertigung sind diese als Kooperationspartner für Stoßzeiten beliebt. Aber auch Europaanwälte, d.h. Anwälte, die aus dem europäischen Ausland stammen, sich aber in Deutschland zugelassen haben, können in vielen Bereichen auch die Aufgaben der inländischen Anwälte übernehmen. Thematisch gehören auch die den Rechtsanwaltskammern angeschlossenen Rechtsbeistände, die nach früherem Recht bestellt werden konnten, zu dieser Gruppe. Hierzu können aber auch „Anwälte" aus nicht EU-Staaten zählen, die sich in Deutschland nicht ohne weiteres zulassen können, gleichwohl aber immer auch einen ganz ordentlichen Mandantenstamm aus „Landsleuten" finden.

Auch die so genannten „Nur-Notare" können Wettbewerber von Rechtsanwälten sein. Der Wettbewerb dieser Notare beschränkt sich auf den außergerichtlichen Bereich. Die wichtigsten Rechtsgebiete des Wettbewerbs mit Notaren sind das Gesellschaftsrecht, das Immobilienrecht, das Familienrecht und das Erbrecht. Zumeist wird es aber eher um ein „gemeinsames" Mandat gehen, bei dem der Anwalt den für eine Beurkundung hinzuzuziehenden Notar auswählt und seine Arbeit kontrolliert. Gerade bei größeren Transaktionen auf den Gebieten des Immobilienrechts und des Gesellschaftsrechts werden die Vertragsentwürfe von den Anwälten der Parteien erarbeitet. Der beurkundende Notar ist im Wesentlichen auf die Beurkundungsfunktion beschränkt.

Ähnlich verhält es sich bei den Mediatoren, die als Anwälte zusätzlich die spezielle Mediationsausbildung absolviert haben[16]. Mediatoren sind „Streitschlichter", d.h. sie vermitteln mit speziellen professionellen Kommunikationstechniken die verschiedenen Standpunkte und leiten eine gemeinsame Lösungsfindung der Parteien an. Ziel ist, einen Gerichtsprozess zu vermeiden und die Sache aufgrund der individuellen Lösung der Parteien nachhaltiger und umfassender beizulegen. Aufgrund der Unparteilichkeit kann ein Mediator in

16 Wobei oft auch Nichtjuristen Mediatoren sind und sich in Rechtsfällen als Mediator versuchen – für kleines Geld und ohne Berufshaftpflichtversicherung.

diesen Fällen nicht gleichzeitig, vorher oder nachher als Anwalt tätig sein, sondern müsste dann einen Kollegen hinzuziehen.

Gerade in den letzten Jahrzehnten suchen immer mehr Studierende und Referendare schon sehr frühzeitig den Bezug zur Praxis, sei es, weil sie sich ausprobieren wollen, sich ihr Studium finanzieren wollen oder aber für eine zukünftige Stelle vorbauen wollen. Obgleich diese weder fachlich noch in ihren Möglichkeiten einem Anwalt tatsächlich voll ebenbürtig sind, stellen diese gerade in Ballungsgebieten mit großen juristischen Fakultäten einen nicht unerheblichen Preiswettbewerb dar. So werden beispielsweise die Berliner Anwälte nicht müde, über derartige Dumpingpreise zu klagen.

Ob dies allerdings tatsächlich echte Wettbewerber sind? Wohl eher zukünftige Kollegen. Denn wer es tatsächlich als Anwalt nicht schafft, sich mit seinem Leistungsportfolio davon deutlich zu unterscheiden, sollte ohnehin noch einmal sorgfältig an seiner Kanzleistrategie arbeiten. Gleiches dürfte auch für Richter und Hochschullehrer als Wettbewerber von Rechtsanwälten auf dem Markt juristischer Dienstleistungen gelten. In der Tat ist der Anteil des Wettbewerbs, der Rechtsanwälte aus diesen Berufsgruppen erwächst, verhältnismäßig gering. Aber er ist immerhin vorhanden. Abgesehen von der Möglichkeit als Strafverteidiger aufzutreten, scheint die Domäne der Hochschullehrer im Bereich der juristischen Dienstleistungen die Erstellung von Gutachten zu komplizierten Rechtsfragen zu sein. Bevor Unternehmen sich auf größere Transaktionen oder die Änderung von Marktstrategien, deren rechtliche Grenzen noch nicht klar sind, einlassen, holen sie nicht selten Gutachten renommierter Rechtslehrer ein. Für das Projekt des Unternehmens sind diese Gutachten in doppelter Hinsicht von Bedeutung. Die Unternehmen schätzen zum einen die fachliche Expertise, zum anderen aber auch die überwältigende Wirkung eines solchen Gutachtens, die es aufgrund der besonderen Berühmtheit des Gutachters, jedenfalls gelegentlich, entfalten kann. Gerade größere Anwaltskanzleien haben eine Vorliebe für die Aufnahme prominenter Hochschullehrer in die Kanzlei entwickelt. Der Vorteil für diese Kanzleien besteht nicht nur in dem Gewinn an fachlicher Kompetenz, sondern auch in dem Zuwachs an Renommee und dem Zugang zu Netzwerken, die ihnen diese Hochschullehrer bieten können.

Rechtliche Dienstleistungen erbringen auch Kammern, Branchenverbände, Arbeitgebervereinigungen und Gewerkschaften in unterschiedlicher Intensität. Die Art der rechtlichen Dienstleistungen reicht von der Information über Gesetzesvorhaben, die für Kammermitglieder oder branchenzugehörige Unternehmen von Interesse sein können, bis hin zur Prozessvertretung vor den Arbeitsgerichten durch Arbeitgeberverbände und in größerem Umfang durch eine eigens gegründete Rechtsschutz-GmbH der Gewerkschaften. Die von diesen Vereinigungen erbrachten rechtlichen Dienste scheinen aus Sicht der Verbandsmitglieder unentgeltlich zu sein. Tatsächlich jedoch ist das Entgelt für diese Dienstleistungen, soweit es nicht aus sonstigen Einkünften der Verbände subventioniert wird, in den Beiträgen versteckt. So fachlich qualifiziert der eine oder andere Mitarbeiter dieser Verbände auch sein mag – eines ist er nicht: Er ist nicht unabhängig. Verbände verfolgen eigene Verbandsinteressen. Das ist legitim. Diese müssen aber durchaus nicht deckungsgleich mit den Interessen des Verbandsmitglieds sein. Ein Mandant, der sich von Verbänden vertreten lässt, wird sich immer fragen müssen, ob der Rat seines Vertreters allein seinen, des Mandanten, Interessen oder nicht womöglich im Einzelfall gegenläufigen Verbandsinteressen dient. Nur bei einem Rechtsanwalt kann der Mandant sicher sein, dass der Anwalt ausschließlich die Interessen des Mandanten und keine sonstigen Interessen wahrnimmt.

Die Tätigkeitsgebiete von Rechtsanwälten und Patentanwälten überschneiden sich im Wesentlichen in den Bereichen des Patentrechts, des Markenrechts und – in geringerem Maß – des Wettbewerbsrechts. Die Ausbildungsgrundlagen beider Berufe sind verschieden. Die professionelle Stärke von Patentanwälten liegt im Regelfall eher im technischen Bereich; sie sind dann auch fast immer Ingenieure. Wenngleich viele Patentanwälte einen hohen Spezialisierungsgrad in den sie betreffenden Rechtsgebieten aufweisen, fehlt ihnen zumeist breit angelegtes juristisches Wissen. Umgekehrt tun sich Rechtsanwälte oft schwer, das für das Patentrecht unabdingbare technische Verständnis aufzubringen. In patentrechtlichen Angelegenheiten wird es deshalb nur sehr wenigen Rechtsanwälten gelingen, ernstlich in Wettbewerb zu Patentanwälten zu treten. Rechtsanwälte, die sich für diesen besonderen Bereich des Schutzes des geistigen Eigentums interessieren, sollten weniger einen Wettbewerb durch Patentanwälte fürchten, als vielmehr eine Kooperation mit Patentanwälten suchen.

Neben Prüfungsaufgaben sollten Wirtschaftsprüfer sich vorrangig der wirtschaftlichen Beratung nicht jedoch der rechtlichen Beratung von Unternehmen widmen. Dieses von der Wirtschaftsprüferordnung skizzierte Berufsbild gilt in der Praxis bereits seit langem nicht mehr. Weit über die wirtschaftliche Beratung von Unternehmen hinaus betätigen sich Wirtschaftsprüfer auch als Rechtsberater. In gesellschaftsrechtlichen Angelegenheiten gelingt qualifizierten Wirtschaftsprüfern eine ganzheitliche Betrachtung wirtschaftlicher, zivilrechtlicher und steuerrechtlicher Aspekte nicht selten besser als manchem Rechtsanwalt. Eine ganze Reihe von Wirtschaftsprüfern hat zudem eine juristische Ausbildung und viele sind auch als Rechtsanwälte zugelassen.

Das „Wirtschaftsprüfertestat“, das eigentlich nur besagt, dass die Buchhaltung ordnungsgemäß geführt wurde, genießt bei den prüfungspflichtigen Unternehmen einen sehr hohen Stellenwert. Diesem Stellenwert entspricht im Regelfall auch die Wertschätzung, die Wirtschaftsprüfern entgegengebracht wird. Wenngleich Prüfungstätigkeit und Beratung eines Unternehmens eigentlich nicht zusammenpassen, so hat es doch oft den Anschein, dass die Grenzen zwischen beiden Bereichen verschwimmen. Wirtschaftsprüfer sind sich durchaus der Tatsache bewusst, rechtliche Dienstleistungen für Unternehmen nicht konstant und in allen erforderlichen Bereichen in der nötigen Qualität erbringen zu können. Aus dieser Erkenntnis resultierte in den vergangenen Jahren eine von den großen Wirtschaftsprüfungsgesellschaften ausgelöste Welle von Zusammenschlüssen mit Rechtsanwaltskanzleien. Die im Zusammenhang mit diesen Zusammenschlüssen erhofften Synergieeffekte haben sich, soweit es die Annahmen der Wirtschaftsprüfer betrifft, wohl nicht ganz zu deren Zufriedenheit eingestellt. Wirtschaftsprüfer beklagen gelegentlich, dass sie durch Empfehlungen zwar Rechtsanwälten Mandate verschaffen, umgekehrt jedoch Rechtsanwälte nur in einem geringen Maß zu einem Mandatsaufkommen der Wirtschaftsprüfer beitragen. Für gesellschaftsrechtlich interessierte Anwälte kann die Kooperation mit Wirtschaftsprüfern oder die Arbeit in einer Wirtschaftsprüfungsgesellschaft hochinteressant sein. Junge Anwälte sollten sich jedoch darüber im Klaren sein, dass eine Wirtschaftsprüfungsgesellschaft stets eine Gesellschaft von Wirtschaftsprüfern bleibt. Rechtsanwälte werden dort für gewöhnlich eher als Außenseiter betrachtet.

In der steuerrechtlichen Beratung von Unternehmen und Privaten haben die Steuerberater die Rechtsanwälte, bis auf wenige Ausnahmen, nahezu ganz verdrängt. Auf den ersten Blick überrascht diese Tatsache umso mehr, als sehr viele Steuerberater eine betriebswirtschaftliche, nicht jedoch rechtliche Ausbildung genossen haben und das Steuerrecht nun einmal dem Prinzip nach nichts anderes als ein Teil des Besonderen Verwaltungsrechts ist. Den Verlust dieses Marktsegments hat sich die Anwaltschaft selbst zuzuschreiben. Mancher Anwalt hat sich in gänzlich unangebrachtem Hochmut von der vermeintlichen „Taschenrechnerarbeit“ im Steuerrecht frühzeitig verabschiedet. Das Steuerrecht gehört nicht einmal zu den Basisfächern der juristischen Ausbildung, obgleich es für Unternehmen in einem Staat, der über eine der komplexesten und kompliziertesten Steuerordnungen der Welt verfügt, von höchstem Interesse und höchster Bedeutung ist. Mangels entsprechender Expertise ist ein großer Teil der Anwaltschaft gar nicht in der Lage, mit Steuerberatern im Bereich des Steuerrechts in Wettbewerb zu treten.

Dass Gesellschaftsverträge, Arbeitsverträge und Eheverträge von Steuerberatern erstellt werden, ist gar nicht so selten. Auch nicht selten ist, dass solche Verträge zwar steuerliche Belange hinreichend berücksichtigen, jedoch mangels entsprechenden Know-hows des Steuerberaters sonstigen wirtschaftsrechtlichen und insbesondere zivilrechtlichen Belangen nicht genügen. Nicht nur im eigenen

Interesse, sondern auch im Interesse der Klienten ist zu empfehlen, als Kanzlei frühzeitig mit einer kompetenten Steuerberatergesellschaft zu kooperieren, da nicht nur im Gesellschaftsrecht, Arbeitsrecht und Familienrecht, sondern heute in nahezu jedem Rechtsgebiet steuerliche Fragestellungen zu berücksichtigen sind.

Werden Personalberater von einem Arbeitnehmer konsultiert, dann kommt es vor, dass sie ihren Kunden auch zu den rechtlichen Aspekten seines neuen Anstellungsvertrags beraten. Zwar sollte man meinen, dass Manager mit ersten Karriereerfolgen es gewohnt sind, auch bezüglich des eigenen Anstellungsvertrags mit einem spezialisierten Rechtsanwalt zusammenzuarbeiten. Tatsächlich ist dies jedoch oft nicht der Fall. Gerade renommierte Personalberater unterhalten für solche Fälle Kooperationen mit arbeitsrechtlich spezialisierten Rechtsanwälten. Gleiches gilt übrigens auch für Personalverantwortliche in Unternehmen, wie beispielsweise bei der sehr komplexen Entsendung des Arbeitnehmers ins Ausland[17].

Sowie für Unternehmensberater: Auch hier zahlen sich frühzeitig etablierte langfristige Kooperationen zwischen dem Unternehmensberater und der entsprechend spezialisierten Kanzlei in jedem Falle aus.

Nach § 5 RDG[18] kann den dort enumerativ aufgeführten Rechtskundigen die Besorgung von fremden Rechtsangelegenheiten in speziellen Bereichen gestattet werden. In der Folge wird unterschieden zwischen Rechtsdienstleistungen durch registrierte – etwa Rechtsanwälte oder sachkundige Unternehmen – und nicht registrierte Personen. Zu letzteren gehören etwa Mitarbeiter von Behörden, die Insolvenzverwaltung, Verbraucherschutz oder soziale Dienste (§ 8 RDG).

Insbesondere (Versicherungs-) Berater und Inkassounternehmen bieten rechtliche Dienstleistungen an, die traditionell den Rechtsanwälten zuzurechnen wären. Die bekannteren Inkassounternehmen stehen bei ihren Kunden in dem Ruf, preiswerter und „unkomplizierter" als Rechtsanwälte zu sein. Dies mag zutreffen. Allerdings ist es keinem Anwalt verwehrt, sich auch auf diesem Gebiet zu betätigen. Eine durchdachte und mit Hilfe von moderner Computersoftware standardisierte Mandatsbearbeitung dürfte gerade jungen Anwaltskanzleien auch in diesem Bereich Wettbewerbsangebote zu attraktiven Preisen erlauben – und in der Tat sind gerade diese Fallgestaltungen Anlass für eine weitere Erfindung im Bereich Legal Tech. Für den Erfolg einer Anwaltskanzlei in diesem Bereich wird es entscheidend sein, den Mandanten davon zu überzeugen, dass die

17 Siehe dazu S. 5 „USA-Expat Quick Guide", von Tutschka, Kemper, Dittmeier.

18 Das Rechtsdienstleistungsgesetz (RDG; Gesetz über außergerichtliche Rechtsdienstleistungen) regelt seit dem 1. Juli 2008 die Befugnis, außergerichtliche Rechtsdienstleistungen zu erbringen. Es hat damit das bis dahin geltende Rechtsberatungsgesetz (RBerG) abgelöst. Anders als das RBerG regelt das Rechtsdienstleistungsgesetz nicht die Erbringung von Rechtsdienstleistungen im gerichtlichen; dies ist nunmehr in den jeweiligen Verfahrensordnungen geregelt.

Kanzlei die Inkassofälle reibungslos und effizient abwickeln kann. So wird das Sanierungs- oder Insolvenzberatungsgeschäft heute weitgehend durch Diplom-Betriebswirte, Diplom-Kaufleute oder Diplom-Wirtschaftsjuristen erledigt.

§ 5 RDG erlaubt es nun auch Dienstleistern aus anderen Branchen, die eigentlich Bankprodukte oder Versicherungen verkaufen oder Unfallautos reparieren, ihren Kunden die damit zusammenhängende Rechtsberatung mitzuliefern[19]. Beiden ist gemeinsam, dass sie ihre Geschäfte zwar nicht ohne juristische Kernkompetenz betreiben können, juristische Dienstleistungen für andere bislang jedoch nicht zu ihrem Kerngeschäft gehörten. In sehr vielen Rechtsgebieten betätigen sich Banken und Versicherer als rechtliche Berater. Misslich ist für ihre Kunden, dass beide Unternehmensgruppen zwar in ihren Stabs- und Rechtsabteilungen durchaus über beachtliche juristische Kompetenz verfügen, diese Stabs- und Rechtsabteilungen aber dem Kunden gerade nicht zur Verfügung stehen. Der Kunde hat es mit Vertriebsmitarbeitern zu tun, denen eine juristische Ausbildung im Normalfall fehlt. Beratung über die Gestaltungsmöglichkeiten bei der Vermögens- oder Unternehmensnachfolge aber auch die Mitwirkung bei der Vorbereitung eines Erbscheinsantrags wird von Banken[20] „mitgeleistet", so wie Fragen des Baurechts oder der Sachmängelhaftung oft durch den Architekten mit abgeklärt werden.

Versicherungsunternehmen wirken auf verschiedene Weise auf den Markt für rechtliche Dienstleistungen ein:

Im Bereich der Kraftfahrzeughaftpflichtversicherung und der Kaskoversicherung sind Tendenzen der Versicherer erkennbar, Rechtsanwälte vollständig aus dem Markt zu verdrängen. Mit aufwendigen Kampagnen werben Versicherer darum, dass Versicherungsnehmer im Schadensfall die gesamte Abwicklung dem Versicherer und den von ihm eingeschalteten „Subunternehmen", wie Werkstätten und Sachverständigen, die vertraglich an den Versicherer gebunden sind, überlassen. Die von der unterlegenen Seite zu erstattenden Anwaltshonorare sollen durch den Ausschluss der Anwälte von der Vertretung der an einem Straßenverkehrsunfall Beteiligten eingespart werden. Aus Sicht der Versicherer handelt es sich bei den Anwaltshonoraren um vermeidbare Kosten. Dem Versicherungsnehmer wird suggeriert, dass er des Beistands eines Rechtsanwalts doch gar nicht bedürfe, weil die Versicherungsgesellschaft für das Wohl „ihres" Versicherungsnehmers sorgen werde. Recht geschickt wird darüber hinweggetäuscht, dass das Versicherungsunternehmen Geschäftspartner ist. Geht es um Ansprüche auf Versicherungsleistung, dann ist der Versicherer der Gegner des Versicherungsnehmers. Denn es besteht der evidente Interes-

19 Annette Schunder-Hartung, AHA Frankfurt.
20 Oder durch Erbenermittler.

sengegensatz, dass der Versicherungsnehmer eine möglichst hohe Versicherungsleistung erhalten, der Versicherer hingegen eine möglichst geringe Versicherungsleistung erbringen möchte.

Den in Deutschland noch relativ neuen Bereich der Prozessfinanzierung haben mittlerweile auch die großen Versicherungsunternehmen für sich erschlossen. Um Rechtsanwälte zu ermuntern, Prozessfinanzierern Kunden zuzuführen, wird Rechtsanwälten eine für die Versicherungsbranche typische Vertriebsprovision in Höhe einer zusätzlichen Gebühr angeboten, die etwas vornehmer „ProFi" oder ähnlich genannt wird.

Rechtsschutzversicherungen bieten aus Sicht der Anwälte sowohl Vorteile als auch Nachteile. In kleineren Kanzleien und in Einzelpraxen – und damit bei der zahlenmäßigen Mehrheit der Anwälte – sind rechtsschutzversicherte Mandanten regelmäßig willkommen. Der Nachteil des zusätzlichen Aufwands der Korrespondenz mit dem Rechtsschutzversicherer und möglicher Debatten über die Höhe des Gegenstandswerts und den Anfall von Gebühren wird aus ihrer Sicht mehr als aufgewogen durch die hohe Sicherheit, dass ein Honorar innerhalb einer angemessenen Zeitspanne gezahlt wird.

Kreditinstitute bieten rechtliche Dienstleistungen in erster Linie noch als Mittel der Kundenbindung an. Nur in Teilbereichen, wie beispielsweise dem Stiftungswesen, offerieren sie ihre rechtliche Beratung zum Teil offen als eine entgeltliche Leistung. Die als Beiwerk angebotene rechtliche Dienstleistung erscheint aus Sicht des Bankkunden einfach zu erlangen, praktisch und vor allem preiswert, weil – vermeintlich – unentgeltlich. Das eigentliche Problem bei dieser Art von rechtlicher Dienstleistung erkennt der Bankkunde im Regelfall nicht. Denn die Bank ist nicht, wie der Rechtsanwalt, ein unabhängiger Berater und Interessenvertreter. Kreditinstitute verfolgen mit rechtlichen Dienstleistungen, die sie als Verkaufshilfe einsetzen, auch ihre eigenen Interessen am Absatz von Finanzdienstleistungen.

Im Wesentlichen bieten Kreditinstitute rechtliche Dienstleistungen im Bereich des Erbrechts, des Stiftungsrechts, des Immobilienrechts und des Gesellschaftsrechts an.

Im Bereich des Erbrechts erschöpft sich der rechtliche Service von Kreditinstituten zumeist in der Überlassung allgemeinverständlich formulierter Informationsbroschüren über die Grundzüge der gesetzlichen Erbfolge und die Möglichkeit, die Erbfolge durch letztwillige Verfügung zu regeln. Oft enthalten diese Informationsbroschüren Formulare, anhand derer Bankkunden das klassische – aber nicht immer sinnvolle – „Berliner Testament" erstellen können. Auch Vorlagen für postmortale Vollmachten findet man dort. Die Vermögensverwaltungsabteilungen der Kreditinstitute – neudeutsch: Private Banking – haben das Stiftungswesen und damit das Stiftungsrecht zunehmend für sich erschlossen. Primäres Ziel der Kreditinstitute ist, Stiftungen im Bereich der Vermögensverwaltung zu betreuen. Damit einher geht auch die rechtliche Beratung bei der Errichtung von Stiftungen. Im Bereich des Immobilienrechts gehen die Dienstleistungen von Kreditinstituten weit über die Gewährung von Krediten zur Kaufpreisfinanzierung bei gleichzeitiger Einräumung von Grundpfandrechten als Sicherheiten hinaus. Nahezu alle großen Kreditinstitute verfügen über Tochterunternehmen, die sich als Vertriebsunternehmen, vorrangig im Bereich privater Immobilien, betätigen. Neben organisatorischen Dienstleistungen, wie der Vereinbarung eines Notartermins, beraten diese Immobilienabteilungen ihre Kunden auch zum Inhalt von Grundstückskaufverträgen. Daneben besteht häufig eine dauerhafte Zusammenarbeit mit ausgewählten Notaren. Aus Sicht des Kunden, der nicht ahnt, dass möglicherweise auch der Grundstücksverkäufer zu den – wichtigen – Kunden desselben Kreditinstituts gehört, scheint die Hinzuziehung eines Anwalts überflüssig zu sein. Trotz einiger Ansätze hat es die Anwaltschaft bis heute nicht verstanden, eine breite Öffentlichkeit von den besonderen Vorteilen, die die Unabhängigkeit und insbesondere die Parteilichkeit eines Anwalts seinen Mandanten bieten, zu überzeugen. Investmentbanken nehmen bei größeren gesellschaftsrechtlichen Transaktionen regelmäßig eine Führungsrolle ein. Soweit sie nicht selbst die rechtliche Beratung leisten, koordinieren sie die Tätigkeit hinzugezogener Anwälte. Die „Projektleiter" gesellschaftsrechtlicher Umstrukturierungen sind häufig nicht mehr die Anwälte, sondern die Investmentbanken.

Die Entwicklung ist längst nicht abgeschlossen. Auch hier gilt jedoch, dass eine spezialisierte Kanzlei mit entsprechendem Marketing Kunden aber auch Versicherer und Kreditinstitute erreichen kann und gern hinzugezogen wird, wenn faires und kollegiales Miteinander die Grundlage ist.

Im Bereich rechtlicher Dienstleistungen erteilen auch Einzelpersonen, die keine, nicht einmal eine rudimentäre juristische Ausbildung genossen haben, Rechtsrat im Allgemeinen und bisweilen auch im Konkreten:

Bei der Betreuung kleinerer und mittelständischer Unternehmen treffen Rechtsanwälte immer wieder auf juristische Autodidakten. Der Unternehmer und auch der angestellte Geschäftsführer, beide Betriebswirte, die sich, bewaffnet mit den Standardkommentaren zum GmbH-Gesetz, allein auf eine Gesellschafterversammlung vorbereiten, sind gar nicht so selten. In einigen Ausnahmefällen haben sich solche Autodidakten tatsächlich beachtliche Kenntnisse angeeignet. Weit häufiger sind jedoch die Fälle, in denen Autodidakten für Erfahrung halten, was sie schon seit vielen Jahren konstant falsch machen. Autodidakten sind im Regelfall „Selbstversorger". Sie beraten sich selbst, nicht jedoch andere, die als Mandanten eines Rechtsanwalts in Betracht kommen. Im Wettbewerb mit diesen selbsternannten „Experten" steht ein Anwalt nur dann, wenn es um die rechtliche Betreuung des Unternehmens geht, das diese Autodidakten leiten.

Zwar können diese auch immer mal wieder im Kollegenkreis, Verein oder am Stammtisch zu Höchstform auflaufen. Echte Wettberber sind diese jedoch nicht. Rechtsberatung durch Laien verbietet schon das Gesetz.

Der Interessierte kann im Internet nützliche Informationen auf verschiedenen juristische Portalen recht schnell und vor allem preiswert bzw. zu einem sehr niedrigen Pauschalpreis erhalten. Nur selten wird es jedoch gelingen, mit Hilfe des Internets Detailwissen zusammenzustellen oder gar ein Rechtsproblem vollständig zu lösen. Objektiv machen die über das Internet zu erlangenden Informationen die Inanspruchnahme eines Anwalts daher nicht überflüssig.

Hier gilt nichts anderes, als wenn ein Kranker im Internet zu seinen Symptomen recherchiert. Die Informationen werden von zweifelhafter Qualität sein; ein Arztbesuch unentbehrlich, wenn man es mit der Genesung ernst meint.

Gerade junge Unternehmen, die Geld (an der falschen Stelle) sparen wollen, erkennen dies gelegentlich jedoch nicht. Im Internet verfügbare Formulare werden dazu benutzt, allgemeine Geschäftsbedingungen zusammenzustricken. Auch einfache Gesellschaftsverträge kann man im Internet finden. Einen jungen Unternehmer davon zu überzeugen, dass die Formularverträge, die er im Internet gefunden hat, den Bedürfnissen seines Unternehmens nicht entsprechen und zumindest überarbeitungsbedürftig sind, fällt nicht immer ganz leicht. Spätestens im Schadensfall wird jedoch klar, dass sie ohne die Unterstützung eines Anwalts nicht auskommen werden.

Gleiches gilt für die Medien: Printmedien nahezu aller Couleur verfügen heute in der einen oder anderen Form über eine „Rechtsecke". In Wirtschaftsmagazinen findet der Leser regelmäßige Kolumnen, die sich mit Rechtsfragen befassen. In den großen deutschen Tageszeitungen, von denen sich einige wenige Volljuristen als Redakteure leisten, gibt es immer wieder sehr interessante und profunde Beiträge zu rechtlichen Themen. Rechtsanwälte sollten Beiträge in Printmedien zu rechtlichen Fragen nicht als „Konkurrenz" betrachten. Solche Beiträge erhöhen das Interesse der Öffentlichkeit an rechtlichen Themen, sensibilisieren für die Notwendigkeit, einen Rechtsanwalt zu konsultieren, sind aber kaum einmal geeignet, ein konkretes Rechtsproblem zu lösen und dadurch die Inanspruchnahme eines Anwalts überflüssig zu machen.

In Rundfunk und TV erfreuen sich Ratgebersendungen mit rechtlichem Inhalt immer noch zunehmender Beliebtheit. Manche Ratgebersendungen, wie der ARD Ratgeber Recht, sind beinahe schon zu Ikonen des deutschen Fernsehens geworden. Immer wieder kommt es vor, dass die Redaktionen solcher Ratgebersendungen versuchen, Gästen der Sendung, denen ein Rechtsproblem plagt, zu helfen. Allerdings besteht diese Hilfe dann nicht immer in der Erteilung von Rechtsrat und in der Unterstützung bei der justizförmigen Durchsetzung ihrer Rechte, sondern darin, kraft Medienmacht Druck auf die Kontrahenten, zumeist Institutionen, die an den Pranger zu stellen gerade in Mode gekommen ist, auszuüben, unabhängig davon, ob dem so Beschützten der von ihm behauptete Anspruch tatsächlich zusteht. Solche selbsternannten „Bürgeranwälte" haben mitunter ein nicht ganz spannungsfreies Verhältnis zur Rechtsordnung. Bis auf die „Ausreißer", bei denen Redaktionen versucht haben, ihre Meinungsmacht zugunsten von meist privaten Anspruchstellern auszuüben, stellen solche Ratgebersendungen keinen Wettbewerb für Rechtsanwälte dar. Im Gegenteil: Die Ratgebersendungen, die sich überwiegend mit den Problemen von Privatpersonen befassen, tragen zur Verdeutlichung der Notwendigkeit, einen Rechtsanwalt hinzuziehen, bei.

Eine andere, von der Frage des Wettbewerbs zu unterscheidende Frage ist, inwieweit Internet und Medien von ihnen als Anwalt gezielt genutzt werden können und sollten, um ihre Kanzleistrategie mit den Mitteln des Marketings umzusetzen und ihr Leistungsportfolio an die Mandanten zu bringen.

## 2. Nachfrage

So sehr die Rechtsbranche aber gerade durcheinandergewirbelt wird und unter dem Konkurrenzdruck ächzt, war die Nachfrage nach rechtlicher Dienstleistungen noch nie so groß.

In einer Gesellschaft, die ihre „Normenflut" beklagt, die immer komplexer und Schneller wird, gehört Rechtsberatung mittlerweile zum Alltäglichen.

Doch wer fragt eigentlich nach rechtlicher Dienstleistung?

Hier können Mandantengruppen nach ihren Bedürfnissen und der Situation, in der sie die Dienstleistung eines Anwalts in Anspruch nehmen, hinsichtlich der Rechtsgebiete, in denen sie Unterstützung benötigen und nicht zuletzt auch hinsichtlich ihres Preisbewusstseins, unterschieden werden.

Die Inanspruchnahme rechtlicher Dienstleistungen durch einen **Verbraucher** im Sinne des § 13 BGB ist regelmäßig durch eine akute Problemsituation gekennzeichnet. Nur selten nehmen Verbraucher die Beratung eines Rechtsanwalts zum Zweck der Risikovorsorge in Anspruch. Mit Ausnahme des Arbeitsrechts, das auch für Verbraucher von sehr hoher Bedeutung ist, benötigt diese Gruppe von Mandanten in erster Linie rechtliche Dienstleistungen mit Bezug zu privaten Lebenssituationen, wie der (Ver-)Mietung einer Wohnung (Mietrecht), dem Abschluss von Verträgen zu Konsumzwecken (Schuldrecht), der Gründung einer Familie und der Beendigung einer Ehe (Familienrecht), der Vermögensbildung in Form des Erwerbs von Immobilien (Immobilienrecht, Sachenrecht, privates Baurecht und zum Teil auch öffentliches Baurecht), der Weitergabe des Vermögens an die nachfolgende Generation (Erbrecht) und nicht zuletzt der Themen rund um das Auto (Schuldrecht, Straßenverkehrsrecht, Versicherungsrecht, Ordnungswidrigkeiten- und Strafrecht). Die Aufzählung dieser Lebenssituationen und der dazugehörigen Rechtsgebiete erhebt keinen Anspruch auf Vollständigkeit. Sie charakterisiert jedoch die Bereiche, in denen Verbraucher üblicherweise juristische Dienstleistungen in Anspruch nehmen.

Verbraucher sind überwiegend den Umgang mit Rechtsanwälten nicht gewohnt (sog. Single Shooter[21]). Umstände und Ablauf justizförmiger Verfahren kennen Verbraucher zumeist nur aus nicht eben realitätsnahen Fernsehserien und Spielfilmen, deren Handlung noch dazu oft im angloamerikanischen Rechtskreis spielt. Dies führt nicht selten zu klischeehaften und unrichtigen Vorstellungen von den Aufgaben und der Arbeit eines Rechtsanwalts. Anders verhält es sich hingegen bei Dauermandanten, die beispielsweise immer wieder mit ähnlichen Rechtsfällen (wie bei Vermietungen) oder mit einem gesamten Portfolio ihres Privatlebens (Kündigung, Ehescheidung, Nachbarschaftsstreit, Strafrecht etc.) erscheinen.

Hinzu kommt, dass Verbraucher Rechtsanwälte oft aufgrund von Empfehlungen (zufriedener) anderer Mandanten aus ihrem Bekanntenkreis auswählen oder aufgrund der ansprechenden Webseite, Experten-Artikeln in der Presse oder den sozialen Medien.

Eine besondere Rolle spielen die **rechtsschutzversicherten Verbraucher**: Diese leben in dem von den Rechtsschutzversicherern geschickt hervorgerufenen und unterhaltenen Glauben, dass „mich Rechtsberatung und Prozessvertretung nichts kostet, weil mein Rechtsschutzversicherer ja alles zahlt". Diese Annahme ist nur in einem Teil der Fälle richtig. Rechtsschutzversicherer haben nach ihren Standardbedingungen im Regelfall nur das nach den Tabellen des RVG berechnete Honorar zu erstatten. Oft erlauben jedoch die unzulänglichen Sätze im Vergütungsverzeichnis des RVG eine kostendeckende Bearbeitung eines Mandats nicht. Hinzu kommt, dass Rechtsschutzversicherer (aber auch Prozessfinanzierer) ihren Versicherungsnehmern nicht nur bestimmte Anwälte empfehlen, sondern den empfohlenen Anwälten vorab ein Formularschreiben übersenden, wodurch dem Anwalt mitgeteilt wird, dass „unser Versicherungsnehmer beabsichtige, den Anwalt zu mandatieren" und zwar zu den gesetzli-

21 Wie beispielsweise bei einer Kündigung oder einem Verkehrsunfall.

chen Mindestbedingungen, um eine mögliche höhere Vergütungsvereinbarung zwischen Mandant und Anwalt von vornherein auszuschließen. Beides beeinflusst natürlich den Rechtsberatungsmarkt massiv.

Neben Verbrauchern kommen selbstverständlich auch **Unternehmen** und andere Institutionen wie die **öffentliche Hand** oder **Körperschaften ohne Gewinnerzielungsabsicht** als Rechtsratsuchende auf den Markt. Mittelständische und größere Unternehmen sind im Regelfall anwaltserfahren. Junge Unternehmen werden es bald sein, weil ein Unternehmen, unabhängig von der Branche, ohne kompetente Rechtsberatung auf die Dauer nicht auskommt. Im Regelfall sind Unternehmen mit der Arbeitsweise von Rechtsanwälten einigermaßen vertraut. Ihre Vorstellung von der Dienstleistung des Anwalts ist weniger klischeehaft. Ihre Erwartung an die Dienstleistung ist konkreter und spezieller als dies bei Verbrauchern der Fall ist.

Unternehmen mit eigener Rechtsabteilung und damit mit eigenem juristischen Know-how sind aus der Sicht des Rechtsanwalts oft ein „einfacher" Mandant, weil der Gesprächspartner auf der Mandantenseite die gleiche (juristische) Sprache spricht. Andererseits sind Unternehmen mit eigenem juristischem Know-how möglicherweise fordernder und kritischer gegenüber der Dienstleistung des Anwalts. Zudem sind sich Unternehmen ihrer Marktmacht im Regelfall auch sehr bewusst. Dies wirkt sich sowohl bei der Verhandlung über die Höhe des Honorars als auch bei der (erhöhten) Anforderung an die Dienstleistung des Anwalts aus. Die klassische Abrechnung nach „billable hours" (Stundensatzabrechnung, die sich nach dem Status des Sachbearbeiters in der Kanzlei staffelt) gerät aufgrund straffer Budgets und einer Abkehr von Macht und Status immer mehr in die Kritik und wird nach Meinung der Experten wohl bald der Vergangenheit angehören und Festpreisen weichen[22]. Mehr und mehr lassen Unternehmensmanager die „Markentreue", die sie gegenüber dem Hersteller ihres Dienstwagens hegen, gegenüber den Anwälten des Unternehmens vermissen. Die vor einigen Jahren jedenfalls in Deutschland noch argwöhnisch beäugten „beauty contests", bei denen mehrere Anwaltskanzleien eingeladen werden, sich um die Erteilung eines Mandats zu bewerben, sind im Bereich größerer Unternehmensmandate mittlerweile gang und gäbe[23].

Der Markt rechtlicher Dienstleistungen ist damit zu einem Nachfrager Markt geworden. Das bedeutet auch eine generell erhöhte Wechselwilligkeit der Man-

---

**22** Dr. Tutschka, „The Future of the legal profession (Teil 1 und 2)", im Blog JurCoach vom 24.2.2017.

**23** Busmann, „Chefsache Mandantenakquisition", S. 39, DeGruyter 2016.

danten. Kein Anwalt kann sich in der trügerischen Sicherheit wiegen, dass sein Mandant von heute auch sein Mandant von morgen sein wird.

## II. Rechtliche Rahmenbedingungen

In mancher Hinsicht ist der Markt für Rechtsberatung wie gezeigt ein Markt wie jeder andere. Er ist geprägt durch Angebot und Nachfrage sowie durch die Art der angebotenen und nachgefragten Dienstleistungen.

In vielerlei Hinsicht ist der Markt für Rechtsberatung aber eben gerade kein Markt wie jeder andere. Signifikant anders als bei anderen Märkten ist der Einfluss, den der Gesetzgeber auf diesen Markt nimmt. Anders als bei anderen Märkten, für die der Gesetzgeber als Rahmen im Wesentlichen das Wettbewerbsrecht und das Kartellrecht setzt, nimmt der Gesetzgeber als Inhaber des Justizgewährungsmonopols massiven und sehr speziellen Einfluss auf diesen Markt.

### 1. Zulassung und Spielregeln

Der Gesetzgeber setzt in erster Linie bei der Zulassung zum Markt auf Anbieterseite an: mit der seit langem bröckelnden Zugangsbarriere Rechtsberatungsgesetz[24].

Für den Anbieter, der qualifizierte Dienstleistungen im rechtlichen Bereich erbringen will, ist eine solide juristische Ausbildung unerlässlich. Bei aller berechtigten Kritik an dem derzeitigen System der juristischen Ausbildung und ihren Inhalten sorgt doch das juristische Hochschul- bzw. Universitätsstudium, ergänzt um eine an das Studium anschließende praktische Ausbildung für hohe Qualität auf der Anbieterseite[25].

Nach § 4 BRAO kann zur Rechtsanwaltschaft nur zugelassen werden, wer entweder die Befähigung zum Richteramt nach dem deutschen Richtergesetz erlangt hat oder die Eingliederungsvoraussetzungen nach dem Gesetz über die Tätigkeit europäischer Rechtsanwälte in Deutschland (EURAG) erfüllt oder die Eignungsprüfung nach Teil 4 des EURAG bestanden hat. In den weitaus meisten Fällen erlangen Anwälte in Deutschland die Zulassung zur Rechtsanwaltschaft

24 Nur scheinbar regelt das Rechtsberatungsgesetz den Zugang zur Anbieterseite abschließend. Zum einen ist der Schutz des Rechtsberatungsgesetzes in der Praxis bereits seit langem auf vielfache Weise durchlöchert. Zum anderen ist mit dem wohl eher früheren als späteren Wegfall des Rechtsberatungsgesetzes zu rechnen.

25 Branchenbericht der Sparkassen 2017, S. 19.

dadurch, dass sie zuvor die Befähigung zum Richteramt erwerben. Das heißt, dass sie ein rechtswissenschaftliches Studium an einer Universität erfolgreich mit einem Ersten Staatsexamen abschließen und nach dem anschließenden Vorbereitungsdienst erfolgreich das Zweite Staatsexamen ablegen, § 5 DRiG. Diese Hürde ist recht hoch. Traditionell liegen die „Durchfallquoten" bereits beim Ersten Staatsexamen zwischen vierzig und fünfzig Prozent, manchmal darüber. Bekanntlich ist auch die Quote der Referendare, die das Zweite Staatsexamen endgültig nicht bestehen, nicht gerade gering. Es ist also gar nicht so einfach, die Befähigung zum Richteramt zu erlangen. Die Befähigung zum Richteramt ist lediglich eine von vielen Voraussetzungen, die Befähigung zum Rechtsanwalt zu erlangen, und keineswegs identisch.

Rechtlich ist es möglich, dass der frischgebackene Rechtsassessor nach Abschluss einer Berufshaftpflichtversicherung seine Zulassung zur Rechtsanwaltschaft beantragt, ein Büro einrichtet und zu praktizieren beginnt. Betriebswirtschaftlich sinnvoll ist das nicht. Der junge Rechtsanwalt muss seinen Beruf erlernen. Dies gelingt ihm am besten, wenn er bereits während der Referendarausbildung intensiv in einer Kanzlei mitarbeitet. Als Minimum empfiehlt sich, wenigstens noch ein Jahr als angestellter Anwalt zu arbeiten. Mir erscheint diese Zeitspanne noch zu kurz. Bei manchem „Spätstarter" stellt sich erst nach drei oder vier Jahren heraus, ob er als Rechtsanwalt etwas taugt. Dementsprechend dauerte es früher auch etwa vier Jahre, bis einem jungen Anwalt die Partnerschaft in einer Anwaltskanzlei angetragen wurde. Die schwieriger werdende wirtschaftliche Situation der Anwälte hat die Zeit bis zur Partnerschaft deutlich länger werden lassen. Die manchmal mehrere Jahre dauernde Einarbeitungszeit eines jungen Anwalts umfasst nicht nur das Vermitteln juristischen Rüstzeugs für die Praxis, sondern auch unabdingbare Kenntnisse über die Kanzleiorganisation und nicht zuletzt betriebswirtschaftliche Kenntnisse, die in der klassischen juristischen Ausbildung vollständig ausgespart bleiben[26].

---

26 Beipielhaft hier die österreichische Anwaltsausbildung, die die zukünftigen Anwälte bereits im Referendariat – in Österreich Konzipientenzeit – von den Richtern trennt und nur und ausschließlich auf den Anwaltsberuf vorbereitet. Der Konzipient arbeitet und lernt 5 Jahre in einer Kanzlei – und nirgendwo anders – um am Ende statt des 2. Staatsexamens die Anwaltsprüfung abzulegen.

## 2. Vergütung

Außerdem reguliert der Gesetzgeber den Marktpreis. Die Regulierung betrifft somit auch die Art und Weise, wie rechtliche Dienstleistungen erbracht werden dürfen und zu welchem Preis.

So schreibt der Gesetzgeber beispielsweise für den Bereich der forensischen Dienstleistung **Mindestpreise** vor. Denn nur in außergerichtlichen Angelegenheiten kann der Rechtsanwalt Vergütungen vereinbaren, die niedriger sind als die „gesetzlichen" Gebühren, § 4 Abs. 2 Satz 1 RVG, § 49 b Abs. 1 Satz 1 BRAO. Obwohl in der durch das RVG abgelösten Bundesgebührenordnung für Rechtsanwälte die vereinbarte Vergütung systematisch vor der Vergütungsberechnung nach den Werttabellen der Gebührenordnung geregelt gewesen war, wurde das Tabellenhonorar durchgängig als „gesetzliche Gebühr" bezeichnet, gleichsam so, als ob das privatautonom vereinbarte Honorar eine „ungesetzliche Vergütung" wäre. Für das am 1. Juli 2004 in Kraft getretene RVG gilt dies sogar umso mehr, als hier systematisch die Vereinbarung einer Vergütung in § 4 RVG nach der Vergütungsberechnung gemäß dem Vergütungsverzeichnis geregelt worden ist, § 2 Abs. 2 S. 1 RVG. In § 22 Abs. 2 Satz 1 RVG hat der Gesetzgeber sogar eine **Obergrenze für die Vergütung** des Anwalts vorgesehen. Höher als 30.000.000,00 EUR darf der Gegenstandswert in derselben Angelegenheit regelmäßig nicht mehr sein. Schließlich sieht das RVG eine besondere Form für **Honorarvereinbarungen** vor, die zu Gunsten des Rechtsanwaltes vom RVG abweichen.

Zudem erzeugt die Intransparenz der Vergütung aus Sicht der Nachfrager häufig den Eindruck, „die Katze im Sack zu kaufen". Dazu trägt auch bei, dass der Anwalt im Vorfeld naturgemäß nur vage Kostenauskünfte geben kann und erst Recht Vorabzahlung eher unüblich ist. Die staatliche Gebührenordnung schafft nur scheinbare Klarheit. Ein juristisch nicht ausgebildeter Nachfrager kommt mit den Normen und den Gebührentabellen des Rechtsanwaltsvergütungsgesetzes nicht zurecht. Auch dürfte der (nachträgliche) Berurteilungsspielraum des Anwaltes hinsichtlich Umfang und Tragweite des Mandats eine Besonderheit der Rechtsbranche sein, die in anderen Branchen eher unüblich ist.

Im Bereich der Beratung von Unternehmen dürfte zwar immer noch die **Abrechnung** von Anwaltshonoraren **nach dem Zeitaufwand** dominieren[27], was jedoch noch nichts über den Preis der endgültigen Leistung aussagt. Denn zu

27 Die üblichen Stundensätze reichen von 75,00–750,00 €, liegen also bei 350 € im Durchschnitt.

Beginn des Mandates weiß der Mandant im Regelfall noch nicht, welchen Zeitaufwand die Bearbeitung erfordern wird. Dem Anwalt ergeht es ähnlich. Zwar kann er sich auf Erfahrungswerte stützen. Wegen der Interaktivität der anwaltlichen Dienstleistung ist in umfangreichen Angelegenheiten der Einfluss des Mandanten auf den zur Bearbeitung des Mandats erforderlichen Zeitaufwand groß und von dem Anwalt im Vorhinein nur schwer einzuschätzen.

Letztlich ist nun erstmals auch unentgeltliche Rechtsberatung in familiärer, nachbarschaftlicher oder ähnlich enger persönlicher Beziehungen zulässig (§ 6 DRG). Wer außerhalb dieses engen persönlichen Kreises Rechtsberatung unentgeltlich erbringt, bedarf dazu zwar grundsätzlich der Anleitung durch einen Juristen, allerdings dadurch nun auch die studentische Rechtsberatung in Deutschland (legal clinics/law clinics[28]) möglich geworden, bei der Jura-Studenten ratsuchenden Bürgern unentgeltliche Rechtsberatung erbringen. Ein sicherlich längst überfälliger Schritt des Gesetzgebers, wenngleich doch am Ende auch nicht völlig ohne Einfluss auf das Rechtsberatungsgeschäft und die Erwartungshaltung der Allgemeinheit, ob, wann und wie Rechtsberatung vergütet werden sollte.

### 3. Wettbewerb

Und letztlich: Eine Anwaltskanzlei ist ein **Wirtschaftsunternehmen**. Deshalb gelten für Anwälte selbstverständlich nahezu alle Regeln, die auch für andere Wirtschaftsunternehmen gelten, in gleicher Weise, wie beispielsweise das Gesetz gegen den unlauteren Wettbewerb.

Berufsrechtliche Spezialregelungen, denen andere Anbieter von juristischen Dienstleistungen nicht unterworfen sind, engen die wirtschaftliche Entfaltung von Rechtsanwälten jedoch noch weiter ein. Die allmähliche Lockerung des Werberechts für Rechtsanwälte (§ 43 b BRAO) ist kein Verdienst des Gesetzgebers, sondern Verdienst des Bundesverfassungsgerichts, dessen Zweite Kammer des Ersten Senats nicht müde wird, das grundlegende Missverständnis der Instanzgerichte in Bezug auf das Grundrecht der Anwälte auf freie Berufsausübung zu rügen.

Die Fülle der Spezialregeln, die die Berufsausübung eines Rechtsanwalts beschränken, ist so groß, dass die vollständige Erwähnung und Erläuterung

**28** Branchenbericht der Sparkassen 2017, S. 18.

dieser Beschränkungen den Rahmen sprengen würde. Dem Rechtsanwalt wird vorgeschrieben, dass und wo er sein Büro einzurichten hat.

Nicht zuletzt wird die Berufstätigkeit des Anwalts durch die ungemein scharfe Haftungsrechtsprechung zum Nachteil der Anwälte geprägt.

Das Beachten dieser Spezialregeln ist aufwendig und kann einen Wettbewerbsnachteil gegenüber nichtjuristischen Wettbewerbern darstellen[29]. Den Anwälten sollte es jedoch gelingen, die besonderen Sorgfaltsanforderungen, die der Gesetzgeber an ihre Arbeit stellt, ihre fundierte Ausbildung und insbesondere ihre besonderen Pflichten zur Verschwiegenheit und Unabhängigkeit von den Interessen Dritter in den Augen der Öffentlichkeit als die Wettbewerbsvorteile darzustellen, die sie tatsächlich sind.

## III. Das Produkt der Rechtsberatung

Ein noch immer verbreitetes Rollenklischee sieht den Rechtsanwalt als einen eher behäbigen Rechtskundigen, der sich nach gründlicher Subsumtion des an ihn herangetragenen Sachverhalts unter die relevanten Normen dem Rechtsuchenden bemüht, juristisch richtige Antworten in einer allenfalls Fachleuten verständlichen Rechtssprache näherzubringen. Im Idealfall zeigt er noch verschiedene Verhaltensmöglichkeiten auf, lässt den Mandanten im Übrigen jedoch weitestgehend mit der Entscheidung, wie er sich sinnvollerweise verhalten sollte, allein.

Leider besteht dieses Klischee nicht ganz zu Unrecht. Denn von professioneller Dienstleistungsmentalität sind auch heute viele Kanzleien weit entfernt. Jeder Rechtsanwalt sollte sich bewusst sein, ein Dienstleister zu sein. Rechtsanwälte haben ihre berufliche Tätigkeit an den Bedürfnissen und Wünschen ihrer derzeitigen und potentiellen Mandanten auszurichten. Sie müssen stets versuchen herauszufinden, welches Ziel ihr Mandant verfolgt, und haben alles daranzusetzen, dieses Ziel für ihren Mandanten zu erreichen. Die Begegnung mit „seinem" Rechtsanwalt darf für einen Mandanten nicht zu einem unerfreulichen Ereignis werden. Vielmehr muss die Zusammenarbeit des Anwalts mit dem Mandanten darauf ausgerichtet sein, den Mandanten nicht nur zufrieden zu stellen, sondern eine vertrauensvolle Beziehung aufzubauen.

---

29 Wie auch das Fremdbesitzverbot: Branchenbericht der Sparkassen 2017, S. 17.

i

Das Kernprodukt anwaltlicher Dienstleistung beschreibt § 3 Abs. 1 BRAO: Der Rechtsanwalt soll seinen Mandanten beraten und ihn vertreten. Nach § 1 Abs. 3 BORA[30] soll der Rechtsanwalt seinen Mandanten vor Rechtsverlusten schützen, rechtsgestaltend, konfliktvermeidend und streitschlichtend zu begleiten, vor Fehlentscheidungen durch Gerichte und Behörden bewahren und gegen verfassungswidrige Beeinträchtigung und staatliche Machtüberschreitung sichern.

Diese Benennung verschiedener Aufgaben des Rechtsanwalts ist nicht abschließend. Beide Normen betonen die „Beschützerfunktion" des Rechtsanwalts. Ein guter Rechtsanwalt wird sich jedoch nicht auf reaktives und rein defensives Verhalten beschränken, sondern aktiv – und wenn es sein muss, auch aggressiv – auf die Durchsetzung der Rechte seines Mandanten hinwirken. Die Formulierung, Aufgabe des Anwalts sei, den Mandanten (nur) „zu begleiten", ist ungenau. Bei einer bloßen Begleitung des Mandanten sollte es ein Rechtsanwalt nicht belassen. Der Mandant darf Unterstützung und Beistand erwarten.

„Wie ist die Rechtslage?" lautet eine typische Fallfrage aus Studium und Examen. Nicht selten stellen auch Mandanten diese Frage. Die Annahme, der Mandant wünsche nur eine lexikalische Auskunft oder gar die, der Mandant verlange nach der Entfaltung von Rechtsbegriffen und einer schulmäßigen Lösung des „Falls", wäre regelmäßig falsch.

Der Mandant, der nach der Rechtslage fragt, will in Wahrheit wissen: „Was soll ich tun?". Vor „Beratungsschnellschüssen" ist allerdings zu warnen.

## 1. Interessenvertretung

Kern dieser rechtlichen Beratung und Begleitung ist die Interessenvertretung.

Diese fängt damit an, dass der Rechtsanwalt die Situation des Mandanten zutreffend erfasst, rechtlich analysiert und bewertet. Eine vielleicht den Anforderungen einer Examensklausur genügende Bewertung des Ist-Zustandes reicht in der Praxis nicht aus.

Dabei sollte der Anwalt verschiedene Szenarien möglicher zukünftiger Entwicklungen durchdenken und Lösungsvarianten entwickeln. Über das Ergebnis der Analyse und die Bewertung ist der Mandant vollständig und möglichst bald zu informieren. Ein kluger Anwalt wird verschiedene Möglichkeiten der Problemlösung entwickeln und seinem Mandanten schildern. Besonderes Augenmerk verdienen unrichtige Vorverständnisse von Mandanten über rechtliche Zusammenhänge. Diese muss der Anwalt behutsam aber nachdrücklich korrigieren.

30 BORA – die Berufsordnung für Rechtsanwälte in der Fassung vom 1.1.2018.

Zur Dienstleistung eines Anwalts gehört es auch, einen für den Mandanten leicht zu verstehenden Kommunikationsmodus zu wählen und, den Bedürfnissen des Mandanten entsprechend, den Sprachcode auf verschiedenen Ebenen variieren zu können. Teil des anwaltlichen Service ist es, Äußerungen Dritter, insbesondere Entscheidungen von Gerichten und Behörden, für den Mandanten zu „übersetzen".

In gerichtlichen Verfahren liegt es nahe, dass der Anwalt eine Führungsrolle übernimmt. Allerdings wird ein guter Anwalt seinen Mandanten keinen Moment lang als „Verfahrensobjekt" betrachten oder gar behandeln, sondern den Mandanten in die Prozessführung einbeziehen. Dies gilt besonders für die Abstimmung der Prozesstaktik mit dem Mandanten. Schließlich führt der Anwalt den Prozess des Mandanten, nicht seinen eigenen.

Wesentliche Voraussetzung für eine gelungene anwaltliche Dienstleistung ist die Leistungsfähigkeit des Anwalts. Leistungsfähigkeit im hier gemeinten Sinn setzt zum einen voraus, dass der Anwalt über das erforderliche rechtliche Fachwissen und die Fähigkeit, dieses Fachwissen nutzbringend für den Mandanten einzusetzen, verfügt.

Die Zufriedenheit des Mandanten mit der Dienstleistung ist das höchste Ziel anwaltlicher Servicebemühungen. Dies ist durchaus kein rein altruistisches Ziel. Denn ein hoher Grad an Mandantenzufriedenheit ist ein wichtiger Faktor für den Erfolg einer Kanzlei. Ein zufriedener Mandant empfiehlt die Kanzlei (hoffentlich) weiter. Ein unzufriedener Mandant wird seinen Unmut nicht unbedingt gegenüber seinem Anwalt, mit hoher Sicherheit jedoch im Bekanntenkreis äußern.

**Wie wird Mandantenzufriedenheit hergestellt?** Mandantenzufriedenheit ist das Ergebnis eines Vergleichsprozesses. Der Mandant vergleicht die von ihm erwartete Dienstleistung mit der von ihm wahrgenommenen Dienstleistung. Jeder Mandant hegt bei der Inanspruchnahme anwaltlicher Dienstleistung Erwartungen. Unzufrieden ist ein Mandant, wenn diese Erwartungen nicht erfüllt werden. Umgekehrt führt die Erfüllung von Mandantenerwartungen jedoch noch nicht automatisch zu einem hohen Maß an Mandantenzufriedenheit. Der Mandant setzt vielmehr als selbstverständlich voraus, dass seine Erwartungen erfüllt werden. Erst wenn die Erwartungen des Mandanten übertroffen werden, stellt sich ein Maß an Zufriedenheit ein, das zu einer langfristigen Mandantenbindung führen kann.

Die meisten Mandanten können die Qualität der anwaltlichen Dienstleistung mangels eigener Fachkompetenz in juristischer Hinsicht kaum zutreffend beurteilen. Juristische Fachkompetenz des Anwalts setzen sie als selbstverständlich voraus. Ob ein Anwalt „gut" ist, man mit seiner Leistung zufrieden sein kann, beurteilen Mandanten sehr häufig anhand von Ersatzindikatoren. Diese Ersatzindikatoren haben mit der objektiven juristischen Qualifikation nicht in jedem Fall etwas zu tun. Leicht nachvollziehbar ist, dass Mandanten Wert auf akademische Titel und Fachanwaltsbezeichnungen legen. Einleuchten dürfte auch, dass Empfehlungen zufriedener Mandanten neuen Mandanten eine Hilfe bei der Einschätzung ihres Anwalts sind. Nur scheinbar banal ist die Tatsache, dass auch die Erfüllung klischeehafter Vorstellungen nicht unerheblich zur Mandantenzufriedenheit beiträgt. Unternehmer als Mandanten haben nun einmal mehr Zutrauen zu einem Anwalt im dunklen Anzug als zu einem Anwalt in Freizeitkleidung.

### 2. Krisenintervention und Vertrauen

**Die anwaltliche Tätigkeit ist keine Dienstleistung wie jede andere.** Sie ist durch eine ganze Reihe von Besonderheiten geprägt. Eine dieser Besonderheiten besteht darin, dass Mandanten sehr häufig die Dienstleistung eines Anwalts in einer Ausnahmesituation in Anspruch nehmen, in Krisenzeiten. Vielfach werden Anwälte von Unternehmen benötigt, um wichtige unternehmerische Entscheidungen vorzubereiten und umzusetzen. Gerade Verbraucher nehmen die Dienste von Anwälten regelmäßig in Notsituationen, die sowohl wirtschaftliche wie auch private Belange betreffen, in Anspruch. Dies erfordert vom Anwalt nicht nur feine Antennen für den emotionalen Zustand des Betroffenen, um auch ein „Thema hinter dem Thema“ rechtzeitig erkennen zu können. Es erfordert ferner ein gewisses Krisen- und Konfliktmanagement, welches sich in erster Linie um Stabilisierung der Situation sowie Aufbau von Sicherheit und Vertrauen bemüht. Da Krisen immer auch Veränderungsprozesse sind, ist ein grundlegendes Verständnis von Change-Management unerlässlich für den Erfolg in der Sache und die Zufriedenheit des Mandanten.

Das Besondere am Vertrauensbestandteil der anwaltlichen Dienstleistung ist, dass sie immateriell, nicht „anfassbar“ ist. Wichtige Teile der anwaltlichen Dienstleistung sind für den Mandanten nicht sichtbar. Zwar erlebt der Mandant seinen Anwalt im Gespräch, bei Verhandlungen mit Dritten, gelegentlich besonders intensiv im Fall der Prozessvertretung. Einen wesentlichen Teil der Arbeit des Anwalts, die Recherche und die intellektuelle Leistung, die hinter der Erstellung eines Vertragsentwurfs oder eines Schriftsatzes steht, sieht der Mandant im Regelfall gerade nicht.

Eine der größten Schwierigkeiten der anwaltlichen Dienstleistung besteht darin, diese für den Mandanten sichtbar, greifbar zu machen. Natürlich kann ein Anwalt einem Mandanten Kopien des Schreibens der Gegenseite mit einem so genannten „Rotzettel“ von schlechter Papierqualität und dem lieblosen Vermerk „zur Kenntnisnahme“ übersenden. So etwas gibt es in der Praxis noch oft genug. Und tatsächlich lassen sich viele Mandanten das immer noch bieten. Wie positiv anders wirkt es jedoch auf den Mandanten, wenn er von seinem Anwalt zugleich mit der Kopie des Schreibens der Gegenseite eine kurze Stellungnahme, die den Inhalt des übersandten Schreibens zusammenfasst, erhält. Auch wenn noch eine gründliche Prüfung der Argumente der Gegenseite erforderlich ist, so kann doch dem Mandanten häufig eine erste Einschätzung mitgeteilt und er über mögliche Konsequenzen der Argumente der Gegenseite informiert werden. Selbst wenn dies nicht möglich sein sollte, so kann ein Anwalt seinen Mandanten zumindest darüber informieren, dass und wann nun die Prüfung der Argumente der Gegenseite ansteht. Selbstverständlich sollte ferner sein, den Mandanten dann nicht nur in die eigene Argumentation einzuführen und diese mit ihm zuvor abzusprechen, sondern eine grundsätzliche Richtschnur für das Mandat und die beste Strategie mit dem Mandanten gemeinsam erarbeitet zu haben.

Hinzu kommt das hohe Maß an **Individualität der Anwaltsleistung.** Selbst bei immer wieder auftretenden Aufgaben, wie beispielsweise dem Entwurf der Satzung einer GmbH, mögen zwar einmal formulierte Klauseln für viele Fälle wieder verwendbar sein. Dennoch sind stets die Besonderheiten der Interessen des Mandanten, die kaum einmal in zwei Fällen absolut identisch sind, zu berücksichtigen. In Massenverfahren mag ein gewisser Grad an Standardisierbarkeit erreichbar sein. Im Regelfall jedoch sind eigene Standardklauseln und Formularbücher zwar eine wertvolle und unverzichtbare Hilfe, jedoch noch keine Lösung des Problems. Und letztlich kommt der Interaktion mit dem Mandanten entscheidende Bedeutung zu. Regelmäßig ist die Mitwirkung des Mandanten bei der Erfassung des relevanten Sachverhalts aber auch im Verlauf eines Mandats erforderlich, da dieser immer wieder Entscheidungen treffen muss, die der Anwalt dem Mandanten nicht abnehmen kann. Anwaltliche Dienstleistung kann der Mandant nicht einfach über sich ergehen lassen, konsumieren. Er ist vielmehr ein wichtiger Mitwirkender bei dieser Dienstleistung. Die Rechtsberatung muss daher nicht nur auf die Bedürfnisse des Mandanten Rücksicht nehmen, sondern auch die Nachfrage ihrer Zielklientel befriedigen. Die Kanzlei muss Rechtsrat zu den Problemfeldern und den Rechtsbereichen bieten können, die von der Zielklientel typischerweise nachgefragt werden. Das kann dazu führen, dass eine auf Familienrecht ausgerichtete Kanzlei beispielsweise auch mehr und mehr Mandate zum Sozialversicherungsrecht oder auch Asylrecht erhält, weil die Zielklientel dies mitbringt. Eine strafrechtlich ausgerichtete Kanzlei kann sich Unversehens mit einer Vielzahl typischer Steuerrechtsmandate konfrontiert sehen.

Bei **Standardleistungen**, wie beispielsweise der Prozessführung, der Beantwortung rechtlicher Fragen, der Verhandlungsführung für den Mandanten und dem Entwurf von Verträgen sollten sich Anwälte immer bewusst sein, dass eine Vielzahl von Wettbewerbern genau dieselbe Leistung anbietet. Die eigene Überzeugung, dass sich die juristische Qualität ihrer Arbeit deutlich von der ihrer Wettbewerber abhebe, nützt meist wenig. Die Schwierigkeit bei einer so verstandenen Qualitätspolitik besteht darin, dass zum einem eine ganze Reihe von Wettbewerbern unter den Rechtsanwälten zumindest brauchbare juristische Arbeit abliefern kann und zum anderen, dass der Mandant regelmäßig nicht in der Lage ist, die fachliche Qualität der Arbeit zu beurteilen, sieht man einmal von offenkundigen fachlichen Schnitzern wie dem Versäumen einer Frist oder der Unkenntnis der aktuellen Rechtsprechung ab. Auch greift selbstverständlich bei jedem Anwalt für grobe Schnitzer die entsprechende Berufshaftpflichtversicherung, so dass seine gewisse „objektive Grundqualität" der Rechtsberatung mit dem in Deutschland greifenden System gewährleistet ist. Die Qualität des Dienstleistungsprodukts Rechtsberatung ist daher hier nicht aus der Sicht des Anwalts, sondern aus der Sicht des Mandanten zu messen. Grundsätzlich erwartet der Mandant, dass sein Anwalt im Fall der Fälle die Prozessvertretung übernimmt. Aber ist die Prozessvertretung allein deshalb schon ein Produkt der Rechtsberatung? Zu einem Produkt wird die Prozessvertretung erst dadurch, dass eine Kanzlei Prozesse für ihre Mandanten nicht nur in rechtlicher Hinsicht richtig, sondern auf eine besondere Weise, die sich von den anderen Anwälten unterscheidet, führt. Damit die Prozessführung aus Sicht des Mandanten nicht als eine austauschbare Dienstleistung, sondern als ein spezielles Produkt einer bestimmten Kanzlei erscheint, muss sie für den Mandanten erkennbar anders als die Leistung von Wettbewerbern sein. Dies kann beispielsweise durch zusätzliche, für die eigentliche Prozessführung nicht notwendige, Serviceleistung erfolgen: Gerichtsunerfahrenen Mandanten kann als Zusatzleistung die vorherige Erläuterung des Verfahrensablaufs, eventuell in einem Flussdiagramm, erläutert werden. Strukturierte Vor- und Nachbesprechungen eines Gerichtstermins sollten eigentlich zum Standardrepertoire jeder Anwaltskanzlei gehören. Insbesondere vor einem Gerichtstermin ist es erforderlich, mögliche Entwicklungen vorherzusehen und dem Mandanten zu erläutern, um ihn vor Überraschungen zu bewahren. In der Praxis erfolgt die Vorbesprechung oft in einem wenige Minuten kurzen Gespräch auf dem Gerichtsflur, womöglich in Hörweite des Prozessgegners. Emotionale Ausbrüche im Anschluss an eine überraschend verlaufene mündliche Verhandlung sind gar nicht so selten. Ausreichende Vorbereitung und eine strukturierte Terminvorbereitung kann diese Szenarien vermeiden, indem mögliche Entwicklungen und ihre Konsequenzen im Vorfeld besprochen werden. Aus Sicht des Mandanten kann sich dies wohltuend von der Dienstleistung anderer Kanzleien abheben. Insbesondere in dem für den Mandanten sichtbaren Teil seiner Dienstleistung kann ein Anwalt viel für die „Produktgestaltung“ tun. Dazu gehören die einheitliche und ansprechende Gestaltung der von ihm präsentierten Dokumente, eventuell das Bindenlassen umfangreicher Dokumentationen für den Mandanten oder die gemeinsame Vorbereitung mit dem Mandanten mittels Übersichten und grafischer Darstellungen, die dem Mandanten das Verständnis der Situation und der möglichen Entwicklungen erleichtern.

### 3. Legal Coaching und Mediation

Mandanten kommen heute nicht mehr nur wegen des Fachwissens zum Anwalt. Meist haben sie sich ohnehin schon vorher im Netz in zahlreichen Foren oder Rechtsportalen informiert. Fachwissen ist quasi für jeden zu jeder Zeit kostenfrei abrufbar. Rechtsberatung ist heute schon lange nicht mehr das Präsentieren von Fachwissen, Begleitung und Prozessvertretung. Und das Handwerk der „Beratung“ stand ohnehin nie auf dem Stundenplan zukünftiger Juristen. Bei Medizinern ist das zum Glück anders: Oder würden Sie zu einem Chirurgen gehen, der lediglich das theoretische Wissen hat, aber nie das Handwerk erlernt hat? Und da sind wir beim Thema: Was ist das „juristische Handwerk“? Die Subsumtion, die Rechtsberatung, die Prozessführung – alles zusammen oder nichts von alledem?

Mandanten kommen heute nicht nur in Krisensituationen zum Anwalt mit der Erwartungshaltung, er wird es schon für sie richten. Sie kommen zum Anwalt, um von ihm das „Fachwissen“ anwenden und umsetzen zu lassen, um damit ihr Leben zu verändern. Und dies nicht etwa irgendwie, sondern nach ihrer persönlichen Idealvorstellung[31]. Die Schwierigkeit liegt zumeist darin, dass der Mandant selbst gar nicht so genau weiß, was seine Idealvorstellung ist. Diese Erwartungshaltung besteht übrigens nicht nur bei Privatpersonen, sondern auch in Teams und Unternehmen[32].

So bohrt der Anwalt mit unbequemen Fragen nach Beweggründen, gibt Feedback und Empfehlungen, um diese Zielvorgabe herauszufiltern und ge-

---

31 Dass dies frei von Rechtsfehlern erfolgt, wird vorausgesetzt und dass dies im Einzelfall auch mal nicht das Maximum dessen ist, was herausholbar gewesen wäre, wird gern in Kauf genommen.

32 Siehe S. 11 der Studie „Dafür nehmen wir uns einen Anwalt – Erwartungshaltung von Unternehmen an moderne Anwälte im Konfliktmanagement“, Bucerius Law School (CLP) in Zusammenarbeit mit Taylor Wessing.

meinsam eine erfolgversprechende Strategie zu entwickeln. Ein guter Anwalt wird mit Respekt vor dem Mandanten tatsächlich zuhören, sich zurücknehmen und nicht versuchen, dem Mandanten seine oder einfach die Standardlösung aufzuschwatzen – oder gleich die, die am meisten einbringt. Ziel ist, die auf die individuelle Lebenssituation des Mandanten jeweils passende Rechtslösung zu finden. Er „coacht". Und das meist ohne genau zu wissen, was und wie er das tut was er tut, sondern quasi aus dem Bauch heraus. Vielleicht ist es also an der Zeit, eine neue Qualität der Beratung anzuerkennen. Eine, die in Abgrenzung zu „Legal Tech", die menschlichen Qualitäten des Anwalts betont – wie Empathievermögen und Vertrauensbildung.

Mittlerweile gibt es einen Terminus dafür: **Legal Coaching**.

Doch was ist Coaching überhaupt?

– nach der in Deutschland geltenden gemeinsamen Definition der Berufsverbände für Coaches[33]:
  „Coaching richtet sich an einzelne Personen (bzw. Personengruppen) und unterstützt die Person bei der Gestaltung ihrer persönlichen Entwicklung, ihrer sozialen Rollen und ihrer Kooperationsbeziehungen sowie bei der Bewältigung ihrer Entscheidungs- und Handlungsanforderungen im Arbeitsleben. Der Coachingprozess ist vertraulich, strukturiert, methodengeleitet und zeitlich begrenzt. Die Coachingziele und -themen werden durch den Klienten bestimmt und zu Beginn zwischen Coach und Klient verbindlich vereinbart. Trotz der Zielorientierung bleibt der Coachingprozess ergebnisoffen. Coaching wird durch einen Coach ausgeübt, dessen (theoretische und praktische) Qualifizierung von einem Berufs- oder Fachverband[34] anerkannt ist. Im Dialog zwischen Coach und Klient werden Klärungsprozesse initiiert. Durch die Erschließung neuer Perspektiven werden Handlungsspielräume erschlossen, Veränderungsprozesse angeregt und begleitet sowie die Entscheidungs- und Handlungsfähigkeit gestärkt. Coaching basiert auf einem Dienstleistungsvertrag, in dem Zielsetzung und Rahmenbedingungen der Auftragserfüllung geregelt sind. In Abgrenzung dazu, ist das Ziel einer Expertenberatung die Unterstützung bei der Lösung eines Problems durch die bloße Bereitstellung besonderen Wissens und die Vermittlung desselben an den Beratungsklienten. Coaching hingegen versteht sich als eine Form der reflexiven Beratung, in der die Ressourcen des Klienten erschlossen werden und der Klient zur selbständigen Aufgabenbewältigung

33 Hier nur auszugweise dargestellt. Das vollständige Positionspapier finden Sie auf www.roundtable-coaching.eu.

34 Mangels staatlicher Reglementierung.

befähigt wird. Coaching setzt daher die Bereitschaft zur aktiven Beteiligung des Klienten voraus.[35]

– nach den international einheitlichen Qualitätsstandards für Coaching[36] der Internationalen Coachfederation (ICF)[37].
„Coaching ist ein partnerschaftlicher und zum Nachdenken anregender Prozess, der Menschen und Organisationen kreativ dabei unterstützt, ihr persönliches und professionelles Potential zu steigern. Die Interaktion mit dem Coach führt den Klienten zu umfassender Klarheit und aktivem Handeln. Der Coach ermutigt den Klienten, sich selbst und seine Möglichkeiten zu entdecken, begleitet ihn bei der Entwicklung von eigenen Lösungen und Strategien und erkennt stets die Eigenverantwortlichkeit des Klienten an. Die ICF-Kernkompetenzen regeln die theoretischen und praktischen Anforderungen an die Qualifizierung des Coaches, der nach den geltenden ICF-Ethikstandards handelt."

Obgleich es bereits in vielen Ländern gesetzliche Regelungen zur Profession Coach und der Ausübung von Coaching gibt – wie z.B. auch in Österreich und der Schweiz – besteht eine solche in Deutschland nicht. Eine aktuelle Gesetzesinitiative startete in Deutschland 2017 und legt erstmals die Definition zur Profession Coach und zu Coaching der deutschsprachigen Berufsverbände (RTC) der geplanten Regelung zugrunde[38]. Gleichzeitig ist es schlicht eine Frage der Zeit, wann die Europäische Union sich mit einer einheitlichen Regelung zum Thema beschäftigen wird. Im Moment liegt ihr der sogenannte „Code of Conduct" der wichtigsten Berufsverbände für Coaching vor, der sich gegen eine gesetzliche Regelung und für eine Qualitätskontrolle durch die Berufsverbände ausspricht[39].

Für professionelles Coaching ist daher heute eine gute Coaching-Ausbildung unerlässlich, am besten eine, die speziell auf Anwälte und Juristen zu-

---

35 Auszug aus dem Positionspapier zur Profession Coach des Roundtable der Coachingverbände (RTC) für den deutschsprachigen Raum von 2005.

36 Hier nur auszugweise dargestellt. Die vollständige Definition inklusive Kernkompetenzen und Ethikstandards finden Sie unter www.coachfederation.org bzw. auf www.coachfederation.de.

37 Die ICF ist der größte Berufsverband professioneller Coaches weltweit und sorgt seit über 25 Jahren für international einheitliche Standards.

38 Schwertfeger, S. 46 „Gesetzesinitiative will Coachingmarkt regulieren" in „Wirtschaft und Weiterbildung", 01/2018.

39 Dr. Tutschka im Interview „Coachingtag diskutierte Regulierung des Coaching" Coachingmagazin 01/2018.

geschnitten ist[40], damit sie sofort und leicht in die Rechtsberatung und den juristischen Alltag integrierbar ist. Für diesen Anwendungsbereich genügt eine Grundausbildung mit den wichtigsten und effektivsten Methoden und Tools für die Beraterbranche[41]. Für Wirtschaftsanwälte, die im internationalen Kontext arbeiten bietet sich eine Coachingausbildung nach internationalen Qualitätsstandards an (wie z.B. die der ICF). Ähnlich wie bei der Fachanwaltsausbildung weist nicht schon die Ausbildung allein den Anwalt als geprüften Spezialisten aus, sondern ebenso geprüfte einschlägige praktische Erfahrung, was durch das Zertifikat eines Berufsverbandes für Coaches sichergestellt wird[42].

Im Gegensatz zur Mediation gibt der Anwalt seine Parteilichkeit nicht auf, vertritt also weiter die Interessen des Mandanten. Zwar bietet sich bei völliger Unentschlossenheit des Mandanten auch ein kompletter Coachingprozess an[43]. In der Regel wird der Anwalt jedoch lediglich punktuell im Mandatsverlauf besondere Kommunikationstechniken (z.B. spezielle Fragemethoden) nutzen, um den Mandanten darin zu unterstützen, seine Ideallösung zu finden, für die der Anwalt dann die rechtlichen Grundlagen schaffen kann.

Legal Coaching wird als moderne, qualifizierte Rechtsberatung verstanden[44].

Einen ähnlichen Werdegang hatte die Mediation, als sie sich vor einigen Jahren in der Rechtsberatung einrichtete. Es bestand das Bedürfnis nach individueller, eigenverantwortlicher Streitschlichtung jenseits von Prozessvertretung und Gerichtsentscheiden. Heute ist Mediation fester Bestandteil im Portfolio der Rechtsberatungsprodukte, auch wenn es genaugenommen ebenso den Gerichts- oder Schiedsgerichtsverfahren – oder allenfalls noch der „neutralen" Position eines Notars – und damit dem Berufsstand der Richter als den Rechtsanwälten hätte zugeordnet werden können. Seit September 2017 gibt es den zertifizierten

---

40 Eine solche biete ich beispielsweise als zertifizierter Coach und Ausbilder bei CLP-JurCoach in deutsch und englisch an. Es bedarf weder besonderer Vorkenntnisse noch einer Mediationsausbildung oder einer „allgemeinen Coachingausbildung" und ist sofort nach Abschluss der Ausbildung in jede Rechtsberatung integrierbar und einsetzbar.

41 Dr. Tutschka, „Coaching als Baustein der Weiterbildung", MyQ-Blog 09/2017.

42 Dr. Tutschka im Interview, S. 55 „Coaching ist keine Beratung" im „IHK-Magazin für München und Oberbayern – Wirtschaft", 01/2018; Dr. Tutschka „Coaching vs. Beratung – eine Frage der Perspektive" Xing-Coaches Magazin 06/2017.

43 Hierzu ist eine entsprechende Neuausrichtung der Beauftragung des Mandanten erforderlich, nachdem der Anwalt diesen Bedarf wahrgenommen und transparent gemacht hat.

44 Dr. Tutschka im Interview, S. 54 „Es gab ganz entscheidende Entwicklungen" in „Wirtschaft und Weiterbildung" 07/2017.

Mediator[45] nach dem ZMediatAusbV (der leider auch in Rechtsstreitigkeiten ein Nichtjurist sein darf).

Nach § 1 des Mediationsgesetzes[46] ist Mediation ein vertrauliches und strukturiertes Verfahren, bei dem Parteien mithilfe eines oder mehrerer Mediatoren freiwillig und eigenverantwortlich eine einvernehmliche Beilegung ihres Konflikts anstreben. Ein Mediator ist eine unabhängige und neutrale Person ohne Entscheidungsbefugnis, die die Parteien durch die Mediation führt. Und § 7a BORA präzisiert: Der Rechtsanwalt, der sich als Mediator bezeichnet, hat die Voraussetzungen nach § 5 Abs. 1 Mediationsgesetz im Hinblick auf Aus- und Fortbildung, theoretische Kenntnisse und praktische Erfahrungen zu erfüllen.

Doch wann genau ist für den Mandanten die reine Rechtsberatung, Legal Coaching oder die Mediation sinnvoll?

Lassen Sie es mich an einem einfachen Beispiel darstellen: Wenn wir den Mandanten als „Reisenden" begreifen, der von A nach B möchte, dann befindet er sich zu dem Zeitpunkt, in welchem er sich entschließt, Hilfe zu nutzen, in einer für ihn unangenehmen, meist aus seiner Sicht ausweglosen, oft auch beängstigenden Situation. Er weiß allein nicht weiter, weil er an einer Weggabelung steht, weil er den Weg verloren hat oder weil er sich verlaufen hat. Was braucht er, um weiter voranzukommen? Eine Übersichtstafel, ein Hinweisschild oder eine Wegbeschreibung? Prima, dann genügen für ihn Informationen aus einem Buch, Zeitungsartikeln, einer Verbraucherstelle oder dem Internet. Möchte er einen Experten nach dem Weg fragen und ihn sich erklären lassen, ist eine Rechtsberatung seine Wahl. Soll dieser Experte ihn auf dem Weg begleiten, ihn bei Wegkreuzungen auf die Vor- und Nachteile jeder Strecke hinweisen, um besser entscheiden zu können und soll er sogar bei Gefahren oder einem Angriff ihm zur Seite stehen, ist die Beauftragung eines Anwaltes mit der Prozessführung ideal. Wenn er sich jedoch jemanden wünscht, der ihn an die Hand nimmt, ihn emotional abholt und sortiert, damit er selbst wieder klar denken kann, ihm vielleicht sogar mit seinem Gepäck hilft, sich um ausreichend Proviant kümmert und ihm die Reise strukturiert und erleichtert – und dennoch den richtigen Weg kennt – dann ist Legal Coaching sein Produkt, was ihn quasi wie mit einer Kutsche (= Coach) zu seinem Ziel chauffiert.

Befindet er sich hingegen bereits inmitten einer Auseinandersetzung, kann ein Mediator Regeln vorgeben und beruhigend und schlichtend einwirken.

45 Einen Überblick dazu finden Sie unter www.zertifizierter-Mediator.de.
46 Welches erst 2012 eingeführt worden ist.

Pure Rechtsberatung? Die findet also schon lange nicht mehr statt. Juristen sollen heute alles sein: Strategen, Manager, Kommunikationsexperten, SuperStars, Schauspieler, Leader, Macher, Psychologen und ein guter Freund – ja und irgendwie auch ganz gute Juristen. Ist es da nicht an der Zeit, auch das „Handwerk", das WIE der Rechtsberatung professionell und fundiert zu erlernen und zu üben?

Der Trend zu Automatisierung, Standardisierung und Optimierung wird immer mehr Fahrt aufnehmen. Professioneller Beziehungsaufbau und verständnisvolles Miteinander lässt sich jedoch weder technisch optimieren noch durch Algorithmen und Legal Tech abbilden. Die Persönlichkeit des Anwalts, der menschliche Faktor, wird zunehmend zur Schlüsselfunktion werden, wie diese beiden „Spezialprodukte" der Rechtsberatung zeigen[47].

*It's a people business*[48] – gilt mehr denn je zuvor.

## IV. Preisfindung und Wertschöpfung

Das Anwaltshonorar, genauer: seine Höhe, ist ein sensibles Thema. Viele Mandanten haben nur eine sehr vage Vorstellung von der zu erwartenden Höhe des Honorars für die anwaltliche Dienstleistung. Rechtsschutzversicherte Mandanten glauben, sich über die Höhe des Honorars überhaupt keine Gedanken machen zu müssen. Auch Anwälte begegnen dem Thema Honorar mit einer merkwürdigen Scheu. Vielfach wird die Honorarfrage im ersten Gespräch mit dem Mandanten ausgeblendet und der Mandant erst viel zu spät über die Höhe des zu berechnenden Honorars aufgeklärt.

Einer der Gründe dieses eigentlich verwunderlichen Verhaltens von Anwälten mag in der Furcht liegen, ein Mandat nicht zu erhalten, wenn das Honorar von vornherein als zu hoch erscheint. Das Verschweigen des voraussichtlichen Aufwands für die anwaltliche Dienstleistung ist jedoch keine Lösung. Früher oder später wird der Mandant eine Honorarberechnung erhalten. Wird er durch diese Honorarberechnung unangenehm überrascht, dann ist der Ärger vorprogrammiert.

Zum anderen diskutieren einige Anwälte mit ihren Mandanten die Honorarfrage nicht, weil diese Anwälte sich selbst nicht darüber im Klaren sind, was ihre

---

47 Dr. Tutschka in „Der Anwalt als Konflikt- und Krisenmanager", im JurCoach-Blog vom 3.10.2017.

48 Gerber, S. 75 ff. „The E-Myth Attorney".

Leistung eigentlich kostet. Erschreckend viele Anwälte machen sich kaum Gedanken darüber, wie der Preis für ihre Dienstleistung zu bestimmen ist.

### 1. Wertschöpfung

Wertschöpfung ist das Ziel produktiver Tätigkeit und transformiert vorhandene Güter in Güter mit höherem Geldwert, indem durch die Aktivitäten des Unternehmens und seiner Mitarbeiter und der investierten Kosten Güter mit höherem Marktwert geschaffen werden[49].

Wertschöpfungskette des Wirtschaftszweiges „Rechtsberatung“, © Dr. Geertje Tutschka

Kurz: Wertschöpfung ist die Wertgröße, um die der Output den Input übersteigt[50].

Eine höchstmögliche betriebliche Wertschöpfung (Gewinn) zu erzielen sollte das Ziel ökonomischen Handelns sein. Wenn nun der Input wertmäßig dauerhaft den Output übersteigt, also eine negative Wertschöpfung (Blindleistung) entstanden ist, ist diese für den Betrieb stark substanzgefährdend. Der Begriff ist aufgrund der vielfältigen Verwendung in verschiedenen wirtschaftlichen Berei-

49 B. A. Rutherford: Value Added as a Focus of Attention for Financial Reporting: Some Conceptual Problems. In: Accounting and Business Research. 7, 1977, S. 215.
50 Nach der Formel: Wertschöpfung = Gesamtleistung – Vorleistungen.

chen der Wirtschaftslehren jedoch vornehmlich auf das produzierende Gewerbe anzuwenden und gilt grundsätzlich nicht für Beratungsleistungen.

Wie also bemisst man den „Wert" anwaltlicher Dienstleistung? Nach Erfolg, Zeiteinsatz, Kompetenz? Um es vorwegzunehmen: Aus betriebswirtschaftlicher Sicht gibt es keinen objektiv richtigen Preis für anwaltliche Dienstleistung.

Im Wesentlichen gibt es drei Methoden für einen Anwalt, den Preis für seine Leistung zu finden.

Eine Methode besteht darin, einen **Marktvergleich** vorzunehmen. Welchen Preis verlangen andere Anwälte für ihre Leistung? Welcher Preis lässt sich am Markt durchsetzen? Die Methode des Marktvergleichs ist für Anwälte problematisch, weil die benötigten Vergleichsdaten kaum veröffentlicht werden. Kollegen werden einem Anwalt gerade noch mitteilen, ob sie üblicherweise nach den vom Gesetzgeber vorgegebenen Tabellensätzen oder nach ihrem Zeitaufwand abrechnen. Feinheiten wie die, ob (höhere) Gegenstandswerte mit Mandanten vereinbart werden, um erhöhtem Aufwand Rechnung zu tragen, oder wie die genauen Stundensätze einer Kanzlei sind, wird ein Anwalt nur im Einzelfall erfahren können.

Eine zweite Methode der Preisfindung besteht darin, die Höhe des Anwaltshonorars an dem **Wert der Leistung für den Mandanten** zu bemessen. Eine unmittelbare Koppelung des Anwaltshonorars an das Ergebnis der anwaltlichen Dienstleistung, ein echtes Erfolgshonorar, ist – noch – gesetzlich verboten, § 49b Abs. 2 S. 1 BRAO. Mancher mag dies bedauern. Mandanten erklären häufig, eine erfolgsabhängige Honorarberechnung zu bevorzugen. Jedoch bestehen gerade aus der Sicht guter Anwälte Bedenken gegen Erfolgshonorare. Die anwaltliche Dienstleistung ist eine interaktive Dienstleistung, die in Zusammenarbeit mit dem Mandanten erbracht wird. Der Mandant hat durch sein eigenes Verhalten stets Einfluss auf den Erfolg seiner Angelegenheit. Der Anwalt steht in der zweiten Reihe, kann vorbereiten, raten und ausführen. Die Entscheidungsmacht bleibt jedoch bei dem Mandanten. Würden Anwälte ein reines Erfolgshonorar vereinbaren, so wären sie in finanzieller Hinsicht nicht etwa nur von der eigenen Leistungsfähigkeit, sondern auch von dem Geschick und der Klugheit ihres Mandanten abhängig. Nicht in allen Fällen ist das eine reizvolle Aussicht für Anwälte. Eine Lösung dieses Problems kann darin bestehen, ein auskömmliches Grundhonorar mit einem Erfolgszuschlag zu vereinbaren.

Eine dritte Methode berechnet den Preis für die Dienstleistung des Anwalts auf der Basis der **Kosten, die einem Anwalt durch seine Leistung entstehen**. Die zentrale Frage bei dieser Methode lautet: „Was kostet eine Anwaltsstunde?" Diese Frage kann nicht allgemeingültig beantwortet werden. Denn die Kostenstrukturen von Kanzleien sind sehr verschieden.

Um die Kosten einer Anwaltsstunde auszurechnen, müssen die Fixkosten einer Kanzlei, am besten für den Zeitraum eines Jahres, ermittelt werden. Zu den Fixkosten gehören die Büromiete, die dazugehörigen Nebenkostenvorauszahlungen, Kosten der Büroreinigung, Prämien für Versicherungen. Zu addieren sind die voraussichtlichen variablen Kosten. Zu den variablen Kosten gehören Positionen wie Telefongebühren, Porti, Kosten für Büromaterial, Reparaturen von Bürogeräten, ein Etat für die Bibliothek (Bücher und Zeitschriften; Nachlieferungen), Repräsentationsaufwendungen, Beiträge zu Berufsvereinigungen, ein Marketingbudget sowie, dies ist zumeist der größte Kostenblock mit einem Anteil von knapp fünfzig Prozent in den Kanzleien, der Aufwand für die Gehälter der Mitarbeiter. Die Summe dieser Kosten muss ein Anwalt in einem Jahr erst einmal erwirtschaften, um nicht Geld mitzubringen, das heißt, etwas für das Vergnügen, in einer Anwaltskanzlei arbeiten zu dürfen, zu bezahlen.

Da ein Anwalt auch etwas verdienen möchte, muss zu den Kosten der Betrag addiert werden, den der Anwalt als Angestellter in einem anderen Beruf verdienen könnte (fiktives oder gewünschtes Jahresbruttogehalt). Hinzukommen muss für den selbständigen Anwalt eine angemessene Verzinsung des von ihm eingesetzten Kapitals. Erwirtschaftet ein Anwalt in einem Jahr den so festgestellten Betrag, dann steht er wirtschaftlich beinahe so da, als würde er in einem beliebigen anderen Beruf als Angestellter arbeiten. Einen echten Gewinn hat er noch nicht gemacht.

Um den Preis für eine **Anwaltsstunde** festzustellen, muss die Summe von Kosten, Kapitalverzinsung und Wunschgehalt durch die Anzahl der von einem Anwalt in einem Jahr zu leistenden abrechnungsfähigen Stunden dividiert werden. Bei der Feststellung dieser Stundenzahl ist Vorsicht geboten. Macht ein Anwalt in einem Jahr einen Monat lang Urlaub und geht man davon aus, dass ein Monat durchschnittlich zwanzig Arbeitstage hat, dann bleiben einem Anwalt pro Jahr 220 Arbeitstage (11 Monate × 20 Tage). Da in diesen 220 Arbeitstagen auch die Teilnahme an Fortbildungsveranstaltungen und ein paar Fehltage wegen einer Grippe unterzubringen sind, werden 220 Arbeitstage im Jahr nur dann erreicht werden, wenn auch der eine oder andere Feiertag oder Samstag als Arbeitstag genutzt wird.

Bekanntlich haben Anwälte eine recht hohe tägliche Arbeitszeit und insbesondere eine überlange „Büroverweildauer“. Die Anzahl der Stunden, die ein Anwalt pro Tag im Büro verbringt, darf jedoch nicht mit der Anzahl der abrechnungsfähigen Stunden gleichgesetzt werden. Geht man davon aus, dass ein Anwalt durchschnittlich zehn Stunden pro Arbeitstag im Büro verbringt, so käme er rechnerisch im Jahr auf 220 Tage × 10 Stunden = 2.200 Stunden.

Einen ganz erheblichen Teil seiner Bürozeit verbringt ein Anwalt jedoch damit, sich dem Kanzleimanagement, den Verwaltungsaufgaben, der Pflichtlektüre von Gesetzblättern und Fachzeitungen oder schlicht dem Schwatz mit Kollegen und Mitarbeitern zu widmen. Diese Zeit kann keinem Mandanten in Rechnung gestellt werden. Bei dieser Zeit handelt es sich nicht um abrechnungsfähige Leistungszeit. Nach sehr optimistischen Annahmen sollten zehn Bürostunden acht abrechnungsfähigen Leistungsstunden entsprechen. Zu Demonstrationszwecken soll davon ausgegangen werden, dass von einem angestellten Anwalt pro Tag zumindest sechs abrechnungsfähige Leistungsstunden erwartet werden dürfen. Die Anzahl der Leistungsstunden pro Jahr beträgt in diesem Fall 6 Stunden × 220 Tage = 1.320 Stunden.

Betragen die dem Anwalt zurechenbaren Kosten pro Monat 10.000,00 € und damit im Jahr 120.000,00 € und will der Anwalt im Monat (anfangs) 4.000,00 € (brutto), also 48.000,00 € jährlich, verdienen, dann muss er einen Umsatz von 168.000,00 € erwirtschaften. Dies bedeutet, dass er im Durchschnitt pro Stunde ein Honorar von mindestens (168.000,00 €: 1.320 Leistungsstunden) 127,27 € (ohne Mehrwertsteuer) erwirtschaften muss, um sein Ziel zu erreichen. Ist der Durchschnitt geringer, dann verdient er entsprechend weniger. Sinkt der Umsatz pro Stunde unter 90,91 €, dann sind nicht einmal die Kosten der Kanzlei gedeckt. Der Anwalt verdient nicht nur nichts, er muss Geld zuschießen, er zahlt für das Privileg, Anwalt sein zu dürfen.

Die Feststellung des durchschnittlichen Stundenumsatzes, den ein Anwalt erzielen sollte, bedeutet jedoch noch nicht notwendigerweise, dass er nur dann, wenn er kontinuierlich Zeithonorare vereinbart, rentabel arbeiten kann. Entsprechende Umsatzdurchschnitte können auch nach anderen Honorierungsmodellen erzielt werden.

## 2. Geregelte Preisfindung (RVG)

Die noch für vor dem 1. Juli 2004 übernommene Mandate geltende BRAGO erfreute sich bei vielen Rechtsanwälten einer erstaunlichen Beliebtheit, die auch dem heutigen RVG zuteilwird. Für die Anwendung dieser Regelwerke spricht deren (scheinbare) Einfachheit, ihre Üblichkeit, die Tatsache, dass Rechtsschutzversicherer Anwaltshonorare ihren Kunden, den Versicherungsnehmern, nur entsprechend den vom Gesetzgeber geschaffenen Tabellen erstatten und nicht zuletzt die Tatsache, dass sie Anwälten erlauben, Honorarverhandlungen mit ihren Mandanten unter dem Hinweis darauf, dass die Anwaltsvergütung gesetzlich geregelt sei, zu vermeiden.

Beide Regelwerke bemessen die Höhe der Anwaltsvergütung auf der Basis des **Gegenstandswertes** einer Angelegenheit in Kombination mit Tätigkeitsgebühren, die je nach Aktivität des Anwalts anfallen. Beide Regelwerke sehen Erhöhungen oder Ermäßigungen je nach der Schwierigkeit einer Angelegenheit und dem Aufwand, den ein Anwalt zu leisten hat, vor. Eines der Probleme dieser Regelwerke besteht darin, dass eine Tätigkeit regelmäßig nur einmal vergütet wird. Die zweite, dritte und eventuell erforderlich werdende vierte Besprechung mit der Gegenseite oder der zweite und dritte Gerichtstermin lösen keine neue Gebühr aus. Rein betriebswirtschaftlich betrachtet ist es für einen Anwalt finanziell uninteressant, sogar schädlich, in derselben Angelegenheit ein zweites Schreiben zu verfassen oder einen zweiten Termin wahrzunehmen. Die Vereinbarung eines Mindesthonorars ist für Mandanten mit dem Risiko verbunden, dass Mindesthonorare die Leistungsbereitschaft des Anwalts nicht unbedingt fördern.

Einem Unternehmer erscheint es absonderlich, ausgerechnet dem Gesetzgeber die Kalkulation der Preise, zu denen der Unternehmer seine Leistungen anbietet, zu überlassen. Viele Anwälte sind in diesem Punkt weitaus unempfindlicher. Liegt es daran, dass sie sich selbst nicht als Unternehmer verstehen?

Inwiefern die Honorarberechnung nach den vom Gesetzgeber vorgelegten Gebührentabellen unter wirtschaftlichen Gesichtspunkten sinnvoll oder womöglich ruinös ist, kann an **Beispielsfällen** ermittelt werden.

---

i Manchem Anwalt, der sich gerade eben niedergelassen hat, mag es lukrativ erscheinen, die Prozessführung in einer durchschnittlich gelagerten Baupunktesache, die einen Gegenstandswert von EUR 20.000,00 hat, zu übernehmen. Ob und gegebenenfalls in welchem Umfang ein derartiges Mandat tatsächlich rentabel ist, wenn es nach dem RVG abgerechnet wird, lässt sich feststellen, wenn man die genannten Werte berücksichtigt. Zur Erinnerung: Die jährlichen Kosten einer Kanzlei sollen EUR 120.000,00 betragen. Der Anwalt will ein persönliches Einkommen von EUR 48.000,00 pro Jahr erzielen. Den erforderlichen Umsatz von EUR 168.000,00 will er mit 1.320 Leistungsstunden erwirtschaften. Demzufolge muss er pro Stunde einen Umsatz von EUR 127,27 erreichen.

Wie viel Zeit wird der Anwalt für die Baupunktesache aufwenden müssen und welches Honorar wird er nach dem RVG berechnen können?

Der Zeitaufwand wird sich zusammensetzen aus:

- Erste Besprechung mit dem Mandanten
- Durchsicht der vom Mandanten übergebenen Unterlagen und Prüfung der Rechtslage
- Diktat, Entwurf und Überarbeitung des Entwurfs für ersten Schriftsatz (Klageschrift oder Klageerwiderung)
- Durchsicht und Prüfung des ersten Schriftsatzes der Gegenseite und Information des Mandanten
- Weiterer Schriftsatz für den eigenen Mandanten (Replik oder Duplik)
- Beantwortung verschiedener Anfragen des Mandanten
- Vorbereitung des ersten Verhandlungstermins
- Wahrnehmung des Termins (einschließlich An- und Abfahrt sowie Wartezeit auf dem Gerichtsflur) und Terminsbericht an den Mandanten
- Durchsicht des Beweisbeschlusses und Vorbereitung auf den Beweistermin
- Beweisaufnahme und Information des Mandanten: Schriftsatz zur Beweiswürdigung

- Auswertung des Schriftsatzes der Gegenseite zur Beweisaufnahme und Information des Mandanten
- Durchsicht des Urteils und gegebenenfalls Prüfung der Notwendigkeit und der Erfolgsaussichten eines Rechtsmittels (Fristgebundenen Tat- Bestandsberichtigungsantrag nicht vergessen, § 320 ZPO)
- Kostenfestsetzungsverfahren (auch wenn dies weitgehend von nichtjuristischen Mitarbeitern erledigt werden kann)

  Arbeitet der Mandant nicht konzentriert mit, dauert es länger. Paradoxerweise benötigt man für diese Aufgabe umso weniger Zeit, je besser der Kollege auf der Gegenseite arbeitet. Es ist weitaus zeitraubender, einen schlechten Schriftsatz der Gegenseite zu bearbeiten, als einen guten.Im Verlauf des Mandats werden weitere, eventuell nur kurze und telefonisch geführte Abstimmungen mit dem Mandanten erforderlich sein. Dieser Zeitblock kann bei unprofessionellen Mandanten einen enormen Umfang annehmen.
- Insgesamt ca. 20,0 Stunden

Nach dem RVG kann der Anwalt eine Verfahrensgebühr nach Nummer 3100 der Tabelle (mit einem Satz von 1,3) und eine Terminsgebühr nach Nummer 3104 der Tabelle (mit einem Satz von 1,2) sowie die Pauschale nach Nummer 7002 der Tabelle abrechnen. Daraus resultiert die Honorarsumme von 1.635,00 €. Dividiert man diese Honorarsumme von 1.635,00 € durch die aufgewandte Zeit von 20 Leistungsstunden, dann stellt man fest, dass der Anwalt nicht den angestrebten durchschnittlichen Stundenumsatz von 127,27 €, sondern lediglich einen durchschnittlichen Umsatz pro Stunde von 81,75 € mit diesem Mandat erwirtschaftet hat.

Was bedeutet dieses Ergebnis hochgerechnet? Würde der Anwalt alle seine Leistungsstunden in einem Jahr nur zu einem Honorar von 81,75 € pro Stunde abrechnen können, dann müsste er, um die angestrebten 168.000,00 € zu erwirtschaften, pro Jahr nicht etwa 1.320 Leistungsstunden, sondern 2.055 Leistungsstunden erbringen. Dies bedeutet, dass er an jedem Arbeitstag nicht 6 Leistungsstunden, sondern 9,3 Leistungsstunden zu erbringen hat. Belässt es der Anwalt bei 1.320 Leistungsstunden im Jahr zu einem durchschnittlichen Stundenumsatz von 81,75 €, dann wird er am Jahresende 107.910,00 € eingenommen haben. Seine Kosten betragen 120.000,00 €. Verdient hat er nichts. Er muss allerdings die noch fehlenden 12.090,00 € auftreiben, um zumindest seine Kosten decken zu können. Kann er dies nicht, wird er über kurz oder lang seine Zulassung zur Anwaltschaft verlieren, § 14 Abs. II Nr. 7 BRAO.

Fazit: Das Mandat mit dem „schönen“ Streitwert von EUR 20.000,00 war nicht rentabel. Weitere Mandate dieser Art bringen den Anwalt an den Bettelstab. Das „gesetzliche“ Honorar ist nicht etwa das einzig erlaubte Honorar, sondern nichts anderes als eine Mindestvergütung.

---

Diesem Problem kann ein Anwalt auf mehrfache Weise begegnen. Zum einen kann er versuchen, seine Kosten drastisch zu senken. Je geringer seine Kosten sind, desto geringer ist auch der durchschnittliche Stundenumsatz, den er erwirtschaften muss, um sein Gewinnziel zu erreichen.

Eine weitere Möglichkeit besteht darin, einen höheren als den sich aus dem Gesetz ergebenden Gegenstandswert mit dem Mandanten zu vereinbaren. Dies führt zu einem höheren Honorar. Die Vereinbarung eines höheren als des „gesetzlichen“ Honorars ist erlaubt. Um dem Mandanten einen angemessenen Gegenstandswert vorschlagen zu können, muss der Anwalt allerdings kalkulieren, welchen Zeitaufwand er voraussichtlich mit der Bearbeitung der Angelegenheit haben wird und wie hoch der Gegenstandswert sein muss, um das aus Sicht des Anwalts erforderliche Honorar zu erzielen.

Eine „einfache" Möglichkeit, das Anwaltshonorar schlagartig zu erhöhen, besteht darin, einen Vergleich zu schließen. Mandanten, die einmal erleben mussten, dass der zehn Minuten früher noch so zuversichtliche Anwalt im Gütetermin eines Arbeitsgerichtsprozesses „auf dringendes Anraten des Gerichts" vehement auf den Abschluss eines Vergleichs drängt, werden verständlicherweise den Verdacht nicht los, dass die plötzliche Vergleichsgeneigtheit des Anwalts vielleicht auch vom eigenen Gebühreninteresse gelenkt war. Ein derartiges Misstrauen ist keine gute Basis für eine vertrauensvolle Zusammenarbeit zwischen Anwalt und Mandant.

### 3. Fest- und Pauschalpreis

Aus der Sicht von Mandanten sind Fest- und Pauschalpreise eine wünschenswerte Angelegenheit. Der Mandant weiß von vornherein, was er zu erwarten hat[51]. Sie erleichtern zudem den Preisvergleich zwischen den Angeboten verschiedener Anwaltskanzleien.

Auch aus der Sicht des Anwalts ist diese Preisgestaltung durchaus interessant. Auch für ihn ist die Vorhersehbarkeit des zu erwartenden Honorars angenehm. Allerdings muss sich der Anwalt der Mühe unterziehen, vorab genau zu kalkulieren, wie hoch sein Aufwand in dieser Angelegenheit voraussichtlich sein wird, um nicht mit Verlust zu arbeiten. Das ist nicht immer ganz einfach. Der Erläuterungsbedarf des anwaltserfahrenen Unternehmensmandanten ist deutlich geringer als der des jungen Start-up Unternehmers.

Die Vereinbarung von **Festpreisen** für größere Projekte erfordert von dem Anwalt einige Erfahrung bezüglich des Umfangs, den solche Projekte annehmen können. Aus betriebswirtschaftlicher Sicht ist es unumgänglich, in den Festpreis ein Polster einzukalkulieren. Nimmt der Anwalt beispielsweise an, dass der Zeitaufwand für eine bestimmte Aufgabe insgesamt etwa 50 Stunden erreichen wird und beträgt der von ihm angestrebte Umsatz pro Stunde 200,00 €, dann ist die Vereinbarung eines Festpreises von 10.000,00 € für den Anwalt riskant. Jede Aufwandserhöhung, die durch den Mandanten oder durch Geschäftspartner des Mandanten verursacht sein kann, macht die Kalkulation

51 Dies ist beispielsweise das Geschäftsmodell von „Scheidungsmanager.ch" oder „www.LegalBase.de"

zunichte. Der Anwalt sollte ein Sicherheitspolster von mindestens 15 Prozent (zusätzlich) einkalkulieren und einen Festpreis im Beispielsfall von 11.500,00 € vereinbaren.

Will ein Anwalt lieber nach seinem tatsächlichen Zeitaufwand abrechnen bzw. ist der Aufwand im Vorfeld nur schwer abschätzbar und empfiehlt sich dennoch der Festpreis, kann auch ein sogenannter Sockelbetrag als Festpreis kalkuliert werden, der mit dem zum jetzigen Zeitpunkt kalkulierten Zeitaufwand hinterlegt ist mit der Maßgabe, dass bei Überschreitung dieses Zeitaufwandes neu verhandelt wird bzw. jede zusätzliche Stunde abzurechnen ist. Neuverhandlungen während eines laufenden Mandates sind im Übrigen gar nicht so unüblich, da sich immer im Nachhinein weitere Details zum Sachverhalt ergeben können, rechtsverbindliche Entscheidungen getroffen werden oder sich schlicht die Zielvorgabe oder Interessenlage geändert haben kann.

Eine besondere Form des Pauschalpreises ist das immer noch äußerst beliebte **Stundenhonorar**. Wie die meisten anderen Dienstleister auch ist der Anwalt ein Verkäufer von Zeit und Bemühung. Die auf seinen Zeitaufwand bezogene Abrechnung seiner Leistung scheint deshalb für einen Anwalt die naturgegeben richtige Abrechnungsmethode zu sein. Nur dann, wenn ein Anwalt jede Stunde seiner Arbeit in einer bestimmten Angelegenheit gegenüber dem Mandanten abrechnen kann, ist er vor (eigenen) Fehlern bei der Kalkulation des für die Bearbeitung der Sache zu erwartenden Aufwands geschützt. Mancher mag die Angabe eines besonders hohen Stundensatzes zur Pflege des eigenen Images nutzen. Dem möglichen Einwand, ein Zeithonorar sei unfair, weil es den qualifizierten und schnell arbeitenden Anwalt benachteilige, lässt sich sehr leicht dadurch begegnen, dass Stundensätze unterschiedlich zu bemessen sind und der Spezialist eben einen weitaus höheren Stundensatz berechnen kann als derjenige Anwalt, der noch am Anfang seiner Karriere steht und sich in die Materie erst noch einarbeiten muss. Es gibt noch eine ganze Reihe weiterer Einwände gegen die Vereinbarung eines Zeithonorars zu Stundensätzen: Mandanten befürchten, die ihnen übersandte Honorarrechnung nicht kontrollieren zu können, weil sie nicht prüfen können, ob der von dem Anwalt behauptete Zeitaufwand tatsächlich angefallen ist. Anwälte befürchten, dass Mandanten, die den tatsächlichen Arbeitsaufwand des Anwalts im Regelfall nicht einschätzen können, eine zu langsame Arbeitsweise des Anwalts rügen werden. Abhilfe bis zu einem gewissen Grad kann eine möglichst transparente Abrechnung schaffen. Jeder Anwalt führt an jedem Tag einen Zeiterfassungsbogen, sei es in Papierform, sei es mit Hilfe eines entsprechenden Computerprogramms. In dem Zeiterfassungsformular wird die Angelegenheit, die Tätigkeit des Anwalts und die für diese Tätigkeit benötigte Zeitdauer notiert. Verbreitet ist ein Notieren im Viertelstundentakt, so dass jede angefangene Viertelstunde (oder jede vollendete Viertelstunde) abgerechnet wird. Mit der Honorarberechnung wird dem Mandanten zusätzlich eine gesonderte Auswertung der in seiner Angelegenheit aufgewandten Arbeitszeit übersandt. Vollkommen ausräumen lässt sich der Verdacht des Mandanten, dass der Anwalt vielleicht doch habe schneller arbeiten können, jedoch nicht. Eine weitere Besorgnis von Mandanten besteht darin, dass zu viele Anwälte auf ihre Angelegenheit „angesetzt" werden, um „Stunden zu schinden". In der Praxis mag so etwa vorkommen· Auch für diesen Punkt gilt, dass die anwaltliche Dienstleistung in besonders hohem Maße ein Vertrauensgut ist. Dieses Vertrauen muss sich der ein Zeithonorar berechnende Anwalt durch einen stets korrekten und fairen Zeitaufschrieb verdienen und erhalten.

Die absolute Höhe eines nach dem Zeitaufwand bemessenen Honorars lässt sich im Vorhinein nur schwer abschätzen. Größere Unternehmen, die über ein festes Budget für Rechtsberatung verfügen, schätzen dies ebenso wenig wie Privatmandanten. Soll es bei einer Abrechnung nach dem Zeitaufwand bleiben, dann können die Anwälte eine Kappungsgrenze anbieten. Die Kappungsgrenze ist der Höchstbetrag des Honorars in einer Angelegenheit, der, unabhängig vom tatsächlichen Zeitaufwand der Anwälte, nicht überschritten wird. Das Angebot einer Kappungsgrenze setzt eine sorgfältige Kalkulation des zu erwartenden Zeitaufwands voraus.

Die Höhe des Zeithonorars steht nicht in unmittelbarer Relation zum wirtschaftlichen Nutzen der anwaltlichen Dienstleistung für den Mandanten. Aus der Sicht des Mandanten kann dies ebenso ärgerlich sein wie aus der Sicht des Anwalts. Auch Fälle von geringen wirtschaftlichen Wert für den Mandanten können erhebliche fachliche Probleme bergen, die nur mit einem Zeitaufwand zu bewältigen sind, der in keiner vernünftigen wirtschaftlichen Relation mehr zu dem Ergebnis steht. Der Anwalt sollte mit seinem Mandanten besprechen, ob es nicht wirtschaftlich sinnvoller wäre, die Angelegenheit auf sich beruhen zu lassen. Wünscht der Mandant jedoch aus einem Affektionsinteresse heraus, dass „der Fall durchgezogen wird, koste es was es wolle", dann sollte der Anwalt genau hinterfragen, welchen Wert in Geld der Mandant der Befriedigung seines Affektionsinteresses beimisst. Umgekehrt gibt es Fälle, in denen ein Anwalt mit nur einigen Stunden Zeitaufwand dem Mandanten erhebliche wirtschaftliche Werte sichert oder verschafft. Ein faires Honorar lässt sich in solchen Fällen nur durch die Vereinbarung eines ungewöhnlich hohen Stundensatzes oder durch eine Kombination von Honorierungsmethoden erreichen.

Schließlich bedarf es einigen verkäuferischen Talents, einem neuen Mandanten die Angemessenheit eines Stundensatzes von 280,00 € nahe zu bringen, der erklärt, bislang habe er niemals mehr als 250,00 € pro Stunde gezahlt. Der Anwalt kann den Mandanten davon überzeugen, dass er für den höheren Stundensatz einen weitaus höheren Nutzen als bislang erhalte. Er kann auch darauf hinweisen, dass er schneller arbeitet und die absolute Höhe des zu erwartenden Honorars trotz des höheren Stundensatzes für den Mandanten günstiger sein wird.

### 4. Fazit

In einem von den Nachfragern dominierten Markt können die Anwälte nicht immer den von ihnen gewünschten Abrechnungsmodus durchsetzen. Aus Sicht des Anwalts wäre es auch unklug, starr an einem bestimmten Abrechnungssystem festzuhalten. Auch in ihrem Abrechnungsverhalten müssen Anwälte, ausgerichtet auf die Bedürfnisse ihrer Zielklientel, flexibel sein.

Gegenüber **rechtsschutzversicherten Mandanten** lassen sich andere als die nach den Tabellensätzen des RVG berechnete Honorare nur sehr schwer durchsetzen. Erforderlich werdende Erhöhungen des Honorars sollten unter Beibehaltung des Abrechnungsmodus, etwa durch die Vereinbarung einer zusätzlichen Gebühr, erreicht werden. In für Privatmandanten existentiellen Fällen, wie beispielsweise einem Kündigungsrechtsstreit, lässt sich die Vereinbarung eines Zeithonorars auch dem rechtsschutzversicherten Mandanten leichter vermitteln. Die Versicherungsleistung steht natürlich dem Mandanten zu.

Durch die **Vereinbarung von Kappungsgrenzen** können Höchstbeträge eines im Vorhinein nicht genau abschätzbaren Honorars festgelegt werden. Solche Kappungsgrenzen liegen in erster Linie im Interesse des Mandanten.

Bei umfangreichen Projekten, die eine intensive Einarbeitung des Anwalts erfordern, kann es immer wieder geschehen, dass ein Unternehmen das Projekt abrupt abbricht, ohne dass bislang ein größerer wirtschaftlicher Nutzen für das Unternehmen erreicht worden wäre. Um Diskussionen über das angeblich viel zu hohe Anwaltshonorar für den nur geringen Nutzen des Mandanten – der Mandant blendet für gewöhnlich die Tatsache aus, dass er selbst es war, der das Projekt abgebrochen hat – die Schärfe zu nehmen, kann von vornherein ein **Mindesthonorar**, ein Sockelbetrag vereinbart werden, der dem Anwalt in jedem Fall zusteht. Die Vereinbarung eines Sockelbetrags kann mit der Regelung kombiniert werden, dass die Stundensätze ab einer bestimmten Anzahl von Leistungsstunden kontinuierlich geringer werden. Der Anwalt muss bei solchen Absprachen darauf achten, dass er ab einem bestimmten Zeitpunkt mit seinem Stundenhonorar nicht unter die Kostendeckungsgrenze rutscht.

**Lockangebote** scheinen vor allem jüngeren Anwälten reizvoll, um neue Mandanten zu gewinnen. Erste Arbeiten werden für ein sehr geringes Honorar erledigt. Für die außergerichtliche Arbeit lässt das RVG ein Unterschreiten der Tabellensätze zu. Mit der Vereinbarung von Dumpingpreisen tun sich Anwälte keinen Gefallen. Zum einen wird es äußerst schwer sein, dem Mandanten nach dem Ablauf der „Lockphase“ klar zu machen, dass die Anwälte eigentlich ein deutlich höheres Honorar abrechnen müssen. Zum anderen hat ein übertriebener Preiswettbewerb noch keiner Branche je genutzt. „Schnäppchenjäger“ sind keine loyalen Kunden. Das gilt auch für Mandanten. Wer als Anwalt Wert auf dauerhafte Mandantenbeziehungen legt, sollte zu fairen Preisen, nicht aber „billig“ anbieten.

Auch in diesem Fall bestätigen Ausnahmen die Regel. Kollegen, die beispielsweise in großen Mengen Mahnverfahren für Telekommunikationsunternehmen betreiben, können durch Rationalisierungseffekte ihre Kosten so deutlich senken, dass die Abwicklung des einzelnen Mahnverfahrens zu einem weitaus geringeren Preis als von einer Allgemeinkanzlei angeboten werden kann. Fairerweise wird man aber sagen müssen, dass die Wahl der Anwaltskanzlei für die regelmäßige Bearbeitung der Mahnverfahren nicht aufgrund des Preises erfolgt war. Denn jede Kanzlei – egal ob klein oder groß – wird bei einer ständigen Fülle wiederkehrender Standardleistungen hoffentlich Systeme und Prozesse erstellen, die eine kostengünstige, effiziente Bearbeitung erlaubt[52].

Dauermandanten kann (und sollte) also ein **Mengenrabatt** gewährt werden. Sonderbarerweise wissen nur wenige Anwälte, welches die drei Mandanten sind, mit denen sie ihre höchsten Umsätze pro Jahr erzielen. Diese drei Mandanten – je nach Größe der Kanzlei können das auch fünf, zehn oder mehr Top-Mandanten sein – sind für eine Kanzlei besonders wertvoll und sollten deshalb auch eine besondere Wertschätzung erfahren. Diese besondere Wertschätzung kann sich zum einen in gesteigertem Service ausdrücken. Zum anderen erwarten „Großkunden“ regelmäßig auch ein finanzielles Entgegenkommen. Dagegen ist nichts einzuwenden. Anwälte müssen nur darauf achten, nicht von wenigen großen Mandanten wirtschaftlich abhängig zu werden.

Bei größeren Mandaten von hoher wirtschaftlicher Bedeutung, insbesondere bei gesellschaftsrechtlichen Transaktionen, werden bisweilen Honorare nachverhandelt. Im Erfolgsfall geht der Nachverhandlungswunsch von den Anwälten aus. Ist die Angelegenheit abgeschlossen, dann ist es dem Anwalt gestattet, auch wirtschaftlich an dem Erfolg seiner Arbeit beteiligt zu werden. Rechtlich besteht kein Anspruch auf die erfolgsabhängige nachträgliche Erhöhung des Anwaltshonorars. Gleichwohl existieren ungeschriebene Gepflogenheiten in diesem Bereich anwaltlicher Dienstleistungen. Gentlemen’s agreements binden manchmal enger als notariell beurkundete Verträge.

52 S. 14 „Effiziente Anwaltsorganisation“, TeleLex.

Zuletzt noch ein Wort zu den Zahlungsmodalitäten: Der Vergütungsanspruch ist wie jeder andere Anspruch im Zweifel sofort fällig, was jedoch in der Praxis kaum umgesetzt wird. Zumindest sollte der Anwalt seinen gesetzlichen Anspruch auf einen angemessenen Vorschuss gelten machen[53]. Im Fall der Honorarvereinbarung über einen Festpreis oder ein Zeithonorar sollte eine angemessene **Vorschussregelung** in die Vereinbarung aufgenommen werden. Bei jungen Anwälten fällt immer wieder eine merkwürdige Abrechnungsscheu auf. Je schneller ein Anwalt sich daran gewöhnt, nicht nur seine fachliche Arbeit gut und zügig zu erledigen, sondern auch alsbald abzurechnen, desto besser. Die meisten Mandanten erwarten, eine Rechnung für die Dienste ihres Anwalts zu erhalten. Verärgert sind sie jedoch, wenn diese Rechnung „überraschend", beispielsweise nach mehr als einem halben Jahr, nachdem die Angelegenheit abgeschlossen ist, eintrifft. Sind Zeithonorare vereinbart, dann rechnen Anwälte zumeist ihren Aufwand monatlich ab. Auch die quartalsweise Abrechnung von Zeithonoraren ist nicht unüblich. Wer für größere Unternehmen arbeitet, muss sich daran gewöhnen, dass die unternehmensinternen Prüfungen und Buchungsvorgänge etwa drei oder vier Wochen Zeit in Anspruch nehmen können, bevor das Anwaltshonorar beglichen wird. Wesentlich länger sollte es allerdings nicht dauern. Falls doch, muss der Anwalt mit seinem Mandanten darüber reden.

Längere Abrechnungsperioden sind für den Anwalt riskant. Zum einen muss er um die Liquidität der eigenen Kanzlei besorgt sein. Zum anderen sollte er nicht für übermäßig lange Zeit das Risiko der Illiquidität des Mandanten tragen. Auch Mandanten, deren Zahlungsfähigkeit vermeintlich „so sicher wie die der Bank von England" war, sind schon insolvent geworden. Wenn der nicht leistungsfähige Mandant darum bittet, den Honoraranspruch in Raten erfüllen zu dürfen, wird kaum ein Anwalt dieses ablehnen, erspart es ihm doch Zeit und Geld, den Vergütungsanspruch titulieren und durchsetzen zu lassen.

Wir sind es gewohnt, die meisten Dienstleistungen, die wir in Anspruch nehmen, sofort zu bezahlen. Das gilt für den Kinobesuch ebenso wie für die Inanspruchnahme eines Friseurs, einer Wäscherei oder einer Autoreparaturwerkstatt. Es gibt keinen sachlichen Grund dafür, dass es beim Anwalt anders sein sollte. Wenn ein Privatmandant nach vierzehn Tagen seine Honorarrechnung noch nicht bezahlt hat, dann stimmt etwas nicht. Entweder hat er die Rechnung gar nicht erhalten (das ist sehr selten), er ist mit der Rechnung nicht einverstanden (das gibt es häufiger) oder er gehört zu derjenigen Gruppe von Mitmenschen, die zwar gerne Leistung in Anspruch nehmen, dafür aber am Liebsten

53 Auch im Verhältnis zu rechtsschutzversicherten Mandanten besteht kein vernünftiger Grund, auf das Vorschussrecht des Anwalts zu verzichten.

nichts zahlen möchten. Eine freundlich formulierte Zahlungserinnerung tut zumeist ihre Wirkung (und führt zum Schuldnerverzug). Von zweiten, dritten, „letzten" und „nun wirklich allerletzten" Mahnungen halte ich nichts. Zahlt der Mandant nach einer Mahnung nicht, dann ist es für den Anwalt besser, mit der gleichen Intensität und Konsequenz, die er zuvor bei der Mandatsbearbeitung gezeigt hat, seine eigenen Honorarinteressen gegenüber dem ehemaligen Mandanten durchzusetzen.

Gerade in diesem Punkt gehen unter Kollegen die Meinungen jedoch weit auseinander. Mancher Anwalt beweist gegenüber säumigen Mandanten eine wahre Engelsgeduld und wird auch dafür belohnt. Der Mandant kommt immer wieder. Er zahlt allerdings auch immer wieder nur sehr spät.

In meinen Coachings und Trainings zum Thema „Geld, Vergütung und Wert" kann ich diesen Kollegen oft relativ schnell deutlich machen, dass ihr Umgang mit dem Zahlungsverzug der Mandanten ihre eigene Einstellung zum Geld spiegelt. Hier bestehen oft unbewusste „Paradigmen" und „Wertungen" rund um das Thema „Geld" und „Geschäft", die es gilt, sich bewusst zu machen. Erst dann kann konkret entschieden werden, ob man daran festhalten möchte oder ob sie nur blockieren und sich von ihnen verabschieden. In jedem Fall ist es Wert, sich nicht nur aktiv mit den eigenen Stundensätzen auseinanderzusetzen, sondern auch sich immer mal wieder mit den persönlichen Glaubenssätzen zum Geld auseinanderzusetzen[54]. Denn ein säumiger Mandant ist vielleicht ärgerlich und kostet zusätzlich Zeit und Geld. Doch wenn dies zum Phänomen wird, reagieren diese nur auf die „Botschaft der Kanzlei", die Rechnung muss nicht sofort bezahlt werden.

i Zuletzt noch ein **Tipp**:
Es schadet nicht, dem Mandanten im Zusammenhang mit der Honorarberechnung einen Zusatznutzen, auf den der Mandant rechtlich keinen Anspruch hätte, zu bieten.

Viele Kanzleien tun dies seit langem schon unbewusst und ohne ihre Mandanten darauf hinzuweisen. Letzteres ist unter Marketinggesichtspunkten ein Fehler. Die meisten Anwälte führen für rechtsschutzversicherte Mandanten die Korrespondenz mit dem Rechtsschutzvesicherer unentgeltlich. Sie machen sich dabei nicht bewusst, dass es sich eigentlich um eine eigene Angelegenheit handelt und dass für diese eigene Angelegenheit richtigerweise die weitere Akte „Mandant gegen Rechtsschutzversicherer wegen Anspruchs auf Versicherungsleistung" angelegt werden müsste. Der Rechtsschutzversicherer

54 Wie z.B. „Über Geld spricht man nicht", „Geld verdirbt den Charakter", „Eher geht ein Kamel durch ein Nadelöhr, als dass ein Reicher in den Himmel kommt".

ist weder der Freund des Anwalts noch des Mandanten, sondern der Anspruchsgegner des Mandanten. Wer die Korrespondenz mit dem Rechtsschutzversicherer und die unter Umständen zeitraubenden und ermüdenden Diskussionen über die Berechtigung von Gegenstandswertbestimmungen und den Anfall von Besprechungsgebühren unentgeltlich führen möchte, mag das tun. Er sollte dem Mandanten jedoch klarmachen, dass dieser Service eigentlich Geld kostet und er dem Mandanten dieses (von dem Rechtsschutzversicherer nicht zu erstattende) Entgelt für den zusätzlichen Service schenkt. Ähnlich gelagert, jedoch davon zu unterscheiden, ist der Fall der Prozessfinanzierung.

Mittelständischen Mandanten, die über keine eigene Rechtsabteilung verfügen, kann ein Anwalt die Übersendung einer Honorarnote dadurch „versüßen", dass er sich beispielsweise einmal den Internetauftritt des Mandanten anschaut und daraufhin prüft, ob die Homepage des Mandanten die nach § 5 TMG erforderlichen Angaben enthält. Diese Prüfung kostet nicht viel Zeit und Mühe, kann aber wertvoll für den Mandanten sein. Manche „Experten" haben sich darauf spezialisiert, das Fehlen der Angaben nach § 5 TMG kostenpflichtig abzumahnen. Für den (nicht abgerechneten) Tipp, der bares Geld wert ist, wird der Mandant dankbar sein. Der Anwalt sollte seinen Mandanten jedoch wissen lassen, welchen Wert dieser unentgeltliche Rat hat.

## V. Eine Branche im Wandel: Die Kanzlei der Zukunft

165.000 zugelassene Rechtsanwälte in Deutschland, 500 Einwohner pro Anwalt. Die Zahl der Anwälte seit 1990 verdreifacht. Die Hörsäle der juristischen Fakultäten übervoll:

Wie sieht die Zukunft der Legal Branche aus?

Im Jahr 2013 hat der deutsche Anwaltsverein bei der Prognos AG die oben erwähnte Studie zur Zukunft des deutschen Rechtsmarktes in Auftrag gegeben. Diese präsentierte sodann auf dem alljährlich stattfindenden deutschen Anwaltstag Ihre Zukunftsstudie für die deutsche Anwaltschaft „Der Rechtsdienstleitungsmarkt 2030"[55]:

- Der weiter zunehmende Konkurrenzdruck wird sich insbesondere in den Städten und Ballungsgebieten verschärfen.

55 Die Zukunftsstudie für die deutsche Anwaltschaft ist beim deutschen Anwaltverein beziehbar.

- Damit verbunden ist ein höherer Kostendruck, die Vergütung wird weiter sinken.
- Standardisiertes Wissen und die Bereitstellung standardisierter Rechtslösungen wird immer mehr von anderen Anbietern übernommen werden und als Einkommensquelle für die Rechtsanwaltschaft abnehmen.
- Eine weitere Folge des Kostendrucks wird sein, dass die nicht-juristischen Mitarbeiter in den Kanzleien deutlich reduziert werden und deren Aufgaben immer mehr von technischen Lösungen übernommen werden.
- Das Wissensmonopol der Anwälte wird weiter schrumpfen.
- Gleichzeitig wird jedoch die Persönlichkeit des Anwalts von zentraler und entscheidender Bedeutung im Konkurrenzkampf werden. Dies wird durch die Zunahmen der Spezialisierungen und vielfältigeren Kanzleiformen und Zusammenschlüssen unterstützt.
- Auch der weitere Abbau von Justizinfrastruktur wird es erforderlich machen, dass die Bedeutung sozialer Einrichtungen, aber alternativer Akteure, wie beispielsweise Pro-Bono-Tätigkeiten der Anwaltschaft, alternative Finanzierungsformen, oder aber die Hinzuziehung von Mediatoren, Psychologen, Vermittlern, eine spannende Entwicklungsmöglichkeit für Anwälte darstellen wird.

Fakt ist also, dass die Legal Branche an einem Wendepunkt steht. Die bereits eingangs erwähnten drei großen Herausforderungen werden in der Zukunftsstudie deutlich prognostiziert und in ihrer Entwicklungstendenz beschrieben:

## 1. Die Digitalisierung

Die Digitalisierung stellt bereits jetzt für die Branche Fluch und Segen gleichermaßen dar. Einerseits sind ungeahnte Kommunikations- und Optimierungsmöglichkeiten denkbar. Die Anschaffung- und Einrichtungskosten der technischen Hilfsmittel amortisieren sich regelmäßig schneller, als die Einarbeitung neuer Mitarbeiter. Weiterer Personalabbau führt zu Kosteneinsparung und Risikominimierung.

Problematisch an dieser Situation stellt sich jedoch insbesondere dar, dass viele technische Lösungen noch nicht dem für die Rechtsbranche erforderlichen Sicherheitsstandard entsprechen[56] und in den meisten Fällen die Ge-

56 Erst Recht nicht den „neuen“ Anforderungen an den Datenschutz.

setzgebung den technischen Möglichkeiten hinterher hinken[57]. Das bedeutet, dass sich die Anwaltschaft auch in Zukunft immer mehr in rechtlichen Grauzonen bei der Nutzung von Technik und technischen Hilfsmitteln bewegen wird. Gleichzeitig aber nicht umhinkommt, sich mit einem gewissen technischen Grundverständnis immer auf dem Höhepunkt der Zeit zu halten, um rechtliche Risiken abschätzen zu können. Dieser technologische Wandel wird die Arbeitsprozesse und die Marktsituation für die Anwaltschaft stark verändern[58]. Gerade untersucht das Bucerius Center on the Legal Profession, ob Legal Tech die Kanzleien wirklich dazu bewegt hat, ihre Geschäftsmodelle und ihr Serviceangebot, ihre Einkommensmodelle und organisatorischen Strukturen zu überdenken[59], nachdem sie 2016 in der Zusammenarbeit mit der Boston Consulting Group in der Studie „How Legal Technology will Change the Business of Law" festgestellt hat, dass Legal Tech 30–50% der Arbeit von Junganwälten ausführen könnte.

Die Digitalisierung bringt auch eine Internationalisierung der deutschen Anwaltschaft mit sich. Mandate werden zunehmend international, was wiederum besondere Anforderungen an die Anwaltschaft mit sich bringt[60].

Die Prognos-Studie führt weiter aus, dass das größte Potenzial letztlich in der Optimierung von Kanzleimanagement und Kanzleimarketing liegt[61].

Gerade das Kanzleimanagement wird von der Professionalisierung und Digitalisierung der Managementaufgaben profitieren, indem vor allem die Ressourcen Zeit, Personal und Geld durch die Digitalisierung effizienter eingesetzt und kontrolliert werden können.

Die sich stetig entwickelnden Informations- und Kommunikationstechnologien bieten zahlreiche Möglichkeiten, um den Erfordernissen einer flexiblen und transparenten sowie kundenorientierten, rechtsberatenden Dienstleistung Rechnung zu tragen.

Die digitale Akte und das beA sowie der Ausbau der IKT-Infrastruktur in Kanzleien ist hierbei zwingende Voraussetzung. Gerade die technologische Entwicklung ist als einer der zentralen Treiber für die Entwicklung am Rechtsdienstleitungsmarkt von der Prognos AG identifiziert worden[62].

---

57 Das „Besondere elektronische Anwaltspostfach" (beA) wird seit Jahren immer wieder verschoben und ist dafür ein prägnantes Beispiel.

58 Prognos, Der Rechtsdienstleistungsmarkt 2030 Seite 138.

59 New Directions in Legal Services, ARK Group, Bucerius Law School (CLP).

60 Heussen, S. 320, „Anwaltsunternehmen führen".

61 Prognos der Rechtsdienstleistungsmarkt 2030 Seite 176.

62 Prognos der Rechtsdienstleistungsmarkt 2030 Seite 180.

Sind Innovation und LegalTech also die Feinde der Rechtsbranche, weil disruptiv?

Frisst Legal Tech die Legals?

Unter **LegalTech** versteht man technische Anbieter, die standardisierte Problemlösungen anbieten. Hier sind beispielsweise Anbieter wie Flightright, Legalbase oder geblitzt.de[63] gemeint, die zu Pauschalpreisen pauschale Rechtsdienstleistungen anbieten. Legal Tech können Softwarelösungen sein oder aber Vermittlungsplattformen für Legal Service[64].

Davon zu unterscheiden sind die von den technischen Serviceprovidern entwickelten Branchenlösungen für den Legal-Sektor. Hier geht es um technische Produkte, die speziell für den Kanzleibereich entwickelt worden sind, beispielsweise im Hardwarebereich der Anwaltskopierer von Konica Minolta oder Rico, oder im Softwarebereich spezielle Kanzleilösungen für kanzlei-interne Prozesse. Zwar steckt hier noch einiges in den Kinderschuhen und die Legal Branche leidet im Moment an halbfertigen, unausgegorenen Produkten. Die Chance besteht jedoch darin, die technischen Serviceprovider darin zu begleiten, ein maßgeschneidertes, zielgruppenoptimiertes Produkt zu entwickeln, welches die Legal Branche in die Zukunft begleitet.

Erste Ansätze sind mit dem beA gemacht. Entwicklungsfähige Kanzleisoftware wie von RA Mikro, AdwoWare und STP seit Jahren in den Markt gebracht, ist vorhanden. Nun gilt es, Anfangsschwierigkeiten auszumerzen, Sicherheitslücken zu schließen und flexible Schnittstellen zu schaffen, um den im Wandel befindlichen Kanzleimarkt flexible Lösungen anzubieten. Dabei ist es ist kein Geheimnis, dass immer mehr Unternehmen die Zielgruppe Legal als neuen vertikalen Markt entdecken. Vertikale Märkte, wie beispielsweise der Bildungssektor oder aber auch der Krankenhausbereich, treten zunehmend in den Fokus der Unternehmen, die sowohl ihre Produkte als auch Ihre Marketingstrategie auf diese vertikalen Märkte ausrichten. Die frühzeitige Einbindung von Experten aus diesen Branchen ist dabei von entscheidendem Vorteil: schon bei der strategischen Ausrichtung, bei der Produktentwicklung und später bei der Aufsetzung des Marketingkonzeptes. Firmen wir RA Mikro oder STP setzen dabei auf die Anstellung von Juristen in der Produktentwicklung oder in der Marke-

**63** Caspar Tobias Schlenk, „Der Smartlaw Gründer startet das nächste Legal Start up“ in Gründerszene vom 3.4.2016.

**64** Einen guten Überblick bietet Hartung, Bues, Halbleib, „Legal Tech – die Digitalisierung des Rechtsmarktes“, 2017.

tingabteilung. Andere Unternehmen setzen eher auf die Hinzuziehung von externen Beratern und Testkanzleien für Ihre Produktinnovationen.

Neue Entwicklungen auf diesem Markt zu verfolgen und deren Potenziale für die eigene Kanzlei zu prüfen, wird zu einem Schlüsselfaktor werden. Es bleibt zu hoffen, dass die Rechtsanwaltschaft die Digitalisierung als Chance begreift und sich nicht als Bremser und Bedenkenträger versteht. Der Fehlstart des beA dürfte der deutschen Rechtsanwaltschaft insofern eine Lehre sein[65].

## 2. Der Wandel des Berufsbildes durch den Gender- und Generation-Shift

Gleichzeitig werden mit der zunehmenden Digitalisierung aber auch die Möglichkeiten der Work-Life-Balance sowie die Ansprüche der Generation Y und die Vereinbarkeit von Beruf und Familie besser bedient werden können. Bereits jetzt sind nahezu 50% der Absolventen der Rechtsstudiengänge weiblich, bereits jetzt sind über 35% der zugelassenen Rechtsanwälte weiblich[66]. Auch wenn diese bislang noch vornehmlich in Teilzeit beziehungsweise eher nicht in den Entscheidungspositionen sitzen. Die Rechtsbranche ist mit einer Quote von unter 5% weiblicher Partner übrigens ebenso wie beim Gender Pay Gap[67] das Schlusslicht im Vergleich zur deutschen Wirtschaft[68].

Es wird prognostiziert, dass bereits innerhalb der nächsten zehn Jahre ein ausgewogenes Verhältnis von Frauen und Männer in der Anwaltschaft vorhanden sein wird. Dies wird zu einem grundlegenden Wertewandel und einer Änderung des Berufsbildes führen. Der „graumelierte Fuchs im dunkelblauen Goldknopfdoppelreiher" hat ausgedient. Ebenso das „hemdsärmelige Liebling Kreuzberg Model". Neue Vorbilder werden definiert. Die Höhe des Gehaltes und die Aussicht auf Partnerschaft gehören für die neue Generation von Anwälten und Anwältinnen längst nicht mehr zum obersten Ziel, wohl aber Gleichstellung in Beruf, Macht und Geld sowie Work-Life-Balance und Familienzeit.

Allen Unkenrufen zum Trotz: Die Anwaltschaft erfindet sich gerade neu[69].

---

**65** nur am Rande sei erwähnt, dass die österreichischen Kollegen seit Jahrzehnten den elektronischen Rechtsverkehr problemlos nutzen – wie übrigens ebenfalls alle Kommunen und Behörden; Pia Lorenz, „Ist das beA noch zu retten?", LTO vom 28.12.2017.

**66** Dr. Tutschka, „Diversity in deutschen Kanzleien" in Edition F vom 30.3.2016.

**67** Dr. Koch, „Anwältinnen im internationalen Vergleich", NJW 05/2017; Dr. Tutschka, „The pink elephant in the room" in JurCoach – Blog vom 24.5.2017.

**68** Dr. Tutschka, „Female Leadership im Legal Sector", S. 137 in DjbZ 03/2017; „Justitia wir haben ein Problem" in JuraBlogs vom 26.4.2016; „Männer und Frauen in juristischen Berufen" in Legal Tribune online vom 16.11.2015.

**69** Dr. Tutschka, „Change is not in our DNA" in Huffington Post vom 30.3.2016.

Und wie genau macht sie das?

In erster Linie mit Spezialisierung und Segmentierung[70]:

Es erfolgt eine fachliche Schwerpunktsetzung beispielsweise durch Erwerb weiterer Fachanwaltstitel, aber auch eine Spezialisierung auf ausgewählte Mandantensegmente oder die Definition und Profilierung von Geschäftsfeldern. Gleichzeitig wird die regionale Fokussierung statt der Eröffnung weiterer Standorte bevorzugt und stattdessen eine Kooperation mit anderen Kanzleien, aber auch mit anderen Unternehmen, wie beispielsweise Unternehmensberatern und Wirtschaftsprüfern angestrebt. Immer mehr Kanzleien setzten darauf, sich zu sogenannten Boutique-Kanzleien im Rahmen Ihrer Spezialisierung zu entwickeln. Dies sind kleine Kanzleieinheiten, die hochspezialisiert sich lediglich auf ein Marktsegment fokussiert haben[71]. Ein weiteres Modell ist, dass sich kleine Kanzleieinheiten, wie die Boutique-Kanzlei, durch ein überregionales oder überprofessionales Netzwerk zu einer sogenannten One Stopp Kanzlei aufstellen können. Dies bedeutet, dass Mandate einer ganzheitlichen Lösung zugeführt werden und flankierende Dienstleistungen die durch das Netzwerk abgebildet werden können. Der Vorteil dabei ist, dass Vertrauensbasis des Mandates auf andere Dienstleistungen ausgeweitet werden kann und sich der Mandant vollumfänglich abgeholt fühlt.

Letztlich kann aber auch eine zunächst regional aufgestellte, jedoch hoch spezialisierte Kanzlei sich neu orientieren, indem sie ein Nischenprodukt überregional unabhängig von Öffnungszeiten oder regionalen Gegebenheiten ja quasi international als „online-Kanzlei anbietet. Diese Online Kanzleien sind maßgeblich von der Digitalisierung geprägt und entwickeln sich gerade in den Rechtsbereichen, die ebenfalls länderübergreifend und international ausgerichtet sind.

Der Spezialisierung in Form von Fachanwaltstiteln wird dadurch Rechnung getragen, dass immer mehr und neue Fachanwaltschaften etabliert werden, wie beispielsweise 2015 der Fachanwalt für Wirtschaftsrecht oder 2016 der Fachanwalt für Migrationsrecht.

Auch ist eine Ausgliederung bestimmter Spezialgebiete aus größeren Rechtsgebieten denkbar, wie beispielsweise das Expatrechtes aus dem Arbeitsrecht[72].

Die Zukunftsstudie beschreibt aber auch, dass die Rechtsbranche bereits über ein Überangebot an rein fachlicher Weiterbildung verfügt und es hier zu

---

**70** Richard Susskind, Tomorrow's Lawyers, S. 45.

**71** Wie beispielsweise NEUWERK in Hamburg, Naber in „Partner vs. Associate" in JurCoach-Blog vom 17.6.2016.

**72** Dr. Tutschka, Kuschel, Dittmeier S. 6 in „USA Expat Quick Guide".

einem Ungleichgewicht im Verhältnis zur Ausbildung von sogenannten Softskills und Persönlichkeitsfaktoren kommt.

Das wird daran deutlich, dass die zunehmenden Fachanwaltschaften nicht mehr, wie noch vor Jahren, automatisch zu einer Gewinnerzielung beitragen können und die Erwartungshaltung des Marktes zwar einerseits Spezialisierungen einfordert, andererseits aber ganzheitliche Problemlösungen immer relevanter werden[73].

Es wird zunehmend also nicht nur um reine Gesetzesanwendungen und rechtliche Lösungen gehen, sondern stärker auf ein problemlösungs- und dienstleistungsfokussiertes Angebot Wert gelegt werden. Schnelle Reaktionszeiten, Informationstransparenz, ein Höchstmaß an Flexibilität, ein besonderes Alleinstellungsmerkmal und eine vertrauensvolle Mandatsbeziehung sowie die Einbeziehung rechtsferner Überlegungen aus Wirtschaft, Gesellschaft und Psychologie werden zu entscheidenden Kriterien.

Spezialisierung und fachliche Expertise gerade im Nischenbereich werden deshalb nur noch in Verbindung mit Charisma und einer Vertrauen erweckenden Persönlichkeit des Anwalts[74] sowie einer entsprechenden Corporate Identity und einem starken Netzwerk zukunftsfähig sein.

Das Mandantenfeedback und die Kundenzufriedenheit werden zum entscheidenden Optimierungstool für die Anwaltschaft. Schon jetzt werden neben den rein fachlichen Weiterbildungsangeboten und den Rhetorik- und Performancetrainings auch Persönlichkeitsentwicklungsprogramme oder Zusatzkompetenzen wie interkulturelle Kommunikation, Coachingtechniken[75], Mediation, betriebswirtschaftliches Know-How, Projektgestaltung oder Marketing angeboten.

Sie stehen nun am Anfang; am Anfang der Neuausrichtung Ihrer Kanzlei, vielleicht einer Kanzleigründung oder auch -umgründung. In jedem Falle am Beginn eines aufregenden Prozesses, am Anfang einer großen Aufgabe, am Beginn einer arbeitsreichen Zeit. Und dabei spielt es keine Rolle, ob Sie gerade erst ins Berufsleben starten, sich nach einer Familienpause neu orientieren und neu durchstarten möchten. Oder aber Sie sich schlicht auf dem Höhepunkt Ihrer Karriere als Anwalt auch noch als Unternehmer, sprich Kanzlei-Inhaber, beweisen möchten. Ihnen steht eine besondere Zeit bevor.

73 Prognos der Rechtsdienstleistungsmarkt 2030 Seite 179.

74 Dr. Geertje Tutschka, „Warum Gender Diversity in deutschen Kanzleien so wichtig ist" in Soldan Insight vom 25.2.2016.

75 Dr. Geertje Tutschka, „Business Coaching für Anwälte" in NJW 24/2015.

Dieses Buch soll Ihnen einen ersten Überblick über die nächsten notwendigen Schritte, wichtige Fragestellungen und Problemfelder geben. Nun ist es an Ihnen, die Ärmel hochzukrempeln und loszulegen. Eines kann ich Ihnen versichern: Sie sind nicht allein! Willkommen im Kreis der Kanzlei-Inhaber, lieber Kollege, liebe Kollegin!

# B. Die Kanzleivision

Worum geht es bei Kanzleigründung und -management?

Jede Kanzlei sollte wie jedes Unternehmen über eine „Idealversion“[1] ihrer Selbst verfügen. Diese wird der Kanzlei durch den Inhaber bzw. durch das dafür verantwortliche Team vorgegeben. Diese Idealversion sollte prinzipiell schon mit der Kanzleigründung vorliegen und sich weder in erster Linie an der Marktsituation noch am Know-How der Mitarbeiter orientieren. Sondern vielmehr daran, wozu das Unternehmen, die Kanzlei gegründet wird bzw. einst gegründet worden ist. Notwendigerweise sollte also der Inhaber bzw. das Team eine genaue Vision davon haben, wo die Reise hingehen soll und wie sie dafür die Kanzlei nutzen wollen[2].

Der Prozess, eine solche Kanzleivision zu entwickeln, kann durch einen professionellen Business-Coach, der idealerweise etwas von der Legal Branche und vom Kanzleigeschäft versteht, unterstützt werden. Etwas anderes ist es hingegen, sich Rat durch Experten oder Berater (in Buchform, Seminar oder Consulting) einzuholen oder einen erfahrenen Kollegen als Mentor ins Boot zu holen. Während Erstere sich eher an objektiven Idealversionen orientieren, spielen bei Letzteren die subjektiven Erfahrungen eine entscheidende Rolle. Ein Business-Coach wird sich hingegen, wenn er denn auch als solcher ausgebildet und zertifiziert worden ist[3], an ihrer individuellen Situation orientieren und mit ihnen gemeinsam in weniger als einem Drittel der Zeit das Bild ihrer idealen Kanzlei visionieren[4]. Entscheiden Sie selbst, ob sich diese Investition lohnt.

Selbstverständlich kann sich solch eine Idealversion im Laufe der Zeit auch ändern, erweitern oder reduzieren. Sie sollte jedoch immer gleichsam wie ein „Leuchtturm“, nach dem man sich ausrichtet und orientiert, klar und stabil sein. Schwammige Allgemeinfloskeln oder ein bunter Strauß sehr unterschiedlicher Dinge sind nicht geeignet. Vielmehr ist dies ein untrügliches Zeichen dafür, dass das Unternehmen, die Kanzlei sich von einem klaren Idealbild ihrer Selbst entfernt. Es ist dann zu fragen, ob sie immer noch dem ursprünglichen Zweck dient oder ob nicht eine Neu- bzw. Umgründung ansteht.

---

1 manche nennen es auch „Vision“ oder schlicht „Ziel“, wobei letzteres es nicht ganz trifft.

2 Schieblon in „Kanzleimanagement in der Praxis“, S. 24., Verlag Springer-Gabler.

3 Da sich viele Berater im Markt tummeln, die sich lediglich marketingwirksam/„neudeutsch“ Coach nennen, obwohl sie tatsächlich keine Coachingleistung erbringen oder als Coach ausgebildet worden sind, empfehle ich, sich hier unbedingt die entsprechende Zertifizierung als Coach durch einen Berufsverband (vergleichbar etwa mit dem Fachanwalt) zeigen zu lassen.

4 Dr. Tutschka, „Der Rechtsanwalt als Unternehmer“, TeleLex, S. 17.

https://doi.org/10.1515/9783110519129-002

Die Vorstellung, „Rechtsberatung im deutschen Markt zu erteilen“, genügt dafür also keineswegs, auch wenn wohl die überwiegende Mehrheit der Kanzleien in Deutschland zu genau diesem Zweck gegründet worden waren[5]. Da schon in der Zielvorgabe die rechtlichen Parameter für Kanzleien einbezogen werden sollten, muss also notwendigerweise das Ganze beispielsweise mit Gewinnerzielungsabsicht betrieben werden[6].

## I. Persönlichkeit des Anwalts

*It's a people business*[7].

Das gilt nicht nur bezogen auf die Mandanten und das Befriedigen ihrer Bedürfnisse.
Dies gilt ebenso bei der Frage, was Sie persönlich mitbringen.

**Wer sind Sie? Was macht Sie aus?**
Den Teilnehmern in meinen Workshops zu diesem Thema fallen da in erster Linie Ihre Ausbildung zum Volljuristen ein, ihre Titel und Abschlüsse.

Doch ist es das? Kommt auch nur ein Mandant zu ihnen als Anwalt, weil sie das 2. Staatsexamen mit xyz abgeschlossen haben oder einen Doktortitel haben?

Der Mandant kommt zu ihnen, weil er eine Empfehlung bekommen hat oder er Ihren Auftritt im Internet ansprechend fand. Beim Erstkontakt entscheidet er, ob er sie als Person sympathisch findet. Ob er ihnen vertraut.

Deshalb ist es wichtig zu wissen, wer sie sind, wofür sie stehen und welche Aspekte davon für ihren Mandanten wichtig sind: Identität und Identifizierung.

---

5 Claudia Bonacker, „Kanzleigründung und Kanzleistrategie“ in Haufe vom 20.1.2014.

6 Ggf. kommt sonst Ihr Finanzamt auf die Idee, Ihre Kanzlei als „Hobby“ einzustufen; in dieser Situation macht jedoch möglicherweise eine andere Rechtsform Sinn, wie z.B. die Gründung eines Vereins oder einer Stiftung.

7 Gerber, S. 9, „The E-Myth Attorney“.

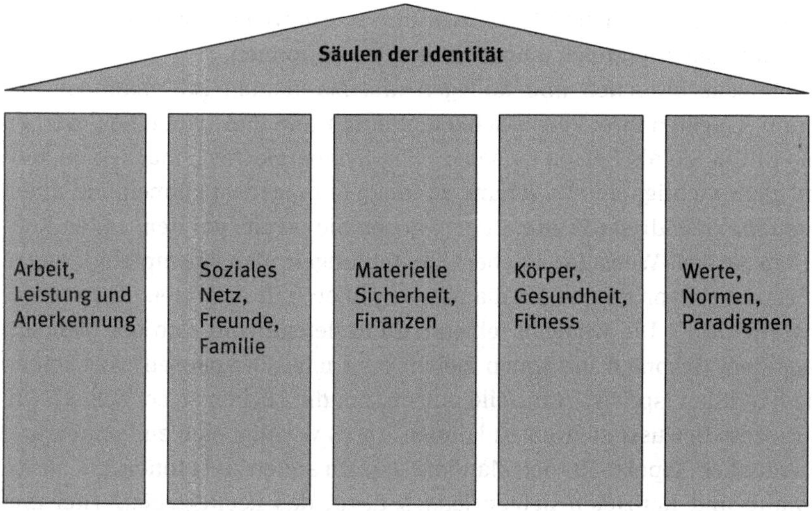


Die fünf Säulen der Identität nach H. Petzold[8], © Dr. Geertje Tutschka

Identität ist die Einzigartigkeit und Unverwechselbarkeit jedes Menschen. Unter Identität (v. lat.: Wesenseinheit, gleich, Gleichheit) verstehen wir unsere einzigartige Persönlichkeitsstruktur und die Verhaltensweisen, welche wir uns aneignen oder wieder ablegen. Sie zu entwickeln ist ein lebenslanger Prozess, der sich in Wechselwirkung zwischen Mensch und Umwelt abspielt. Die verschiedenen Aspekte der Umwelt, die auf die Identitätsbildung Einfluss nehmen, hat Petzold in den „fünf Säulen der Identität" abgebildet.

Dabei geht es noch nicht in erster Linie darum, welche Charaktereigenschaften sie haben: welchen Führungsstil sie bevorzugen, ob sie ein Teamplayer sind, welcher Lerntyp sie sind, wie sie mit Zeit und Geld umgehen, ob sie eher der Verkäufertyp, der Kumpel, der Nerd oder der Penible sind.

Selbstverständlich hat jeder ein bestimmtes Bild von sich im Kopf. Doch die wenigsten machen sich die einzelnen Aspekte dieses Bildes und in welchem Verhältnis diese zueinander stehen konkret bewusst. Dabei kann es sich natürlich immer nur um eine aktuelle Momentaufnahme handeln[9].

Wofür ist das wichtig?

Einerseits werden Sie selber nur dann ein erfülltes Leben führen und dies auch ausstrahlen, wenn alle Aspekte in einem ausgewogenen Verhältnis zuein-

8 Hilarion Petzold ist 1944 in Deutschland geboren und gilt als eine der Leitfiguren in der modernen Psychotherapie.

9 Mit dem sogenannten Lebensrad sind übrigens die verschiedenen Aspekte der Momentaufnahme sehr schön messbar.

anderstehen. Ihre berufliche Vision bzw. Ihre Kanzleivision sollte dies also berücksichtigen, um erfolgreich umgesetzt werden zu können.

Andererseits brauchen ihre Kollegen und Mandanten Informationen aus diesen fünf Aspekten ihrer Persönlichkeit, um sich „ein Bild" von ihnen machen zu können. Um Sie als Person zu sehen, den Sympathiecheck machen zu können und ganz wichtig, eine Beziehung zu ihnen aufbauen zu können und ihnen zu vertrauen. Viele dieser Informationen geben Sie bereits vor dem ersten Kontakt (durch Artikel, Webseite, Bücher, Empfehlungen, Kanzleiempfang), einige in der Sekunde bevor sie den Mandanten begrüßen (mit Auftreten, Körpersprache, Inszenierung). Die wenigen fehlenden Puzzleteile wird sich der Mandant dann aus dem Gespräch mit ihnen ziehen oder mit „Blaupausen" aus seinen Schubladen füllen (sprich: Vorurteile nutzen, um die Lücken zu schließen). Um diesen Prozess bewusst steuern zu können, ist es wichtig, sich zu kennen und die wesentlichen Aspekte für den Mandanten nach außen zu betonen.

Anwälte und Kanzleien neigen jedoch dazu, das Rechtsgebiet, Titel und Abschlüsse in den Vordergrund zu stellen und die Person dahinter völlig zu verstecken. Das macht sie jedoch nicht nur austauschbar, sondern für den Mandanten irgendwie blass, fast unsichtbar und nebulös, unnahbar, ja nicht greifbar. Die denkbar schlechteste Voraussetzung für einen vertrauensvollen Beziehungsaufbau.

An dieser Stelle kommt dann in meinen Seminaren regelmäßig der Einwand, dass man ja schließlich sein Fachwissen in einem bestimmten Rechtsgebiet verkauft und nicht sich selbst. Ich weise dann stumm auf den Einleitungssatz (den ersten Satz dieses Kapitels).

Was auch immer Sie verkaufen oder meinen zu verkaufen: Sie werden es nur über Ihre Identität verkaufen. Sie können lediglich steuern, welchen Schwerpunkt sie in jedem der fünf Identitätsbereiche nach außen tragen möchten. Doch seien Sie sich sicher, dass Lücken mit Vorurteilen geschlossen werden. Möchten Sie sich als Strafrechtler aufstellen, sollten Sie gute Gründe haben, warum Sie Strafrechtler sind und wie das zu ihrer Identität passt. Stellen Sie sich als Scheidungsanwalt dar, braucht es Informationen aus Ihrem eigenen familiären Kontext. Wirtschaftsanwälte meinen gern, sie seien an dieser Stelle fein raus, da ihr Rechtsgebiet ja quasi keinen Bezugspunkt zu Ihrer Person hat und so schön neutral ist. Man kann ja Zahlen sprechen lassen. Doch auch hier gilt: wer nicht austauschbar sein will, sollte sich gut überlegen, warum M & A logischerweise zu ihm gehört. Der Mandant – in diesem Fall die Kontaktperson aus dem Unternehmen – wird sich nicht an das perfekte Diagramm erinnern, wohl aber an Herrn Müllers Geschichte, wie ihn das Thema M & A gefunden hat.

i

Stricken Sie also frühzeitig nicht nur an Ihrer Erfolgsgeschichte, sondern vor allem an Ihrer „personal story", die Ihr Rechtsgebiet bzw. Ihr Rechtsberatungsprodukt trägt.

Darin enthalten ist natürlich die Frage: **Wer wollen Sie sein und wo wollen Sie hin?**

Dies sollte jeder in aller Ehrlichkeit für sich selbst beantworten. Eine gute Einstiegshilfe bietet zumeist die Antwort auf die Frage: Was hat Sie heute morgen bewogen aus dem Bett aufzustehen? Helfen kann auch „Was soll in Ihrem Nachruf, auf Ihrem Grabstein stehen?" Ich bevorzuge: Wozu das alles?

Ziel ist es, sich eine konkrete Vorstellung der Idealversion seiner selbst, seines Lebens zu machen, um sich daran auszurichten. Denn nichts ist doch frustrierender, als wenn man am Ende feststellt, dass man die Idealversion eines anderen gelebt hat.

Vielen meiner Teilnehmer trete ich damit regelmäßig zu nahe. Sie meinen, derartige Überlegungen seien Privatsache und hätten mit ihrer Arbeit und ihrer Kanzlei nichts zu tun. Immerhin seien sie kein Einzelanwalt, der quasi mit seiner Kanzlei identisch ist. Doch das ist zu kurz gedacht.

Ich gebe zu, dass die Antwort auf diese Fragen nicht einfach zu geben ist. Erst recht ist dies sicherlich nicht unbedingt etwas, was man am Liebsten in einem Seminar mit fremden Kollegen bespricht. Und manchmal tut Ehrlichkeit an dieser Stelle auch weh.

Und doch: Jede Kanzlei soll am Ende die persönlichen Lebensziele jedes Mitarbeiters verwirklichen können. Und diese Menschen müssen für den Mandanten erlebbar sein.

Haben Sie eine Idealversion Ihres Lebens, Ihrer Selbst, ist diese mit konkreten Zielen auszufüllen[10]. Steht das Ziel fest, stellt sich im nächsten Schritt die Frage: Und wie erreiche ich mein Ziel? Da kommt die Strategie ins Spiel. Was genau aber ist eine Strategie? Strategie ist dem Ursprung nach ein militärischer Begriff und bedeutet Heerführung. Clausewitz begriff Strategie als die Lehre vom Gebrauch der Gefechte zum Zweck des Krieges. Weniger martialisch lässt sich Strategie als ein Bündel von Verhaltensregeln, von Normen verstehen, die sämtlich darauf ausgerichtet sind, ein Ziel zu erreichen. Alle Detailentscheidungen auf dem Weg zu diesem Ziel haben sich an diesem Normenbündel, der Strategie, auszurichten[11].

---

**10** R. Römermann, Anwaltliches Marketingmanagement, Rn. 639, geht davon aus, dass Kanzleiziele für die Dauer von fünf bis zu zwanzig Jahren Bestand haben.

**11** Siehe auch Hartung S. 12 in „Kanzleimanagement in der Praxis".

Wie wird eine Strategie entwickelt? Strategieprozesse sind oft diffus und zäh. In Literatur und Wirtschaftslehre gibt es sehr vielfältige Modelle und Methoden.

Ich nutze für meine Kunden zum Einstieg gern diese von mir entwickelte vereinfachte Struktur, die es jedem in fünf Schritten ermöglicht, alle wesentlichen Punkte für die Entwicklung einer erfolgreichen Strategie zu erfassen, zu bearbeiten und zu lösen.

---

1. Ziel
2. Status Quo
3. Ressourcen/Potenzial
4. Einschränkungen/Grenzen
5. Mittel, Prozesse, Kontrolle

---

Im Wesentlichen funktioniert dieses System wie ein Navigationsgerät:
- Zuerst wird das genaue Ziel eingegeben,
- dann wird der Standort bestimmt,
- die vorgegebene Software nutzt die Infos zu Geschwindigkeitsbegrenzungen, Stau etc.
- bestimmte Parameter bestimmen, ob Autobahnen genutzt werden, der direkte Weg gewählt wird o.ä.
- Letztlich wird danach die optimale Route berechnet inkl. Kilometer und Zeit

## 1. Ziele setzen

Bei der Zielfindung dürfen Sie durchaus kreativ sein. Allgemeinfloskeln jedoch, wie „ein guter Jurist zu sein", sich als „Anwalt der Gerechtigkeit" zu sehen, als „Staranwalt" zu gelten oder schlicht „reich und glücklich" werden zu wollen, beschreiben keine Ziele im hier gemeinten Sinn.

### SMART Methode

Jede Zieldefinition sollte für den Anfang in einem einfachen, klaren Satz formuliert und an diesen fünf Parametern überprüft werden. Ich empfehle meinen Kanzleien, sich an der im Wirtschaftsmanagement gängigen SMART Methode zu orientieren:

S = Spezifisch (specific)
M = Messbar (measurable)

A = Ansprechend (accepted)
R = Realisierbar (reasonable)
T = Terminiert (time-bound)

---

Ein solch „smartes“ Ziel kann also beispielsweise sein:
*Ich möchte mit meiner Kanzlei im Rechtsgebiet xyz mit zwei weiteren Partnern und mindestens drei Angestellten am Ende des dritten Jahres seit der Gründung einen Gewinn von insgesamt xxx € erwirtschaftet haben.*

---

Dies entspricht einer SMARTEN Zieldefinition[12].

Möchten Sie die beste oder die größte Kanzlei in einem bestimmten Rechtsgebiet leiten, sollten Sie die entsprechende Partnerschaft anstreben. Möchten Sie als Experte zu einem bestimmten Thema beispielsweise bestimmte soziale Projekte oder eine bestimmte Politik fördern oder explizit gelten, sollten Sie publizieren und Vorträge halten. Möchten Sie mit Ihrer Arbeit als Rechtsanwalt gesellschaftlich etwas bewirken, sollten Sie sich in bestimmten Projekten engagieren oder Aufklärung betreiben. Mögliche weitere wirtschaftliche Ziele sind das Erreichen eines bestimmten Umsatzes pro Jahr, das Überschreiten einer Einkommensgrenze oder schlicht die Unabhängigkeit von Kreditinstituten, die dadurch erreicht wird, dass die Kanzlei zur Finanzierung ihrer Ausstattung und einer etwaigen Expansion keine Kredite in Anspruch nimmt und aus eigener finanzieller Kraft wächst. Auch nicht oder nur zum Teil monetäre Ziele sind denkbar: z.B. nur ganz bestimmte Mandanten (Verbraucher) zu betreuen oder auch, besonders berühmt zu sein („die bekannteste Kanzlei in der Stadt“).

Dieses Ziel können sich aber auch mit Kanzleizielen decken: beispielsweise als Kanzlei eine bestimmte Größe zu erreichen oder zu halten. In Stellenangeboten von Kanzleien findet man immer wieder die Formulierung, dass die Kanzlei darauf bedacht sei, eine überschaubare Größe zu haben, in der jeder jeden kennt. Andere Kanzleien legen darauf weniger Wert und möchten lieber eine „law firm around the world“ sein[13]. Eine andere Kanzlei hat sich, ihrem pfiffigen Kanzleimotto nach zu beurteilen, zum Ziel gesetzt, beständig größer zu werden. Das Ziel einer Kanzlei kann es auch sein, einen bestimmten Marktanteil in einer Region zu erringen. Der Marktanteil kann sich auf ein bestimmtes Rechtsgebiet, beispielsweise das Aktienrecht, auf eine Branche (Telekommunikationsunternehmen) oder auf eine bestimmte Art von Mandanten (mittelständische Unternehmen) beziehen. Ein mögliches wirtschaftliches Ziel einer Kanzlei ist die Spe-

---

**12** Ob das Ziel für sie ansprechend ist – sie also auch emotional berührt – müssen Sie für sich selbst entscheiden.

**13** www.kleiner-law.de: „Kleiner wird größer“.

zialisierung auf ein Rechtsgebiet, wie beispielsweise das Strafrecht oder das Arbeitsrecht. Ein legitimes Ziel kann auch das Erreichen eines bestimmten Rufs, eines Images, sein („die familienfreundlichste Kanzlei am Platz"; „harte Hunde"; „immer da, wenn man sie braucht"; „die fähigsten Verhandlungspersonen weit und breit"). Auch kanzleiinterne Ziele können von Bedeutung sein. Mancher Anwalt legt Wert auf ein besonders angenehmes Arbeitsklima in der Kanzlei. Wohl jeder Anwalt strebt an, dass sich die Mitarbeiter im Büro wohl fühlen und gerne in dieser Kanzlei arbeiten.

Alle diese Ziele schließen sich nicht gegenseitig aus, müssen jedoch nicht zwingend sämtlich in jeder Kanzlei verfolgt werden. Welche Ziele eine Kanzlei erreichen möchte, ist in erster Linie eine Geschmacksfrage oder besser, die persönliche Entscheidung des Inhabers; aber nicht nur.

Vermeintliche Zielkollisionen, also mehrere Ziele die sich widersprechen, sind fast immer Ziele, die nicht SMART waren, also insbesondere nicht realistisch:

Das Ziel „Spezialisierung auf das Sozialrecht" und das Ziel „Beratung und Vertretung ausschließlich von kleinen Unternehmen" passen nur schlecht zueinander. Sonderlich viele sozialrechtliche Probleme haben kleine Unternehmen nicht. Der angehende Sozialrechtler wird bei dieser Klientel nicht ausgelastet sein. Die Lösung des Zielkonflikts kann darin bestehen, die Zielgruppe der Mandanten um Privatpersonen und Sozialkassen zu erweitern.

Das Ziel „eine kleine Kanzlei mit nicht mehr als vier Anwälten" passt nicht zu dem anspruchsvollen Ziel, in einer Großstadt „bei Verkehrsunfallsachen einen Marktanteil von fünfzig Prozent" erreichen zu wollen. Mit nur vier Anwälten ist das nicht zu schaffen.

Das Umsatzziel „Bearbeitungsumsatz jedes Partners pro Jahr mindestens EUR 400.000,00" kann in Konflikt mit dem Kanzleiziel „hoher Bekanntheitsgrad durch Mitgliedschaft in Vereinen" geraten. Übertreibt ein Partner die „Vereinsmeierei", dann wird ihm kaum noch genug Zeit bleiben, sein persönliches Umsatzziel zu erreichen. Auch kann es erforderlich werden, Ziele an die Erfordernisse des Marktes anzupassen.

i Und nicht zuletzt: Der Anwaltsberuf ist ein anstrengender und zeitintensiver Beruf. Der Zeiteinsatz im Anwaltsberuf ist enorm. Berichte, wonach angestellten Anwälten im Jahr etwa zweitausend abrechnungsfähige Stunden (hinzu kommt Zeitaufwand für Verwaltungsaufgaben, Weiterbildung und Akquisition) abverlangt werden, sind durchaus kein Ammenmärchen. Partner, also Kanzleiinhaber, leisten bisweilen noch mehr. Ein derart hoher Zeiteinsatz ist aber nicht jedermanns Sache und muss es auch nicht sein. Früher oder später wird ein Anwalt entscheiden müssen, einen wie großen Anteil seiner Lebenszeit er seinem Beruf widmen will.

Ein Unternehmen Kanzlei zu führen ist nicht weniger anstrengend. Anwalt und gleichzeitig Unternehmer zu sein, kann für viele bedeuten, dass Privates oft zu kurz kommt. Umso wichtiger ist es, bei der Zielfindung neben den Zielen für die Kanzlei auch die seiner anwaltlichen Karriere und auch die privaten Ziele zu berücksichtigen:

Ein mögliches privates Ziel, das einen beruflichen Bezug hat, kann sein, niemals Akten zur Bearbeitung mit nach Hause zu nehmen[14], oder niemals länger als bis 22.00 Uhr zu arbeiten. Die Digitalisierung, WLAN und die flächendeckende Einführung von Smartphones, Laptop und Co sei Dank ist heute die Erreichbarkeit und die Leistungsfähigkeit überall zu jeder Zeit von jedem grundsätzlich gegeben. Es scheint keine natürliche Grenze mehr zu geben: weder nachts, noch am Wochenende, im Erholungsurlaub, im Mutterschutz oder im Krankheitsfall. Um sich die wichtigen Erholungs- und Regenerationsphasen zur Befriedigung der menschlichen Grundbedürfnisse zu sichern, bedarf es meiner Erfahrung nach mehr als nur guten Zeitmanagements. In erster Linie bedarf es Egomanagement sowie klare Grenzziehung und Durchsetzungskraft. Ein anderes privates Ziel kann sein, völlig unabhängig vom sonstigen Zeiteinsatz, pro Jahr mindestens zweimal für drei Wochen Urlaub zu machen. Einige Anwälte sind nicht bereit, ihre gesamte Arbeitskraft dem Anwaltsberuf zu widmen. So gibt es Kollegen, die beispielsweise auch Geschichte studiert haben und regelmäßig in Historikerkreisen sehr beachtete Abhandlungen veröffentlichen. Ihre geschichtliche Autorentätigkeit nimmt einen erheblichen Teil ihrer Arbeitszeit in Anspruch. Man muss das so wollen. Dagegen ist nichts einzuwenden.

Mancher hat das private Ziel, in einer bestimmten Region zu leben. Der Wunsch danach kann familiäre Gründe haben oder Heimatverbundenheit sein oder durch die hohe Lebensqualität einer Region motiviert sein. Ein ganz wichtiges und oft wenig beachtetes Thema ist die Partnerschaft und Familienplanung. Dazu gehören auch Freundeskreis, mehrere Generationen der Familie sowie ein stabiles soziales Netz. Einerseits gehört dies zu den menschlichen Grundbedürfnissen und spielt bereits in das Thema Erholung und Regeneration hinein. Ein einsamer Mensch wird schneller krank, ist einem erhöhten Stresspegel ausgesetzt und rutscht weitaus häufiger ins Burnout. Andererseits sind die Gespräche mit Freunden und Familie für viele Juristen auch ein Katalysator, Psychohygiene, ja fast eine Supervision, um mit den menschlichen Dramen ihrer Mandanten auf Dauer umgehen zu können. Letztlich ist dies auch eine Vorsorge für den Lebensabend und eine Investition. Weshalb ich auch immer mehr Juristen erlebe, die bewusst auf professionelle Unterstützung zugreifen; sei es,

**14** egal ob in Papierform oder digital.

um ihre beruflichen Themen und Krisen mit einem Coach oder Supervisor aufzuarbeiten oder sich tatsächlich an das Aufräumen alter Prägungen und Paradigmen mit Hilfe eines Psychologen zu machen, um ihr volles berufliches Potenzial entfalten zu können und gleichzeitig nicht damit kostbar erarbeitete Partnerschaften und Freundschaften zu „verschleißen". Aber auch ein zeitintensiver Sport wie beispielsweise Reiten, Bergsteigen oder Marathon oder die Anschaffung eines Tieres, das Erlernen eines Instrumentes sollte nicht nur als Hobby abgetan werden, sondern kann Lebensqualität spenden sowie Energie und Kraft für den Beruf generieren.

Welche Ziele sich ein Anwalt selbst setzt und welche strategischen Ziele er für die Kanzlei entwickelt, kann ihm niemand vorschreiben. Aber nicht alle Ziele lassen sich miteinander vereinbaren:

Einerseits kann es schwierig sein, sich bei mehreren Partnern, einem Inhaberteam auf eine einzige strategische Ausrichtung und eine einheitliche Kanzleistrategie festzulegen. Hier hilft die Hinzuziehung von Experten, die Partnerverhandlungen professionell begleiten, durch Teamcoaching, Moderation oder begleitende Beratung, um die energiezehrenden Ausfechtungen schnell und souverän zu meistern. Andererseits können die implementierten Systeme der Zielerreichung zuwiderlaufen.

Ist in einer Kanzlei die Vergütung durch ein Lockstepsystem[15] geregelt, dann wird das neue Ziel eines Partners, der eine für ihn kommode Vergütungsstufe in diesem System erreicht hat, in Zukunft ausschließlich rechtsgeschichtlich interessante Mandate zu bearbeiten, vielleicht für einen Moment zu einem zynischen Schmunzeln, nach kurzer Zeit aber zu dem (berechtigten) Zorn seiner Kollegen führen. Bei aller Kollegialität werden es sich die anderen Anwälte nicht bieten lassen, dass sich einer ihrer Kollegen anscheinend das Ziel gesetzt hat, auf Dauer weniger zum Kanzleierfolg beizusteuern als alle anderen. Im Ursprung haben Lockstepsysteme etwas von der beamtenrechtlichen Alimentation. Je länger ein Anwalt der Kanzlei angehört, desto mehr verdient er. Moderne Lockstepsysteme berücksichtigen auch die Akquisitionsleistung, den reinen Bearbeitungsumsatz, den Anteil der Verwaltungsaufgaben für die Kanzlei und andere Faktoren mehr. Neuere Lockstepsysteme kennen nicht nur den Weg „nach oben" zu höheren Vergütungsstufen. In den letzten Jahren ist es gerade in den internationalen Kanzleien auch zu Rückstufungen gekommen.

Eine ungeschickte Strategie kann bereits in sich den Kern für Konflikte unter Kollegen bergen. Ist es das Ziel einer Kanzlei, die beschäftigten Anwälte zu

15 Ein klassisches Vergütungssystem in Großkanzleien, wo die Mandatsgewinnverteilung nach bestimmten Punkten vergeben wird; mehr dazu im Kapitel Kanzleimanagement.

höchstmöglicher Akquisitionsleistung zu motivieren, dann kann sie die Vergütung der Anwälte nach dem Prinzip „you eat what you kill“ regeln[16]. Ein Anwalt bearbeitet nur die Fälle, die er selbst akquiriert hat. Die Höhe seiner Vergütung richtet sich nach der Höhe des von ihm selbst akquirierten und erarbeiteten Umsatzes. Dieses System ist so ungewöhnlich nicht. Jeder Einzelanwalt arbeitet nach diesem Prinzip.

In einer etwas größeren Kanzlei jedoch, in der sich die Anwälte spezialisieren, kann dieses Prinzip dazu führen, dass neu akquirierte wettbewerbsrechtliche Mandate nicht mehr an den Spezialisten für Wettbewerbsrecht abgegeben, sondern von dem eigentlich für das Arbeitsrecht zuständigen Anwalt, der nun einmal das wettbewerbsrechtliche Mandat akquiriert hat, bearbeitet werden. Die Nachteile für die Kanzlei sind vielfältig. Der Mandant wird nicht bestmöglich „bedient“, weil nicht der Spezialist, sondern der Arbeitsrechtler seinen wettbewerbsrechtlichen Fall bearbeitet. Der Wettbewerbsrechtler wird bei nächster Gelegenheit in Erwägung ziehen, das ihm zugefallene Kündigungsschutzmandat hausintern nicht weiterzugeben. Nach und nach werden die Anwälte der Kanzlei dazu erzogen, „Einzelkanzleien in der Kanzlei“ zu bilden.

**Ganz wichtig**: Die Kanzleiziele müssen schriftlich formuliert werden. Daran führt kein Weg vorbei. Die schriftliche Fixierung zwingt zur Konkretisierung des Ziels. Spätestens beim Durchlesen des Formulierten fallen einem selbst die phrasenhaften Wendungen, die nicht zur Zielformulierung taugen, auf. Eine andere Frage ist, ob alle Ziele der Kanzlei veröffentlicht werden müssen.

Im Internet sind auf den Homepages von Anwaltskanzleien im Bereich Selbstdarstellung, nicht selten unter der etwas hochtrabenden Überschrift „Philosophie“ Visionen und Zielformulierungen der Kanzleien zu finden. In der Regel sind diese Formulierungen umso ambitionierter je weiter der Kanzleisitz von Europa entfernt ist[17].

Hier wird zumeist nicht sauber zwischen Werten, Visionen und Zielen unterschieden.

Sind sie sich der Werte und Vision Ihrer Kanzlei klar und bewusst, muss selbstverständlich die ganze Welt – und vor allem ihre Mandanten – davon erfahren. Schwieriger wird es, wenn in diesem Punkt weniger Klarheit oder gar Widersprüche bestehen. Dann ist es besser, auf die Veröffentlichung zu verzichten[18].

16 Busmann, „Chefsache Mandantenakquisition“, S. 220.
17 Beispiele bei Hartung in Schieblon „Kanzleimanagement in der Praxis“, S. 27.
18 zu Werten, Kultur und Ethik der Kanzlei lesen sie im folgenden Kapitel.

Ziele gehören in der Regel nicht auf die Homepage oder Kanzleibroschüre, können allerdings unter Umständen publiziert werden. In jedem Fall sollten Sie allen Mitarbeitern der Kanzlei hinreichend bekannt sein. Ziele, die spezielle Vorteile für ihre Mandanten erzeugen, können hingegen veröffentlicht werden.

## 2. Status Quo

Zur Ermittlung des sogenannten Status Quo gehört zum einen die Marktanalyse, zum anderen auch die realistische Einschätzung der jetzigen Positionierung und Position am Markt. Das vorhandene Know-How und Potenzial spielt ebenso hinein wie die rechtlichen Rahmenbedingungen, finanziellen Verpflichtungen, Mandantenstamm und –struktur.

Wenngleich Rechtsanwälte in der Wahl ihrer Ziele frei sind, nützt ihnen die Zielplanung nichts, wenn ihre Ziele nicht die Bedürfnisse des Markts, das heißt, die Bedürfnisse der Mandanten, treffen. Nach einer ersten Phase des Formulierens von Zielen, die im Wesentlichen den Wünschen des Anwalts entsprechen, sind in einem zweiten Schritt die Ziele an die Anforderungen der Mandanten anzupassen[19].

**Was aber wollen die Mandanten? Was fragen sie nach?**

Nicht von ungefähr habe ich dem Rechtsmarkt und seinen Entwicklungen ein umfangreiches Eröffnungskapitel gegönnt. Auch wenn die meisten Leser keine Frischlinge sind, so neigen Anwälte nach meiner Erfahrung dazu, mit Scheuklappen durchs Leben zu gehen und dies noch nicht einmal zu bemerken[20]. Nur den Rechtsmarkt seiner Region oder seines Rechtsgebietes zu kennen, führt zu eindimensionalen Entscheidungen. Ein Perspektivenwechsel kann den Blickwinkel erstaunlich weiten und das Verständnis für die Wechselwirkung und Komplexität des Marktes fördern. Den gesamten Markt und dessen Herausforderungen zu kennen gehört daher zur ständigen Pflichtübung jeden Anwaltes, der es ernst mit seinem Beruf meint. Mindestens ebenso wichtig ist, sich darüber mit anderen auszutauschen: mit den eigenen Kollegen um Lücken zu schließen, mit Kollegen, die das komplette Gegenteil von einem selbst sind und mit Unternehmern aus anderen Branchen. Erst die Diversität der Blickwinkel kann

19 Dr. Tutschka, „Der Rechtsanwalt als Unternehmer“, S. 38; Hartung in Schieblon, „Kanzleimanagement in der Praxis“, S. 24.
20 Und ich nehme mich da nicht aus.

die Vielschichtigkeit erzeugen, die einen Hauch von „objektiver Realität" verspricht.

Industrie- und Dienstleistungsunternehmen beantworten solche Fragen für gewöhnlich durch eine Marktanalyse. Evaluation heißt das Zauberwort. Hand aufs Herz: Wann haben Sie das letzte Mal eine Mandantenbefragung durchgeführt. Und ausgewertet. Anwälten fehlt überwiegend das betriebswirtschaftliche Rüstzeug, selbst Marktanalysen durchzuführen, auch wenn mit der Vielzahl von Anbietern es noch nie so einfach war[21]. Professionelle Marktanalysen durch Marktforschungsinstitute können sich die meisten Kanzleien nicht leisten. Fragt man nach Datenmaterial zu den Märkten für Anwälte, dann ist die niederschmetternde Antwort: „Die Absatzmärkte der Anwaltskanzleien stecken im dichten Nebel." Es besteht die Möglichkeit, die Nachfrage nach anwaltlichen Dienstleistungen über einige Indikatoren jedenfalls zum Teil zu analysieren. Einige Indikatoren sind die Bevölkerungsdichte und die Unternehmensdichte in einer Region. Beide Indikatoren geben Auskunft über die Anzahl potentieller Nachfrager nach anwaltlichen Dienstleistungen. Mit ein wenig Mühe können die entsprechenden Zahlen von jedem Anwalt für eine bestimmte Region selbst recherchiert werden.

Aufgrund der Globalisierung ist es heute jeder Anwaltskanzlei möglich, ihre Dienste weltweit anzubieten – ein Faktor, der sich erst in den letzten Jahren etabliert hat und den allermeisten Kanzleien noch nicht bewusst ist. Kein Schuhladen einer mittelgroßen Kleinstadt in Deutschland kann heute noch allein von seinem lokalen Geschäft (seinen Stammkunden und der Laufkundschaft) leben – egal wie breit aufgestellt oder spezialisiert er ist. Warum also glauben Anwälte und Kanzleiinhaber heute immer noch, dass ihr Geschäft vor allem lokal, allenfalls regional betrieben wird? Meine Kunden führen dann gern das Argument der „vertrauensvollen Mandatsbeziehung" ins Feld. Ich antworte dann regelmäßig, dass Vertrauen nichts mit Blickkontakt zu tun hat, sondern mit Ehrlichkeit und Zuverlässigkeit gepaart mit solidem Handwerk und Professionalität. Das alles ist heute online abbildbar, mit Zahlen und Fakten belegbar. Evaluation für online-Geschäfte ist einfacher und besser als bei jedem Händler um die Ecke, dem ich beim Einkauf nur ins Gesicht schauen kann, ohne dass ich zwanzig aktuelle Kundenstimmen sofort abrufbar habe.

Als weiteres Argument wird dann gern angeführt, dass die Dienstleistung deutscher Rechtsanwälte sich nun mal auf den deutschen Rechtsmarkt erstreckt. Korrekt. Doch auch der deutsche Rechtsmarkt hat noch nie nur lokal

---

21 Auch wenn zugegebener Maßen nicht alle für Rechtsanwälte aus Datenschutzgründen einsetzbar sind.

oder regional stattgefunden und findet heute nicht mehr nur innerhalb der deutschen Grenzen statt. Aus eigener Erfahrung als deutsche Rechtsanwältin weiß ich, dass deutscher Rechtsrat nicht nur online heute von vielen Deutschen, die außerhalb Deutschlands wohnen, dringend benötigt wird sondern auch von Nichtdeutschen, die deutsche Rechtsbeziehungen haben, wie beispielsweise im deutschen Grenzverkehr mit den Nachbarstaaten oder wirtschaftlichen/kulturellen/sportlichen Kooperationen mit Deutschland. Leider verwechseln viele Kanzleiinhaber ihre eigene Lebenswirklichkeit mit der Realität und den tatsächlichen Möglichkeiten[22].

Zwar kann für auf die Beratung von Unternehmen ausgerichtete Kanzleien der Sitz der Unternehmenszentralen von Bedeutung sein. Denn regelmäßig befinden sich die „Einkäufer“ rechtlicher Dienstleistung, Rechtsabteilungen und die Geschäftsleitung, in der Unternehmenszentrale. Aber ebenso wie manche Regionen überschätzt werden, werden andere Regionen unterschätzt. Nicht jedem ist geläufig, dass die Region Ostwestfalen Sitz von Weltmarktführern ist. „Big Business“ findet nicht nur in Frankfurt am Main, sondern auch rund um Bielefeld und Gütersloh statt.

Ein weiterer Indikator für die Attraktivität einer Region kann die Konzentration von Anwaltskanzleien sein. Dieser Indikator ist jedoch mit Vorsicht zu genießen, wie nicht nur das Beispiel der neuen Bundesländer zeigt. Traditionell bleiben viele Absolventen als Rechtsanwälte in den Städten, in denen sie studiert haben; teils, weil diese Städte sehr schön sind, teils aus Bequemlichkeit oder familiären Verpflichtungen.

Eine generell schwache Nachfragesituation bedeutet nicht zwingend den Niedergang aller Anwaltskanzleien in dieser Region. Dies hängt mit der individuellen Situation einzelner Anwälte zusammen. Einem Kollegen beispielsweise, der von einem typischen Mandatsmittler, einem Rechtsschutzversicherer, mit neuen Mandaten geradezu „beworfen“ wird, macht es wenig aus, dass die Nachfrage nach anwaltlichen Dienstleistungen in seiner Region insgesamt sinkt. In den neuen Bundesländern haben kleinere Kanzleien mit günstigen Kostenstrukturen vom Rückzug der Großkanzleien profitiert.

Neben der Analyse des Marktes ist die des Wettbewerbs und der Wettbewerber für den Erfolg entscheidend. Anwaltskammern und der Deutsche Anwaltverein haben recht genaue Daten über die genaue Anzahl der in einer Region zugelassenen Rechtsanwälte und existierenden Kanzleien. Datenmaterial zur Anwaltsdichte einer Region findet man gelegentlich auch in Wirtschaftsmagazinen. Auf Nachfrage sind die Redaktionen meiner Erfahrung nach bei der Recherche

22 Da es als deutscher Jurist eher unwahrscheinlich ist entsendet zu werden, ist beispielsweise das Entsendungsrecht (Expatriation) ein nahezu unentdecktes Rechtsgebiet.

gerne behilflich. Auch die Anzahl der nicht-juristischen Wettbewerber, insbesondere der Steuerberater, Wirtschaftsprüfer und Kreditinstitute, lässt sich mit verhältnismäßig geringer Mühe ermitteln, soweit sie denn relevant sind. Die Art der von Wettbewerbern angebotenen juristischen Dienste und die Rechtsgebiete, in denen sie sich betätigen, sind schnell herauszufinden. Die Wettbewerber publizieren und bewerben ihr Leistungsangebot durch Internetauftritte, Kanzleibroschüren, die Veranstaltung von Seminaren und die Veröffentlichungen.

Problematischer ist, den Preis, den die Wettbewerber für ihre Leistungen berechnen, zu ermitteln. Vielleicht ist dies für die meisten Anwälte (noch) gar nicht so wichtig. Die Mehrzahl der Einzelanwälte und auch der kleineren Büros rechnet überwiegend nach den Tabellensätzen des RVG ab. Auch wenn ein Preisdruck auf dem Markt für Anwaltsleistungen deutlich spürbar ist, so kann doch von einem voll entbrannten Preiswettbewerb (noch) keine Rede sein. Das „pitchen" und „paneln", das Bewerben von Kanzleien um ein ausgeschriebenes Mandat, bei dem auch Preisangebote eine nicht ganz unerhebliche Rolle spielen, findet bei den meisten Kanzleien (noch) nicht statt[23].

Für die Marktanalyse kommt es nicht allein auf den Ist-Zustand an. Auch (mögliche) zukünftige Entwicklungen müssen berücksichtigt werden. Zum ersten Mal hat eine Generation, die ihr Vermögen unbelastet durch Kriege bilden konnte, damit begonnen, ihr Vermögen auf die nachfolgende Generation zu übertragen. Zum ersten Mal nehmen auch Väter Elternzeit und setzen ihren Anspruch auf Teilzeitarbeit um. Noch nie wurden so viele Start-ups gegründet oder online-Geschäfte getätigt. Noch nie wurden derartige Vermögen in Bitcoin investiert. Diese gesellschaftlichen Entwicklungen bieten neues Beratungspotenzial. Gleiches gilt für den Datenschutz, der gar nicht schnell genug mit der Digitalisierung und den neuen Technologien Schritt halten kann.

### 3. Ressourcenanalyse (SWOT)

Für die Kanzleivision und strategische Ausrichtung ist jedoch nicht nur die Marktanalyse erforderlich, sondern auch die Analyse der eigenen Stärken und Schwächen und zwar sowohl der Anwälte als auch der Kanzlei.

Eine realistische Einschätzung, ob man selbst als Anwalt den Anforderungen des Markts genügt und die Anforderungen von Mandanten erfüllen kann, kann und muss ein wichtiges Korrektiv bei der strategischen Ausrichtung sein.

23 Busmann in „Chefsache Mandantenakquisition", S. 39.

Nicht immer können und sollten(!) Schwächen nachgebessert und behoben werden. Erfolgversprechender ist es, sich auf seine Stärken zu konzentrieren[24].

Eine verbreitete Analysemethode ist die **„SWOT-Analyse“**[25].

S = Stärken (Strengths)
W = Schwächen (Weakness)
O = Chancen (Opportunities)
T = Risiken (Threats)

Diese Art der Analyse erfasst und bewertet die individuellen Stärken, Schwächen, Chancen und Risiken eines Anwalts und seiner Kanzlei. Er kann sich auf die gesamte Kanzlei erstrecken und auch nur auf Teilbereiche oder Standorte. Möglich ist auch, sie zu einzelnen Mandanten zu erstellen. Gemessen werden sogenannte „Hard Facts“ (im Wesentlichen alles, was in konkreten Kennzahlen messbar ist) und Soft Facts (alles andere: wie die Qualität der Mandatsbeziehung, Kundenzufriedenheit, Reputation) und zwar jeweils internen und externen unterschieden[26].

Die Selbstanalyse verlangt von einem Anwalt ein erhebliches Maß an **Selbstkritik**, weil auch die eigenen Unzulänglichkeiten offengelegt werden müssen. Dies sollte einen Anwalt nicht zu sehr beunruhigen. Denn die Analyse dient dazu, entdeckte Schwachstellen abzubauen. Welche Kriterien in eine SWOT-Analyse einzubeziehen sind, kann nicht allgemeinverbindlich festgelegt werden. Denn die zu berücksichtigenden Kriterien hängen von den durchaus nicht einheitlichen Marktbedingungen der zu analysierenden Kanzlei ab.

Ein Anwalt muss über das erforderliche Fachwissen, die juristische Expertise verfügen, um den Anforderungen eines Mandanten gerecht werden zu können. Die Vorstellung, dass ein Anwalt tatsächlich in allen Rechtsgebieten in gleich guter Qualität arbeiten kann, ist illusorisch. Juristische „Allwissenheit“ ist bei vernünftiger Ausrichtung der Anwaltskanzlei gar nicht erforderlich. Eine gute juristische Grundausbildung, verbunden mit der Bereitschaft und der Selbstdisziplin, das eigene Wissen permanent zu aktualisieren und in den für Mandanten wichtigen Bereichen zu erweitern, genügt für den Anfang.

Zum Know-how gehört nicht nur das juristische Fachwissen. Ein Anwalt muss auch organisatorische Probleme lösen können. Dazu gehört – ganz trivial – die Aktenführung. Die Organisation einer Anwaltskanzlei muss der Anwalt, gleichgültig ob angestellt oder selbständig, kennen und beherrschen. Strukturen und Prozesse müssen wie von selbst laufen, sinnvoll sein und die

24 Buckingham in „Entdecken Sie Ihre Stärken Jetzt“, S. 223.
25 Hartung in Schieblon in „Kanzleimanagement in der Praxis“, S. 28.
26 Hartung in Schieblon „Kanzleimanagement in der Praxis“, S. 30.

Mandatsinteressen unterstützen. Jeder junge Anwalt sollte zu Übungszwecken einige Tage lang selbst das Registrieren des Posteingangs und des Postausgangs und insbesondere das Notieren von Fristen übernehmen. Es schadet nicht, wenn ihm dabei sicherheitshalber die erfahrene Büroleiterin über die Schulter schaut.

Zum Know-how des Unternehmers Anwalt gehören auch **betriebswirtschaftliche Kenntnisse** und Fertigkeiten. Moderne Kanzleisoftware kann die monatlichen Einnahmen/Ausgaben anhand vorhandener Daten übersichtlich darstellen. Auswerten muss der Anwalt diese Daten selbst. Der Unternehmer Anwalt muss seine oder die von seinem Referat verursachten Kosten kennen, um beurteilen zu können, ob er rentabel arbeitet. Kenntnisse über Marketinginstrumente und die Fähigkeit, diese einzusetzen, werden in Zukunft unerlässlich sein.

Im Allgemeinen wird dann auch angenommen, dass **„Fast, firm, friendly“** die Kurzfassung des Anforderungsprofils an jede Anwaltskanzlei lauten könnte.

---

Im Einzelnen heißt das:
- Erreichbarkeit der Anwälte,
- Schnelligkeit der Reaktion und der Sachbearbeitung,
- Zuverlässigkeit,
- Verständlichkeit der Kommunikation,
- Freundlichkeit,
- Preis der anwaltlichen Leistung

---

Hinzu kommen persönliche Präferenzen, Vorlieben und Abneigungen. Es ist äußerst unwahrscheinlich, dass ein Anwalt Aufgaben, die ihm zutiefst zuwider sind, hervorragend erledigt. Wer sich der Strafverteidigung verschreibt, dem muss bewusst sein, dass er es nicht immer mit den besten Mitgliedern der menschlichen Gesellschaft zu tun haben wird und er sich des öfteren in der Justizvollzugsanstalt aufhalten wird. Manchen stört die Hektik, die bei der Bearbeitung von Verfügungsverfahren im Bereich des Wettbewerbsrechts auftreten kann. Bei der Selbstanalyse geht es nicht um eine Beurteilung der Vorlieben oder Abneigungen eines Anwalts. Es geht darum, herauszufinden, auf welche Art anwaltlicher Tätigkeit er sich konzentrieren und welche er besser meiden sollte.

Um die Erwartungen von Mandanten zu erfüllen, besser zu übertreffen, müssen auch verschiedene materielle Voraussetzungen erfüllt sein: Die Kanzlei muss für Mandanten bequem zu erreichen sein. Die Lage eines Büros und seine Ausstattung sagen – jedenfalls aus Sicht des Mandanten – etwas über das Selbstverständnis des Anwalts und die zu erwartende Dienstleistung aus. Aus Mandantensicht mag der Parkplatz vor der Haustür, Geschäftszeiten am Wochenende oder der Hausbesuch des Anwalts eine größere Bedeutung haben als die Einrichtung des Büros oder die Automarke des Kanzleiinhabers.

Nicht uninteressant ist auch die **technische Ausstattung der Kanzlei**: Ist die Kommunikation mit der Kanzlei leicht und bequem für Mandanten nutzbar? Ist die Mandatsbearbeitung und Kostenstruktur transparent? Welche sonstigen Serviceleistungen lässt sich mein Anwalt für mich einfallen? Fühle ich mich bei meinem Anwalt aber auch bei seinen Mitarbeitern verstanden und aufgehoben? All dies kann heute eine Rolle spielen.

Aber auch ohne die Anwendung der SWOT-Analyse ist es wichtig, sich dem Thema Ressourcen, Potenzial und Know-How der Kanzlei zuzuwenden sowie die rechtlichen und tatsächlichen Einschränkungen, Grenzen und Verpflichtungen zu sehen.

Die Ressourcen der Kanzlei sind in erster Linie die Mitarbeiter, deren Fachwissen und Kompetenzen (Man Power/Human Ressources). Hinzu kommen Fachkräfte und Mitarbeiter mit besonderer Erfahrung, Spezialwissen und Know-How.

Hierzu können Kollegen, Angestellte, Referendare und Auszubildende zählen, aber auch nicht-juristische Mitarbeiter. Ebenso Service-Provider, wie der Software-Bereitsteller, die Putzfirma, der Vermieter der Büroräumlichkeiten, der Website-Provider und der Papierlieferant. Aber auch Fachservices wie der Steuerberater Ihres Vertrauens bzw. ein umfangreiches Kollegennetzwerk.

Das Potenzial der Kanzlei wird in erster Linie durch die bestehenden und zukünftigen Mandate abgebildet.

Doch auch mögliche und vorhandene Kooperationspartner, die abhängig vom jeweiligen Fachgebiet Unternehmen sein können, Autohäuser und Versicherer, aber auch Gerichte, die Ihnen Verfahren zuweisen, können dazu zählen.

### 4. Einschränkungen, Begrenzungen, Verpflichtungen

Nicht zu unterschätzen ist ebenso eine offene und ehrliche Einschätzung aller Begrenzungen und Verantwortlichkeiten. Diese können sich aus der Kanzlei selbst ergeben aber auch aus der Positionierung oder den persönlichen Verhältnissen des Kanzleiinhabers. In Betracht kommen hier beispielsweise Behinderungen, Pflegeaufgaben, Elternpflichten aber auch Kredittilgung, Wettbewerbsklauseln, persönliche Abneigungen, moralische und ethische Überzeugungen usw. Die Analyse sollte hier jedoch auch darlegen, welche unumgänglich sind (wie z.B. rechtliche Aspekte), welche nur temporär und welche frei gewählt sind. Zu den allgemeinen Regelungen des Rechtsmarktes wurde bereits im Eingangskapitel ausführlich eingegangen.

## 5. Anwalt vs. Kanzleiinhaber

Die Frage, die Sie sich ebenso wie jeder andere Anwalt stellen sollten, lautet: Warum wollen Sie diese Kanzlei gründen?

Um den Beruf des Rechtsanwaltes ausüben zu können, ist es ganz sicher nicht erforderlich, eine Kanzlei zu gründen. Es gibt vielfältige Möglichkeiten, im Angestelltenverhältnis (voll- oder teilzeitverpflichtet) oder aber unter Umständen auch als freier Mitarbeiter für Kanzleien zu arbeiten, ohne selbst Unternehmer also Kanzleiinhaber zu sein.

Vielleicht sollten wir hier einen genaueren Blick darauf werfen, was genau die rein „anwaltliche Tätigkeit" ist, wo diese also aufhört und die unternehmerische Tätigkeit beginnt.

Die Tätigkeit als Anwalt ist Aktenbearbeitung, juristische Recherche und Sachinformation für die Entwicklung einer optimalen juristischen Lösung. Sie besteht aus Mandantenkontakt und dem Auftreten vor Gericht und Behörden (in schriftlicher Form durch Schriftsätze und in mündlicher Form in den Verhandlungen). Alles in allem ist aber die anwaltliche Tätigkeit per se kaum mehr als eine sachbearbeitende Tätigkeit, ein Handwerk – wenn man so will – mit Aspekten einer kundenorientierten Dienstleistung. Mit einem deutlichen Schwerpunkt in der Kommunikation, aber auch bei der Zusammenarbeit und Interaktion mit Kollegen und nicht-juristischen Mitarbeitern im Schreibbüro, in der Administration oder im Servicebereich.

Die Vielfalt anwaltlicher Tätigkeit wirkt wie ein bunter Strauß an Kompetenzen:

Anwaltliche Kompetenzen, © Dr. Geertje Tutschka

Der Erfolg dieser anwaltlichen Tätigkeit wird einerseits vom Fachwissen, also dem juristischen Know-How des Anwalts bestimmt, welches er sich während des Studiums und des Referendariats sowie während seiner beruflichen Tätigkeit angeeignet hat. Anderseits aber ebenso von seiner Lebenserfahrung und seiner Bereitschaft, mandantenorientiert zu arbeiten sowie seiner Fähigkeit, die wirklichen Bedürfnisse und Ziele seines Mandanten zu verstehen. Nicht zuletzt aber ebenso von seinem strategisch taktischen Geschick bei der Mandats- und Prozessführung sowie seinem betriebswirtschaftlichen Verständnis und seiner Praxisnähe bestimmt.

Die rein juristische Arbeit erfordert selbstverständlich nicht, selbst eine Kanzlei zu eröffnen bzw. eine Kanzlei zu gründen. Auch der Mandantenkontakt und die Personalführung erfordern das nicht. In der Tat ist die Frage, warum Sie eine Kanzlei gründen möchten, eine davon unabhängige und zu unterscheidende Frage.

Das Produkt der Rechtsberatung kann also durch jeden als Anwalt zugelassenen Volljuristen erbracht werden. Wenn Sie aber mit dem Verkauf und der Vermarktung dieses Produktes Geld erwirtschaften möchten, geht es um Unternehmertum.

Leider gibt es noch nicht den Begriff „Kanzleitum". Jahrzehntelang sollte der Begriff der Kanzlei nicht mit dem des Unternehmens gleichgesetzt werden. Das entsprang zum einen den rechtlichen Beschränkungen zum anderen aber auch dem Selbstverständnis des Berufsstandes. Heute ist selbstverständlich längst anerkannt, dass die Kanzlei wie ein Unternehmen zu führen ist. Kanzleigründung ist Unternehmensgründung; Kanzleiführung ist Unternehmensführung[27].

Wofür ist das wichtig?

Zum einen muss das Rad hier natürlich nicht neu erfunden werden. Selbstverständlich kann man auf viele gute und sehr gute Bücher und Hilfestellungen für Management, Führung und Marketing zurückgreifen – immer mit dem aufmerksamen Blick für die Besonderheiten der Legal Branche und der rechtlichen Regelungen für den Berufsstand des Anwalts.

Zum anderen aber ist es von entscheidender Bedeutung für Ihren Erfolg, dass sie zwischen ihrer Position als juristischem Sachbearbeiter, will sagen Rechtsanwalt, und der des Kanzleiinhabers strikt unterscheiden[28]. Und zwar in jeder Situation.

---

27 Dr. Tutschka, „Der Rechtsanwalt als Unternehmer", TeleLex, S. 15.

28 Machen Sie es sich am Anfang zur Routine, sich bei jeder Entscheidung im Kanzleialltag zu fragen, in welcher Rolle Sie diese Entscheidung treffen. Versuchen Sie dann, die jeweils andere Position einzunehmen.

Die Kanzlei erfordert, dass Sie nicht als Anwalt, sondern vielmehr als Unternehmer sich jenseits der rein juristischen Tätigkeit mit Fragen der Unternehmensentwicklung und -führung beschäftigen. Hierzu zählen beispielsweise Personalführung, Strategie und Taktik, Bilanzierung und Budgetierung[29]. Die beiden Rollen Anwalt und Kanzleiinhaber sauber zu trennen und auseinander zu halten, wird Ihre wichtigste Aufgabe sein[30].

Den möglichen Einwand, dass ein junger Anwalt, der in eine bestehende Kanzlei eintritt, Kanzleiziele bereits vorfindet und sich deshalb um die Zielfindung nicht zu bemühen braucht, gilt nicht uneingeschränkt. Denn auch der junge Anwalt, der sich in einer größeren Kanzlei anstellen lässt, muss zumindest die Kanzleiziele kennen, um seine tägliche Arbeit daran ausrichten zu können. Bestenfalls sollten sich die Kanzleiziele sogar mit seinen persönlichen Lebenszielen und –werten sowie der Idealversion von seiner „Karriere" decken. Ich empfehle daher jungen Anwälten, sich schon im Vorfeld des Bewerbungsverfahrens damit auseinanderzusetzen, wofür eine Kanzlei steht und stehen möchte. Spätestens im Vorstellungsgespräch sollte dann die Kanzleivision zum Thema gemacht werden.

Ob Sie zusätzlich zur Rolle des Anwalts auch die Position des Kanzleiinhabers einnehmen wollen, sollten Sie sich also reiflich überlegen.

Von den 165.000 in Deutschland zugelassenen Anwälten sind circa 80% zumindest zeitweise mehr oder weniger freiwillig in eigener Kanzlei tätig. Nicht für alle Kollegen ist es verlockend, der eigene Chef zu sein, Entscheidungsfreiheit und Verantwortung zu haben, aber eben auch das geschäftliche Risiko einer Kanzleigründung zu tragen. Kein Wunder. Der Konkurrenzdruck wird härter, der Kampf um die Mandate rauer und die Zahl der Insolvenzen steigt, wie wir gesehen haben. Anwaltskanzleien müssen heute vor allem eines sein: wirtschaftlich. Die Zeiten, in denen sich Business und Kanzlei ausschlossen, sind längst Geschichte.

Die meisten Kanzleiinhaber stolpern jedoch nach wie vor eher unvorbereitet in die Unternehmensgründung: Junge Juristen lernen auch heute noch in der Ausbildung, dass sie Ihren Traumberuf mit juristischer Tätigkeit entfalten. Von Kanzleiführung und dem Kreieren ihrer persönlichen Kanzleivision haben die meisten bis zum Abschluss ihrer Ausbildung nichts gehört. Aber gerade von dieser Kanzleivision sind Zielsetzung und Strategie abhängig, die vom aller ersten Tag über den wirtschaftlichen Erfolg und die Zukunft der Kanzlei entscheiden. Begriffe wie Rechnungslegung, Buchführung, Marketing, Personalführung, Steuererklärung, sowie betriebswirtschaftliches Know-How kommen nur

29 Dr. Tutschka, „Partner vs. Associate" in Kanzleijob.de vom 17.6.2016.
30 Dr. Tutschka, „Kanzleigründung ist Unternehmensgründung" in Haufe vom 17.12.2015.

gelegentlich in der juristischen Ausbildung vor. Von Businessplan, Alleinstellungsmerkmal und Zielgruppendefinition hören die meisten juristischen Absolventen dann auch erst, wenn sie schon als Anwalt tätig sind bzw. eine Kanzlei gegründet haben. So überlassen nicht wenige Kanzleiführung und Kanzleimanagement anderen, Profis eben, die das gelernt haben. Der Anwalt an sich möchte juristisch arbeiten, inhaltlich eben[31]. Unternehmerische Notwendigkeiten werden da schnell lästig.

Ich treffe in meiner Arbeit immer wieder auf Kanzleien, in denen diese Themen hartnäckig verdrängt und ausgeblendet werden oder zumindest versucht wird, diese Themen an einen Spezialisten outzusourcen.

Gleichzeitig wird die Branche aber auch mit Beratungsangeboten, Seminaren und Handbüchern zum Kanzleimanagement überschwemmt. Verkannt wird dabei, dass mit Kanzleimanagement zu beginnen, hieße, das Pferd von hinten aufzuzäumen. Die Kanzleivision ist das Herzstück der Kanzleigründung.

Tatsache ist, dass auch die Kanzleigründung darüber hinaus wie jede andere Unternehmensgründung von **drei wesentlichen Faktoren** bestimmt wird:

1. Die Persönlichkeit des Inhabers.
2. Der Businessplan und die Strategie
3. Die Implementierung von Strukturen und Systemen.

Fest steht, dass anders als in der Wirtschaft nur wenige Anwälte vor Ihrer Kanzleigründung einen Businessplan aufstellen und eine Kanzleistrategie entwickeln.

In der Wirtschaft hingegen ist oft die Implementierung von Strukturen und Systemen der Knackpunkt, an dem Unternehmen beim Sprung vom Kleinstunternehmen zum Klein- bzw. mittelständischen Unternehmen scheitern: Etwa nach 3 bis 5 Jahren oder ab einer Mitarbeiterstärke von 5 Angestellten. Den Wandel der Rolle des Firmengründers vom General Manager, vom Mädchen für alles, und All-Rounder, hin zum Unternehmens- und Personalführer und strategischen Visionär schaffen nur wenige. Im Kanzleibusiness ist es jedoch nahezu unmöglich sich mehr und mehr aus dem operativen Geschäft zurück zu ziehen und nicht mehr juristisch zu arbeiten. Hier unterscheidet sich der Kanzleigründer ganz wesentlich von allen anderen Unternehmen.

Erfolgreiche Kanzleigründung und Führung hat also immer auch damit zu tun, inwieweit der Anwalt seine Rolle als Jurist und als Kanzleiinhaber nebeneinander ausüben kann; sich also im Selbstmanagement übt. Nach meiner Er-

---

**31** Dr. Anja Hall, „Warum sollte man in der Großkanzlei nicht altwerden können?“ in LTO vom 29.6.2016.

fahrung gibt es aber noch einen weiteren ganz gravierenden Unterschied zwischen Kanzleien und herkömmlichen Unternehmen: Die völlige Unterschätzung der Rolle der Persönlichkeit, der persönlichen Einstellung und Zielsetzung des Kanzleiinhabers. Das mag standesgemäße Arroganz sein. Das historisch bedingte Verwechseln von Titeln und Abschlüssen mit Kompetenz oder die berühmte Betriebsblindheit[32].

Doch warum ist bei der Kanzleigründung gerade die Persönlichkeit des Inhabers von so ganz wesentlicher und entscheidender Bedeutung?

Zunächst einmal ist das Kanzleibusiness ein Business, welches von Menschen für Menschen Servicedienstleitungen anbietet. Wie wir gesehen haben können LegalTech, Pauschalanbieter von Rechtsdienstleitungen und automatisierte Rechtsauskünfte den menschlichen Aspekt des Anwalts nicht ersetzen, also die Persönlichkeit des Anwalts, dessen Charisma und Lebenserfahrung. Dies wird der entscheidende Wettbewerbsvorteil jedes Anwalts und jedes Kanzleigründers sein, der zukünftig eine immer größere Rolle spielen wird. Noch wichtiger aber ist, dass man am Kanzleierfolg messen können wird, ob Ihnen der unternehmerische Aspekt Spaß macht: Man ist nur gut indem was man gern tut.

Aber nicht jeder ist ein geborener Unternehmer. Das ist gut so. und manches kann man sicherlich auch lernen oder beim Spezialisten „einkaufen“, wie Marketingexperten und Steuerberater. Ein gutes Beispiel ist hier der Auftritt der Kanzlei Schnee-Gronauer:

SCHNEE+GRONAUER UNTERNEHMER. ANWALT.

© Rechtsanwalt Schnee-Gronauer. Der Unternehmeranwalt

Doch das Unternehmen Kanzlei führen müssen sie dennoch selbst. Sie sollten also bestimmte Eigenschaften wie visionäres und strategisches Denken, wirtschaftliches Verständnis[33], Durchsetzungskraft, Leadership-Qualitäten mitbringen. Seien Sie hier ehrlich zu sich selbst. Ein Persönlichkeits-/Stärkentest[34] oder das Feedback von Freunden, Kollegen oder Ihrem Coach kann unterstützen. Als

32 Dr. Tutschka, „Kanzleigründung ist Unternehmensgründung“ in Haufe vom 17.12.2015, Gerber, „E-Myth Attorney“ S. 57.

33 „Kommerzielles Denken“ hat es das BVerfG genannt (Urteil vom 12.12.2016, Az. 1 BvR 2576/04).

34 Ein einfacher und wirkungsvoller Test ist der „Strenghtsfinder“ von Buckingham in „Entdecke Deine Stärken“ (gallup).

Kanzleiinhaber tragen Sie wirtschaftliche Verantwortung, der Sie gerecht werden müssen[35].

**Kanzleigründung ist Unternehmensgründung**: Schweißtreibend, mit vielen Zahlen und wenig juristischer Arbeit. Sie können Spezialisten zur Unterstützung anheuern. Der Kanzleigründer und Inhaber aber bleiben Sie selbst. Und bei Ihnen selbst bleibt auch die Verantwortung, in die Kanzlei Ihre Persönlichkeit einzubringen und den Kurs vorzugeben. Nehmen Sie es nicht nur hin! Lernen Sie es zu lieben! Nichts ist so spannend, wie etwas Eigenes aufzubauen, es wachsen zu sehen. Und dabei nichts dem Zufall zu überlassen. Ihre persönliche Einstellung und Zielsetzung ist der erste Schritt, die Entwicklung Ihrer Kanzleistrategie der Zweite.

Dann erst sind Sie wirklich Kanzleigründer. Alles andere ist Sachbearbeitung.

Haben Sie sich nun selbst die Frage beantwortet, warum Sie genau diese Kanzlei gründen wollen, und warum es nicht genügt, in der sachbearbeitenden Position des Anwalts zu bleiben, geht es an die Umsetzung.

## II. Kanzlei und Produkt DNA

Auf der Basis Ihrer Kanzleivision ist die individuelle Kanzlei-DNA zu entwickeln:

**Wofür steht Ihre Kanzlei? Womit setzt Sie das um und mit wem?**

### 1. Werte, Kultur, Ethik

Die Werte Ihrer Kanzlei zu entwickeln ist ein ständiger Prozess. Er beginnt mit ihren Werten, denen Ihrer Partner und Mitarbeiter.

Wofür wollen Sie stehen? Wofür wollen Sie sich einsetzen?

Während die eigenen Werte den meisten noch relativ klar vor Augen sind, machen sich doch die wenigsten Gedanken zu den Werten ihrer Kanzlei. Man hebt es sich gern auf für später, wenn man mal Zeit dafür hat. Also niemals.

Eine Entscheidung mit Folgen. Denn tatsächlich repräsentieren diese Werte ihre Arbeit, ihre Leistung, also am Ende auch Sie selbst. Sie sollten klar kom-

35 Hartung in „Berufsbild des Anwalts“ in LTO vom 10.1.2018.

muniziert werden und noch wichtiger, auch tatsächlich gelebt werden. Nur dann können sie ihre volle Wirkung entfalten.

Doch was sind Unternehmenswerte?

Sie werden gern als Leitprinzipien im Unternehmen definiert und bilden den moralischen Kompass, der alle Aktivitäten und Entscheidungen beeinflussen sollte. Auf diesen Kernwerten wird die Kanzleikultur und -philosophie aufgebaut. Sie bilden die Grundlage für das Vertrauen ihrer Mandanten und die Loyalität ihrer Mitarbeiter.

Fragen Sie sich also stets, was die wichtigsten Werte für Ihre Kanzlei sind, was Ihre Kanzlei von allen anderen unterscheiden soll. Die Herausarbeitung dieser Werte kann in einem partnerschaftlichen Prozess erfolgen und sollte im Übrigen auch in regelmäßigen Abständen wiederholt werden. In lockerer, reflektierter Atmosphäre ohne Zeitdruck und Störung kann – ggf. unter der Moderation eines Experten – eine der wichtigsten Grundlagen für den Aufbau und die Entwicklung Ihrer Kanzlei entstehen.

Hier sehen Sie das Ergebnis eines solchen Prozesses, die Kernwerte einer Kanzlei zu identifizieren.

Kanzleiwerte, © Dr. Geertje Tutschka

Ich verwende hier in meinen Trainings gern das drastische Beispiel „Frankenstein“: Ein Wissenschaftler „baut“ sich mit viel technischem Sachverstand einen „Menschen“ und erweckt ihn zum Leben, ohne sich Gedanken darüber zu machen, ob dieser eine Identität, eine Seele, ein Gewissen hat. Er erschafft ein trauriges Monster.

Mit dem entsprechenden Know How kann man vieles „ins Leben bringen“. Entscheidend für den Erfolg aber auch den eigenen Verdienst ist jedoch, auf der

Grundlage welcher Werte ist es entstanden? Was war Ihre Motivation und welches Menschenbild lag zugrunde? Hat das Produkt also eine Seele?

Stehen die Kanzleiwerte gilt es, darauf eine entsprechende Kultur aufzubauen. Dies beginnt bei der Mandantenkommunikation und dem Branding der Kanzlei, muss aber auch in den Veranstaltungen und Zusammenkünften und der Mitarbeiterführung spürbar werden. Transparenz und Verlässlichkeit schaffen hier Rituale (wie der Ablauf der jährlichen Weihnachtsfeier), die Prämierung bzw. Auszeichnung besonderer Leistungen aber auch geschriebene oder ungeschriebene Regeln für den täglichen Umgang miteinander. Feedback und Kontrolle helfen, diese Grundregeln tatsächlich zu leben[36].

**Wichtig ist:**
- Werte und Kultur müssen zu den Menschen in der Kanzlei passen und
- Werte und Kultur müssen durch die Menschen in der Kanzlei gelebt werden.

Ein schönes Beispiel ist das Ergebnis dieses Prozesses bei der Kanzlei Winheller[37]:

---

i *„Für uns bei Winheller gehörte die Erarbeitung unserer Kanzleiwerte und Grundsätze bei der Gründung der Kanzlei ebenso dazu wie die rechtlichen und betriebswirtschaftlichen Aspekte. „If you get the culture right, everything else will take care of itself." Unsere Grundwerte sind die Basis unserer täglichen Arbeit, die Richtschnur für die Erweiterung unseres Teams und bei Neueinstellungen sowie der Kompass unserer strategischen Ausrichtung und Entwicklung. Gleichzeitig arbeiten wir an ihrer Spezifizierung und Umsetzung, indem wir sie und unsere Unternehmenskultur in regelmäßigen Abständen auf den Prüfstand stellen.*

*Was uns das bringt?*

*Beim Business Development ist Wachstum einfach, wenn die Grundlage gelegt ist. Wir wollen im Markt gut dastehen und uns gegen die harte Konkurrenz (Großkanzleien, LegalTech) wappnen. Wachsen können wir aber nur auf einem festen Fundament. Unsere Core Values sind dieses Fundament.*

*Im Recruiting sind unsere Core Values extrem hilfreich: Wir stellen niemanden (mehr) ein, egal wie toll er fachlich ist und wie viel Umsatz er ggf. mitbringt, wenn er nicht zu uns passt. Damit fahren wir sehr gut. Es hat aber auch etwas gedauert, bis wir verstanden hatten, wie wichtig das ist. Ein weiterer wertvoller Nebeneffekt der Core Values: Mitarbeiter kommen viel seltener auf die Idee, in schwierigen Situation den Chef um Rat zu fragen und können häufig selbst entscheiden."*

**Stefan Winheller**
**Rechtsanwalt, LL.M. Tax (USA), Fachanwalt für Steuerrecht**
**Gesellschafter, Geschäftsführer der WINHELLER Rechtsanwaltsgesellschaft mbH, Frankfurt a.M.**

---

36 Heussen, „Anwaltsunternehmen führen", S. 305.
37 Nachzulesen auch auf der Webseite unter www.winheller.com.

Und wo kommt die Ethik ins Spiel?

Es mag Fragen und Entscheidungen in Ihrem Kanzleialltag geben, die weder allein nach Recht und Gesetz noch Ihren Kanzleiwerten beurteilt werden können. Die in der Grauzone zwischen Richtig und Falsch liegen. Dann sind wir beim Thema ethisches Handeln[38].

Der Deutsche Anwaltverein (DAV) befasst sich seit geraumer Zeit mit dem Thema Anwaltsethik und rief 2011 den Ausschuss Anwaltliche Berufsethik ins Leben, der inzwischen Anwaltsethik und Anwaltskultur heißt. Der Ausschuss befasst sich mit den allgemeinen Fragen der Berufsethik. Leitfrage[39] ist, ob es ethische Regeln jenseits des Rechts oder über den Gesetzesnormen gibt und wenn ja, ob es hierfür wiederum Normen gibt. Gibt es hierfür keine Normen, so fragt die Berufsethik danach, nach welchem Mechanismus entschieden werden kann, ob etwas gut oder schlecht ist.

Als Jurist und Anwalt haben Sie nach Jahren des Studiums und der praktischen Ausbildung ein fundiertes Verständnis unseres Rechtssystems entwickelt, verstehen internationale und politische Zusammenhänge. Doch Ihr Unrechtsbewusstsein, Ihr Gerechtigkeitsempfinden wurde bereits viel früher angelegt: Bereits in den ersten drei Lebensjahren werden die Grundlagen gelegt, mit der Entwicklung der Sprache und des komplexen Denkens wird es weiterentwickelt und schon in den ersten Schuljahren ist der Aufbau Ihres Unrechtsbewusstseins, Ihres Gerechtigkeitsempfindens weitgehend abgeschlossen, ja Sie haben sogar bereits ein gewisses Verständnis für die Begriffe Moral, Recht und Ordnung gebildet.

So ist Ihr Unrechtsbewusstsein und Ihr Gerechtigkeitssinn einerseits als Teil Ihrer Individualität bereits genetisch/biologisch angelegt aber genauso auch das Produkt Ihrer elterlichen und „gesellschaftlichen" Erziehung sowie Ihrer Interaktion mit anderen Menschen. Diese im frühen Kindesalter gebildeten Erfahrungen prägen unser Denken und Fühlen unser gesamtes weiteres Leben, da sie mit Emotionen verknüpft sind. Unterricht in Ethik und Philosophie sowie das Jurastudium und weitere Ausbildungen können unsere Gerechtigkeitsempfinden allenfalls noch auf der geistig-intellektuellen Ebene weiterentwickeln.

Womit beurteilen wir heute als gestandene Juristen also unsere juristischen Entscheidungen über „Gut oder Böse", über „Richtig oder Falsch"? Sie ahnen es bereits: es ist nicht in erster Linie unsere juristische Ausbildung und Berufserfahrung.

---

38 Dr. Streck, „DAV-Ratgeber für Junge Rechtsanwältinnen und Rechtsanwälte". S. 62.

39 Der DAV gegen die schriftliche Fixierung berufsethischer Richtlinien aus und unterstützt eine offene, fortwährende Diskussion.

Eine erst jetzt thematisierte Besonderheit für uns in Deutschland besteht darin, dass unsere Erziehung von den Erfahrungen der Nachkriegsgenerationen mehr oder weniger unbewusst geprägt ist. Selbstverständlich sind die in Deutschland heute vorherrschenden allgemeinen Moralvorstellungen, unsere Idee von „Recht und Ordnung", ja selbst unsere Rechtsordnung insgesamt das Produkt der Überwindung des Nationalsozialismus. Die Einflüsse der ganz individuellen Erfahrungen in und nach den Weltkriegen bis in die übernächste Generation – also bis heute – wird jedoch erst jetzt erforscht. Traumatisierende Gewalterfahrungen, Heimatverlust und Existenzängste wurden über Jahrzehnte unreflektiert als „Lebenserfahrungen" und „Überzeugungen von Moral, Recht und Ordnung" an die nächsten Generationen übertragen und leiten uns unbewusst auch heute noch in unseren Entscheidungen. Möchten Sie also ein tieferes Verständnis dafür entwickeln, welche Paradigmen, Entscheidungsmuster und Perspektiven Sie unbewusst verinnerlicht haben, sollten Sie sich aktiv mit Ihrer ganz persönlichen Familien-Kriegs-Geschichte auseinandersetzen[40]. Auch in diesem Zusammenhang ist es also wichtig, an der eigenen Geschichte, Ihrer „Personal story" zu schreiben.

## 2. Produkt- und Honorarpolitik

Produkte müssen verkauft werden. So auch die anwaltliche Dienstleistung.

Allerdings wird im Allgemeinen lediglich das Produkt Rechtsberatung beworben und weder auf die Bedürfnisse des Mandanten eingegangen noch die zugrundeliegenden Werte erwähnt. Sinek[41] bringt in seinem Klassiker „Start with Why" ein prägnantes Beispiel:

Sie können natürlich Ihre PC so bewerben:
„Wir machen großartige PC's. Sie sind benutzerfreundlich und sehen gut aus. Wollen Sie einen kaufen?"

Apple macht es so:
„Wir leben dafür, den Status quo herausfordern. Wir glauben an neues Denken. Unsere Produkte fordern den Status quo heraus: sie sind benutzerfreundlich und gutaussehend. Wir machen PC's. Wollen Sie einen kaufen?"

Apple-Werbung ist keine Werbung, sondern ein Statement. Das bietet den Nutzern die Möglichkeit, sich damit zu identifizieren. Derartige Statements spre-

40 Bode, „Kriegsenkel: Die Erben der vergessenen Generation", S. 25 ff.
41 Sinek, „Start with why", S. 57.

chen uns unmittelbar an, gehen in den Bauch und ins Herz. Alles andere ist Werbung und möchte mit Informationen, Statistik und Argumenten unseren Kopf überzeugen. Das ist anstrengend und schnell zu viel. Eleganter und weitaus überzeugender ist es daher, wenn Sie sich die Mühe machen, Ihre Kunden mit Ihrem wertebasierten Statement abzuholen.

„Start with Why", © Dr. Geertje Tutschka

Rechtsberatung als Dienstleistung zu verstehen heißt, nicht nur auf die Bedürfnisse des Mandanten einzugehen und diese zu befriedigen, sondern dass neue Bedürfnisse nach anwaltlicher Dienstleistung, die der Mandant zuvor noch gar nicht hatte, geweckt werden. Dabei geht es nicht um den Effekt des „Cross Selling", bei dem ein Mandant, der mit der Arbeit der Kanzlei in einem arbeitsrechtlichen Fall zufrieden ist, die Kanzlei in Zukunft auch in gesellschaftsrechtlichen Fragen mandatiert. Denn in diesem Fall bestand bereits ein Bedürfnis des Mandanten nach gesellschaftsrechtlicher Beratung, dass er früher bei einem Wettbewerber befriedigte. Gemeint ist vielmehr das Generieren eines bislang noch nicht existierenden oder zumindest von dem Mandanten bislang noch nicht wahrgenommenen Beratungsbedarfs. Neben Kommunikationsaktivitäten ist hierzu auch die Kreation neuer Dienstleistungsprodukte erforderlich.

Das Erfinden neuer Produkte für den Markt juristischer Dienstleistungen schien lange Zeit auf den ersten Blick schwer, wenn nicht unmöglich zu sein. Schließlich ist eine Anwaltskanzlei kein Industrieunternehmen, in dem eine neue „Ware" entwickelt werden könnte. Tatsächlich gab und gibt es eine ganze Reihe von Möglichkeiten und Gelegenheiten, neue „Anwaltsprodukte" zu kreieren.

Bisweilen geben der Gesetzgeber und die Medien hierzu den Anstoß. Eigeninitiative und Kreativität sind erlaubt. Insbesondere das Schlagwort **„Legal Tech“** ist in diesem Zusammenhang in aller Munde, ein Sammelbegriff für alle möglichen, denkbaren neuen Produktansätze, wie beispielsweise:

- Kanzleisoftware
- Cloudlösungen
- Besondere Sicherungssysteme
- Akten-Archivierung
- Standardisierte Rechtsprodukte wie „Flightright“ oder „geblitzt.de“
- Rechtsberatung zu Pauschalpreisen
- Anwaltsplattformen
- Hochkomplexe Hardware mit vielen „special effects“, die in die Ära der „papierlosen Kanzlei“ überleiten sollen,
- Ergänzungsprodukte zum beA (besonderes elektronisches Anwaltspostfach)

Die Aufzählung ist wahrscheinlich schon in diesem Moment überholt und kann keinesfalls vollständig sein. Täglich kommen neue Produkte und Ideen hinzu. Der interessierte Leser kann mit minimalem Aufwand sehr gute Zusammenfassungen zum aktuellen Stand in jedem online-Format für die Legal Branche erhalten. Anwälte sind hier als Berater und Experten bei der Produktentwicklung, den Testläufen und dem Marketing und der Produkteinführung gefragt[42].

Hinzu kommt der Beratungsbedarf, den gerade die Legal Branche in diesen schwierigen Zeiten hat. Seminare, Workshops, Autorentätigkeit zu den Themen der neuen Herausforderungen für Kollegen, aber auch neue Veranstaltungsformate, Konferenzen und Messen können Produkte sein. Gleiches gilt für den Bereich des professionellen Recruitings und der Personalentwicklung für Großkanzleien oder die diversen Mentorenprogramme, bei denen erfahrene Juristen sich mit neuen Produkten ausprobieren können[43]. Auch in den verschiedenen Bereichen des Marketings und der Kommunikation haben sich mittlerweile erfahrene Anwälte ein zweites Standbein aufgebaut, wenn es z.B. darum geht, sensible Themen zu kommunizieren oder besonderes Anwaltsmarketing zu betreiben.

Die folgende Gegenüberstellung zeigt die Attraktivität der Legal Branche als Zielgruppe:

---

42 So habe ich mit CLP beispielsweise den europaweiten Launch des Anwaltskopierers begleitet.

43 Insbesondere für Anwälte, die Vollzeit in ihrer eigenen Kanzlei eingespannt sind, kann es eine willkommene Abwechslung sein, ihre Kompetenzen in Seminaren und Workshops mit jungen Kollegen zu teilen oder bei erfahrenen Kollegen vorzustellen und so ggf. auch neue Kooperationspartner zu gewinnen.

| Zielgruppe LEGAL | |
|---|---|
| **contra** | **pro** |
| • Hoher Konkurrenzdruck | • Starkes finanzielles Potential |
| • Starke Marktbewegung | • Long-term Relationship |
| • Traditionell und konservativ | • Entwicklungsfähigkeit |

Zielgruppe Legal, © Dr. Geertje Tutschka

i

*„Die Dienstleistung der gewerblichen Prozessfinanzierung hat sich seit 1999 in Deutschland und großen Teilen Europas fest etabliert. Im Gegensatz zum amerikanischen Model bleiben Anwalt und Finanzierer getrennt, d.h. der Anwalt kann sich allein auf seine Tätigkeit für den Mandanten konzentrieren. Der Prozessfinanzierer unterstützt, wo gewünscht und – abhängig vom Usus der verschiedenen Unternehmen – begleitet das Verfahren mal mehr, mal weniger. Für den Anwalt hat diese Zusammenarbeit mehrere Vorteile: er kann Mandate führen, die ansonsten an den finanziellen Mitteln der Mandanten scheitern. Sein Honorar wird durch den Prozessfinanzierer gesichert und schließlich steuert dieser sein Fachknowhow bei. Dem Mandanten kann der Anwalt über die Rechtsberatung hinaus eine attraktive Lösung anbieten, auch als „David" gegen einen finanziell stärkeren „Goliath" vorzugehen. Alle für eine optimale Verfahrensführung notwendigen Gelder stellt der Finanzierer zur Verfügung und übernimmt zudem auch das Risiko eines Prozessverlustes. In der Regel liegen dessen Erfolgsbeteiligungen dafür zwischen 20% und 40% vom Ertrag eines Prozessausgangs. Finanziert werden zudem auch Mediationen und Schiedsverfahren. In Deutschland gibt es im Wesentlichen drei Anbieter: die ROLAND ProzessFinanz AG aus Köln, die Legial AG aus München sowie die Foris AG aus Bonn. Da die Prozessfinanzierer keine Rechtsberatung leisten (dürfen), muss ein Anspruch zunächst zwingend durch den Anwalt anhand der Sach- und Rechtslage beurteilt werden. Nur wenn der Anwalt zum Ergebnis überwiegender Erfolgsaussichten einer gerichtlichen Durchsetzung kommt, lohnt sich eine Anfrage."*

**Rechtsanwalt Dr. Arndt Eversberg, Vorstand der ROLAND ProzessFinanz AG, einer der erfahrensten Prozessfinanzierer in Europa.**

Dazu gehört ferner, dass die anwaltlichen Dienstleistungen oder die Bündelung neuer Dienste für den Mandanten leicht verstehbar gemacht werden. Kaum ein potentieller Mandant wird freiwillig juristische Fachzeitungen lesen. Allgemeinverständliche Kurzdarstellungen in Tageszeitungen oder Magazinen mögen das Interesse einzelner potentieller Mandanten wecken. Ein neues Dienstleistungsprodukt ist mit einem solchen Beitrag noch nicht geschaffen. Präsentationssoftware und moderne Präsentationstechnik erlauben, auch komplizierte rechtliche Zusammenhänge anschaulich darzustellen und potentiellen Mandanten den Nutzen, den ihnen die neuartige Dienstleistung bringen kann, aufzuzeigen. Für Anwälte scheint es noch ungewöhnlich zu sein, Dienstleistungspakete als computerunterstützte Präsentation für Mandanten aufzubereiten. Dabei ist der Schritt von dem unabdingbaren Internetauftritt zur computergestützten Präsentation tatsächlich nicht weit. Große Rechtsanwaltskanzleien, insbesondere solche, die intensiv mit Wirtschaftsprüfungsgesellschaften zusammenarbeiten, unterhalten eigene Abteilungen, die derartige Präsentationen professionell aufbereiten und den Anwälten der Kanzlei zu Akquisitionszwecken zur Verfügung stellen.

Für kleine Kanzleien tut es auch ein drucktechnisch ordentlich gestaltetes Faltblatt, in dem die Komponenten einer speziellen Dienstleistung, die eine Kanzlei anbietet, zusammengefasst werden. Ein solches Faltblatt kann im Anschluss an einen Vortrag vor den Mitgliedern von Industrie- und Handelskammern, Wirtschaftsverbänden und sonstigen Interessengemeinschaften verteilt werden und so den Vertrieb des neuen „Produkts" unterstützen.

Auch eine besondere Honorarpolitik kann helfen. Dabei sollte weniger am Preis selbst „geschraubt" werden als vielmehr auf offene und transparente Abrechnung gesetzt werden, Verlässlichkeit und Mandantenkomfort. Hierauf zielt beispielsweise die Zusammenarbeit mit einem Prozessfinanzierer.

Letztlich ist auch die Distributionspolitik auf Produkt und Zielklientel auszurichten: **„Wie kommt die anwaltliche Dienstleistung zum Mandanten?".** Wer diese Frage mit einem knappen „per Post" beantwortet, liegt zwar nicht vollständig falsch, hat jedoch nur einen Aspekt der Distributionspolitik erfasst. Hier sollte sowohl auf die Wünsche und Präferenzen der Zielklientel in Bezug auf Sachmittel und personelle Ressourcen als auch auf die Erreichbarkeit und die Verfügbarkeit des Anwalts Rücksicht genommen werden.

Viele Kanzleien tüfteln gerade an eigenen Produkten für ihr Spezialgebiet, für ihre Mandanten oder einfach, weil es Ihnen Spaß macht. Es bleibt also spannend.

## 3. Das Kanzlei-Team

Die dritte Säule der Kanzlei sind die Menschen Ihres Unternehmens. Dazu gehören die Rechtsanwälte ebenso wie die Fachangestellten, die Partner ebenso wie die Mitarbeiter, aber auch besondere Abteilungen wie Steuer, Insolvenz, Vollstreckung, IT, Marketing und Buchhaltung – ja selbst das Putzteam, der Pförtner und sonstige Dienstleister der Kanzlei. Sie alle repräsentieren nach außen, sind das Gesicht Ihrer Kanzlei[44].

Sie sollten also nicht nur Ihre Kanzleivision und Werte kennen und anerkennen, sondern auch diese symbolisieren. Die richtigen Mitarbeiter zu finden –

44 Busmann, „Chefsache Mandantenakquise", S. 17.

und zu halten – ist daher eine der wichtigsten und gleichzeitig schwierigsten Aufgaben jedes Kanzleiinhabers[45]:

*It's a people business.*

## III. Positionierung und Ausrichtung

Sie haben sich bereits Gedanken dazu gemacht, warum Sie Ihre Kanzlei gründen möchten. Das heißt, warum Sie neben Ihrer anwaltlichen Tätigkeit, der rein juristischen Tätigkeit, zusätzlich die Rolle des Kanzleiinhabers ausüben möchten. Sie haben sich ferner Gedanken dazu gemacht, wie Sie diese unternehmerische Tätigkeit und Ihre Kanzlei umsetzten möchten: ob als Einzelkanzlei oder in Zusammenarbeit mit Kollegen oder als Umgründung einer bereits bestehenden Kanzlei. Sie sollten sich nun Gedanken dazu machen, was Ihre Kanzlei von anderen Kanzleien unterscheidet.

Die Frage nach der derzeitigen Positionierung am Markt ist vor allem bei Umgründungen, Aufsplittungen oder Zusammenschlüssen von Kanzleien wichtig, um keine Ressourcen und bereits vorhandene Mandantenstämme, Dienstleistungsprodukte oder Kundenquellen zu verlieren, die nicht in der einen oder anderen Form weiter genutzt werden könnten; als Startkapital für die neue Kanzlei gewissermaßen.

Aber auch bei der Neugründung kann diese Frage eine Rolle spielen, dann nämlich, wenn ein Anwalt sich aus einem Angestelltenverhältnis heraus selbstständig macht[46]. Aber auch ein Berufsanfänger kann sich bereits durch Praktika, in der Referendarstation, auf seiner vorherigen beruflichen Laufbahn, aus privaten Beziehungen oder aus ehrenamtlichen und Freizeitaktivitäten heraus ein gewisses Potenzial aufgebaut haben, welches ihm nun durchaus nützlich sein kann. Selbst bei alteingesessenen Hasen sind erfahrungsgemäß diese bereits vorhandenen Geschäfts-Quellen nicht immer präsent und werden weitaus seltener genutzt, als es zu erwarten wäre.

Bei der Positionierung geht es in erster Linie darum, ausgehend von Ihrem Idealmandanten und Ihrem Rechtsgebiet einerseits den Markt zu ermitteln und andererseits den Markt zu bestimmen[47].

45 Dazu mehr im nächsten Kapitel.

46 Und dies geschieht so in der Tat bei der weit überwiegenden Mehrzahl der Neugründungen.

47 Trimborn von Landenberg, Erfolgreich starten als Rechtsanwalt, S. 25 f.

i

Hier geht es also in erster Linie um Recherchetätigkeit.
Sie sollten Ihre Mitbewerber, Ihre sogenannte Konkurrenz in diesem Rechtsgebiet und für diese Idealmandanten finden und kennen lernen.
Sie sollten genau analysieren, was Ihre Mitbewerber anbieten und wie sehr und wie lange diese im Geschäft sind? Wichtig können auch begleitende wirtschaftliche Analysen sein.
Sie sollten die Angebote und Produkte Ihrer Mitbewerber kennen, die dazugehörigen Marketingmaßnahmen und wie der Markt darauf reagiert.
Bestenfalls haben Sie bereits Erfahrung im Angestelltenverhältnis bei Ihrer Konkurrenz gesammelt und haben insofern auch einen gewissen Insider-Blick.

Im unten erwähnten Beispiel des Musikspezialisten könnte es also darum gehen zu ermitteln, welchen Marktzuwachs und welche Entwicklung der Musikmarkt in den nächsten 5 bis 10 Jahren nehmen wird (innerhalb Deutschlands ebenso wie weltweit).

Haben Sie den Markt und Ihre Mitbewerber hinreichend analysiert, ist es Zeit, sich selbst, Ihr Rechtsgebiet und Ihr Alleinstellungsmerkmal in diesem Markt zu positionieren.

Auch hier geht es wiederum um nichts anderes, als um die Frage: Was Sie von Ihren Mitbewerbern unterscheidet, und warum dies einen Mehrwert für Ihre Mandanten darstellt?

Aus dem besonderen Problem Ihrer Mandanten, welches Sie lösen möchten, entwickeln Sie Ihre Positionierung, Ihre Zielgruppendefinition und Ihr Spezialrechtsgebiet. Daraus wiederum wird die sogenannte Markenbildung entstehen[48].

## 1. Was ist Ihre Expertise

Warum sollten Sie sich das überlegen?

In den meisten Fällen wird eine Kanzlei von einem „Gesicht", einer Person dominiert. Das kann bei traditionellen Kanzleien der Kanzleigründer sein, dessen Namen die Kanzlei noch trägt und der als Ölportrait im Empfang hängt. Das kann aber auch einer der Anwälte sein, der besonders publikumswirksam agiert und immer wieder in der Tagespresse erscheint.

Das Gesicht der Kanzlei kann für Ihre Mandanten aber auch „die gute Seele des Hauses" sein: ihre langjährige Mitarbeiterin, die in der gesamten Stadt bekannt ist. Hier geht es darum, dass Sie selbst strategisch entscheiden, wer für Sie und Ihre Kanzlei stehen soll.

48 Siehe zum Marketing im übernächsten Kapitel.

Ihr **Alleinstellungsmerkmal** oder Ihr USP (Unique Selling Preposition/ Point) wird es Ihnen leichter machen, genau die Mandanten anzuziehen, mit denen Sie tatsächlich arbeiten möchten. Und damit Ihre besondere Leistung bspw. als Experte in einem bestimmten Rechtsgebiet an den Mandanten zu bringen.

Vielleicht haben Sie sich als Anwalt bereits auf ein bestimmtes Rechtsgebiet festgelegt oder haben eine ganz bestimmte Vorstellung davon, wie Sie Ihre Mandanten am Besten beraten möchten. Möglicherweise sind Sie auch aufgrund Ihrer besonderen Lebenserfahrung wie beispielsweise Auslandserfahrung oder Erfahrung in der Rechtstabteilung eines Unternehmens, besser als andere Kollegen in der Lage, Mandate in diesem Bereich zu bearbeiten und zum Erfolg zu verhelfen, weil Sie Know-How, ein Netzwerk aber eben auch Expertise in diesem Bereich aufgebaut haben.

Oder aber Sie sind erst noch auf der Suche nach Ihrem besonderen Alleinstellungsmerkmal.

Grundsätzlich ist dazu zu sagen, dass die juristische Ausbildung allein regelmäßig nicht dazu geeignet ist, Ihnen Ihr besonderes Alleinstellungsmerkmal zu verschaffen. Zwar ist innerhalb des Studiums durchaus aufgrund der Wahlfachbildung schon frühzeitig eine Spezialisierung auf ein bestimmtes Rechtsgebiet möglich. Auch ist im Referendariat die Möglichkeit gegeben, sich in den entsprechenden Wahlstationen in bestimmte Rechtsgebiete besonders einzuarbeiten. Andererseits fehlt es in der Ausbildung zumeist an geeigneten Mentoren, Beratern oder engagierten Kollegen, die einerseits Ihre besonderen Fähigkeiten und Stärken erkennen und andererseits hier auch eine gewisse Hilfestellung bei der Wahl des Rechtsgebietes bieten.

Nach meiner Erfahrung nutzen Juristen in der Regel einen der drei folgenden Wege, ihr Spezialgebiet zu entwickeln:

- Sie probieren in den ersten Berufsjahren verschiedene Berufe und anwaltliche oder sonstige juristische Tätigkeiten aus, um sich einen Ein- und Überblick in den verschiedenen Bereichen zu verschaffen, sich einen gewissen Erfahrungsschatz anzueignen, um dann nach 5 bis 10 Berufsjahren für sich zu entscheiden, wo die eigenen Stärken liegen und wie diese am Besten im weiteren beruflichen Kontext umgesetzt werden können.
- Die Alternative dazu ist, die erstbeste sich bietende Chance zu nutzen und sich darin einzurichten. Dafür spricht, dass die Zufriedenheit im Beruf in der Regel zu 80% von einem engagierten Team, einem motivierenden Chef und einer adäquaten Entlohnung bestimmt wird[49].

49 Jochen Mai, „Zufriedenheit im Beruf" in Karriere-Bibel vom 1.5.2016.

– Die dritte Möglichkeit besteht darin, die eigenen Stärken und das Alleinstellungsmerkmal mit professioneller Hilfe durch einen Mentor oder einen Business-Coach zu entdecken und zu entwickeln. Auch dieser wird sicherlich nicht im Rahmen einer Einzelstunde oder eines eintägigen Zusammentreffens das Alleinstellungsmerkmal erkennen können. Eine Zusammenarbeit im Wege eines Prozesses über mehrere Monate[50] ist jedoch regelmäßig geeignet, Klarheit und Zielgenauigkeit zu bekommen, was im Vergleich zu den anderen Wegen eine enorme Zeit- und Kosteneinsparung bedeutet.

Da Sie dieses Buch erworben haben und sich die Zeit nehmen, es zu lesen, gehe ich davon aus, dass Sie sich seit einiger Zeit bereits mit dem Gedanken der Kanzleigründung beschäftigten und insofern auch mit der Findung Ihres Alleinstellungsmerkmales.

Ihnen ist klar, dass sich die Kanzleigründung heute grundlegend von der in früheren Zeiten unterscheidet, in denen es genügte, nach den bestandenen Examina ein ansprechendes Schild an der Hauswand anzubringen und darauf zu warten, dass die Mandanten zur Tür hereinspazierten und Ihnen Ihre Rechtsmandate mitbrachten. Oder dass man sein Hobby als Pferdesportler und Jäger oder seine Ambitionen als Mediziner oder Bauunternehmer damit bereicherte, dass man seine anwaltliche Tätigkeit auf diesen Bereich erstreckte, sodass man quasi sein Hobby zum Beruf machen konnte. Das mag in manchen Bereichen auch heute noch so zutreffen, denken wir nur an das Beispiel des Musikliebhabers, der den nächsten Hit einer Newcomer-Band beim ersten Ton erkennt und sich später auf Musikverträge, Urheberrechte und die Rechte von Künstlern und Musiker im Allgemein spezialisiert.

In der Tat sind also Ihre besonderen Erfahrungen, Fähigkeiten und Merkmale Ihrer Persönlichkeit der Schlüssel für Ihren USP, Ihr Alleinstellungsmerkmal. Dies unterscheidet sich vom Ansatz her kaum von dieser traditionellen Vorgehensweise. Was sich jedoch unterscheidet, ist der strategisch-taktische Ansatz: Ihren USP im Vorfeld zu finden und zu definieren, um daraus schließlich die Kanzleipositionierung und -strategie zu entwickeln.

Um Ihren ganz persönlichen USP zu finden, bietet sich einerseits an, alle Ihre besonderen Fähigkeiten im Rahmen eines Coaching-Prozesses zusammenzutragen, z.B. auf einem Flip Chart. Das eigenhändige Schreiben mit Stift und die Benutzung von verschiedenen Farben ist generell besser geeignet, kreative Prozesse in Gang zu setzen, als bloß darüber zu reden oder in die Tastatur eines

50 ein nachhaltiger, erfolgversprechender Prozess umfasst in der Regel mindestens sechs besser zwölf Monate.

PC's zu tippen[51]. Bedenken Sie: In den allermeisten Fällen geht es darum, eine besondere Kombination aus bereits bestehenden Rechtgebieten zu finden, die bestenfalls mit einer Ihrer besonderen persönlichen Fähigkeiten oder einer besonderen persönlichen Lebenserfahrung korrespondiert[52].

Diese kann beispielsweise darin bestehen, dass Sie ein Flüchtlingskind aufgenommen haben und nun über besondere Kenntnisse zur Situation von Flüchtlingen verfügen. Diese kann aber auch darin bestehen, dass Sie als Hundehalter besondere Kenntnis von bestimmten Erbkrankheiten oder bestimmten Verhaltensauffälligkeiten einer bestimmten Rasse haben oder über Erfahrungen in der Zusammenarbeit mit Hundetrainern verfügen. Nutzen Sie also alle Ihre persönlichen Erfahrungen und Eigenschaften, Ihren USP zu finden. Letztlich entwickeln sich grade aus diesen Kombinationen nicht nur Alleinstellungsmerkmale, sondern ganze neue Rechtsgebiete, die Sie bestenfalls von Anfang an zum Experten in diesem neuen Rechtsgebiet machen.

Im Moment bestehen 25 Fachanwaltschaften des DAV. Jährlich kommen circa 2 neue Fachanwaltschaften dazu. Sie sollten jedoch nicht den Fehler machen, eine Fachanwaltschaft mit Ihrem Alleinstellungsmerkmal zu verwechseln. Das Alleinstellungsmerkmal wird in erster Linie von Ihrer Persönlichkeit und nicht von Ihrer Qualifikation bestimmt. Die Qualifikation kann bestenfalls diese Persönlichkeit und diese besonderen Kenntnisse und Fähigkeiten unterstützen und dokumentieren[53].

**Was unterscheidet also Ihre Kanzlei?**
**Welches Problem Ihrer Mandanten möchten Sie lösen?**
**Was können Sie mit Ihrer Kanzlei besser als andere Anbieter?**

## 2. Was unterscheidet Ihre Kanzlei/Ihr Produkt

Zusätzlich zum Aufbau Ihrer Expertise geht es darum, dies am Markt Ihrer Zielgruppe mit geeigneten Mitteln zu platzieren: durch Ihre Kanzlei.

Um sich im Markt durchzusetzen, muss eine Kanzlei ihren eigenen Markt definieren, sich am Markt „positionieren". Dazu ist ein eigenständiges Profil erforderlich. Die Kanzlei muss aufzeigen, durch welche Vorteile für Mandanten

---

**51** Auch für den Fall, dass Sie bereits Ihr Alleinstellungsmerkmal, Ihr Rechtsspezialgebiet kennen, sollten Sie diesen Schritt nicht überspringen.

**52** Ben Schulz, „Artgerechte Bodenhaltung", S. 5.

**53** Ben Schulz, „Erfolg braucht Dein Gesicht", S. 62.

sie sich von ihren Wettbewerbern abhebt, einen sogenannten USP (den „Unique Selling Point"), also ein Alleinstellungsmerkmal bzgl. ihrer Produkte und Dienstleistung vorweisen. Diese unterscheidungserheblichen Vorteile müssen nicht in Bezug auf alle Gruppen von Wettbewerbern immer dieselben sein.

Eines der Unterscheidungsmerkmale gegenüber nicht juristisch gebildeten Wettbewerbern kann die besondere fachliche Qualifikation des Rechtsanwalts sein. Als Unterscheidungsmerkmal gegenüber anderen Anwälten kann beispielsweise auch der Preis oder die Spezialisierung der angebotenen Dienstleistung dienen. Grundsätzlich entscheidet sich der USP jedoch an den beiden Kriterien „Geschäftsfeld" und „Zielgruppe".

Das Geschäftsfeld wird in der Rechtsbranche traditionell mit dem Rechtsgebiet gleichgesetzt. Muss es heute aber nicht mehr. So beackern „Flightright" und „geblitzt.de" durchaus dasselbe Geschäftsfeld – nämlich die Mandanten, die in standardisierbaren Rechtsfragen eine schnelle und einfache Lösung online suchen. Der eine jedoch im Beförderungsrecht und der andere im OWi-Recht.

**„Wer alles macht, macht nichts richtig"** – diese Binsenweisheit gilt auch für die Geschäftsfelder, in denen ein Anwalt tätig wird. Die Geschäftsfelder eines Rechtsanwalts können nach sehr verschiedenen Kriterien abgegrenzt und bestimmt werden. Diese Kriterien lassen sich nicht allgemeingültig in eine Prioritätenreihenfolge bringen. Entscheidend ist, dass eine Anwaltskanzlei es überhaupt unternimmt, aus dem Bündel von Betätigungsmöglichkeiten auf dem Markt für rechtliche Dienstleistungen die für sie passenden Geschäftsfelder zu identifizieren und auszuwählen. In der Praxis nutzen Rechtsanwälte zur Einteilung des Rechtsberatungsmarkts mögliche Kategorien nicht singulär, sondern in Kombination mit anderen Kategorien.

Möglich ist die Ausrichtung einer Kanzlei auf ein bestimmtes Produkt, beispielsweise die Prozessführung auf dem Gebiet des Verwaltungsrechts, die allen potentiellen Nachfragern angeboten wird. Möglich ist auch die Ausrichtung auf ganz spezielle Nachfrager, beispielsweise die Berufsgruppe der Ärzte, denen eine umfassende Betreuung angeboten wird. Zu dieser umfassenden Betreuung gehört dann möglicherweise nicht nur die Beratung und Vertretung im Bereich des Kassenarztrechts und des ärztlichen Berufsrechts, sondern auch auf den Gebieten des Arbeitsrechts, des Mietrechts (in Bezug auf die Praxisräume) und möglicherweise auch des Straßenverkehrsrechts. Es liegt auf der Hand, dass solche Spezialisierungen noch nicht konkret genug sind, um ein scharf konturiertes Profil der Kanzlei zu schaffen. Denn im ersten Fall hat die Kanzlei die Zielgruppe, der sie ihre Dienste anbieten will (alle Nachfrager) noch nicht eingegrenzt. Im zweiten Fall fehlt es an einer Ausrichtung auf die besonderen Bedürfnisse der Zielgruppe

Ein weiteres Kriterium der Marktsegmentierung kann die Entscheidung für den Preis der angebotenen Dienstleistung sein. Eine Kanzlei kann sich dafür entscheiden, die Preisführerschaft (die teuerste Kanzlei am Platz) oder auch die Kostenführerschaft (preiswerter als alle anderen) anzustreben. Die Berücksichtigung nur dieses Kriteriums allein verurteilt eine sinnvolle strategische Ausrichtung der Kanzlei allerdings zum Scheitern. Denn es fehlen Entscheidungen zur angebotenen Produktpalette und zu den Zielmandanten, die mit einer solchen Ausrichtung angesprochen werden können.

Anwälte müssen sich also überlegen und entscheiden, welche Dienste sie welcher Gruppe von Mandanten zu welchem Preis anbieten wollen. Zwar ist es durchaus möglich, zwei voneinander verschiedenen Mandantengruppen unterschiedliche Produkte zu jeweils anderen Preisen anzubieten. Eine Kanzlei kann sich beispielsweise dafür entscheiden, die Vertretung von Arbeitnehmern vor den Arbeitsgerichten ausschließlich unter Berechnung der Tabellenhonorare des RVG zu übernehmen. Unternehmer sollen im Bereich des Wettbewerbsrechts ausschließlich gegen Vereinbarung eines Zeithonorars beraten und vertreten werden. Weder Mandantengruppen noch Produktpaletten sind jedoch beliebig miteinander kombinierbar. Anwaltskanzleien sollten also eine Diversifizierung nicht zu weit treiben. Um ein klares Profil einer Anwaltskanzlei zu schaffen, darf die Kanzlei nicht den Eindruck eines „juristischen Gemischtwarenladens“ vermitteln.

Aufgrund ihrer Ausbildung teilen Anwälte ihre Berufswelt in Rechtsgebiete ein. Nahezu alle Kanzleien haben Schwerpunkte in verschiedenen Rechtsgebieten. Diese Schwerpunktbildung geschieht allzu häufig noch zufällig, weitaus seltener geplant. Eine klare strategische Ausrichtung kann eine Kanzlei beispielsweise dadurch erreichen, dass sie sich ausschließlich auf das Strafrecht spezialisiert. Es gibt auch erfolgreiche Kanzleien, die sich mit nichts anderem als dem Arbeitsrecht oder dem Verwaltungsrecht befassen. Damit einher geht die stetig zunehmende Anzahl der Fachanwälte. Doch die Spezialisierung auf bestimmte Rechtsgebiete lässt sich in der Praxis nicht stringent durchhalten. Denn das Problem eines Mandanten in einer Angelegenheit ist nicht immer nur auf ein bestimmtes Rechtsgebiet beschränkt. Selbst Standardangelegenheiten wie Straßenverkehrsunfälle betreffen meistens mindestens drei Rechtsgebiete, das Schadensersatzrecht des BGB, das Versicherungsrecht und das Strafrecht beziehungsweise das Ordnungswidrigkeitenrecht. Zwar ist es möglich, die Bearbeitung des zivilrechtlichen Teils und des strafrechtlichen Teils dieser Angelegenheit in die Hände zweier verschiedener Spezialisten zu geben. Aus Sicht des Mandanten wirkt dies jedoch kompliziert und ist von ihm, jedenfalls in Standardfällen, nicht erwünscht. Schließlich ist es Mandanten häufig nicht möglich, ihre Probleme dem „richtigen“ Rechtsgebiet zuzuordnen. Der Anwalt, der als Spezialist im Werkvertragsrecht auftritt, wird von einem Laien nicht unbedingt als „Baurechtler“ identifiziert werden.

Der eine Gesellschaft mit beschränkter Haftung ständig beratende Arbeitsrechtsspezialist wird die Gesellschaft auch in einem Rechtsstreit mit dem angestellten Geschäftsführer vertreten wollen. Dazu muss er jedoch aus „seinem“ Rechtsgebiet heraustreten. Denn das Dienstvertragsrecht des Geschäftsführers gehört streng genommen nicht zum Arbeitsrecht. Der Geschäftsführer einer GmbH ist kein Arbeitnehmer. Wesentliche Normen, die die Rechte und Pflichten eines Geschäftsführers regeln, sind gesellschaftsrechtlicher Natur. Der Rechtsstreit zwischen der GmbH und dem Geschäftsführer über den Bestand des Dienstvertrags wird auch nicht vor den Arbeitsgerichten, sondern vor den ordentlichen Gerichten ausgetragen.

**Erfolgversprechender ist die Ausrichtung auf bestimmte Aufgaben- oder Problemfelder.** Eine Kanzlei kann beispielsweise darauf ausgerichtet sein, Themen wie „Beruf und Arbeit“, „Rund um den Straßenverkehr“, „Hausbau und -kauf“ oder „Altersversorgung mit Schnittstellen zur Vermögensberatung“, abzudecken. Derartige Aufgabenbereiche umfassen mehrere Rechtsgebiete. Die Spezialisierung des Anwalts orientiert sich dann an typischen, für den Mandanten relevanten wirtschaftlichen Zusammenhängen, nicht vorrangig an Rechtsgebieten.

Will eine Kanzlei mehrere Aufgabenfelder für sich erschließen, dann müssen diese Aufgabenfelder zueinander passen. Anwälte, die zugleich Beratung im „high end Bereich“ des Gesellschaftsrechts und Interessenwahrnehmung auf dem Gebiet des Wohnungsmietrechts betreiben wollen, wirken in den Augen von Nachfragern nicht glaubwürdig. Eine derartige Kombination wäre kontraproduktiv. Nachfrager werden einer solchen Kanzlei weder Kompetenz im Mietrecht noch im Gesellschaftsrecht zutrauen. Unabhängig davon dürften auch die Mandantenkommunikation nebst Marketing sowie der Außenauftritt undefiniert erscheinen.

### 3. Zielgruppe

Eine der wichtigsten Entscheidung bei der strategischen Ausrichtung einer Anwaltskanzlei ist es daher, die Zielklientel, die die Kanzlei mit ihren Leistungen ansprechen will, zu definieren[54]. Jeder Anwalt muss für sich selbst die Fragen beantworten: **„Für wen will ich arbeiten? Mit wem will ich es beruflich zu tun haben?“**

---

54 Dr. Tutschka, Der Rechtsanwalt als Unternehmer, TeleLex, S. 27.

Haben Sie Ihren Idealmandanten so beschrieben, ist es relativ einfach, das dazugehörige Rechtsgebiet noch näher einzugrenzen.

Die nächste Frage sollte dann lauten:

**„Welches Problem dieser Mandanten möchte ich lösen?“**

i

Ihre Zielgruppe sind also genau die Mandanten
- die ein Problem in einem ganz besonderen Rechtsgebiet haben
- wofür Sie eine Lösung bieten
- die Ihre anwaltliche Tätigkeit wollen
- die sich Ihre anwaltliche Tätigkeit leisten können

Die Art von Mandanten, die betreut werden sollen, ist das Kriterium für die Einteilung der Geschäftsfelder. Eine Kanzlei kann sich darauf konzentrieren, Verbraucher, Unternehmen oder vorrangig die öffentliche Hand zu vertreten. Weitere Unterteilungen werden erforderlich sein: Welche Art von Unternehmen soll vertreten werden? Nur Unternehmen einer bestimmten Branche? Nur Unternehmen ab einer bestimmten Bilanzsumme? Sollen Verbraucher in allen Rechtsfragen oder doch nur in bestimmten Bereichen vertreten werden? In welchem Sektor sollen Kommunen und Behörden vertreten werden? In allen Bereichen des Verwaltungsrechts? Auch in zivilrechtlichen Fallgestaltungen?

Bereits mehrfach erwähnt wurden gängige Unterscheidungen von Mandantengruppen in Unternehmer und Verbraucher. Je nach den persönlichen Präferenzen eines Anwalts können aber auch Kriterien wie das Bildungsniveau von Mandanten, die Einkommenshöhe, die Zugehörigkeit zu einer sozialen Gruppe, die Branchenzugehörigkeit sowie regionale Bezüge für die Definition der Zielgruppe zu berücksichtigen sein.

In einem von der Nachfragerseite dominierten Markt wie dem Markt für rechtliche Dienstleistungen ist es unter Marketinggesichtspunkten ideal, die Ausrichtung an den Bedürfnissen der Zielklienten zu orientieren. Andererseits darf die Bedeutung der Vorlieben und des Talents des Anwalts für bestimmte Geschäftsfelder oder Rechtsgebiete nicht vernachlässigt werden. Selbst wenn die Nachfrage nach anwaltlichen Dienstleistungen im Bereich des Wirtschaftsstrafrechts noch so groß sein mag, so sollte ein Anwalt, der mit dem Strafrecht nun einmal nichts zu tun haben will und womöglich auch davon nichts versteht, seine Zielklientel nicht ausschließlich an dem Kriterium der größten Nachfrage ausrichten.

Für die Bestimmung der Zielgruppe einer Kanzlei ist vielmehr ein steter Pendelblick zwischen den Bedürfnissen der gewünschten Zielgruppe einerseits und andererseits dem Geschäftsfeld, in dem ein Anwalt arbeiten will, erforderlich. Nur wenn beide Bereiche berücksichtigt werden, wird ein Anwalt seine Zielgruppe scharf genug und Erfolg versprechend eingrenzen können.

**Kernpunkte**

Zielgruppenorientiertes Marketing A, © Dr. Geertje Tutschka

Die Zukunft sind...

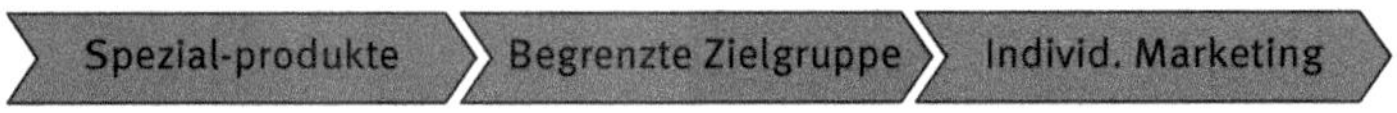


Zielgruppenorientiertes Marketing B, © Dr. Geertje Tutschka

Anwälte müssen sich also überlegen und entscheiden, welche Dienste sie welcher Gruppe von Mandanten zu welchem Preis anbieten wollen. Zwar ist es durchaus möglich, zwei voneinander verschiedenen Mandantengruppen unterschiedliche Produkte zu jeweils anderen Preisen anzubieten. Weder Mandantengruppen noch Produktpaletten sind jedoch beliebig miteinander kombinierbar.

Und noch ein letzter Hinweis:

Junge Anwälte, die gerade in eine bestehende Kanzlei eingetreten sind, übersehen häufig, dass zu ihren Mandanten nicht nur die Klientel der Kanzlei, sondern auch die anderen Anwälte der Kanzlei und möglicherweise insbesondere der Seniorpartner, zu dessen Entlastung sie eingestellt wurden, gehören. Welche Bedürfnisse haben diese „Mandanten im eigenen Büro“? Für einen angestellten Anwalt wird es eine gute strategische Entscheidung sein, auch die eigene Kanzlei als „seinen Markt“ zu betrachten, an dessen Bedürfnissen er seine Tätigkeit auszurichten hat.

## 4. Wie bedienen Sie Ihre Mandanten

Ihre Kanzleivision sollte so detailliert wie möglich alle drei Kernfragen umfassen: **WARUM, WAS, WIE[55].**

Die ersten beiden Punkte haben wir bereits ausführlich behandelt und auch schon den einen oder anderen Punkt dazu erwähnt,

- wie ein Produkt/Service maßgeschneidert werden kann
- wie Ihre Zielmandantschaft angesprochen werden kann
- wie geschickte Honorar- und Preispolitik funktioniert

55 Simon Simek, „Start with Why“, S. 133.

- wie Distributionspolitik unterstützen kann
- wie die Kanzleiwerte die strategische Ausrichtung bestimmen

An dieser Stelle daher abschließend nur so viel: Die Positionierung und Ausrichtung Ihrer Kanzlei hört nicht bei Ihrer Leistung und Expertise auf.

i

Ihre Leistung muss auch so an Ihre Zielmandanten geliefert werden,
- dass die Qualität Ihrer Leistung erhalten bleibt,
- dass diese Lieferung Ihrer Leistung angemessen ist
- dass Sie sich an den Bedürfnissen Ihres Kunden orientiert
- und dass auch hier Ihre Kanzleiwerte klar erkennbar sind

Sich des eigenen Lieferprozesses bewusst zu werden, um ihn überprüfen und gegebenenfalls korrigieren zu können, ist ein erster wichtiger Schritt.

Und auch hier spielt der Aspekt, dass der Mandant sich in seinen Bedürfnissen abgeholt fühlen muss und den Anwalt als vertrauensvollen Partner wahrnimmt, eine entscheidende Rolle.

Wenn Sie also nur eine Information aus diesem Kapitel mitnehmen, dann diese:

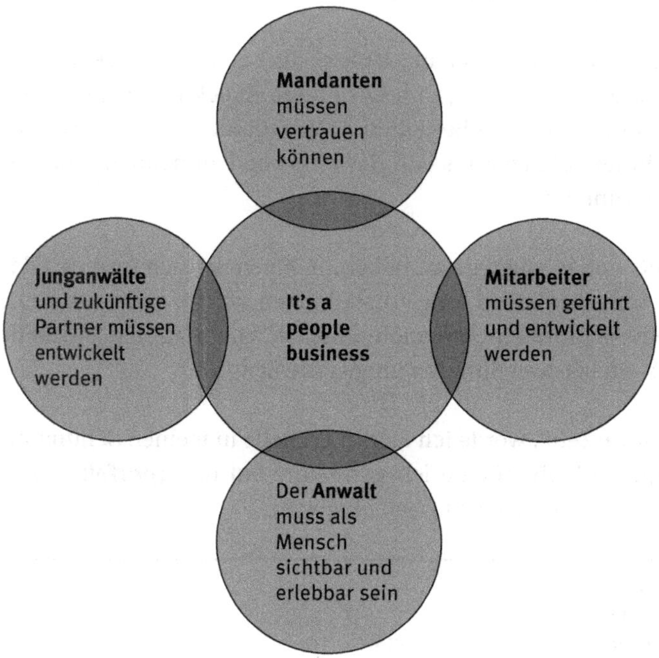


„It's a people business", © Dr. Geertje Tutschka

### Sonderabschnitt: Setting zur Entwicklung einer Kanzleivision

Vielleicht haben Sie bereits eine konkrete Idee, wie Ihre Kanzlei aussehen und welche Rechtsgebiete sie abdecken soll, vielleicht haben Sie aber auch bislang nur eine vage Vorstellung davon. Beginnen Sie nun in jedem Falle damit, an dieser Idee, an dieser Vorstellung zu feilen, sie zu konkretisieren und mit so vielen Details wie nur möglich anzureichern bis eine greifbare Vision entstanden ist. Dabei geht es nicht in erster Linie um die äußeren Faktoren wie Markterfordernisse, formelle Voraussetzungen für die Kanzleigründung oder Qualifikationen. An dieser Stelle geht es eher um eine emotional/irrationale Darstellung Ihrer Kanzlei. Es geht um Werte, um die Kanzleiphilosophie und Kultur. Es geht um das Herzstück Ihrer Kanzlei und Ihrer eigenen Positionierung als Rechtsanwalt, Experte Ihres Fachs.

Vielleicht war dies bereits Thema eines Ihrer Partnertreffen. Nach meiner Erfahrung wird dieser Themenkomplex in Partnermeetings jedoch allenfalls am Rande gestreift, um endlich die lästigen Fragen der Marketingleute zu beantworten, die endlich eine „Kanzlei-Vision" auf die Webseite packen möchten, weil es dafür nun mal ein freies Feld gibt. Meist schwingt dieses Thema aber auch als Grundton durch den geschäftigen Alltag der Kanzlei und die Strategiesitzungen.

Höchste Zeit, sich mit diesem Themenkomplex näher zu beschäftigen.

Vielleicht haben Sie bereits über Jahre bestimmte Aspekte und Ideen gesammelt. Jetzt ist es Zeit, diese Kiste hervor zu holen, diesen speziellen Ordner Ihres Computers zu öffnen, die Post-it's von der Pinnwand zu nehmen und vor sich auf dem Tisch auszubreiten.

Falls Sie bislang nichts von alledem getan haben, nehmen Sie sich jetzt Zeit dafür. Je nachdem wie weit Ihre Ideen und Vorstellungen bereits gediehen sind, sollten Sie dafür mehrere Stunden einplanen: einen Nachmittag, ein Wochenende oder regelmäßig ein bis zwei Stunden ungestörte Zeit.

Was bedeutet „ungestörte Zeit", werde ich an dieser Stelle in meinen Seminaren immer wieder gefragt. Deshalb möchte ich ganz kurz auf das **„perfekte Setting"** einer solchen ungestörten Visionsarbeit eingehen:

i

- ein ablenkungsarmer Raum
- entsprechende Arbeitsmittel
- keine Bildschirme, Handys oder technischen Geräte
- ausreichend Wasser

Für einen ablenkungsarmen Raum sollten Sie schon deshalb sorgen, um dieser so wichtigen Vorarbeit auch den entsprechenden Rahmen einzuräumen. Erfahrungsgemäß kommen an dieser Stelle immer wieder Einwände wie: ich habe meine besten Ideen unter der Dusche/beim Joggen/im Schlaf/beim Autofahren ... Das mag sein und diese Ideen sammeln Sie hoffentlich auch. Doch um sich hier wirklich in einen konkreten Arbeitsprozess begeben zu können, ist es notwendig, dafür einen geschützten Raum zur Verfügung zu stellen – ohne Einflüsse von außen[56].

Genügt es also, sich schlicht einen „Termin mit sich selbst" in den Bürokalender einzutragen? Grundsätzlich ja, wenn Sie denn im Büro nicht von anderen Bildschirmen oder Arbeitsgegenständen zu sehr abgelenkt sind.

Berücksichtigen Sie jedoch, welcher Lerntyp Sie sind.

Sind Sie eher ein visueller Typ, entfernen Sie Bilder, Bücher, technische Geräte, Kunst, Projekttafeln und bemalte Flipcharts. Nutzen Sie für Ihre Visionsarbeit unbedingt Farben, bunte Post-It's, wenn möglich aussagekräftige Bilder und Symbole. Dazu verwenden Sie ein mindestens A3-großes Blatt weißes Papier und flüssig malende Stifte.

Sind sie hingegen eher der auditive Lerntyp, sollten Sie für absolute Stille sorgen bzw. es sich so einrichten, dass Sie bestimmen, welche Geräusche sie hören.

Entnehmen Sie weitere Einzelheiten bitte der folgenden Graphik:

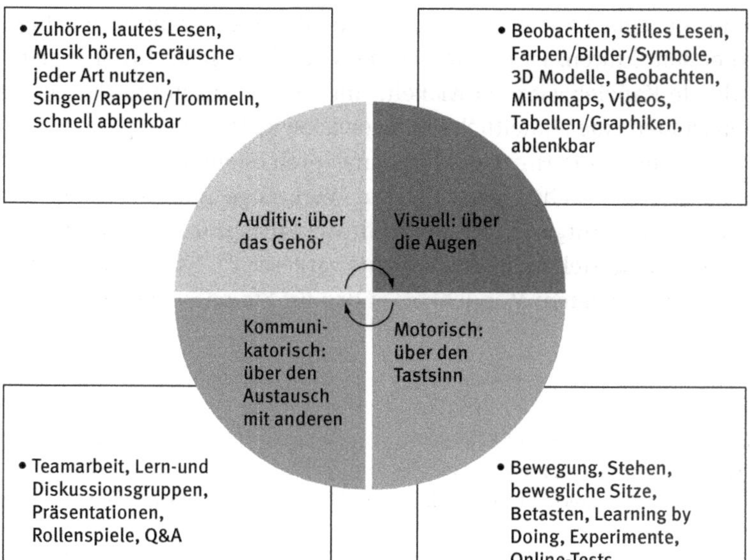


56 Nancy Kline, „Time to think", S. 131 ff.

Wissenschaftler sind sich einig, dass Handschreiben einen intensiveren Denkprozess mit mehr Verknüpfungen fördert als bloßes Tippen oder gar Diktieren[57].

Nach meiner Erfahrung eignet ein großes Blatt weißen Papiers besser noch ein Flip Chart besonders gut. Wichtig ist hierbei, dass das Format in jedem Falle das des üblichen DIN A4 Formates übertrifft. Das größere Format gibt Raum für kreative Ideen und verschiedene Themen, öffnet Geist und Sinne für neue Dimensionen. Mit verschiedenen Farbstiften können Sie so Ihre Ideen sammeln und gleichzeitig Prioritäten setzen, Beziehungen zueinander herstellen, offene Fragen kennzeichnen. Sie können daran auch sehr gut mit Unterbrechungen arbeiten, und es auch mehrere Tage ruhen lassen.

i **Achtung:** Arbeiten Sie in dieser Phase unbedingt als erstes allein. Ziehen Sie erst nach Abschluss dieses Prozesses gegebenenfalls Freunde, Partner, Kollegen zu Rate und holen Sie sich deren Feedback ein.

Sind Sie ein Teamplayer und brauchen Sie den Input von Kollegen beziehungsweise den Austausch mit Ihnen oder können Sie nur dann richtig kreativ werden, wenn Sie dabei kommunizieren, ziehen Sie allenfalls einen professionellen Coach zu Rate, der Sie in dieser Phase der Visionsbildung unterstützt. Ein professioneller Coach, der bestenfalls Erfahrung in der Rechtsbranche besitzt[58], wird diesen Prozess beschleunigen und intensiveren können[59].

Auch wenn Sie eine Kanzlei gemeinsam mit Kollegen gründen möchten bzw. als Partnerteam führen, ist es wichtig, dass zunächst jeder für sich seine eigene individuelle Kanzleivision entwickelt, um erst im Anschluss daran aus diesen Kanzleivisionen eine einheitliche Kanzleivision zu formen.

Sollten Sie sich nicht die Hinzuziehung eines professionellen Coaches leisten wollen oder können, stehen verschiedene Werkzeuge und Methoden zur Selbstanwendung zur Verfügung, die dem Entwicklungsprozess Struktur verleihen können und sicherstellen, dass Sie nichts vergessen[60]. Es gilt jedoch, aus der Vielzahl der verschiedenen Möglichkeiten das für Sie passende auszuwählen.

---

**57** Prof. Ursula Bredel (Professorin und Expertin für Orthographiedidaktik) in „Es ist gut fürs Gehirn mit der Hand zu schreiben", Die Welt, 15.1.2015.

**58** Bärbel Schwertfeger (Psychologin) in „Sie können alles erreichen", KarriereSpiegel vom 6.12.2013.

**59** Coaches speziell für die Rechtsbranche finden Sie beispielsweise unter www.coachingforlegals.com.

**60** Lars Lorber, „Menschenkenntnis – Der große Typentest", S. 79 f.; Marcus Buckingham, „Entdecken Sie Ihre Stärken jetzt!", S. 80.

# C. Kanzleigründung

Je sorgfältiger Ihre Planungsarbeiten im Vorfeld waren, umso einfacher wird es Ihnen fallen, diese umzusetzen.

Gleichzeitig sollten Sie nicht davon ausgehen, dass Sie alle Eventualitäten im Vorfeld abklären können. Seien Sie also nicht überrascht, sondern erwarten Sie förmlich, dass es Widerstände, Unwägbarkeiten und Probleme bei der Realisierung Ihrer Idee geben wird. Gehen Sie davon aus, dass der Erfolg Ihrer Kanzleigründung nicht danach bemessen wird, dass Sie die Probleme umgangen haben oder dass es ein Problem gab, sondern welche kreativen Lösungen Sie für die Realisierung Ihres Herzensprojektes trotz dieser Probleme gefunden haben.

Die Gründung Ihrer Kanzlei ist nicht von vornherein auf eine bestimmte Anzahl von Fehlentscheidungen und Irrwege begrenzt. **Der Weg ist auch hierbei letztendlich das Ziel. Dennoch sollten Sie nichts dem Zufall überlassen.**

So offen Sie für Unvorhergesehenes sind, so streng sollten Sie sich an Planvorgaben und Ihre ursprüngliche Idee halten. Ihre Kanzleivision wird der Leuchtturm bei Ihrer Reise durch unbekanntes Gewässer sein, das Gipfelkreuz bei Ihrer Bergbesteigung, der Fixstern, nachdem Sie Ihre Route in unwegsamen Gebiet navigieren.

Nichts dem Zufall zu überlassen bedeutet, Ihre Planung ebenso sorgfältig umzusetzen.

Die aus Ihren Ideensammlungen gewonnenen Erkenntnisse sollten als Leitgedanken bei der weiteren Planung beibehalten werden. Auch und vor allem dann, wenn es bei der Umsetzung zur Einbindung von Spezialisten wie Steuerberater, Unternehmensberater, Marketingexperten und Web-Designer bis hin zum Netzwerk der Kollegen, die Ihnen mit Rat und Tat zur Seite stehen, kommen soll.

## I. Strategie

Der erste Schritt zur Umsetzung Ihrer Kanzleigründung ist die Erstellung Ihres Gründungskonzeptes nebst Businesskonzept, wobei das eine eher die allgemeine und besondere Markt- und Mandantenstruktur und das andere eher die finanzielle Seite betrifft.

Der Anspruch dieses Buches besteht darin, Ihnen einen Überblick über die wesentlichen mit der Kanzleigründung zusammenhängenden Themenkomplexe zu vermitteln, um sie auf Ihr Gespräch mit dem Spezialisten wie dem Unternehmensberater, Steuerberater oder Gründerservice vorzubereiten. Jede Kanz-

https://doi.org/10.1515/97831105191290-003

leigründung ist so individuell wie eine Geburt. Es wäre vermessen, hier ein allgemeingültiges „Kochrezept“ zu präsentieren. Ebenso vermessen wäre es, mich hier als Betriebswirtschaftler zu präsentieren, der ich nicht bin.

Wenn es Ihnen wie mir als Jurist geht, dass nämlich Zahlen eine eher untergeordnete Rolle spielen, die ich gern Experten überlasse, ist dieser Abschnitt genau richtig für Sie: Sie werden mit den notwendigen Grundkenntnissen und Begriffen vertraut gemacht, um mit Ihrem Experten auf Augenhöhe Ihr Konzept durchzusprechen.

Allen anderen empfehle ich die umfangreiche und detaillierte Literatur zum betriebswirtschaftlichen Hintergrund einer Unternehmensgründung.

### 1. Gründungskonzept

Die Frage, „Wie“ Sie Ihre Kanzlei gründen wollen, ist mehr als ein rein formaler Aspekt. Die Beantwortung dieser Frage hängt u.a. von Ihrer Kanzleivision ab, aber auch davon, aus welcher beruflichen Situation heraus sie gründen und mit welchen verfügbaren Ressourcen Sie diese Kanzlei umsetzen wollen.

Mit anderen Worten: Ein wesentlicher Faktor ist die jetzige Situation und die Ihnen zur Verfügung stehenden Möglichkeiten. Damit sind sowohl die rechtlichen und steuerrechtlichen Aspekte einer bislang bestehenden Kanzleieinheit gemeint. Aber auch, das Fachwissen und die Kompetenzen, Büroräumlichkeiten und-ausstattung oder aber Netzwerkkontakte und Mandatschancen, auf die Sie im Moment Zugriff haben.

Für eine Kanzleigründung kommen folgende **Modelle** in Betracht:
- Neu- und Erstgründung (Start up)
- Neuordnung/Abspaltung (Spin off)
- Fusion/Reorganisation
- Übernahme/Kauf einer bestehenden Kanzlei bzw. Eintritt in eine solche

Jede Kanzleigründung ist anders und hat eine eigene Choreographie. Die Auflistung ist daher keinesfalls abschließend gemeint. Tatsache ist, dass im Gegensatz zu früheren Zeiten heute weniger Kanzleigründungen von Berufseinsteigern erfolgen, sondern eher in späteren Jahren durch Fusionen, Umstrukturierungen, Abspaltungen etc.[1].

---

1 DAV-Ratgeber für junge Rechtsanwälte und Rechtsanwältinnen, S. 219 f.; Prognos, Der Rechtsdienstleistungsmarkt, S. 21 ff.

Eine davon zu unterscheidende Frage ist, in welcher **Rechtsform** Sie die Kanzlei gründen möchten. Es kommen in der Praxis im Wesentlichen vier Formen in Betracht:

- die Bürogemeinschaft
- die Gesellschaft bürgerlichen Rechts
- die Partnerschaftsgesellschaft/Sozietät
- Anwalts-GmbH

Jede der Formen hat Eigenschaften, die für die optimale Auswahl in ihrer spezifischen Situation dringend beachtet werden sollten. Unterscheidungen bestehen z.B. bei Eintragungserfordernissen, der Rechtspersönlichkeit und Kapitalausstattung, Haftung der Gesellschafter bzw. Partner, der steuerlichen Behandlung oder der Vertretung. Ein Patentrezept für die richtige Rechtsform gibt es nicht, sondern immer nur eine Individualentscheidung aufgrund der aktuellen individuellen Situation. Unterstützung durch gesellschaftsrechtliche und Steuerexperten ist daher dringend anzuraten, um später Schwierigkeiten, lästige Formalien oder schlimmstenfalls finanzielle Einbußen zu vermeiden.

Nur ein Hinweis: Die haftungsrechtliche Behandlung sollte keine allzu große Rolle für die Entscheidung der Rechtsform spielen, da das wesentliche Haftungsrisiko bei Rechtsanwälten in der Regel schon durch die Berufshaftpflichtversicherung aufgefangen werden kann.

i

Die Erarbeitung eines **Gründungskonzeptes** ist nicht nur für Sie und Ihre Partner eine wichtige Grundlage, sondern dient auch als Basis für ein sogenanntes Existenzgründungskonzept bei Finanzierungsanträgen[2]. Sie sollten daher nicht nur bei Neugründungen, sondern auch bei einem Eintritt in eine bestehende Kanzlei, beim Umstrukturieren oder bei Übernahme einer Kanzlei ein Gründungskonzept erarbeiten bzw. ein bestehendes überarbeiten.

Ihr Gründungskonzept sollte sich nicht nur mit dem Rechtsmarkt im Allgemeinen und Ihrem Rechtsgebiet im Besonderen beschäftigen. Es sollte sowohl Ihre Kanzleivision und Unternehmenswerte als auch Ihre Expertise, Kanzlei- und Produkt DNA sowie Chancen und Risiken Ihrer Gründung zu dieser Zeit an diesem bestimmten Standort mit diesem Konzept nüchtern beschreiben[3]. Damit

2 eine ausführliche Aufzählung finden Sie beispielsweise bei Miecke in v.Landenberg, „Erfolgreich starten als Rechtsanwalt“, S. 76, 104 ff. Dies kann Ihnen jedoch auch ein Förderberater individuell erarbeiten.

3 Auch dürfte es eine Rolle spielen, ob Sie sich in einem Ballungsgebiet mit einer Vielzahl von Anwälten wie München mit 22.150 Anwälten, Frankfurt mit 18.515 oder Berlin mit 14.025 nie-

legt es den Grundstein für Ihr späteres Qualitätsmanagement und Controlling.

Es sollte die Bereiche Dienstleistung, Personal und Sachmittel, Marketing und Finanzen umfassen[4].

Ein besonderes Thema ist der **Kanzleikauf**, also das Einkaufen in eine bestehende Kanzlei oder die vollständige Übernahme einer solchen als Existenzgründung oder Zusammenschluss. Während diese Art noch bis vor ca. 20 Jahren die üblichste Form einer Kanzleigründung war, zählt es heute wohl eher zu den Ausnahmen. Grund dafür ist die Höchstpersönlichkeit der Dienstleistung Rechtsberatung. In den wenigsten Fällen haben sich Mandanten einfach an den Nachfolger „übertragen" lassen. Wie wir oben gesehen haben, besteht ohnehin eine starke Fluktuation. Und eine Mandantenkartei sagt noch nichts darüber aus, welchen Umsatz man damit generieren kann, zumal unabhängig von der persönlichen Verbundenheit zum Alt-Anwalt die Mandanten zumeist eine ähnliche Altersstruktur aufweisen – also ebenfalls vor dem Eintritt ins Rentenalter stehen. Einen wirtschaftlich realistischen, objektiven Kanzleiwert zu ermitteln, ist heute fast ausgeschlossen. Allenfalls kann auf der Grundlage eines Ertragswertverfahrens[5] ein sogenannter personengebundener Praxiswert ermittelt werden, der jedoch im jeweiligen Einzelfall sicherlich auch einem gewissen Liebhaberwert Rechnung trägt. Laut der Bundesrechtsanwaltskammer wird der Kanzleiwert aus der Multiplikation des bereinigten Umsatzes mit einem Bewertungsfaktor ermittelt, der in der Regel zwischen 0,3[6] und 1,3 liegt[7]. Letztlich ist auch die mitverkaufte Infrastruktur heute in den allermeisten Fällen kaum noch von Wert, da prestigeträchtige Kanzleiausstattung und die vorhandene Technik anders als früher kaum zu Buche schlagen.[8]

---

derlassen oder in einer eher „anwaltsleeren" Gegend; Branchenbericht der Sparkasse 2017, S. 8.

4 Einzel-Beisiele finden Sie im Internet, ein allgemeines finden Sie bei Miecke in v. Landenberg, „Erfolgreich starten als Rechtsanwalt", S. 188 f.

5 Miecke in v.Landenberg, „Erfolgreich starten als Rechtsanwalt", S. 93.

5 Miecke in v.Landenberg, „Erfolgreich starten als Rechtsanwalt", S. 200 f.

6 der Minimumfaktor von 0,3 wird daher schon dann angesetzt, wenn der Alt-Anwalt älter als 60 Jahre ist und er tendiert nach 0, wenn überdies die Kanzlei unwirtschafltich geführt wird, Branchenbericht der Sparkasse 2017, S. 20.

7 im Gegensatz dazu liegt der Bewertungsfaktor bei Steuerberatern aufgrund der Dauermandate in der Regel bei 2 Branchenbericht der Sparkasse 2017, S. 20.

8 Branchenbericht der Sparkasse 2017, S. 20.

Beim Einkauf werden in der Praxis **verschiedene Modelle** der prozentualen Gewinnbeteiligung angeboten, die jedoch sorgfältig zu prüfen sind. Zwar ist hier der Vorteil, quasi vom ersten Tag an sofort losarbeiten zu können und auf bestehende Infrastruktur, zuverlässige Strukturen und Prozesse zugreifen zu können, nicht zu unterschätzen. Allerdings sind individuelle Träume vom eigenen Büro hier sicherlich vorerst nicht realisierbar, da es gerade am Anfang gilt, sich zurückzunehmen und anzupassen. Der Arbeits- und Gewinnverteilung sollte übrigens besondere Aufmerksamkeit gewidmet werden, da hier erfahrungsgemäß das größte Konfliktpotenzial liegt. Auch ist ein Abgleich der Kanzleivision und insbesondere der Werte- und Kulturebene besonders wichtig, um sich nicht finanziell an etwas zu beteiligen, hinter dem man nicht steht – unabhängig von der gegenseitigen Ergänzung der Rechtsgebiete.

Eine Alternative kann hier der eher formlose Zusammenschluss in einer **Bürogemeinschaft** sein, wo an sich eigenständige Rechtsanwälte sich lediglich anteilig an den vorhandenen Ressourcen (Miete, Personal, IT etc.) beteiligen, um Kosten zu sparen und mit zusätzlicher Kompetenz und Manpower gegenseitiges Geschäft und Flexibilität bei Öffnungszeiten zu erzielen. Der Vertrag sollte dann jedoch nicht nur die anteilige Übernahme der Kosten, sondern ebenso die Eigentumsverhältnisse bei Neuinvestitionen regeln. Und obwohl sich die Anwälte einer Bürogemeinschaft in der Regel auf sich ergänzende Rechtsgebiete fokussieren, ist ein häufiger Diskussionspunkt die Zuweisung neuer Mandate, die gebietsübergreifend sind oder aber keinem Gebiet explizit zugewiesen werden können. Auch hierzu sollte vorab Einigkeit erzielt werden.

## 2. Businesskonzept

Das Businesskonzept umfasst die gesamte finanzielle Seite Ihres Kanzlei-Unternehmens. Dabei sollten über den typischen Finanzteil eines klassischen Businessplans hinaus unbedingt auch der private Finanzbedarf des Anwaltes (bzw. der Anwälte) Beachtung finden. Schließlich möchten Sie als Anwalt ja davon leben können.

Für die Erstellung des Businessplans (Finanzteil) können Sie Experten (wie Unternehmens- und Steuerberater) heranziehen oder aber die vielen Unterstützungsangebote unterschiedlicher Anbieter und Hilfestellungen aus dem Internet nutzen.

Empfehlenswert ist es, hierfür besondere Programme bzw. Software zu nutzen[9]. Hilfreiche Tipps und Tools bietet auch die Arbeitsgemeinschaft Kanzleimanagement des DAV. Im Internet sind zahlreiche Tipps, Checklisten und Software erhältlich, die durchaus brauchbar sind.

Empfehlenswert sind außerdem Gründungskurse der IHK und anderer Anbieter und Gründerzentren, sowie im speziellen die Module „Anwaltsrecht und Anwaltspraxis“ des Masterstudiengangs Recht der Fernuniversität Hagen[10] sowie die Veranstaltungen des Forums Junge Anwaltschaft des Deutschen Anwaltvereins (DAV), der Deutschen Anwaltsakademie, des Soldan Instituts oder des Deutschen Anwaltsinstitut u.a.

Nicht unerwähnt möchte ich lassen, dass Anwältinnen hier besonders unterstützt und gefördert werden, beispielsweise durch „Frau und Arbeit“ und besondere Fördernetzwerke.

Zu den Kosten gehören Investitionskosten, Betriebskosten und private Lebenshaltungskosten. Dazu gehören auch Ihre Krankenversicherung, Berufshaftpflichtversicherung, die Betriebshaftpflichtversicherung, eine Berufsunfähigkeitsabsicherung plus eventuelle Versicherungsleistungen für Angestellte und Auszubildende sowie die Altersvorsorge mit dem Versorgungswerk[11] o.ä. Für die Planung Ihrer Einnahmen stellen Sie eine Prognose für die Nettoumsätze an und berücksichtigen mögliche Risiken. Dabei kalkulieren Sie auch Ausfälle und „Durststrecken“ mit ein und machen sich Gedanken, wie diese mit Ersatzgeschäft überbrückbar sind.

Über § 4 Abs. 3 EStG können Sie als Anwalt auf eine Bilanzierung verzichten und lediglich eine Einnahmen- Überschussrechnung erstellen[12]. Sie haben also keine Buchführungspflicht[13]. Allerdings wird in der Regel eine Belegbuchführung bzw. eine Journalbuchführung in Betracht kommen, um die entsprechenden Nachweise vorhalten zu können[14]. Anwalts- bzw. Mandantensoftware sind in der Regel mit einem entsprechenden System ausgestattet.

9 Entsprechende Businessplan-Software wird beispielweise kostenlos von den Wirtschafts- beziehungsweise Industrie- und Handelskammern, aber zum Teil auch von Rechtsanwaltskammern zur Verfügung gestellt.

10 Sie finden mich dort als Lehrbeauftragte mit meinen Lehrskripten zu „Strategischer Ausrichtung und Marketing“ und „Zeitmanagement“.

11 Detaillierte Aufstellung bei Miecke in Landenberg, „Erfolgreich starten als Rechtsanwalt“, S. 208 ff.

12 Die kompliziertere Gewinnermittlung durch Betriebsvermögensvergleich kommt bei Berufseinsteigern regelmäßig nicht Betracht, § 4 Abs.1 EStG so Philipp, „Die erfolgreiche Kanzleigründung“, S. 134.

13 Miecke in Landenberg, „Erfolgreich starten als Rechtsanwalt“, S. 221.

14 Philipp, „Die erfolgreiche Kanzleigründung“, S. 135.

Ich möchte Ihnen jedoch auch nicht vorenthalten, dass der klassische Businessplan mittlerweile bei Experten umstritten ist. Gerade in der Start-Up-Kultur wird nach modernen, technikunterstützten Methoden gesucht, die Kreativität fördern und „mitdenken“. Agile Teams und Scrum sind hier die Schlagwörter der Stunde. Dies mag für eine klassische Kanzleigründung zwar eher am Rande interessant sein.

Es gibt jedoch zwei Gründe, warum Sie sich dennoch damit beschäftigen sollten:

- diese Alternative kann Sie tatsächlich wieder zurück in Ihre Kreativität bringen, wenn das „Trauma des Jurastudiums“ oder „die Jahre im Hamsterrad einer Großkanzlei“ diese völlig verschüttet haben. Kreativität ist aber der Schlüssel für den Erfolg Ihrer Kanzlei.
- Diese Modelle bergen in sich technische Affinität und Spielpotenzial. Wie wir gesehen haben, erlebt der Rechtsmarkt gerade eine nie gekannte Digitalisierung. Längst ist noch nicht alles erfunden, was hier möglich zu sein scheint. Diese Alternativen laden gerade zu sein, sich mit auf diese Spielwiese zu begeben[15].

Das Business Model Canvas hat sich zum Mittel der Wahl entwickelt, um das Geschäftsmodell und eine Startup Idee zu visualisieren und zu testen, ob diese auch unternehmerisch sinnvoll ist. Viele Experten sind mittlerweile der Meinung, dass das Business Model Canvas den veralteten Business Plan vollständig ersetzen kann[16]. Es umfasst neun Elemente: Zielgruppe, Nutzenversprechen, Kommunikations- und Marketingkanäle, Service, Einnahmeportfolio und Kostenstruktur, Schlüsselressourcen, -aktivitäten und -partnerschaften.

Wichtig ist mir an dieser Stelle lediglich, Ihnen zu vermitteln, dass Sie sich Gedanken dazu machen, wodurch Ihre Kanzlei zum Business, zum Geschäft wird.

Sie sollten also Ihre wirtschaftlichen Ziele, Umsatz und Gewinn für den nächsten Monat, das nächste halbe Jahr, das nächste Jahr, die nächsten drei, und die nächsten fünf Jahre genauestens definieren. Und genau dort liegt auch das Problem: Ein Businessplan ist immer ein „Wunschzettel an den Weihnachtsmann“; ein Traum, eine Vision. Bestenfalls eine „Absichtserklärung“ oder eine

---

**15** Drei Gründer-Bücher, die hier empfohlen werden: Campus „Business Model Generation“, „Business Model YOU“, Ash Maurya „Scaling Lean“.

**16** Carolin Gattermann, „Drei Business Bücher, die jeder Gründer lesen sollte“, Startplatz vom 11.4.2017.

„Hochrechnung", die jedoch schon nach wenigen Monaten nichts mehr mit der Realität, einer seriösen Prognose oder der tatsächlichen Entwicklung Ihres Kanzleibusiness zu tun hat.

Die Frage ist also, warum sollten Sie dann überhaupt einen Businessplan bzw. ein Business Model erstellen? Zunächst wird ein Businessplan inklusive dem beschriebenen Gründungskonzept bei Fremdfinanzierung vom Geldgeber (Bank) verlangt werden.

Aber auch unabhängig davon ist die Antwort ebenso einfach wie überzeugend: Weil Sie einen Plan brauchen, ein Ziel[17].

Studien haben gezeigt, dass Collegestudenten, die bereits eine feste Vorstellung von Ihrem zukünftigen Gehalt zu einem bestimmten Zeitpunkt haben, eine 90% höhere Wahrscheinlichkeit haben, dieses Einkommen auch tatsächlich zu erzielen, als Ihre Collegestudentenkollegen, die nur eine vage bis keine Vorstellung davon hatten, wie hoch Ihr Einkommen sein wird. Sich hier mit konkreten Zahlen zu beschäftigen, heißt nichts anderes, als Ihre im vorigen Kapitel genau definierte Zielgruppen, Ihre Positionierung und Markenbildung in Zahlen und Businesssprache zu übersetzen. Ob Sie diese Erwartungen und Berechnungen tatsächlich erreichen werden, wird an Ihnen liegen – und an einer Vielzahl weiterer Faktoren.

Der perfekte Businessplan liegt in der Regel irgendwo zwischen zwei Parametern:

Zwischen der möglichst genauen Markthochrechnung als Optimum und Ihrem Traumergebnis als Maximum. Ob Ihr Plan eher zu der einen oder anderen Seite tendiert, ist keine Frage von richtig oder falsch, sondern eine Frage Ihres Typs.

**Was ist es der richtige Weg für Ihren Typ?** Der von Ihnen erstellte Businessplan sollte Sie in erster Linie motivieren, Ihnen Zuversicht und Selbstvertrauen verleihen. Doch vor allem sollten Sie fest an dessen Realisierung glauben können. Einen goldenen Mittelweg gibt es nicht. Nur Ihren eigenen persönlichen, individuellen Weg, Ihren Businessplan zu erstellen und mit diesem zu arbeiten.

Ihr finanzieller Teil des Businessplans umfasst vereinfacht drei Dimensionen:

- Einnahmen
- Kosten und Investitionen
- Entsprechende Budgets und Finanzierung

17 Dr. Geertje Tutschka, „Warum Ihr Kanzleibusinessplan jetzt zählt" in Huffington Post vom 6.11.2015.

Bei den Einnahmen geht es vor allen Dingen um den Umsatz, da nur dieser für Ihre Kalkulation maßgeblich sind, also die Gebührenprognose[18]. Das sind natürlich in erster Linie Ihre Netto-Gebührennoten, aber auch Einnahmen aus Autorentätigkeit, Beratertätigkeit, Gutachtenerstellung sowie Kooperationen mit Partnern sollten hier Berücksichtigung finden. Sie können hier auf die oben erstellte Ressourcenliste zurückgreifen und diese nun monetär, das heißt, in Zahlen abbilden.

Selbstverständlich sind in dieser Kalkulation bzw. Aufstellung auch die damit verbundenen Kosten, Gehälter, Auslagen und Aufwendungen sowie Miete und Mitarbeitergehälter, aber auch die Kosten Ihrer Zulassung enthalten, so dass es in einem zweiten Schritt darum gehen muss, aus den veranschlagten Einnahmen den zu erwartenden Gewinn herauszurechnen[19]. Die Kosten der Zulassung sind Rechtsanwaltskammerkosten, Berufshaftpflichtversicherungskosten, Mitgliedschaften bei Rentenversicherung und Krankenkasse. Darüber hinaus ist er auch die Basis für zukünftige Investitionen, für Marketingmaßnahmen. Sie sollten hier so substantiiert wie möglich in den jeweiligen Zeitabschnitten diese Positionen darstellen.

Bedenken Sie: **Sie erstellen diesen Businessplan in erster Linie für sich selbst!**

Auch wenn in den meisten Fällen die Vorlage des Businessplanes für die Beantragung eines Kredites bzw. für sonstige staatliche Unterstützungsleistungen erforderlich ist, sollten Sie diesen Businessplan genau auf Ihre Bedürfnisse abstimmen und so erstellen, dass dieser bestmöglich für Sie im Alltag nutzbar ist. Sind Sie ein Zahlenmensch, sollte der Businessplan jegliche Ihnen wichtige Zahlen abbilden. Auch Tabellen können hier hilfreich sein. Sind Sie ein eher visueller Typ, unterstützen Chartübersichtskarten und Säulendiagramme.

Zusätzlich muss überlegt werden, ob Anschaffungen und Investitionen zu tätigen sind, Abschreibungen zu berücksichtigen oder der Einsatz von Share-Lösungen oder auch Leasingmodelle alternative Lösungen sind. Zu den Kosten gehören wie erwähnt auch Personalkosten sowie die Kosten etwaiger Serviceprovider, wie des Putzdienstes, des IT-Services oder der Papierlieferdienst. Als Faustregel kann gelten, dass die Personalkosten durchschnittlich 25–50% und die Marketingkosten ca. 10% des Umsatzes betragen.

Für die Sachkosten kann für die Erstgründung sehr individuell kalkuliert werden, zumal Leasing- und Sharemöglichkeiten aber auch gebrauchte Grundaus-

**18** Miecke in v.Landenberg, „Erfolgreich starten als Rechtsanwalt", S. 202 f.
**19** Heussen, Anwaltsunternehmen führen, S. 262 ff.

stattungen am Anfang durchaus preisbewusste Lösungen sein können[20]. Klassisch-konservativ wird im Allgemeinen eine Sachgrundausstattung einer Einzelanwaltskanzlei mit ca. 100.000 € kalkuliert.

Ich habe wie eingangs erwähnt, bewusst auf das Einfügen von Formularen und Beispielberechnungen verzichtet. Erstens bekommen Sie diese viel detaillierter und bequemer heute online, so dass das Herauskopieren oder gar Abschreiben alles andere als zeitgemäß für Arbeitsblätter ist. Zum anderen möchte ich nicht den Eindruck erwecken, dies wären auch nur annähernd Richtwerte, die es zu erfüllen gilt. Selbstverständlich benötigen Sie für die Eröffnung Ihrer Kanzlei nur Telefon, Laptop, Internet und PKW. Und selbstverständlich können Sie heute von überall arbeiten – also auch von Hawaii aus in Ihrer Kanzlei arbeiten oder vom Spielplatz im Stadtpark. Das ist das Schöne und auch das Schwierige an der Kalkulation. Sie allein entscheiden, was im Moment für Sie passt. Es gibt kein richtig oder falsch; kein professionell oder unprofessionell, solange Sie Ihre Kanzlei als Geschäftsmodell mit Gewinnerzielungsabsicht planen.

Aus meiner Erfahrung ist der schwierigste Posten in diesem Zusammenhang das „Gehalt", welches man sich selbst zugesteht. Dies wird allzu oft zu Unrecht mit dem „Gewinn" gleichgesetzt. Tatsächlich sollten Sie sich Gedanken machen, was Sie mit dem Gewinn machen werden: investieren in die Kanzlei oder Sicherheiten und Rücklagen bilden. Hier spielen auch Ihre persönlichen Umstände rein: haben Sie bereits Unterhaltsverpflichtungen gegenüber Ihrer Familie, müssen Sie Darlehen und Kredite bedienen (z.B. BaföG, PKW Finanzierung o.ä.), müssen Sie mit einem Teil des Geldes Ihre Eltern oder Geschwister unterstützen oder haben Sie selbst überdurchschnittliche Ausgaben wegen eines Hobbies[21], was Ihnen wichtig ist oder einem Zweitstudium bzw. Promotion.

Einrechnen sollten Sie hier aber auch denjenigen Teil Ihrer Arbeitszeit, den Sie vielleicht schon ehrenamtlich oder im Familienverbund festgeschrieben haben. Auch Ihr Tag hat nur 24 Stunden. Und wenn Sie Zeit für Partner und Kind haben möchten, steht diese Zeit nicht für die Kanzlei zur Verfügung. Nicht nur die Familienrechtler wissen, dass Ehe und Familie spätestens in zweiter Linie eine finanzielle Angelegenheit ist und nicht nur Privatvergnügen. Seien Sie also realistisch in Ihrer Planung. Und überprüfen Sie auch Vorurteile und Paradigmen, die hier vielleicht unbewusst Ihre Entscheidungen beeinflussen: Selbstverständlich dürfen Sie auch Spaß haben und sich Zeit für sich nehmen oder an

**20** Branchenbericht der Sparkasse 2017, S. 24.

**21** Pferde, Ski und Golf sind hier sicherlich die gewöhnlichen, es kann aber auch ein Tauch- oder Pilotenschein sein.

einem Montag auf Skitour gehen, wenn das Wetter danach ist und es Ihnen gefällt. Sie allein entscheiden – das ist wiederum der Vorteil der Selbstständigkeit, nicht nur „selbst und ständig“ beschäftigt sein zu müssen.

---

i

Ganz häufig übersehen wird aber auch ein notwendiger Liquiditätsplan, also die Frage, wie sie laufende Kosten oder Investitionen im Verhältnis zum zeitlichen Eingang Ihrer Einnahmen bezahlen. Hierbei sollte unbedingt beachtet werden, dass Klienten nicht immer pünktlich zahlen oder es Ausfälle geben kann.

---

In der Planungsphase stehen meist noch nicht alle Informationen in ausreichendem Maße zur Verfügung. Sammeln Sie über mehrere Tage, Wochen und Monate immer wieder Kostenpunkte oder arbeiten Sie mit Praxisquoten. Viele dieser kleinen versteckten Punkte werden gerne übersehen, können aber in Summe auch einen gut kalkulierten Businessplan über den Haufen werden. Bei der Aufstellung der beabsichtigten Investitionen dürfen Sie kreativ werden, solange sie sich hier natürlich im Rahmen des entsprechenden Budgets bewegen. Vor allem geht es jedoch an dieser Stelle um die Frage, welche Maßnahmen von den vielfältigen Möglichkeiten priorisiert und zuerst in Angriff genommen werden sollten.

Für die konkrete Finanzierungsstrategie werden die beabsichtigten Investitionen und Kosten im sogenannten Budget zusammengefasst.

Ein **Budget** umfasst drei Punkte:

1. Zuweisung zu einem bestimmten Thema
2. Geldbetrag, der diesem Thema zur Verfügung gestellt werden soll
3. Zeitfenster, in welchem der Geldbetrag dem Thema zur Verfügung stehen soll.

Außerdem sollten Sie generell für all Ihre Budgets definieren, was für den Fall, dass das Budget überschritten werden muss, erfolgt sowie was für den Fall, dass das Budget nicht ausgeschöpft wird, mit den unverbrauchten Geldbeträgen erfolgt.

Hier bietet sich ein sogenanntes Notfallbudget an, auf welches unverbrauchte Gelder eingezahlt und unvorhergesehene Budgeterweiterungen entnommen werden können.

Auch für dieses Notfallbudget sollten Sie sich im Vorfeld Gedanken darüber machen, wann ein solcher Notfall besteht und wer letztendlich darüber entscheiden soll.

Darüber hinaus sollten Sie, nachdem Sie alle Budgets gebildet haben, diese gegenüberstellen und überprüfen, ob die Bedeutung der jeweiligen Themen in

Ihrem Kanzleibusiness durch die dem Thema zur Verfügung gestellten Geldbeträge abgebildet wird.

Auch sollten Sie Budgets zu verschiedenen Themenkomplexen zusammenstellen und ein Gesamtbudget daraus entwickeln.

Haben Sie so Ihre Budgets ermittelt und aufgestellt und das Feintuning bei der Gewichtung vorgenommen, gilt es nun sicherzustellen, wie diese Budgets finanziert werden.

Grundsätzliche kommen drei **Finanzierungen** in Betracht:

1. Eigenkapital
2. Gewinn
3. Fremdfinanzierung

Sie sollten hier alle drei Finanzierungsressourcen genauestens kalkulieren und nebeneinander aufstellen um sicherzustellen, dass Sie für die Budgets erforderliche Geldmittel zur Verfügung haben. Grundsätzlich wird empfohlen, dass die Finanzierung in erster Linie die Grundkosten Ihrer anwaltlichen Tätigkeit sicherstellt und Fremdfinanzierung so gering wie möglich gehalten wird. Eine Besprechung mit Ihrem Steuerberater kann jedoch für Ihre spezifische Situation klären, ob es sich am Ende nicht für Sie auszahlt, mit mehr Fremd- als Eigenkapital zu arbeiten.

Ist Ihr Businesskonzept komplett, legen Sie es bitte nicht in die Schublade, sondern erstellen Sie sich eine Übersicht, die Sie sich an gut sichtbarer Stelle an Ihren Arbeitsplatz heften.

Entwickeln Sie eine Routine, wo Sie jeweils an einem bestimmten Tag der Woche sich ein bestimmtes Zeitfenster nur für die Überarbeitung, Anpassung und Kontrolle Ihres Businessplanes reservieren, damit dieser immer den aktuellen Gegebenheiten und dem Stand Ihres Kanzleibusiness angepasst wird.

Nur wenn Sie mit Ihrem Businessplan tatsächlich arbeiten und ihn zur Grundlage Ihres Handelns und Ihrer Entscheidungen machen, hat sich die dafür aufgewendete Zeit seiner Erstellung auch wirklich gelohnt. Nur unter Zuhilfenahme Ihres Businessplanes sind Sie in der Lage als Kanzleiinhaber unternehmerisch, planmäßig und strategisch zu handeln, auch schwierige Zeiten durchzustehen und auf Unvorhergesehenes überlegt und souverän zu reagieren.

### 3. Umsetzung der Kanzleivision

Sie haben nun Ihre Kanzleivision entwickelt und eine erste Idee davon, was Ihre Kanzlei von anderen Kanzleien unterscheidet und welchen Mehrwert Ihre Kanzlei Ihren Mandanten bieten wird. Sie haben auch sichergestellt, dass die dafür erforderlichen finanziellen Mittel zur Verfügung stehen und mit Ihrem Businessplan eine Finanzstrategie entwickelt. Es gilt nun auf der Grundlage dieses Businessplans Ihre Kanzleivision in Einzelschritten umzusetzen und eine detaillierte Kanzleistrategie zu entwickeln.

Abgesehen vom Organisatorischen (welches im folgenden Kapitel näher erörtert wird) geht es zunächst um die Frage, wie Sie Ihr spezielles Rechtsgebiet innerhalb Ihrer Kanzlei präsentieren möchten, wie Sie Ihre Mandanten akquirieren wollen, wie Sie Ihren Service gestalten möchten und wie Ihre Werte innerhalb der Kanzlei gelebte Team- und Führungskultur werden, aber auch Außenwirkung für die Mandanten erzeugen.

Sie können hierfür einen bestimmten Leitsatz verwenden, aber auch einzelne wichtige **Werte definieren**, die Ihnen besonders wichtig sind. Dies wird Ihnen später helfen, Ihre Kanzlei auf Kurs zu halten, wenn es gilt, Unwägbarkeiten zu umschiffen und Umwege in Kauf zu nehmen. Ein Symbol oder Leitbild kann hier ein guter Wegweiser sein.

Wofür ist das an dieser Stelle wichtig?

Wenn Ihre Kanzlei mehr werden soll als die „technische Voraussetzung" Ihrer anwaltlichen Tätigkeit, wenn Sie für Ihre Mitarbeiter und Mandanten zu einem festen Bestandteil ihres Lebens werden soll, muss diese Kanzlei die Bedürfnisse dieser Menschen befriedigen. Wie im vorherigen Kapitel bereits dargestellt, entstammen diese Grundbedürfnisse den fünf wichtigsten Lebensbereichen: Ihre Kanzlei sollte also im Umkehrschluss diese Bedürfnisse auf diesen fünf verschiedenen Ebenen Ihrer „Zielgruppe" treffen.

Die Maslow'sche Bedürfnispyramide[22] zeigt, dass alles menschliches Handeln durch das Stillen von Bedürfnissen motiviert ist, wobei die unteren vier als Defizit-Bedürfnisse und die obere Kategorie als Bedürfnisse des Seins oder Wachstumsbedürfnisse zusammengefasst werden können. Beginnend bei der untersten Kategorie baut sich die Pyramide nach psychologischen Bedürfnis-

22 Abraham Maslow (geboren 1943) war ein Psychologe, der sich mit den Bedürfnissen des Menschen auseinandergesetzt hat. Seine Motivationstheorie „Maslow'sche Bedürfnispyramide" zählt zu den bekanntesten und bedeutendsten seiner Art.

sen, Bedürfnissen nach Sicherheit, Zugehörigkeit, Wertschätzung und Selbstverwirklichung auf. Entwicklung geschieht von unten nach oben.

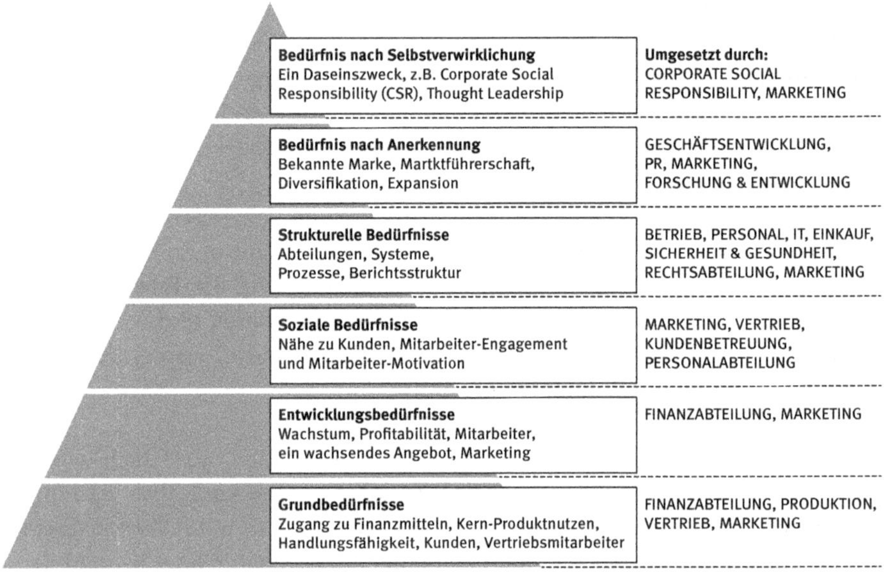


Maslow'sche Bedürfnispyramide, © B2B international Marktforschungsinstitut

Heute ist allgemein anerkannt, dass selbstverständlich auch Unternehmen – und so auch Kanzleien – nach diesem Muster funktionieren. Immerhin haben auch Sie Ihre Kanzlei gegründet, um das Bedürfnis Ihrer Mandanten nach einer bestimmten Rechtsberatung, einem Service oder einer Problemlösung zu stillen.

Die Gründung einer Kanzlei sollte also ebenso „organisch" erfolgen: Sie beginnen mit der Implementierung der Grundlagen (Einrichtung, Ausstattung, Personal, Etablierung von Prozessen und Strukturen). Danach geht es erst um Fragen des Marketings, die Erweiterung des Service, die Aufstockung der Mitarbeiter. Nach den ersten Monaten sollten Sie sich mit Themen wie Führung, und Motivation Ihrer Mitarbeiter beschäftigen (die Probezeiten sind nun ausgelaufen), aber auch um Nachhaltigkeit und Langlebigkeit von Mandantenbeziehungen, da die ersten Mandate nun abgeschlossen sind und es gilt, diese Mandanten auch zukünftig wiederzusehen. Die Kanzlei wächst und es werden weitere Einrichtungen und Systeme oder auch angepasste Aktenprozesse notwendig. Die ersten Ablagen erfolgen. Manche Prozesse müssen optimiert werden.

Nun gilt es, sich mehr um die **Außenwirkung** zu kümmern, sich Gedanken zu Marke, Branding und auch zum Employer Branding zu machen. Sie sollten entscheiden, ob Sie langfristig eher selbst ausbilden möchten und sich frühzeitig um den Aufbau von Nachwuchskräften kümmern.

Sind die Grundstrukturen etabliert, sollten Sie nicht vergessen, auf der Zielgeraden einzulaufen: Ihre Kanzlei wird langfristig nur dann gut funktionieren, wenn Sie sich nun sukzessive um den wertebasierten Aufbau von gesellschaftspolitischen und sozialen Projekten kümmern, Sie sich im Berufsverband engagieren und Sie Ihrer Kanzlei damit einen „Daseinszweck" vermitteln – und diesen auch nach innen und außen kommunizieren und leben. Die Möglichkeiten sind vielfältig. Gerade deshalb überrascht es, dass nur wenige Kanzleien diesen Prozess wirklich bis zu Ende durchlaufen, sondern spätestens auf Stufe vier wieder zurück zu eins gehen oder aber schon bei Stufe drei den Autopiloten einschalten und es den Strukturen und Prozessen selbst überlassen, sich zu entwickeln. Was sie auch tun. Nur eben eher wie Pflanzen in einem Biotop oder Dschungel als in einem englischen Garten. Es ist Ihre Entscheidung.

## II. Formalien

Die formellen Anforderungen an eine Kanzleigründung sollen hier nicht umfassend abgebildet werden, sondern nur die wesentlichen Informationen sowie die Spezialisten, an die Sie sich hierzu wenden können. Jede Gründung weist sicherlich spezifische Besonderheiten auf.

---

Bitte nehmen Sie unbedingt das umfangreiche Unterstützungs- und Beratungsangebot in Anspruch und lassen Sie sich individuell beraten, um das für Sie passende Individualpaket zu schnüren. i

---

Zuständig für die Anmeldung Ihrer Kanzlei ist in erster Linie die für Sie zuständige Rechtsanwaltskammer. Die Rechtsanwaltskammern verfügen auch über diverse Informationsblätter und Checklisten dazu, die ich Ihnen empfehle anzufordern. Nach der BRAO ist zunächst ein **Antrag bei der zuständigen Rechtsanwaltskammer** erforderlich, welche den gleichzeitig mit dem Antrag eingereichten Nachweis der Befähigung zum Richteramt (der Abschluss der beiden Staatsexamina) prüft. Mit diesem Antrag ist ebenfalls der **Nachweis einer Berufshaftpflichtversicherung** einzureichen, da diese zwingende Voraussetzung für die Zulassung zur Rechtsanwaltschaft ist. Nachzuweisen ist ferner die **„Einrichtung einer Kanzlei"**. Dafür ist nicht zwingend Büroeinrichtung erforderlich. Noch nicht einmal ein Kanzleischild ist unbedingt erforderlich. Erforderlich ist jedoch eine Postadresse innerhalb des Zuständigkeitsbereiches der Rechtsanwaltskammer sowie die Kontaktdaten per Telefon, Fax oder Email (und zukünftig auch das beA). Es soll also Erreichbarkeit der Kanzlei sichergestellt werden. Sobald der Antrag auf Zulassung genehmigt worden ist, besteht die Verpflichtung, in die **Rechtsanwaltskammer** einzutreten. Eine entsprechende Regelung findet sich in den §§ 60ff. BRAO. Die Rechtsanwaltskammer ist eine Körperschaft des öffentlichen Rechts und überwacht die Einhaltung des Berufsrechtes. Sie fungiert ebenso als Beratungs- und Schlichtungsstelle und bietet darüber hinaus Informationen und Fortbildungen für die Mitglieder an. Der **Kammerbeitrag** beläuft sich auf ca. 300,– € im Jahr.

Da dieser grundsätzlich einkommensunabhängig ist, ist dieser auch von Berufsanfängern und Kanzleigründern grundsätzlich zu entrichten. Eine Befreiung oder Reduzierung ist regelmäßig nicht möglich. Mit der Zulassung zur Rechtsanwaltschaft ist neben der Kammerzulassung und dem Abschluss einer Berufshaftpflichtversicherung[23] darüber hinaus die **Mitgliedschaft in einer Versorgungseinrichtung** (Rentenversicherung) erforderlich. In den meisten Fällen haben die Länder **Versorgungswerke für Rechtsanwälte** eingerichtet, die über freiwillige oder aber über Pflichtmitgliedschaften verfügen. Zwar ist die Mitgliedschaft in einem Versorgungswerk der Rechtsanwälte grundsätzlich positiver zu bewerten als die Mitgliedschaft in der allgemeinen Rentenversicherung. Gleichwohl würden wohl die meisten Berufskollegen eine private Versicherungsmöglichkeit bevorzugen. Die Rentenversicherungsbeiträge werden jeweils nach Einkommen festgesetzt Es gibt die Möglichkeit während langer Krankheit, Mutterschaft oder aber auch bei keinem oder geringem Gewinn am Anfang einer Kanzleigründung die Beiträge auf ein Mindestmaß zu reduzieren, d.h. auf ca. 150,– € pro Monat. So wie es einen Mindestbeitrag gibt, gibt es auch Höchstbeitragssätze, welche für Sie dann vielleicht in naher Zukunft relevant sein werden.

Zuletzt noch ein Wort zur Einrichtung einer **Kanzlei im Ausland:**

Der erste Schritt ist immer die Zulassung im Heimatland Deutschland.

Dabei ist zunächst zu unterscheiden, ob die Kanzlei im europäischen Ausland oder in einem sogenannten Drittstaat eingerichtet wird. Im europäischen Ausland kann sich jeder deutsche Rechtsanwalt grundsätzlich als sogenannter Europaanwalt niederlassen. Das heißt nicht, dass dieser im Europarecht tätig

23 Die Berufshaftpflichtversicherung muss den Vorgaben der BRAO entsprechen, das heißt, die vorgegebenen Deckungssummen im In- und Ausland abdecken.

ist, sondern vielmehr, dass dieser Anwalt die europäische Freizügigkeit im Hinblick auf seine Berufsausübung genießt. Lässt sich der Anwalt lediglich für einen kurzen Zeitraum im Ausland nieder, besteht die Möglichkeit, sich im Inland, also in Deutschland, von der Kanzleipflicht für ein bis zwei Jahre auf Antrag befreien zu lassen. Es ist dann lediglich erforderlich, einer Kontaktadresse und einer Kontaktperson für amtliche Zustellungen zur Verfügung zu stellen. Lässt sich der Rechtsanwalt hingegen dauerhaft im Ausland nieder, wird dies in einem Drittstaat in den allermeisten Fällen an der mangelnden Zulassungsfähigkeit zu den dortigen Gerichten scheitern. In den allermeisten Fällen wird es sich hier um eine Entsendung zu einer größeren Kanzlei handeln, so dass dieser Entsendungs- oder Expatriate-Status, und damit der zugrundeliegende Arbeits- beziehungsweise Entsendungsvertrag auch die Zulassungsfragen kanzleiintern regelt. Eine eigene Kanzlei in einem sogenannten Drittstaat zu gründen ist ausgeschlossen. Allerdings steht es natürlich dem deutschen Rechtsanwalt frei, die Zulassungsprüfung des Gastlandes zu absolvieren und sich dann dort als sogenannter inländischer Anwalt niederzulassen.

Lässt sich ein deutscher Anwalt im europäischen Ausland als sogenannter **Europaanwalt** nieder, wird sein weiteres Berufsleben von dieser Doppelzulassung bestimmt sein, das heißt, er wird auch im europäischen Ausland immer den Zusatz seines Heimatlandes beifügen müssen (Deutscher Rechtsanwalt, Zulassung bei der Rechtsanwaltskammer xyz, Deutschland). Er wird also bei der Rechtsanwaltskammer seines Heimatlandes grundsätzlich Mitglied bleiben und dort auch die entsprechenden Kammer-Beiträge abführen. Er wird darüber hinaus bei der im Gastland zuständigen Rechtsanwaltskammer Mitglied werden müssen und die zuständigen Beiträge abführen. Darüber hinaus benötigt er eine Berufshaftpflichtversicherung, welche die Deckungssummen für das Heimat- und das Gastland abdecken. Letztlich ist zu entscheiden, welchem Rentenversorgungsträger er zuzuweisen ist. Zumeist bestehen verschiedene Wahlmöglichkeiten, die auf Antrag den im Ausland tätigen deutschen Anwalt dem Versorgungsträger des Gastlandes oder dem Versorgungsträger in Deutschland zuzuordnen. Trotz der europäischen Freizügigkeit ist also die Berufsausübung im europäischen Ausland von Anträgen, Paragraphen und behördlichen Entscheidungsträgern bestimmt, sodass sich jeder Rechtsanwalt gut überlegen sollte, ob eine Kanzleigründung im Ausland tatsächlich wirtschaftlich sinnvoll erscheint, auch wenn natürlich das Alleinstellungsmerkmal (deutscher Anwalt) sehr viel einfacher zu realisieren ist.

Neben der Anmeldung bei der Rechtsanwaltskammer bedarf es selbstverständlich auch der **Anmeldung beim Finanzamt**. Die Eröffnung der Kanzlei ist beim zuständigen Finanzamt anzuzeigen, welches bei Bedarf auch eine sogenannte Unbedenklichkeitsbescheinigung[24] für Arbeitsamt (Stichwort: Überbrückungsgeld bei Existenzgründung) oder Bank ausstellt. Als sogenannter freier Beruf erhalten Sie eine entsprechende Steuernummer. Ich empfehle hier dringend die Beauftragung eines Steuerberaters, der Sie durch alle Fragen wie der Umsatzsteuer-Voranmeldung, Absetzbarkeit von Büroräumen innerhalb einer Wohnung bis hin zur ordnungsgemäßen Anfertigung einer Gebührenrechnung, beraten wird.

Sonstige **behördliche Fragen** können beispielsweise auftauchen, wenn Sie die Kanzlei in einem reinen Wohngebiet bzw. in einem reinen Mietshaus einrichten. Hier sind beispielsweise die Fragen zu klären, ob die gewerbliche Nutzung der Räumlichkeiten zulässig ist oder hier eine entsprechende Umwidmung erfolgen muss. Außerdem ist zu klären, ob genügend sanitäre Einrichtungen vorhanden sind und die erforderlichen Feuerschutztüren und Fluchtwege.

Zu klären wäre weiter, ob die von Ihnen nun als Kanzlei zu nutzenden Räume vom Vermieter tatsächlich auch gewerblich vermietet werden sollen. In den meisten Fällen gelten für gewerbliche Mietverträge andere Regelungen als für Wohnraummietverträge. Auch das Anbringen eines Kanzleischildes an der Hauswand kann genehmigungsbedürftig sein, ebenso die Bereitstellung von Parkplätzen vor dem Haus.

Letztlich sollten Sie selbstverständlich kranken- und unfallversichert sein für Ihren Beruf als Rechtsanwalt sowie über eine Hausrat- und Privathaftpflichtversicherung verfügen. Sollten Sie sofort mit **Mitarbeitern** starten, sind hier entsprechende Anmeldungen bei der Berufsgenossenschaft, beim Arbeitsamt bzw. dem Sozialversicherungsträger erforderlich.

Bitte denken Sie daran, alle erforderlichen Anträge und Anmeldungen unbedingt fristgerecht einzureichen, am besten noch bevor Sie Ihre Tätigkeit aufnehmen, um hohe Ordnungsstrafen oder gar Schließung zu vermeiden. Auch wenn dieser Teil der Kanzleigründung Ihnen lästig erscheint und alles andere als zukünftige Mandanten akquiriert: Nachträgliche Korrekturen, Richtigstellungen oder Nachmeldungen sind in den allermeisten Fällen nicht nur teuer, sondern umso aufwendiger.

## III. Einrichtung

Abhängig von der Art der Zielklientel kann die Wahl des Bürostandorts von erheblicher Bedeutung sein. Eine Kanzlei, die auf Privatpersonen ausgerichtet ist, wird besonderen Wert auf die leichte Erreichbarkeit der Kanzleiräume, auch mit

24 Miecke in v.Landenberg, „Erfolgreich starten als Rechtsanwalt", S. 232.

öffentlichen Verkehrsmitteln, legen. Will die Kanzlei „Laufkundschaft" bedienen, dann sollten sich die Kanzleiräume in einer „Lauflage" in der Innenstadt befinden. Für eine forensisch ausgerichtete Kanzlei ist die Gerichtsnähe von Vorteil. Die Gerichtsnähe dient dabei nicht vorrangig der Bequemlichkeit der Anwälte, sondern der Zeitersparnis durch kurze Wege im Interesse des Mandanten. In vielen Städten gibt es „Anwaltsgegenden", Viertel oder einige Straßenzüge, in denen sich Anwaltskanzleien ballen. Die räumliche Nähe zu Wettbewerbern muss kein Nachteil sein. Die Kanzlei, die ihr Büro in einer solchen Gegend einrichtet, zeigt, dass sie „dazugehört".

Durch die Wahl des Bürostandorts können – unter Umständen gewollte – Zugangsbarrieren geschaffen werden. Kanzleiräume in einem Büroturm, in unmittelbarer Nachbarschaft der Büros großer Unternehmen, deuten darauf hin, dass diese Kanzlei wohl eher an Unternehmensmandanten als an einer Privatklientel, die aus einkommensschwachen Schichten stammt, interessiert ist. Umgekehrt sollte sich eine Allgemeinkanzlei davor hüten, einen allzu exklusiven Standort zu wählen, weil dieser möglicherweise auf die Zielklientel der Kanzlei abschreckend wirkt.

Ähnliches gilt für die Inneneinrichtung der Kanzleiräume. Jede Zielklientel wird helle und freundliche Räume als angenehm empfinden. Der Empfangsbereich und eventuelle Wartezonen müssen ansprechend gestaltet sein. Übertreibungen, gleichgültig ob es sich dabei um eine „billige" oder „hochexklusive" Möblierung handelt, schaden. Kein Mandant möchte den Eindruck haben, dass sein Anwalt nicht bereit ist, in eine ordentliche Büroeinrichtung zu investieren, noch, dass sein Anwalt (auf Kosten der Mandanten) überzogenen Luxus betreibt.

### 1. Infrastruktur

Bei einer Kanzleigründung haben Sie die Wahl, mit der Minimaleinrichtung oder mit der optimalen Einrichtung, dann aber ggf. finanziert, zu starten.

Mit der minimalen Einrichtung zu starten heißt, hier eine Grundausstattung der Kanzleiräumlichkeiten vorzunehmen, die es erlaubt, sämtliche für den Kanzleibetrieb und die anfallenden Arbeitsabläufe erforderlichen technischen Anforderungen und Möbel vorzuhalten. Die optimale Einrichtung demgegenüber bildet nicht nur die Minimalanforderungen ab, sondern kann bereits Strukturen und Systeme in diesen Arbeitsabläufen optimieren und gegebenenfalls Erweiterungs- und Entwicklungspotenzial abbilden. Darüber hinaus besteht natürlich die Möglichkeit bei einer optimalen Kanzleieinrichtung bereits thematisch Bezug zum Kanzleibranding zu nehmen, d.h. auch bei der Ausstattung und Einrichtung die besonderen Merkmale der Kanzlei einfließen zu lassen, wie beispielsweise klassisch konservativ oder eher modern und innovativ.

Auch die Kanzleifarben und das Logo können in die optimale Kanzleieinrichtung bereits integriert werden.

Zur Minimalanforderung an die Kanzleieinrichtung gehören in erster Linie die durch die Rechtsanwaltskammer vorgegebenen Anforderungen an die Erreichbarkeit der Kanzlei. Das heißt, Sie sollten telefonisch erreichbar sein sowie per E-Mail bzw. beA. Ein Festnetz- oder auch Faxanschluss ist hingegen nicht notwendigerweise erforderlich, da dies auch Ihr PC abbilden kann. Allerdings sollten Sie neben einem PC oder Laptop mit gewisser Speicherkapazität auch über einen guten Drucker in Verbindung mit Kopier- und Scanfunktion verfügen. Erforderlich ist ferner ein guter Buchkalender. Schreibtisch, Schreibtischstuhl sowie Büroschränke und Ablagefläche sind selbstverständlich. Ebenso die Grundausstattung an Büromaterial. Die Stempel sollten Sie personalisiert anfertigen lassen.

Ebenso sollte ein Kanzleischild auf die Kanzlei aufmerksam machen.

Zur optimalen Büroeinrichtung sollten Sie sich immer dann entschließen, wenn es Ihnen in Partnerschaft mit Anderen oder in Bürogemeinschaft möglich ist, von vornherein mit einem ausreichendem Budget zu starten. Eine bislang noch nicht abschließend geklärte Frage ist, unter welchen Bedingungen der Start einer Kanzlei in sogenannten Co-Working-Spaces zulässig ist. Sensibel sind hier sicherlich die Fragen der Diskretion und des Datenschutzes zu behandeln.

Ein auf die Bedürfnisse junger Kanzleigründer ausgerichtetes Konzept bietet übrigens Northcote in Wien, die die für eine Anwaltskanzlei erforderliche Infrastruktur nebst Büroeinrichtung, IT und Personal vorhält[25].

i Ziehen Sie jedoch unbedingt Spezialisten hinzu, um Ihre Ideen für die Kanzlei professionell umsetzen lassen zu können. Derartige Spezialisten können IT-Lösungsanbieter sein, aber auch Innenausstatter, Designer bis hin zu Feng-Shui Beratern. Nicht von ungefähr konzipieren heute die großen Hotelketten und Modelabel Ihre Geschäfte mit Designerdüften, Farbspezialisten und Branding-Experten.

So sollte auch beim Betreten Ihrer Kanzlei der Mandant sofort von Ihrer Kompetenz und Dynamik überzeugt werden und in seinen Bedürfnissen abgeholt werden. Unterschätzen Sie nicht die Macht des ersten Eindruckes, auch wenn bei

25 Siehe dazu www.northcote.at.

vielen Kanzleien heute der durch die Tür hereinkommende Kunde von eher untergeordneter Bedeutung ist und die meisten Mandate Online bzw. telefonisch abgewickelt werden, werden diese Kanzleiräumlichkeiten zum Schlüsselfaktor beim nächsten Mandantentreffen. Und natürlich zum künftigen Lebensmittelpunkt von Ihnen und Ihren Mitarbeitern. Denn Sie werden den Großteil Ihres Tages in diesen Räumlichkeiten verbringen: eine angenehme störungsfreie und inspirierende Arbeitsatmosphäre kann die Qualität Ihrer Arbeitsleistung durchaus steigern.

## 2. Personal und HR

Selbstverständlich können Sie eine Kanzlei als Einmann-Kanzlei betreiben ohne weitere Mitarbeiter, als personelle Minimalversion. Empfehlenswert ist dies jedoch nicht.

Als Kanzleiinhaber haben Sie bereits die Rolle des Anwaltes und die Rolle des Unternehmensinhabers in einer Person vereint. Zudem müssen Sie Entscheidungen zu Marketing, Verkauf und Kanzleientwicklung allein entscheiden[26]. Übernehmen Sie nun auch noch den Telefondienst, die Schreibarbeiten und die Aktenverarbeitung, wird es Ihnen kaum noch möglich sein, anwaltlich tätig zu sein. Hier sollten Sie ökonomisch denken, und sich fragen, wie Sie an Ihre aktuelle Situation angepasste Lösungen finden.

Es ist nicht immer erforderlich, sofort mit einem größeren Stammpersonal zu starten. Selbstverständlich wäre es ideal, wenn Sie von einer Schreibkraft, einer Telefonkraft, einer Assistenz und einer in Finanz- und Abrechnungsfragen versierten Kraft unterstützt werden. Auch eine Putzkraft sollten Sie von vorneherein mit einkalkulieren. Es gilt insoweit die Daumenregel, dass auf einen vollzeitbeschäftigten Anwalt zwei bis drei Assistenzkräfte kommen plus einem Auszubildenden im nicht-juristischen bzw. juristischen Bereich[27].

Allerdings werden heute in vielfältiger Hinsicht flexible Dienste angeboten: das kann von Callcentern über Schreibbüro, bis hin zu Arbeitszeitfirmen reichen. Auch Juristen sind als Interim oder sogenannte „Lawyer on Demand“ mit sehr guter Expertise von entsprechend spezialisierten Personalvermittlungsfirmen buchbar. Eine kurze Internetrecherche wird Sie mit den notwendigen Kontaktdaten versorgen. Dies ist nicht nur in mancher Hinsicht preiswerter als eine

26 Michael Gerber, „The E-Myth Attorney“, S. 9 ff.
27 Mehr dazu bei Andrea Fendt, „Der Rechtsanwalt als Ausbilder“, 15 ff.

Teilzeit- oder Vollzeitkraft von vornherein über einen längeren Zeitraum einzustellen. Auch sind diese Dienste immer dann flexibel dazu buchbar, wenn die Kanzlei sich mit nur ein oder zwei Mandaten plötzlich über Nacht mit einem übermäßig großen Arbeitsaufwand konfrontiert sieht. So können Spitzenzeiten abgefangen werden, ohne das vorhandene Personal zu überarbeiten und zu verschleißen.

Zu Bedenken ist in diesem Zusammenhang auch, dass jedes Personal eingearbeitet, geführt und entwickelt werden muss, also in dieses Personal investiert werden muss. Mit Investitionen meine ich in erster Linie die zeitliche Zuwendung und das Heranführen an die Arbeitsaufgaben. Es müssen Strukturen und Systeme definiert werden, Arbeitsabläufe festgeschrieben werden, Zuständigkeiten geregelt werden, um mehrere Mitarbeiter nebeneinander und miteinander arbeiten lassen zu können. Gleichzeitig müssen Kontrollsysteme impliziert werden, die die ordnungsgemäße Erfüllung der anfallenden Aufgaben sicherstellen.

Hinzu kommt, dass aus diesen Mitarbeitern letztendlich ein Team zu formen ist. Dies bedarf konkreter Führungsmaßnahmen, regelmäßige Besprechungen, aber auch der Einführung von Belohnungssystemen, Teamevents und Routinen. Erfahrungsgemäß rentiert sich eine neueinzuarbeitende Kraft deshalb frühestens nach einem Jahr. Dies wird bei den meisten Kanzleigründungen übersehen und als Kosten- und Zeitbudget schlicht unberücksichtigt gelassen. Es wäre jedoch ein Fehler, auf diese Investition in den Mitarbeiter zu verzichten oder nach erfolgter Einarbeitung den Mitarbeiter sich selbst zu überlassen, um diesen dann alsbald wieder zu verlieren.

### 3. Büroeinrichtung und IT

Die Ausstattung einer Kanzlei mit Telefon und (noch) Telefaxgerät ist eine Selbstverständlichkeit. Bei allen anderen technischen Bürogeräten, wie Kopierern, Aktenvernichtern und Scannern muss zwar nicht immer das neueste Modell genutzt werden. Diese Geräte dürfen jedoch auch nicht überaltert sein, damit eine effiziente Dienstleistung gewährleistet bleibt.

Bei der Kanzleisoftware sollten Sie sich für die Lösung eines Anbieters entscheiden, die ohne weiteres erweiterbar ist – und nun auch die erforderliche Kompatibilität zum beA aufweist. Grundsätzlich benötigen Sie jedoch zum Start nicht notwendigerweise eine Mandantensoftware. Allerdings kann diese viele hilfreiche Elemente abbilden sowie eine gewisse Ordnung herstellen. Der Weg zur elektronischen Akte, der durch das beA vorgeben ist, ist hiermit eingeschlagen. Gleichzeitig können damit buchhalterische Aufgaben kosteneffektiv wahrgenommen werden und auch die Archivierungskosten geringhalten werden. In vielen Fällen kann eine gut funktionierende Kanzleisoftware Mitarbeiter ersetzen, regelmäßige Arbeitsabläufe technisieren und automatisieren, wie beispielsweise bei der Mandatserfassung, der Information der Mandanten im laufenden Verfahren sowie im Kosten-Mahnverfahren.

Ein Wort zum Telefon:

In den meisten Kanzleien wird es noch ein Festnetzt geben. Dies ist jedoch immer mehr entbehrlich. Alternative Anbieter erobern den Markt. Die meisten Smartphone können alle wesentlichen Hilfsmittel für eine effektive Bürokommunikation abbilden. So kann selbstverständlich neben dem reinen Telefonieren auch Zugriff auf das Email-System abgebildet werden.

Darüber hinaus ist natürlich auch die Kalender- und Diktierfunktion erhältlich oder auch Recherche im Internet möglich. Sogar kurze Notizen und Texte können verfasst werden, Erinnerungen eingestellt werden und automatisierte Prozesse definiert werden. Ja sogar der Zugriff auf die elektronische Akte in der Kanzlei von außerhalb der Kanzlei ist möglich. Mit entsprechender Software ist es auch möglich, zu jeder Zeit des Mandates dem Mandanten eine konkrete Kosten- und Gebührenauflistung für das aktuelle Mandat zu geben. All diese Funktionen lassen es heute undenkbar erscheinen, als Anwalt ohne dieses Kommunikationsmittel je tätig gewesen zu sein[28].

Dass die Bibliothek einer Kanzlei gar nicht gut genug sein kann, gilt nach wie vor. Heute können mittels elektronischer Speichermedien und des Internets Recherchearbeiten weitaus schneller und gründlicher erledigt werden als früher. Diese Möglichkeiten muss eine Kanzlei nutzen. Dazu gehört auch, dass jeder Arbeitsplatz in einer Anwaltskanzlei mit einem Computer und Internetzugang ausgestattet ist.

Der Austausch von Dokumenten mit Mandanten gestaltet sich äußerst schwierig, wenn die Kanzlei nur die Uraltversion eines gängigen Textverarbeitungsprogramms benutzt.

Mittlerweile bestehen genügend technische Möglichkeiten, Mandanten online Zugriff auf die für sie geführten Akten zu geben. Der Mandant hat jederzeit die Möglichkeit, online den Bearbeitungsstand seiner Angelegenheit zu kontrollieren und alle bisherigen Aktivitäten, einschließlich der erstellten Dokumente

---

**28** Auch wenn es bei all den technischen Möglichkeiten nur einige wenige gibt, die tatsächlich den berufsrechtlich vorgegebenen Anforderungen für Vertraulichkeit und Datensicherheit entsprechen.

nachzuvollziehen und einzusehen. In erster Linie Unternehmen, wohl auch zunehmend Privatmandanten, werden einen solchen Service gern in Anspruch nehmen. Eine Kanzlei sollte mit dem Angebot einer solchen Dienstleistung nicht warten, bis Mandanten diese anmahnen, sondern diese von sich aus anbieten.

Die Kommunikation über E-Mail ist selbstverständlich. Aber auch andere Kommunikationskanäle sind denkbar, sei es eigene, besonders gesicherte Kommunikationskanäle oder aber sogar für weniger wichtige Nachrichten SMS, WhatsApp usw. Doch auch hier ist wieder genau zu recherchieren, welche dieser Anbieter die erforderlichen Sicherheitsstandards aufweisen[29].

**Sonderabschnitt: Achten Sie auf Ihre Bedürfnisse**

Zuletzt noch ein Wort zur **Ressourcenschonung**:

Sie sollten unbedingt und immer auf die

- Einhaltung von Erholungspausen
- ausreichend Schlaf
- ausreichend Zufuhr von Wasser und
- gesunde Ernährung sowie
- sonstige Biopausen achten
- ausreichend Bewegung bei Tageslicht/Sport
- Gesundheits-Check up beim Arzt und die
- Reduzierung von Alkohol, Zigaretten, Junk Food (Zucker und Fett) schadet nicht

Gerade in der Anfangszeit setzen sich viele unter enormen Erfolgsruck. Beflügelt von der Vorstellung über die zukünftige Kanzlei und deren Erfolge können Endorphine und Adrenalin Basisbedürfnisse überdecken und überflüssig erscheinen lassen.

Doch bedenken Sie: Ihr Körper und Geist sind Ihr wertvollstes Kapital in Ihrem Unternehmen. Wie eine Hochleistungsmaschine müssen diese aber gewartet und gepflegt werden, um ihre optimale Leistung erbringen zu können[30]. Machen Sie nicht den Fehler, bereits in dieser Phase Ihre Ressourcen anzuzapfen, um dann völlig ausgebrannt letztendlich das Projekt Kanzleigründung zu star-

29 Da sich dieser Markt rasant entwickelt, kann ein gedrucktes Buch wie dieses selbstverständlich keine Aufstellung zu den den aktuellen Sicherheitsstandards entsprechenden Anbietern abbilden.

30 Arianna Huffington, „Sleep Revolution", S. 8.

ten[31]. Ich habe in meiner Beratungspraxis als Coach und Trainer für Anwälte einige vielversprechende Projekte allein am Burn-Out des Inhabers scheitern sehen.

Gehen Sie verantwortungsbewusst mit sich selbst um: so wie gute Eltern sich nicht nur für die Kinder aufopfern, sondern sich ganz primär auch um ihre Bedürfnisse kümmern[32].

Wenn Sie es wirklich ernst damit meinen, eine gewinnbringende Kanzlei zu gründen, zum erfolgreichen Unternehmer zu werden, dann sollten Sie sich wie „Rocky" vor seinem großen Kampf in Ihre körperliche Bestform bringen!

---

**31** Ben Schulz, „Mit Vollgas in den Crash", S. 151.

**32** Ähnlich der Sicherheitsanweisung des Flugpersonals im Falle von Sauerstoffverlust, zuerst sich selbst die Sauerstoffmaske aufzudrücken und dann erst hilfsbedürftigen Personen zu helfen.

# D. Kanzleimanagement

Haben Sie Ihre Kanzlei gegründet und die ersten Monate oder vielleicht sogar Jahre erfolgreich am Markt platziert, gilt es, diese kontinuierlich zu entwickeln. Erfolg heißt Wachstum. Kanzleien, die sich nicht flexibel an den Markt anpassen und auf ihn reagieren und dabei stetig im Wachsen begriffen sind, werden sich auf Dauer nicht halten können.

Haben Sie also keine Angst davor zu wachsen, sondern entwickeln Sie Ihre Kanzlei konsequent in Richtung Wachstum. Gehen Sie von vorneherein davon aus, dass Sie größer werden, mehr Mandate und größere Mandate bearbeiten werden.

---

i

Um bei dieser Entwicklung nicht den Überblick zu verlieren, ist es wichtig
- mit Ihrer Kanzleivision einen Fixpunkt am Horizont im Auge zu behalten.
- sich Zwischenziele zu stecken und deren Erreichung zu feiern.

---

Anderenfalls kann schnell das Gefühl entstehen, sich in einem ständigen Hamsterrad zu befinden und niemals anzukommen. Ihre Kanzleivision hilft Ihnen, auf Kurs zu bleiben. Selbstverständlich ein Kurs, der auch korrigiert und angepasst werden kann und auch immer wieder in regelmäßigen Abständen korrigiert und angepasst werden sollte.

Umso wichtiger ist es aber auch, Zwischenziele zu definieren und deren erreichbaren Abschluss zu feiern. Erst im Rückblick wird vielen klar, welch weiten Weg sie bereits zurückgelegt haben und welche Entwicklung Sie vollzogen haben. Sie selber werden sich vielleicht nur noch schwach an Ihre Anfangszeit bei der Kanzleigründung erinnern, an Ihre erste Mitarbeiterin oder wie das Kanzleischild am Haus angebracht worden ist. Unwägbarkeiten und Probleme sind längst vergessen. Umso wichtiger ist es, sich von Zeit zu Zeit daran zu erinnern. Beziehen Sie in diesen Rückblick auch Kollegen und Mitarbeiter ein und nutzen Sie diese Gelegenheit, sich bei ihnen zu bedanken. Ein Kanzleierfolg ist immer auch ein Teamerfolg!

Doch wie genau können Sie das Wachstum Ihrer Kanzlei steuern?

Bei der Entwicklung Ihrer Kanzlei sollten Sie im Wesentlichen wie bei der Gründung vorgehen: Es geht also zunächst darum, ihre Kanzleivision zu überprüfen und gegebenenfalls anzupassen, um neue Aspekte einzubeziehen. Sodann geht es um die Entwicklung einer Kanzleistrategie und um die Definition von Zwischenzielen. Hierbei sollten Marktänderungen, sich auftuende Chancen oder neue Ideen einbezogen werden. Ebenso aber auch in der Vergangenheit

https://doi.org/10.1515/97831105191290-004

erzielte Niederlagen oder Erfolge ausgewertet und einbezogen werden. Letztlich sollten die bereits etablierten Strukturen und Systeme auf Effizienz und Optimierungsmöglichkeiten überprüft werden. Hier geht es um die Einsparung von Zeit und Geld sowie um die Erhöhung von Quantität und Qualität bei der Mandatsbearbeitung[1].

Machen Sie es sich also zur Regel, in viertel- oder halbjährigen Abständen, Strategiesitzungen zu etablieren, die den eingeschlagenen Kurs bewerten und gegebenenfalls korrigieren, um einmal im Jahr sodann die Strategie für das kommende Jahr festzulegen.

Nutzen Sie dafür sogenannte Klausurtage. Klausurtage werden von Kanzleiteams regelmäßig genutzt, um sich für zwei bis drei Tage außerhalb der Kanzlei zurückzuziehen, miteinander ins Gespräch zu kommen und fern ab vom Büroalltag sich über die mit der Kanzlei verfolgten Werte-Vorstellungen auszutauschen, persönlichen Kontakt zu intensivieren und die Teamfähigkeit zu stärken. Das Unternehmen Kanzlei ist Teamarbeit. Nutzen Sie auch hier gegebenenfalls Experten, um im Team auftretende Konflikte, Kommunikationsschwierigkeiten oder Moderationsdefizite zu schließen und die Klausurtage zu einer regelmäßigen fruchtbringenden Notwendigkeit für Ihre Kanzlei zu etablieren.

## I. Führung und Personalmanagement

Kanzleientwicklung ist Personalentwicklung[2]. Der Faktor Mensch ist die wesentliche Ressource jeder Kanzlei[3]: It's a people business. Themen wie Employer Branding, Talent- und Diversity-Management finden jedoch erst langsam in die Strategiebesprechungen.

Die Art der Zusammenarbeit, Führungsstile, Mitarbeitermotivation und -bindung aber auch Teambuilding und Wissentransfer sind Schlüsselfaktoren auf Ihrem Weg zur erfolgreichen Kanzlei egal welcher Größe. Doch wie gelingt heute Führung und Mitarbeitermotivation? Wer führt eigentlich in einer Anwaltskanzlei?

Als Anwalt sind Sie juristischer Sachbearbeiter, der Produzent des Produktes Rechtsberatung. Sie führen in dieser Funktion juristische Mitarbeiter und Kollegen, vielleicht sogar ein Team oder eine Abteilung, in jedem Fall aber auch die Assistenzen und Fachangestellten sowie Auszubildende.

---

1 Zach Davis, „Zeitmanagement für Rechtsanwälte“, S. 34.

2 Nach JUVE benötigte in den letzten 10 Jahren eine Kanzlei durchschnittlich 50% Mitarbeiterzuwachs, um ihre Position am Markt zu halten, JUVE Handbuch 2017.

3 Dr. Kraus in Schieblon, „Kanzleimanagement in der Praxis“, S. 52.

Als Kanzleiinhaber führen Sie die Kanzlei. Kanzleiführung ist Unternehmensführung. Aus betriebswirtschaftlicher Sicht ist idealerweise der Eigentümer nicht mit dem Manager bzw. Geschäftsführer identisch. Warum? Es können widerstreitende Interessen bestehen.

Kanzleien leisten sich daher ab einer gewissen Größe „Managing Partner", die sowohl für die täglichen als auch längerfristigen zentralen Managementaufgaben zuständig sind und so die Anwälte in Ihrer juristischen Tätigkeit als auch die Partner für die strategische Arbeit entlasten. Ein nicht zu unterschätzender Vorteil, der zur zentralen, transparenten und nachhaltigen innerbetrieblichen Führung der so gesteuerten Kanzlei hinzukommt.

Als selbstständiger Rechtsanwalt führen Sie also in mehrfacher Hinsicht. Wie gut gelingt Ihnen das und wie steht es eigentlich um Ihren Führungsstil?

Die deutschen Arbeitnehmer stellen nach der **Studie „Emotionale Führung am Arbeitsplatz"** der Unternehmensberatung Rochus Mummert[4] ihren Chefs ein vernichtendes Zeugnis aus:

– **Anerkennung und Lob? Fehlanzeige**
  Kein Tadel ist schon Lob genug – so offenbar die Einstellung der Chefs. Nur ein Drittel der Arbeitnehmer darf sich über lobende Worte und Anerkennung durch die Führungskraft freuen. Positive Bestärkung erwünschten Verhaltens gehört heute nach gesicherten Erkenntnissen der Psychologie zum Standardrepertoire der modernen Erziehung in Eltern- und Pädagogenkreisen; ja selbst beim Hundetraining. In der Personalführung ist es jedoch bei der Mehrheit noch nicht angekommen.

– **Ein offenes Ohr für Probleme? Wozu.**
  Einen Chef, der auch bei Problemen und in Krisensituationen immer ansprechbar ist, haben nur ein Drittel der Befragten. Ansonsten gilt offenbar: in stürmischer See kämpft die Mannschaft an Bord ohne den Kapitän. Kein Wunder, denn nur zwei von zehn Chefs können offenbar mit Kritik umgehen.

---

4 Die Studie „Emotionale Führung am Arbeitsplatz" wurde von der Personalberatung Rochus Mummert durchgeführt und am 26.4.2016 veröffentlicht. Für die Studie wurden 1.000 Arbeitnehmer in Deutschland befragt.

- **Entdeckung und Entwicklung der Mitarbeiter? Kein Interesse**
  Wer sich im Job entwickeln möchte und vielleicht auch innerhalb des Unternehmens aufsteigen möchte, ist auf seinen direkten Vorgesetzten angewiesen. Vier von fünf Arbeitnehmern fühlen sich von ihrem Chef bei der Karriereplanung aber nicht unterstützt.

Das Ergebnis ist ernüchternd: Nur ein Drittel hält den eigenen Chef für fachlich kompetent und charakterlich als Chef geeignet. Befragt wurden dafür 1.000 Arbeitnehmer aus allen Bereichen. Die Ergebnisse sind also einigermaßen repräsentativ und für alle Berufszweige, inklusive der Legal Branche, anwendbar.

Anders werden laut dieser Studie offenbar nur Chefs beurteilt, die einen coachenden Führungsstil bevorzugen.
- über die Hälfte der Arbeitnehmer hält seinen coachenden Chef für uneingeschränkt fachlich geeignet und charakterlich absolut geeignet.
- und ebenso viele bescheinigen ihrem Chef darüber hinaus, bei Problemen wirklich immer ansprechbar zu sein.

„Der bei den Arbeitnehmern beliebteste und qualifizierteste Vorgesetzten-Typ ist in deutschen Betrieben leider unterrepräsentiert. Nicht einmal jeder vierte Beschäftigte arbeitet bei einem Unternehmen, in dem Coaching an erster Stelle steht“, sagt Hans Schlipat von Rochus Mummert. „Dabei hat nur ein emphatischer Manager nach Art eines Trainers das Potenzial, jeden Arbeitnehmer und damit den Erfolg des gesamten Betriebs langfristig positiv zu beeinflussen. Er handelt authentisch und holt den Einzelnen auch emotional dort ab, wo dieser gerade steht.“ Ein ganz wesentlicher Aspekt dabei ist jedoch, mit Coaching ein Verständnis dafür zu entwickeln, dass die Kanzlei ein in sich abgeschlossenes System darstellt, in welchem bestimmte Dinge eine gewisse Eigendynamik entfalten können[5] und welchen Führungsstil der jeweilige Mitarbeiter braucht. Denn nicht jeder Mitarbeiter kann gleich gut mit ein- und demselben Führungsstil geführt werden[6].

Doch kommt es als Chef immer darauf an, bei den Mitarbeitern beliebt zu sein? Nein, selbstverständlich nicht. Zu führen heißt, auch unbequeme Entscheidungen zu treffen und durchzusetzen. Immer auf Konsens zu setzen, mag Sie zum guten Teamplayer machen, nicht jedoch zu einem kompetenten Chef. Es gibt

---

**5** König, „Einführung in das systemische Denken und Handeln“, S. 195 ff.; Lencioni, „Die 5 Dysfunktionen eines Teams“, S. 157.
**6** Blanchard, „Führungsstile, situatives Führen“, S. 23.

Situationen, die besser mit dem einen oder besser mit dem anderen Führungsstil gemeistert werden.

Sie sollten sich jedoch über Ihren eigenen bevorzugten Führungsstil bewusst sein und hier nicht auf „Autopilot" fahren nach der Devise: Ich mach das schon immer so.

Wie evaluieren Sie Ihren Führungsstil[7]?

Dies kann durch anonyme **Mitarbeiter-Feedbacks** erfolgen[8] oder aber auch durch spezielles Coaching wie „Coaching on the Job" oder „Schattencoaching". Dabei begleitet der Coach die Führungskraft eine Zeitlang quasi wie ein Schatten still im Hintergrund, um ihr im Anschluss ein Feedback aus der Position eines „objektiven Beobachters" geben zu können. Auch problematische Interaktionen mit Mitarbeitern, Teamschwierigkeiten, Kommunikationsdefizite oder auch „Betriebsblindheit" können hier aufgedeckt werden.

Nach Rochus Mummert führt etwa die überwiegende Zahl der Chefs „befehlend". Wie sinnvoll ist es, beim Personalrecruiting nach den talentiertesten und hochqualifizierten Mitarbeitern zu suchen, um dann konservativ auf blinden Gehorsam zu setzen und Mitarbeiter zu unselbstständigen Handlangern zu degradieren. Es folgen ein fordernder (16%), ein visionärer (15%), ein demokratischer (13%) und ein gefühlsorientierter Stil (10%).

**Ein erfolgreicher Chef setzt bewusst immer wieder einen coachenden Führungsstil ein:**

- weil motivierte Mitarbeiter doppelt soviel leisten und kreativer sind
- weil nur so das volle Potenzial eines gut funktionierenden Teams genutzt werden kann
- weil Mitarbeiter, die hinter ihm stehen, die eigene Position im Unternehmen stärken

**Indem er mit seinen Mitarbeitern im Gespräch bleibt, sie richtig fragt und aktiv zuhört:**

- **Stellen Sie offene Fragen.** Das sind Fragen, die nicht mit JA oder NEIN beantwortet werden können. z.B. „Was können Sie hier anders tun, um zu einem erfolgreichen Ergebnis zu gelangen?" Stellen Sie die Frage: „Was noch?"
  Lehnen Sie sich nach jeder Frage zurück und lassen Sie Ihren Mitarbeiter nachdenken und mit der Antwort kommen. In diesem Spiel gilt: Wenn Sie sich zuerst rühren, haben Sie verloren! Die einfachste Frage ist „Und?" Nut-

---

7 Auch hier können Sie Ihr Profil aus dem „Strengthsfinder" (gallup) nutzen oder einen der anderen ausführlicheren Tests, wie beispielsweise den Reiss-Potenzialtest, absolvieren.

8 Wie beispielsweise durch die Methode des „360 Grad-Feedbacks".

zen Sie auch Techniken wie das Spiegeln (Wiederholen) der Mitarbeiteraussage.
- **Hören Sie zu.** Dazu gehört in erster Linie eigenes Ego-und Aufmerksamkeitsmanagement, also E-Mails und Handy aus, genügend ungestörte Zeit einplanen, die eigene Energiekurve und die des Mitarbeiters beachten. Aktives Zuhören ist aber auch, auf Zwischentöne („das Thema hinter dem Thema") zu hören, Mimik- und Körpersprache (richtig) zu deuten. Oder den interkulturellen Kontext einzubeziehen.

Das alles ist nicht neu. Richtig angewendet jedoch eine Kunst, die wie alles andere auch besser mit einer fundierten und geprüften Ausbildung erlernt wird. Denn nichts ist gefährlicher als Halbwissen und Missverstehen. Die Investition in eine Basis-Coachingausbildung gilt heute nicht von ungefähr als modernes Leadership-Training.

Doch egal zu welchem Führungsstil Sie tendieren, Sie sollten als Chef für ein **positives Arbeitsklima** sorgen, indem Sie
- vermitteln, dass Sie Spaß an Ihrer Arbeit haben
- eine positive Grundeinstellung zu Ihren Mitarbeitern haben
- aufmerksam und präsent sind[9]

Menschen neigen dazu, nur engagiert und produktiv zu sein, wenn Sie zufrieden sind und sich gesehen fühlen. Druck kann zwar kurzfristig in einer Krisensituation angebracht sein und helfen, erzeugt jedoch als Dauerdruck Widerstand, der unnötig Energie und Aufmerksamkeit abzieht.

Gute Führung kann gelingen. Sie fängt mit Selbstführung an.

Und zum Schluss: Wann haben Sie sich das letzte Mal bei Ihren Kollegen, Mitarbeitern und Assistenzen, die Sie bei Ihren Erfolgen unterstützen und Ihnen den Rücken freihalten, bedankt? Ich meine damit nicht den monatlichen Gehaltscheck als „Gegenleistung", auch nicht das regelmäßige Mitarbeitergespäch oder den Plausch in der Kaffee-Küche. Ich meine die konkrete und ausdrückliche Anerkennung der Leistung eines anderen als wertvollen Beitrag für den Kanzleierfolg. Manchmal genügt schon eine kleine Aufmerksamkeit. Manchmal muss es aber auch ein ganz deutliches DANKE sein. Vergessen Sie im Alltagsstress nicht, die Menschen um sich herum wahrzunehmen. Und unterschätzen sie nicht das Potenzial, welches in dieser Geste liegt:

---

9 Hier beispielhaft für viele gute Bücher zu Leadership mein Lieblingsbuch zum Thema, welches es kurz, knackig und unterhaltsam auf den Punkt bringt: Lundin, „Fish", S. 87.

Wenn Sie sich bedanken, zeigen Sie Ihre **Wertschätzung**

- für die Unterstützung, die Sie erfahren haben. Und Sie werden noch mehr unterstützt.
- für die Person. Sie festigen Loyalität, Verbundenheit und Vertrauen.

In großen Kanzleien sind Boni, Sonderzulagen und Gewinnbeteiligungen keine Seltenheit. Sie sollen Mitarbeiter anspornen und einen gewissen Ausgleich für die vielen unbezahlten Überstunden, Nacht- und Wochenenddienste bieten. Auch das in Aussichtstellen einer Partnerschaft kann zu Höchstleistungen motivieren. Der Nachteil: Sind diese Anreize regelmäßiger Bestandteil des Vergütungssystems, rechnen Mitarbeiter damit und sehen es als Teil Ihres Vergütungsanspruchs an. Die beabsichtigte Zusatzmotivation entfällt. Stattdessen entsteht Verlustangst, was eher demotiviert und frustriert. Die Folge: Dienst nach Vorschrift. Eine wirkliche Dankesgeste und Motivation sind hingegen unregelmäßige und überraschende Belohnungen:

- Damit bleibt der Zufalls-Reward die Ausnahme von der Regel und behält seinen „Cherry on top“-Status.
- Der Reward wirkt zurück: Der Chef/das Unternehmen drückt rückwirkend Dankbarkeit und Wertschätzung für den erzielten Erfolg aus.
- Der Spot Award wirkt zukünftig als Motivationsbooster.

Und mit ca. zehn Prozent des Jahresgehaltes bleibt die Investition in derartige **Spot Awards** überschaubar und bestenfalls in das beabsichtigende Ergebnis einkalkulierbar. Soll nun also nach dem Gießkannenprinzip ein Teil des eingefahrenen Gewinns an den jeweiligen Mitarbeiter spontan überwiesen werden? Nein. Ein so gehandhabter Spot Award würde die Motivation der Mitarbeiter untergraben und Unruhe im Team stiften.

---

i

Wichtig ist, sich an folgende drei Grundprinzipien für Spot Awards zu halten[10]:

1. *Transparenz*
   Die Zuteilung des Awards muss immer mit individuellem Feedback einhergehen und einer gewissen Teamgerechtigkeit Rechnung tragen. Mit geschickter Kommunikation sollte die Zuteilung für alle Beteiligten gut nachvollziehbar sein.
2. *Verhältnismäßigkeit*
   Das Budget des Awards sollte im finanziellen Kontext zur Regelvergütung und zum erzielten Gewinn stehen. Experten empfehlen eine Größenordnung von 5–10 Prozent des Jahresbruttoverdienstes.

---

**10** Dr. Tutschka, „Spot Awards – der ideale Baustein für die Personalführung“ vom 20.6.2016 im Blog JurCoach.

3. *Konnexität*
   Letztlich sollte der Spot Award in sachlichem und zeitlichem Zusammenhang zum erzielten Ergebnis stehen. Ein Geldbetrag ist nicht empfehlenswert. Um der oben beschriebene Anreiz zu sein, sollte der Award erkennen lassen, dass sich der Chef/das Unternehmen Gedanken und Mühe gemacht hat, seine Wertschätzung auszudrücken und zu motivieren. Dies können personalisierte Sachpreise (gravierte Füllfeder etc.) oder bestimmte Statussymbole innerhalb der Büroorganisation sein (bestimmter Parkplatz/Büro, besondere Einrichtung) sein. Dies können aber auch besondere Retreats, Events und Locations sein, die zusätzlich den Teamgeist stärken oder mit Premiumweiterbildung verbunden werden.

Ein Spot-Reward als Incentive, der belohnt und motiviert und gleichzeitig das Team stärkt ist damit also der ideale Baustein für Unternehmen wie Kanzleien, deren größtes Potenzial und größtes Risiko nun mal die Mitarbeiter sind!

## 1. Partnerschaften und andere Formen der Zusammenarbeit

Wer über eine Einzelkanzlei hinaus mit Kollegen kooperiert, ist schnell bei der Frage: Wie mache ich das am besten.

Neben den oben beschriebenen Rechtsformen zur (über)regionalen Zusammenarbeit oder Bürogemeinschaft besteht die Möglichkeit der Partnerschaft und Sozietät.

Partner ist, wer
- Geschäftsanteile besitzt („Teileigentümer“)
- Gewinnbeteiligung bezieht (auch Risiko mitträgt)
- Stimmrechte hat (und das Recht auf Information)

Selbstverständlich bergen Partnerschaften per se erhebliches Konfliktpotenzial in sich – wie eben jede gute Ehe auch[11]. Diese zu steuern, auszugleichen und zu lösen ist die Aufgabe des Partnervertrages, aber auch der Partnerversammlungen.

Die meisten Partnerschaften sind leider immer noch von den beiden Gedanken getragen,
- dass jeder Anwalt unbedingt Partnerstatus erreichen möchte und bereit ist zu investieren
- dass jeder Partner Partner bleiben möchte.

Daher haben sie zumeist ein ausgeklügeltes System dafür, was zukünftige Partner als Vorleistung „liefern“ müssen auf Ihrem oft mehrjährigen Weg. Ein Anreizsystem für Junganwälte, die nicht Partner werden wollen, fehlt hingegen.

11 ich selbst bin mit einem Juristen verheiratet und habe mit ihm gemeinsam partnerschaftlich unsere Kanzlei geführt – ich weiß also warum dieser Vergleich so gut passt.

Die Vorleistung besteht fast immer aus einer Kombination von Umsatzgenerierung und Mandantenpotenzial, besondere Talente gelten allenfalls als Bonus, die monetäre Bemessung dieser Vorleistung fehlt[12]. Dieses Pyramidensystem kennt nur eine Spielregel: „Up or Out", d.h. entweder man klettert Schritt für Schritt als sogenannter Associate die Leiter zum Partnerstatus empor oder verabschiedet sich aus der Kanzlei[13].

Das Ausscheiden eines Partners aus Altersgründen ist zumeist detailliert geregelt; der Partner-Wechsel ist hingegen eher nicht vorgesehen. Ebenso wenig ein zeitweiser Ausfall oder Leistungsabfall wegen Familienzeit[14]. So wundert es nicht, dass trotz starkem Personalzuwachs in den Großkanzleien immer noch weniger als 10% Partnerinnen ernannt werden[15] und Anwälte das Schlusslicht bei gleichberechtigten Paarbeziehungen sind[16].

In meinen Karrierecoachings mit Junganwälten erfahre ich immer wieder, wie sehr dieses System von der Lebenswirklichkeit der nächsten Generationen entfernt ist. Gleichzeitig können die Partner als Teil des Systems Kanzlei sich nur sehr schwer bis gar nicht in diese neuen Wertemodelle hineinversetzen. So verblassen die implementierten Karriereentwicklungsprogramme zu rein kosmetischen Maßnahmen. Die Notwendigkeit, einen Wertewandel für die Kanzlei zu vollziehen, wird negiert. Ein Systemfehler, der bereits kräftig im Getriebe der Kanzleien knirscht.

In Zeiten, in denen sich immer mehr Partner aus diesem engen Korsett befreien und neue eigene Wege einschlagen, sind moderne Partnerschaften gefragt[17]. Einerseits, um dem Ausscheiden eines Partners das Krisenpotenzial für die Partnerschaft zu nehmen und andererseits, um diese Partner mit modernen Konzepten in den Partnerschaften zu halten.

Kritisch beobachtet wird der Partnerstatus in Großkanzleien mittlerweile im Hinblick auf die „Unabhängigkeit des Anwalts als Organ der Rechtspflege": Kann der einzelne Anwalt noch frei, sachlich und unabhängig i.S.d. § 43a BRAO Mandatsinteressen vertreten bei stark kommerzialisierten Partnerschaftsstrukturen[18]? Das BVerfG stellt als Leitbild den „unabhängigen, verschwiegenen und nur den Interessen des eigenen Mandanten verpflichteten Rechtsanwalt"

**12** Siehe die Geschichte von Mag. Kosa LLM. von Schönherr Im Blog Jurcoach vom 2.5.2016.

**13** Hartung in Schieblon, „Kanzleimanagement in der Praxis", S. 101 f.

**14** Siehe die Geschichte von Dr. Schönbohm von Linklaters im Blog Jurcoach vom 24.2.2016.

**15** Dr. Byok, „Partnerinnen-Barometer 2015"; Heussen, „Anwaltsunternehmen führen", S. 123 ff.

**16** Dr. Tutschka, „Female Leadership im Legal Sector", S. 137, DjbZ 3/2017.

**17** Siehe die Geschichte von Dr. Naber und Neuwerk alias Freshfields im Blog Jurcoach vom 17.6.2016.

**18** Hartung in „Berufsbild des Anwalts: Großkanzleien, Geld und Werte", S. 3 LTO vom 10.1.2018.

auf, der jedoch „ebenso als freiberuflicher Unternehmer wirtschaftliche Verantwortung trägt“[19]. Insoweit hat also auch hier die Legal Branche ihre ganz eigene, individuelle Gradwanderung auf ihrem Weg zum Unternehmertum zu meistern.

Eine besondere Form der Zusammenarbeit kann der Status eines „Counsel“ oder „Off-Counsel“ haben, wo ein Partner sich noch nicht oder nicht mehr vollumfänglich in die Partnerschaft einbringen kann oder möchte. Die Gründe sind so vielfältig wie das Leben. Hier gilt es Sonderabsprachen zu treffen und umzusetzen, die dennoch für alle Beteiligten ein ausgewogenes partnerschaftliches Verhältnis gewährleisten[20]. Ob diese alternative Form der Zusammenarbeit sich aber zu einer echten Konkurrenz zum Pyramidensystem entwickeln wird – wie manche meinen – bleibt abzuwarten[21].

## 2. Managing Partner und Managementteam

Haben Kanzleien eine gewisse Größe, ist ein besonderes Management Team erforderlich.

In der Regel gilt dies ab einer Größe von ca. 50 Anwälten, was immerhin gut 75 Kanzleien in Deutschland betrifft[22]. Bei den Top 5 gilt es sogar, bis zu 700 Anwälte pro Kanzlei zu managen, die immerhin gut 20% des Gesamtumsatzes der gesamten Branche erwirtschaften[23].

Managing Partner werden je nach Gesellschaftervertrag durch Mehrheitsbeschluss auf bestimmte Zeit mit besonderen Rechten ausgestattet, die ihnen bestenfalls erlauben, nicht nur die alltäglichen, sondern auch in gewissem Umfang strategische Entscheidungen zur Ausrichtung der Kanzlei zu treffen. Dabei steht Ihnen oftmals ein Managementteam zur Seite.

Im Unterschied zu anderen Branchen wird dieser „Geschäftsführer“ in der Legal Branche immer ein Jurist sein, der jedoch auch gewisses betriebswirtschaftliches Verständnis mitbringen sollte. Warum? Einerseits sollte der Managing Partner Ahnung vom Geschäft einer Kanzlei haben, andererseits auch mit den Partnern auf Augenhöhe sein, um von diesen ernst genommen zu werden.

19 BVerfG vom 3.6.2003 und 12.12.2006 zu § 1 BORA.
20 Heussen, „Anwaltsunternehmen führen“, S. 123 ff.
21 Hartung in Schieblon, Kanzleimanagement in der Praxis“, S. 105.
22 Heussen, Anwaltsunternehmen führen“, S. 322.
23 Schieblon, „Kanzleimanagement in der Praxis“, S. 1.

Es überrascht nicht, dass diese Position bislang nicht von Anwältinnen für sich entdeckt wurde[24]. Denn die Position und Aufgaben des Managing Partners und seines Teams machen Ihn weder zum „Lieblingskollegen" noch zum „Kollegen des Monats". Er sollte über eine gewisse Schmerzunempfindlichkeit und Sturheit verfügen[25] und nicht auf eine langjährige stetige Karriere in dieser Kanzlei angewiesen sein. Ähnlich den Interim Managern sind sie „für's Grobe". Ihre Aufgabe besteht darin, aufzuräumen, Klartext zu reden, zu ordnen, zu strukturieren, unbequeme Fragen zu stellen und auf die Einhaltung von Regeln und Absprachen zu pochen. Hier rollen Köpfe – im Zweifel der eigene[26]. Das muss man so wollen; das muss man aushalten können. Vor allem aber sollte man sich bewusst machen, dass das in der eigenen Persönlichkeit Spuren hinterlässt[27].

Insofern kann es ab einer gewissen Größe auch von Vorteil sein, wenn man als Kanzleiinhaber diese Aufgaben nicht mehr nur allein innehat, sondern sie in gewissem Maße delegieren kann.

Da Managing Partner in der eigenen Kanzlei oft auf sehr einsamen Posten agieren, kann ein Austausch mit Management Partnern anderer Kanzleien durchaus wertvoll sein. Das Professional Management Network (PMN) ist ein Netzwerk zum Austausch für Management- und Business-Service-Fachleuten in Kanzleien, wie Management Partner, Finanzleitung, Human Ressources, Marketing und Business Development, welches ebenso Fortbildung anbietet und seit 2009 die PMN Management Awards vergibt[28].

## 3. Performance Management und Vergütungssystem

Das primäre System zur Performance Motivation ist in Kanzleien immer noch das Vergütungssystem[29].

Neben den klassischen Einzelkämpfermodellen „Anteilsgleichheit[30]" und „Lockstep[31]" etablieren sich jedoch immer mehr Teammodelle wie das „Bei-

---

24 So versammelt beispielsweise Schieblon seit Jahren nur Männer als Managing Partner großer deutscher Kanzleien als Autoren in ihrem Buch „Kanzleimanagement in der Praxis".

25 Sowie Humor und Lebenserfahrung sagt Heussen in „Anwaltsunternehmen führen", S. 235.

26 Über die Vielschichtigkeit und Schwierigkeiten dieser Aufgaben erfahren Sie mehr bei Rizor in Schieblon, „Kanzleimanagement in der Praxis", S. 76f.

27 Zumal hier Supervision zur „Psychohygiene" bislang nicht etabliert ist.

28 Schieblon, „Kanzleimanagement in der Praxis", XV.

29 Erst recht solange die Partnerwerdung von derartigen „Vorleistungen" abhängt.

30 Gleiche Gewinnanteile für jeden Partner.

31 Punktesystem, welches Eintritt, Zeitspanne der Zugehörigkeit und Plateau als Punktezahl definiert.

tragssystem[32]" oder die „Verteilung nach Teams[33]". Grund dafür sind die starke Spezialisierung der Anwälte und die Unvergleichbarkeit der Mandate aus verschiedenen Rechtsgebieten[34].

All diese Vergütungssysteme verlangen eine korrekte Datenerfassung und -auswertung. Neben diesen „harten" Faktoren können auch sogenannte „weiche" Faktoren bewertet werden, wie z.B. wann und wie die Gebührennote erstellt und gezahlt worden ist[35]. Welches Vergütungssystem das für die jeweilige Kanzlei richtige ist, kann sich an der Mandantenstruktur orientieren, mehr aber noch an der Qualität der Partnerschaft und den Kanzleiwerten. So setzen die weniger leistungsorientierten Systeme sehr viel mehr gegenseitiges Vertrauen voraus[36].

Ist dies heute noch zeitgemäß?

Einerseits ist natürlich auch der angestellte Rechtsanwalt in gewissem Maße Unternehmer. Er sollte sich also über Markt und Zielgruppe ebenso wie über seine Ressourcen Wissen, Zeit und Arbeitskraft im Klaren sein, mit anderen Worte wirtschaftlich orientiert handeln.

Immerhin soll seine Rechtsberatung weder rein ehrenamtliches Engagement noch Hobby sein. Und Vergütung ist dabei der einzige Messwert.

Andererseits gilt es, den Herausforderungen der Branche mit Innovation und ganzheitlichen Services zu begegnen. Gerade in der Zeit der Entwicklung und Erprobung können diese aber nicht in die gängigen Vergütungssysteme integriert werden. Die Folge: Innovation findet nicht statt. Zudem können verschlankte, durchstrukturierte Prozesse dank Legal Tech Kosten reduzieren und damit Mehrwert generieren, ohne dass deren Implementierung besonders vergütet wird.

Hier gilt es also, zumindest mit Vergütungs-Mischformen Anreize dafür zu schaffen, zukunftsfähige Lösungen zu entwickeln.

---

32 Orientiert sich daran, wer das Mandat geholt hat, wer es bearbeitet hat und wer den Mandanten betreut hat.

33 Orientiert sich daran, welches Team was geleistet hat.

34 Seisler in Schieblon, „Kanzleimanagement in der Praxis", S. 81 ff.

35 Seisler in Schieblon, „Kanzleimanagement in der Praxis", S. 88 f.

36 Ebenda.

## 4. Legals, Paralegals und Legal Tech

Die Mitarbeiter sind das größte Kapital einer Kanzlei. Das gilt für Anwälte ebenso wie für die juristischen Mitarbeiter (Paralegals), Assistenzen und Fachangestellten. It's a people Business.

Diejenigen Mitarbeiter zu finden, die sich engagiert und nachhaltig für die Kanzlei einsetzen, ist nicht leicht. Das hat mit Loyalität zu tun, aber auch mit Investition und Vertrauen. Denn einen langjährigen Mitarbeiter an die Konkurrenz zu verlieren, heißt, dass die Investition in Ausbildung oder Einarbeitung sich nicht trägt. Schlimmstenfalls sogar, dass man Mandanten mitabgibt.

---

i

Kanzleien tun also gut daran, rechtzeitig in Nachwuchskräfte zu investieren und Systeme zu entwickeln, damit diese bleiben. Jahrzehntelang wurde dies durch die Ausbildung im eigenen Haus realisiert. Kanzleien und Rechtsanwälte waren und sind also auch Ausbilder[37].
Das Berufsbildungsgesetz (BBiG) regelt die Rechte und Pflichten des Ausbildungsverhältnisses.

---

Wichtig ist, auch beim Personalmanagement strategisch vorzugehen, langfristig zu planen und vorzusorgen. Zwar können Spitzenzeiten auch durch Teilzeitkräfte, Lawyers on Demand oder Interims abgedeckt werden. Dies ersetzt jedoch kein gut funktionierendes und aufeinander abgestimmtes Kanzleiteam. Voraussetzung dafür ist, dass Sie als Kanzleiinhaber genau wissen, wofür Sie die einzelnen Arbeitskräfte benötigen: Kompetenz-, Stellen- und Aufgabenbeschreibung sind also die Grundlage einer reibungslosen Büroorganisation[38], die darüber hinaus abgestimmte Arbeitsprozesse bedarf. Regelmäßige Mitarbeitergespräche, Weiterbildungen sowie Teammaßnahmen unterstützen den Aufbau Ihrer stärksten Ressource.

Dies scheint nicht erst durch Legal Tech in Frage gestellt zu sein.

Die Personalkostenquote liegt seit Jahren deutlich über den Vergleichszahlen anderer Branchen und ist mit ca. 34% des Umsatzes immer noch relativ hoch[39]. Ebenso die Ausbildungskosten. Die Folge sind nicht nur Einsparungen durch Effizienzsteigerung sondern auch höherer Druck auf die Arbeitnehmer und Verringerung der Ausbildungen. Gerade letztere sind in den letzten Jahren deutlich zurückgegangen, vor allem wenn man bedenkt, dass sich die Branche mit Rechtsanwälten in dieser Zeit verdreifacht hat[40].

---

**37** Fendt, „Der Rechtsanwalt als Ausbilder", S. 9 f.

**38** Philipp, „Die erfolgreiche Kanzleigründung", S. 118 f.

**39** Branchenbericht der Sparkasse 2017, S. 2.

**40** Was sicherlich auch zum Teil auf die Umstellung im Rahmen der Wiedervereinigung zurückzuführen ist.

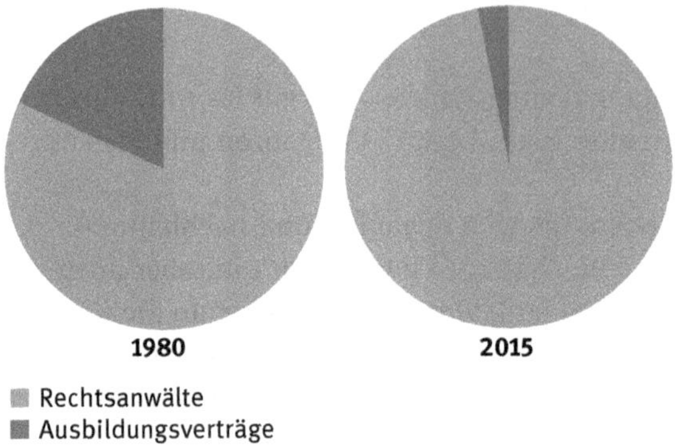


Verhältnis von Rechtsanwälten und ReNo-Ausbildungen[41], © Dr. Geertje Tutschka

Die Einführung des beA wird in den meisten Kanzleien zum Anlass genommen, die Arbeitsprozesse und die diese unterstützende Kanzlei–Software unter die Lupe zu nehmen, zu modernisieren, auszubauen. Nicht selten führt dies natürlich zur Verschlankung von Prozessen, Reduktion von Dopplungen und unsinnigen Arbeitsschritten. Personalleistungen werden eingespart.

Doch was für die Kanzlei gut ist, sehen Mitarbeiter kritisch. Misstrauisch wird jede Software-Umstellung beäugt, ja sogar sabotiert. Legal Tech macht Angst. Die Mitarbeiter fürchten um ihre Arbeitsplätze.

Ein klares Konzept des Kanzleiinhabers, wann und wozu Legal Tech – Hilfsmittel eingesetzt werden und wann und wozu Mitarbeiter, wie mit freien Kapazitäten der Mitarbeiter umgegangen wird und wozu diese nun genutzt werden, würde in vielen Fällen die Situation deutlich entspannen und vieles einfacher machen.

## 5. Personalentwicklung und Teambuilding

Kanzleientwicklung ist Personalentwicklung.

Die meisten meiner Kunden denken bei Personalentwicklung an Vorstellungsgespräche und Kündigungen sowie Fort- und Weiterbildungen und damit eher an Quantität als an Qualität bei Personalentwicklung.

---

41 Kilian, Forschungsbericht „Rechtsanwälte und Ihre Mitarbeiter“ Soldan Institut.

Klassischerweise enthalten Personalkonzepte also[42]:
- die Stellenbeschreibungen
- die Gehaltsstruktur
- die Fortbildungsmaßnahmen

Damit werden Sie jedoch ganz wesentlichen Aspekten nicht gerecht.

Der starke Konkurrenzkampf in der Legal Branche hat den internen Leistungsdruck auf die Kanzleiteams enorm verstärkt. Gleichzeitig werden gutausgebildete und engagierte Mitarbeiter von vielen Kanzleien gesucht, so dass diese durchaus die Wahl haben, zu welcher Kanzlei sie gehen oder wechseln möchten. Die eigene Ausbildung von Nachwuchskräften wird damit risikohafter, weil die Gefahr besteht, diese an die Konkurrenz zu verlieren.

Die Ausbildung des Nachwuchses wird durch Legal Tech teurer. Die mit Legal Tech verbundene Standardisierung von Prozessen führt wiederum dazu, dass Mitarbeiter leichter austauschbar sind. Oft wird bei der Investition in die technische Zukunft der Kanzlei oder der Rechtsabteilung übersehen, dass es in erster Linie um die Mitarbeiter, die Menschen in den Teams geht, die hier vor enormen Herausforderungen, Veränderungen und Unsicherheiten stehen und damit allein gelassen werden. Ohne die Teams hier abzuholen und mitzunehmen, ist jede Investition in Legal Tech zum Scheitern verurteilt[43].

Ich werde mit meinem Team im Allgemeinen als Personalentwicklungsmaßnahme eingekauft. Tatsächlich erfahren wir jedoch in den Coachings von dem enormen Leistungsdruck, der sich oftmals seit der Schullaufbahn aufgebaut und zum alltäglichen Begleiter gemausert hat. Wir erfahren von der Frustration und dem Resignieren vielversprechender Talente vor verkrusteten Strukturen und Machtverhältnissen, wir erfahren von existenziellen Versagensängsten, überwältigender Doppelbelastung und herzergreifenden Vereinsamungen. Der Anwaltsberuf könnte ein sehr erfüllender sein, weil damit Menschen in Not sinnvoll und nachhaltig geholfen werden kann. Die Alltagsrealität der Juristen sieht leider anders aus. Bei all den Herausforderungen und Chancen der Branche müssen wir darauf achten, dass Anwälte nicht zermahlen werden.

Die Herausforderungen der Branche (Digitalisierung, Konkurrenzkampf und Veränderung des Berufsbildes) greifen also auch unmittelbar in die Kanzleistrukturen hinein. Strategisch sinnvolle Personalentwicklung muss die Heraus-

42 Pothe in „Kanzleimanagement in der Praxis", S. 164.
43 Siehe dazu auch im letzten Abschnitt (E) die „Spiral Dynamics".

forderungen der Branche treffen und die für Ihre Kanzlei richtige Lösung finden. Dabei macht es grundsätzlich keinen Unterschied, ob es sich um die Entwicklung von Nachwuchsjuristen oder von nichtjuristischen Mitarbeitern handelt.

Doch wer kümmert sich um das wichtige Thema **Personalentwicklung** in Kanzleien?

Human Ressources bzw. eine eigene Personalabteilung leisten sich Kanzleien in der Regel erst ab einer bestimmten Mitarbeiterzahl bzw. Umsatzzahl. Bis dahin sind die jeweiligen Partner für die Einstellung weiterer Anwälte bzw. die Dezernatsführer für die Einstellung der Junganwälte und nicht juristischen Mitarbeiter zuständig. Die Kanzleikultur, Positionierung und Strategische Ausrichtung spielen dabei ebenso wenig eine Rolle wie Employer Branding und Personalentwicklungsprogramme: man schafft die Arbeit nicht mehr allein, also braucht man Unterstützung – am besten eine preiswerte Kopie seiner selbst. So hat sich in Anwaltskanzleien über Jahrzehnte eine sehr homogene Personalstruktur etabliert. Die Folge: Die damit angebotenen Dienstleistungen und Dienstleister sind so homogen, dass sie austauschbar sind – durch den Kollegen oder durch Technik ersetzbar. Eindimensionale Weltbilder verhindern Innovation. Führung wird mit Management verwechselt. Hier wird versucht, mit Quantität mehr Qualität zu erzeugen.

Durch gesteigerte Ansprüche an die fachliche Qualifikation der Nachwuchsjuristen, wie überdurchschnittliche Examensnoten und Zusatzqualifikationen wie Fachanwaltsabschlüsse, LL.M. und Promotion wird versucht, Spezialisierung abzubilden. Durch die Ausrichtung auf spezielle Zielgruppen wird Marktsegmentierung vorgetäuscht[44].

Personalentwicklungsprogramme bilden heute neben der Fachfortbildung vor allem drei Bereiche ab

- Mentoring auf dem Weg zur Partnerschaft
- Coaching für die persönliche Weiterentwicklung
- Coaching für den Wiedereinstieg in den Beruf nach Familienpause (Frauenförderung)

Meiner Erfahrung nach werden diese Bereiche gern intern durch ambitionierte Personalverantwortliche oder Partner abgebildet. Beim Mentoring wird jungen Associates ein Partner als Mentor zugewiesen. Dies ist zumeist der Partner und damit Vorgesetzte des eigenen Geschäftsbereiches. Als Mentor kann er zwar

44 Heussen, „Anwaltsunternehmen führen“, S. 213.

seine eigenen Erfahrungen auf seinem Weg zum Partner in dieser Kanzlei weitergeben. Reflektierte Begleitung des jungen Associate auf seinem individuellen Weg – ggf. auch außerhalb der Kanzlei – ist jedoch nicht vorgesehen. Eine Ausbildung oder zumindest eine einheitliche Vorstellung davon, was Mentoring ist, ist nicht vorhanden.

Beim Coaching werden zumeist hausinterne Personalmitarbeiter aktiv. Ziel ist eine individualisierte Karriereberatung, die auch interne Streitigkeiten und Stressstrategien abdecken soll. Übersehen wird hierbei, dass hausinternes Coaching erst ab einer gewissen Unternehmensgröße[45] sinnvoll ist, die einen ausreichenden Abstand zwischen dem Coachee und dem internen Coach ermöglicht. Selbst dann ist internes Coaching nur für bestimmte abgegrenzte Themenbereiche und Berichtstrukturen nutzbar[46], wenn gleichzeitig ein entsprechendes Qualitätsmanagement des Einzelcoachings implementiert ist, wie beispielsweise Supervision, besondere Vertraulichkeit, Kombination mit externen Coaches etc.[47]

Einige Kanzleien leisten sich einen Pool an externen Coaches, aus denen die Mitarbeiter auf der Grundlage eines jährlichen Budgets frei wählen können. Andere setzen auf die Kooperation mit Vermittlern wie BetterCoach oder Coachimo. Die Personalprogramme für Anwältinnen nach der Familienpause zur Erleichterung des beruflichen Wiedereinstieg werden von diesen eher nicht genutzt. Einerseits möchten Anwältinnen sich im Vergleich zu Kollegen nicht als besonders „förderungswürdig" einschätzen lassen. Andererseits gehen diese Programme regelmäßig nicht über Plattitüden und die Vermittlung von Allgemeinplätzen hinaus[48]. Junge Väter werden in der Regel nicht angesprochen. Auch hier gilt: Familienpausen sind höchst persönliche und individuelle Angelegenheiten. Nach heutigem Verständnis auch kein reines Frauenthema mehr. Individuelle professionelle Unterstützung von außen und die Schaffung von familienfreundlichen Strukturen, wie Betreuungskontingente in der KiTa ne-

---

**45** In der Wirtschaft regelmäßig ab mehreren hundert Mitarbeitern, wobei zusätzlich die Struktur und das Reporting des Unternehmens, die Qualifikation des internen Coaches sowie der Umfang des internen CoachPools eine wichitge Rolle spielen (Dr. Tutschka im Interview zur Broschüre „Qualitätsmanagement im Einzelcoaching" in „Managerseminare – Sonderheft Coaching" 05/2018).

**46** Siehe auch die „Global Consumer Awareness Study" ICF 2017.

**47** Dr. Tutschka, „Qualitätsmanagement im Einzelcoaching", S. 5.

**48** Initiativen, diesen Zustand zu ändern, Bewußtsein zu schaffen und Strukturen aufzubrechen gibt es bereits einige: wie „Breaking.Through" für Role-Models von Rechtsanwältin Harraschain in Frankfurt oder übergreifende Kanzleikinderbetreuung von Rechtsanwältin Kosa in Wien (beide mit Artikeln im Blog JurCoach vorgestellt).

benan, flexible Arbeitszeiten und Home Office Möglichkeiten, Teilzeitmodelle sowie alternative Wege zur Partnerschaft jenseits von Umsatz wären Modelle, die tatsächlich die Bedürfnisse der Junganwälte treffen. Klassischerweise wird in den Kanzleien jedoch nach wie vor allenfalls die Möglichkeit der berufsbegleitenden Promotion oder eines Zweitstudium angeboten. Linklaters geht hier bereits neue Wege: Mit „YourLink" können individuelle Arbeitszeitkontingente vereinbart werden, ohne mit dem negativ behafteten Teilzeitstatus in der Bedeutungslosigkeit zu versinken[49].

Tatsächlich kann den Herausforderungen der Branche jedoch nur in ihrer Gesamtheit begegnet werden:

Sinnvolle Reaktionen auf die Herausforderungen der Legal Branche, © Dr. Geertje Tutschka

**Segmentierung:**
Auch und gerade für die Personalentwicklung gilt es, die Werte und Kultur Ihrer Kanzlei sowie die erarbeitete strategische Ausrichtung umzusetzen. In den allermeisten Kanzleien passiert dies jedoch nicht.

Was nützt es dann, wenn sich eine Kanzlei als innovativ, modern und offen beschreibt, um sich strategisch auf Start ups und junge Technologien auszurichten, die regelmäßig Mitglieder der Generation Y und Millennials flach hierarchisch organisieren – wenn das eigene Kanzleiteam aus homogenen Mittvierzigern streng hierarchisch organisiert und autoritär geführt wird? Dass nicht

49 Dr. Tutschka, „Verlässliche Arbeitszeiten trotz Großkanzlei" vom 9.2.2018 im Blog Jur Coach.

nur der Anwalt, sondern auch die Paralegals die Zielgruppe der Kanzlei mit all ihren Besonderheiten mögen muss, liegt auf der Hand. Aber muss man die Werte seiner Zielgruppe gleich selber leben? Die Antwort lautet ja. Gegenfrage: Lassen Sie sich gern von Jemandem Ihr Geschäft erklären, der voller Vorurteile gegenüber Anwälten und Juristen ist und keine Ahnung von Ihrer Branche hat? Ich berate jetzt mit meiner Firma seit sechs Jahren Kanzleien in DACH: die wichtigste Erkenntnis daraus ist, dass man nur dann beraten kann, wenn man mit seinen Kunden auf Augenhöhe ist und einschlägige Branchenerfahrung besitzt. Das hat mit Vertrauen und Kompetenz zu tun.

Und genau das muss Ihr Kanzleiteam für Ihre Kunden abbilden: Mitarbeiter, die nicht nur die Eigenheiten Ihrer Klientel kennen und mögen, sondern bestenfalls Teil der Zielgruppe sind und deren Werte leben.

**Spezialisierung:**
Fachliche Qualifikation ist das eine. Das wird vorausgesetzt. Vorausgesetzt wird ferner, dass die Spezialisierung heute unterstützt wird durch geeignete Datenbanken und Research Tools, spezialisierte Software für Datenabgleich und Baukastensysteme sowie die Zusammenarbeit mit Experten.

Spezialisierung heißt heute aber noch mehr. Es bedeutet, dass man eine besondere Kombination bestimmter Ausbildungen, Soft Skills und Erfahrungen in sich vereint. Hier geht es nicht darum, zwei Standardausbildungen wie BWL und Jura oder Medizin und Jura zu kombinieren, um sich als Wirtschaftsjurist oder Medizinrechtler zu positionieren. Es geht um mehr. Es geht darum, Ihre besonderen Eigenschaften und Talente zu kultivieren, zu professionalisieren. Sind Sie also ein besonders guter Verhandler, sollten Sie weitere Kommunikationsausbildungen oder vielleicht sogar eine Mediationsausbildung in Erwägung ziehen. Sind Sie ein Teamplayer, macht vielleicht eine interkulturelle Ausbildung Sinn. Sind Sie ein Stratege und geborener Anführer machen Leadership Trainings Sinn.

**Diversity:**
Teams, die eine große Bandbreite unterschiedlicher Lebenserfahrung in sich versammeln, sind innovativer und können auf Herausforderungen mit flexiblen Lösungsstrategien reagieren. Unterschiedliche Lebenserfahrungen können sich dabei aus verschiedenem kulturellen Hintergrund, unterschiedlichen Lebensphasen oder auch Geschlechterperspektiven ergeben[50]. Die vielfältigen Heraus-

---

50 Hasebrook, „Lebensphasen- und Kompetenzmanagement", S. 12f.

forderungen der Legal Branche ernst zu nehmen, bedeutet also auch, mit diversen Entscheiderteams die Komplexität der Situation tatsächlich erfassen zu können[51].

Auffällig ist, dass Anwältinnen bislang weder bei den Topverdienern noch in Führungspositionen noch bei den Sozietäten und Partnerschaften nachgezogen haben. In den juristischen Berufen ist der Abstand zu den Einkommen der Männer sogar am Größten. Sollte es also zukünftig auch für Anwaltskanzleien eine Frauenquote geben?

| | Deutschland | Österreich | Belgien | Niederlande |
|---|---|---|---|---|
| Anwälte | 164.000 | 5.800 | 17.800 | 17.500 |
| Anteil Frauen ca. | 33% | 20% | 42% | 43% |
| Einwohner pro Anwalt ca. | 500 | 1.500 | 600 | 1.000 |

Diversity in der Anwaltschaft 2016, © Dr. Geertje Tutschka

Gut, dass die Zahl der zugelassenen Anwältinnen in den letzten Jahren von 33 Prozent auf 41 Prozent gestiegen ist. Die Zahl der Studentinnen im Fach Rechtswissenschaft liegt nach einer Studie des Deutschen Anwaltvereins von 2013 schon jetzt bei 60 Prozent. Gut auch, dass die Arbeitsgemeinschaft der Anwältinnen im DAV in den vergangenen Jahren bereits eine Frauenquote für Referentinnen in der Deutschen Anwaltsakademie durchgesetzt hat. Um so besser, dass Initiativen wie PANDA University Law gezielt weiblichen Führungskräftenachwuchs nun auch bei den Juristen unterstützen[52].

i *„Gender Diversity ist für Kanzleien kein Nice-to-have. Es ist ein Must-have: Mandatierungskriterium, Schlüsselkompetenz der Zukunft und Ausweis für gutes Kanzleimanagement. Wie soll sich glaubhaft für Recht einsetzen, wer Chancengerechtigkeit im eigenen Haus nicht lebt? Alle Seiten profitieren, wenn Frauen und Männern gleiche Entwicklungsmöglichkeiten offenstehen."*

**Katharina Miller, Präsidentin German Lawyers Association in Madrid und Beirätin PANDA Women Leadership Contest & Network sowie Isabelle Hoyer, CEO PANDA Women Leadership Contest & Network**

51 Dr. Hohenstatt zur Initiative ALICE, „Diversity in deutschen Kanzleien" vom 18.11.2016 im Blog JurCoach.
52 Dr. Tutschka, „We are PANDA. Und was machen Sie?", vom 6.10.2017 im Blog JurCoach.

Gemischte Entscheiderteams, in denen die Frauen nicht mehr selbstverständlich die Themen Personal und Eventorganisation übernehmen, Rechtsbereiche, die nicht mehr ausschließlich von Kollegen oder Kolleginnen beackert werden, und Netzwerke, in denen sich Kollegen mit Kolleginnen austauschen, führen zu einem neuen Verständnis innerhalb der Anwaltschaft.

Hat das Auswirkungen auf Hierarchien innerhalb von Kanzleien? Ja.

Kann dies Streitkultur verändern? Absolut.

Wer heute beim „Gender Shift" und der Veränderung des anwaltlichen Berufsbildes immer noch allein an Vereinbarkeit von Beruf und Familie, Home Office und Work-Life-Balance denkt, verkennt, dass die nächste Generation an Juristen dies insgesamt einfordern wird. Denn so wie es in der Gesellschaft bei Gender Equality auch immer um Gender Diversity geht, muss der Unterschied zwischen den Geschlechtern eben auch im Rechtssystem spürbar bleiben. Damit unser Rechtssystem an der gesellschaftlichen Realität bleibt und diese widerspiegelt.

Im Anwaltsberuf kommt ein weiterer wichtiger Aspekt hinzu: Dass Frauen und Männer unterschiedlich kommunizieren, ist längst bekannt. Und dass auch Juristen Menschen, vor allem aber Männer und Frauen sind, auch. Letztlich geistern aber auch die althergebrachten Rollenbilder zu Streitverhalten und Autorität immer noch bewusst oder unbewusst durch die Köpfe. Eine streitbare Anwältin kann da schon mal als „Zicke" oder „Mannweib" wahrgenommen werden – ihr Kollege hingegen als „kämpferischer Gewinnertyp"[53].

**Auswirkungen auf die Praxis:**
die Chance, das männliche und weibliche Prinzip in Einklang zu bringen

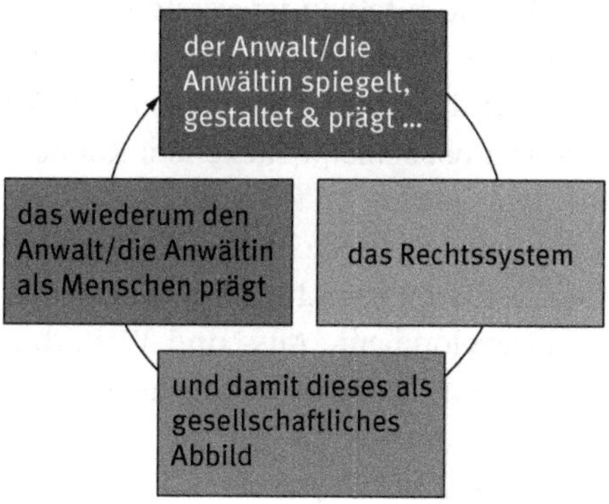


Diversity in der Anwaltschaft, © Dr. Geertje Tutschka

53 Dr. Tutschka, „Jurist oder Juristin – (k)ein Unterschied", vom 8.3.2015 im Blog JurCoach.

„Lawyers are society's professional problem solvers." Rennard Strickland & Frank T. Read

Dann sollte die Anwaltschaft auch die Gesellschaft abbilden. Und die besteht nun mal jeweils zur Hälfte aus Männern und Frauen[54].

Unternehmen setzen in schwierigen Verhandlungssituationen je nach Situation heute ganz bewusst entweder einen Anwalt oder eine Anwältin ein. Mandanten wollen sich in ihrer Scheidung nur von einem Mann oder aber nur von einer Frau vertreten lassen. Alles Kopfsache? Der Anwaltsberuf fordert wie kaum ein anderer typisch männliche ebenso wie typisch weibliche Kommunikationsmuster geradezu ein[55].

Personalentwicklung für Kanzleien muss also nicht nur wertebasiert und auf ihre strategische Ausrichtung abgestimmt sein, sondern Diversity, Segmentierung und Spezialisierung leisten, um zukunftsfähig zu sein.

Eine nicht zu unterschätzende Aufgabe ist es letztlich, aus den so aufgebauten Mitarbeitern ein Team zu formen. Die Kanzleien, die schon heute in Teamentwicklung investieren, sind die Großkanzleien. Und das nicht, weil Sie dafür das nötige Kleingeld haben, sondern eher, weil Sie sich die Leute mit wirtschaftlich-strategischem Weitblick leisten können: Die Entwicklung und Investition in das Team halten diese Leute für essentiell. Bei kleinen und mittleren Kanzleien funktioniert Teamentwicklung eher „natürlich": Man gibt die Regeln vor und überlässt dann das Team sich selbst. Entwickeln wird sich auch dort sicherlich etwas, die Frage ist nur: was.

Kennen Sie die Kanzleien, in denen sich alle gut miteinander verstehen, sich duzen und sogar privat miteinander befreundet sind? Schon wenn man die Kanzlei betritt, fühlt man sich beschwingt. Es wird gescherzt und gelacht, in der Küche trifft man sich zum gemütlichen Plausch bei selbstgebackenem Kuchen. Da stören auch nicht die Aktenstapel auf dem Boden. An's Telefon geht, wer gerade Zeit hat. Der junge neue Kollege kann mit seiner Nachfrage warten. Und dann gibt es die Kanzleien, die sich jeden Donnerstagnachmittag zum Teammeeting treffen. Mit Themen wie Business-Development, Aus- und Weiterbildungsprogramm und strategischer Positionierung. Aufgabenbereiche werden dort nicht durch den eigenen Schreibtisch beschrieben. Es gibt so etwas wie kanzleidefinierte Arbeitsabläufe, Prioritäten und Kontrollsysteme. Effizienz und

54 Aus Diversity schlechthin, wie Herkunft, Alter, Kultur etc.
55 Dr. Tutschka, „Frauenquote für Anwaltskanzleien", vom 8.11.2015 im Blog JurCoach.

Effektivität soweit das Auge reicht. Jeder gibt sein Bestes und fokussiert sich auf die Arbeit. Anwalt sein ist kein Kindergeburtstag. Leidenschaft darf woanders.

Doch woher wissen Sie, wie gut oder schlecht Ihr Team sich entwickelt hat und wie es tatsächlich funktioniert? Meinen Kunden empfehle ich hier gern, dies im Rahmen eines Teamevents herauszufinden. Dabei muss das Teamevent zur Teamkultur passen und auf die Bedürfnisse und Themen zugeschnitten sein. Sonst hat man bestenfalls einen Nachmittag miteinander Spaß – jedoch keine Teamarbeit geleistet[56].

Im Mannschaftsport gilt es, mit Profis ständig daran zu arbeiten, ein Team zu bleiben oder zu werden. Eins, das größer ist als die Summe aller einzelnen Spieler. Was kostet es, eine gut ausgebildete und eingearbeitete Mitarbeiterin zu ersetzen – erst recht, wenn man sie an die Konkurrenz verliert? Was kostet es, dem vielversprechenden Nachwuchsjuristen kein attraktives Angebot unterbreitet zu haben, wie er künftig mehr Zeit mit seiner kleinen Tochter verbringen kann – erst recht, wenn sich viele Mandanten bei ihm gut bis besser aufgehoben gefühlt haben? Talente und Potential zu verschenken oder ungenutzt zu lassen, können wir uns heute nicht mehr leisten. Sie müssen entdeckt, gefördert und langfristig gebunden werden. Das alles kann ein Team leisten. Ein gutes Team kann sogar noch mehr: es multipliziert die so gebundenen Talente[57].

**„Wer allein arbeitet, addiert, wer mit anderen zusammenarbeitet, multipliziert.“ (Nossrat Peseschkian).**
Eine Kanzlei ist ein Unternehmen. Es geht um Zahlen, um wirtschaftlichen Erfolg. Und um Menschen. Die Produkte der Kanzlei werden schließlich von Menschen produziert: aus Wissen und Können, Lebenserfahrung und Empathie. Die Mitarbeiter sind Ressource und Kapital zugleich. Und die Produkte gestalten Menschenleben. Wann haben Sie das letzte Mal in Ihr Team investiert?

## 6. Employer Branding

Bereits an dieser Stelle ein Wort zum Employer Branding, also der Positionierung und strategischen Ausrichtung Ihrer Kanzlei, die besten Mitarbeiter und Nachwuchsjuristen für Ihr Spezialgebiet und Ihr Team zu gewinnen.

---

56 Dr. Tutschka, „Das Event muss zur Teamkultur passen“, S. 68, Der Unternehmensjurist 06/2017.

57 Dr. Tutschka, „Wie die Fußball EM Ihre Kanzlei verändern kann“, vom 27.6.2016 im Blog JurCoach.

Die Top-Arbeitgeber bei jungen Nachwuchsjuristen sind[58]:

1. das Auswärtige Amt
2. Freshfields, Bruckhaus, Deringer
3. Europäische Kommission
4. Bundeskriminalamt
5. Audi
6. BMW

Die zukünftigen „High Potentials" werden heute immer noch daran gemessen, ob sie ein bzw. zwei Prädikatsexamen mitbringen, das heißt das erste bzw. das zweite juristische Staatsexamen mit einer Note „voll befriedigend", „gut" oder „sehr gut" abschließen.

**Noten im 2. juristischen Staatsexamen**

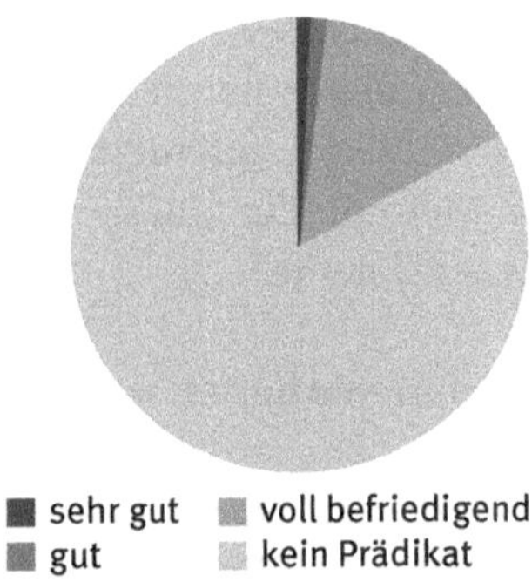


Noten im 2. Juristischen Staatsexamen[59], © Dr. Geertje Tutschka

Immerhin knapp 1.700 Referendare schließen ihre Ausbildung jährlich mit einem derartigen Prädikatsexamen ab. Der Bedarf an guten Absolventen ist aber weitaus höher. Der Wettbewerb um diese zukünftigen Top-Juristen ist stark. Wirtschaftskanzleien locken in erster Linie mit hohen Einstiegsgehältern. Bis zu 120.000 € jährlich kann ein Prädikatsabsolvent bei über vierzig Sozietäten heute erwarten. Vor zehn Jahren waren gerade mal drei Kanzleien bereit, dies zu zahlen[60].

Kanzleien müssen sich also mehr einfallen lassen, um für diese Top Nachwuchskräfte interessant zu sein. Besondere Ausbildungsprogramme, wie eine berufsbegleitende Promotion, Kommuniaktions- und Performancetrainings so-

58 FAZ vom 3.9.2016, Nr. 206, S. C1.
59 Soldan Institut, Pressemitteilung, 28.1.2016.
60 Branchenbericht Sparkasse 2017, S. 18.

wie sinnvolles Talentmanagement wie Traineeprogramme mit Entsendungen ins Ausland[61] müssen also mit besonderem Marketing für diese zukünftigen Arbeitnehmer (Employer Branding) ergänzt werden.

Employer Branding findet an der Schnittstelle zwischen Positionierung, Recruiting, Teambuilding und Marketing statt.

Wer heute noch ausschließlich auf interne Ausbildung des Nachwuchses setzt, verkennt gern, dass der Kostenfaktor für das jahrelange interne Ausbilden heute um ein Vielfaches höher ist als noch vor einigen Jahren. Gern unterschätzt wird außerdem die Tatsache, dass der umkämpfte Markt die Kanzleien heute zwingt, punktgenau auf Top Performance innerhalb kürzester Zeit zugreifen zu können. Langjährige Ausbildungen jedoch in der Regel nicht derart punktgenau absolviert werden können. Ganz wesentlich ist aber, dass der intern ausgebildete Mitarbeiter weder Mandate mitbringt noch wertvolle Impulse und den Blick von außen auf eingefahrene Routinen und Abläufe leisten kann. Stattdessen bringt das interne Erklimmen der Karriereleiter oft mehr Gegenwind mit sich, weshalb in diesen Situationen ein Coach überproportional oft zur Unterstützung herangezogen werden muss.

Beim Recruiting der High Potenzials wird wiederum gern allein auf Stellenbeschreibung und Gehalt fokussiert. Doch Top Performer und High Potentials, also Ihre zuverlässigen und engagierten Mitarbeiter und Mitarbeiterinnen von morgen, wollen heute umworben werden. Sie wollen wissen, wofür die Kanzlei steht und welche Projekte sie unterstützt. Wie die Arbeitsatmosphäre ist und wie die Kanzlei sich um die Gesundheit der Mitarbeiter bemüht. Welche Fortbildungsprogramme Ihre Kanzlei anbietet, wie diese in schwierigen Situationen unterstützt werden und wie die Kanzlei die Mitarbeiter mit Coaches, Trainern und Mentoren unterstützt. Einige Kanzleien entdecken daher im Moment verschiedene Event-Formate jenseits von Assessment Centern, um sich als attraktiver Arbeitgeber mit kostenfreien Workshops und gemeinsamem Abendprogramm in ungezwungener Atmosphäre anzunähern.

Talentrocket, eine auf das Personalrecruiting für Juristen spezialisierte Plattform, bringt es auf den Punkt:

---

i

*„Personalentwicklung gehört zu einem grundlegenden Bereich der Kanzleientwicklung. Um erfolgreich Personalentwicklung zu betreiben ist es wichtig, die richtige Personalmarketingstrategie zu verfolgen. Diese hängt nicht vom Budget, sondern vielmehr von einem planvollen, stimmigen Vorgehen ab. Hier sind in den letzten Jahren viele neu Möglichkeiten für Kanzleien im Onlinebereich entstanden. Insbesondere sollte eine Kanzlei drei Punkte beachten, um möglichst effizient neue Mitarbeiter zu gewinnen.*

---

61 Dr. Tutschka, „USA Expat Quick Guide“, S. 5.

1. *Zunächst gilt es die eigene Kanzlei als Marke zu verstehen. Eine starke Marke zieht automatisch interessiertes Personal an und macht es leichter, sich von anderen Kanzleien abzuheben und zu unterscheiden. Insbesondere sollte jede Einheit herausfinden, welches Alleinstellungsmerkmal sie hat und dies online kommunizieren.*
2. *Dies funktioniert nur mit einer gut durchdachten Onlinepräsenz. Diese sollte einen eigenen Karrierebereich haben und damit nicht nur potentielle Mandanten ansprechen, sondern den interessierten Kandidaten abholen und überzeugen. Eine Kanzlei sollte in Ihrer Onlinepräsenz bestmöglich das eigene Gesicht zeigen und dem Kandidaten einen Überblick über das Angebot als Arbeitgeber geben.*
3. *Zu guter Letzt ist es essentiell, dass Sie moderne Stellenanzeigen verfassen und diese passend platzieren."*

**Sebastian von Glahn, Geschäftsführer der TalentRocket GmbH, der führenden Karriereplattform für Juristen in Deutschland. TalentRocket arbeitet mit über 125 Kanzleien zusammen und erreicht im Monat über 150.000 Juristen.**

## II. Strukturen, Prozesse und Systeme

Mit der Anpassung von Kanzleivision und Kanzleistrategie an den Markt bzw. veränderte Gegebenheiten gehen die Anpassung der bereits vorhandenen Strukturen und Systeme oder aber auch die Implementierung von neuen Strukturen und Systemen einher. Hier geht es in erster Linie darum, Zuständigkeiten, Kontroll- und Führungsebenen zu definieren, um die verschiedenen Bereiche sauber voneinander abzugrenzen[62].

Wie oben bereits beschrieben kann es durchaus Sinn machen, Spezialisten und Profis aus anderen Bereichen, wie beispielsweise Marketing, Psychologie oder Betriebswirtschaft einzubinden, die oft mit frischem und wirtschaftlich orientiertem Blick auf das Unternehmen Kanzlei schauen.

### 1. Profitabilität und Büroorganisation

So verschieden Anwälte sind, so unterschiedlich sind ihre Arbeitsprozesse und Büroorganisation. Die meisten haben sich über ihre eigenen Prozesse und Strukturen nie Gedanken gemacht. Und vielen fällt erst auf, dass es so etwas wie Büroorganisation gibt, wenn Sie in einem anderen Büro plötzlich von anderen Prozessen überrascht werden[63]. Es gibt die Anwälte, die die Dinge „schon immer so gemacht haben" und sich gegen jede Definition, Überprüfung oder gar Ände-

62 Mehr dazu in „Effiziente Anwaltsorganisation – Ablaufsicherheit durch optimierte Kanzleiprozesse" von TeleLex.
63 Heussen, „Anwaltsunternehmen führen", S. 211.

rung sträuben. Und es gibt die anderen, die sich gern von der Struktur der Assistenzen umspielen lassen, soweit alles irgendwie läuft und nicht lästig ist.

**Effektive Büroorganisation als ernstzunehmenden Kostenfaktor begreifen** die meisten erst jetzt, wo (zumeist technische) Serviceanbieter die Definition von Strukturen, Zuständigkeiten und Prozessen einfordern, um optimal mit Soft- und Hardware den Büroablauf unterstützen zu können. Ja in vielen Kanzleien wird dies sogar dem Anbieter überlassen, diese Prozesse zu definieren und zu etablieren – selbstverständlich mit nur mäßigem Erfolg.

Mit der Einführung von Qualitätsmanagementsystemen (QMS) kann jedoch nicht nur eine Kostenreduktion erzielt werden, sondern vor allem ein Wettbewerbsvorteil. Wiederkehrende Tätigkeiten und Abläufe – auch jenseits den bereits von der Kanzleisoftware definierten – verbindlich festzuhalten und zu standardisieren kann schnellen und einheitlich hohen Service garantieren[64]. Grundlage sollte jedoch einerseits das jeweilige Geschäftsmodell und die Qualitätsziele sein und andererseits die Bedürfnisse und Erwartungen der jeweiligen Mandanten[65].

Grundsätzlich gilt gem. § 50 BRAO die Verpflichtung zur Handakte. Traditionell wird diese in Papierform geführt, chronologisch oder kaufmännisch sortiert.

Ich würde nun gern behaupten, dass In Zeiten des elektronischen Rechtsverkehrs und der digitalen Akte diese der Papierakte den Rang abläuft. Tatsächlich werden heute auch quasi alle Akten elektronisch abgebildet. Aber eben nur „auch", denn tatsächlich gibt es nun zumeist zwei Akten: die aus Papier und die elektronische Akte. Zur Freude der Papierhersteller, die das papierlose Büro sicherlich bald in jeder Branche, nur nicht in der Rechtsbranche befürchten müssen. 97% der Rechtsanwälte verwenden immer noch kopierte oder gedruckte Dokumente für ihre Kommunikation. Gezeichnete Dokumente werden überwiegend auf dem postalischen Weg übermittelt, zusätzlich auch per Fax, zumal auch Fristen im Moment noch nur durch das versenden von gedruckten Dokumenten eingehalten werden können. Verträge werden immer in mehreren Ausführungen vorgehalten. Zusätzlich wird die E-Mail-Kommunikation zur Akte ausgedruckt. Vom papierlosen Büro oder der digitalen Kanzlei ist die Branche also noch weit entfernt.

Ein besonderes Kapitel auf diesem Weg ist das Besondere elektronische Anwaltspostfach (beA) welches durch die Bundesrechtsanwaltskammer (BRAK)

---

**64** Branchenbericht der Sparkasse 2017, S. 17.
**65** Kanzlei und Markt, 4/2016, S. 4.

nach dem Gesetz zur Förderung des elektronischen Rechtsverkehrs eingeführt werden sollte. Jeder Rechtsanwalt und jede Kanzlei soll danach untereinander, mit allen Gerichten und auch Behörden in einem besonders sicheren elektronischen Kommunikationsverfahren korrespondieren können. Dies sollte bereits zum wiederholten Male starten (zuletzt am 1.1.2018), da es bis 2022 vollständig umgesetzt sein soll. In Österreich und auch in anderen Ländern ist dies übrigens seit vielen Jahren schon gegeben. Allerdings ist es dem beauftragten Softwareunternehmen bislang in nicht ausreichendem Maße gelungen, einerseits die erforderliche Sicherheit zu gewährleisten und anderseits die entsprechenden Schnittstellen für die in den meisten Büros vorhandene Mandantensoftware bereitzustellen bzw. sich mit diesen bzgl. der im beA stattfindenden Datenprozesse abzustimmen, so dass es zum wiederholten Male verschoben worden ist.

Dabei liegen die Vorteile auf der Hand: Die klar definierten und verschlankten Prozesse und Strukturen in der digitalen Kanzlei bringen deutliche Einsparungen bei der Bearbeitungsdauer und beim erforderlichen Personal. Keine Frage: Die digitale Kanzlei arbeitet preiswerter und schneller – und natürlich zuverlässiger und sicherer. Ein klarer Wettbewerbsvorteil also.

Ein genauerer Blick auf Rechtsanwälte und Kanzleien verrät jedoch, dass es in erster Linie ein Generationenkonflikt ist: während junge Anwälte und neue Kanzleien sich mit der Einführung, Umsetzung und Anwendung derartiger Prozesse eher leicht tun, fällt es traditionellen, alteingesessenen Kanzleien um so schwerer, je älter die Altersstruktur bei Partnern und Büroangestellten ist. Damit ist es also auch ein Wettbewerbsvorteil auf dem umkämpften Markt der „High Potenzials“, der juristischen Nachwuchskräfte: Denn engagierte Büroassistenzen und Junganwälte von morgen möchten ihre Lehrjahre nicht mit veralteten Prozessen und Hilfsmitteln verbringen.

Zwar gibt es auch Originalbelege, Urkunden und Verträge, die sicherlich in papierner Form vorgehalten werden müssen. Tatsächlich aber kann heute alles eingescannt und digital zugeordnet und sortiert werden (und die Originale wieder an den Mandanten zurückgegeben werden). Auch die Archivierungspflichten (unter Umständen bis zu 30 Jahre) zwingen nicht zur Papierakte. Zwar haben 60–70% aller Anwälte bereits begonnen, die Altakten einzuscannen und elektronisch zu archivieren. Der Prozess ist jedoch bei Weitem noch nicht abgeschlossen und wird eines der Zukunftsthemen der Branche sein. Schon jetzt werden verschiedene innovative technische Archivierungslösungen für die Branche angeboten, die jedoch längst noch nicht mit professionellen ECM-Lösungen[66] aus anderen Branchen vergleichbar sind. Moderne Archivierungssysteme können heute die gesetzlichen Vorgaben durchaus abbilden und sparen nicht unerhebliche zusätzliche Lagerkosten. Ein Kosten und Risikofaktor übrigens, den nur die allerwenigsten Kanzleien als laufende Kosten kalkulieren.

Die Büroprozesse drehen sich um das Management
- der Akte (Anlage, Führung, Lagerung, Ablage)
- der Fristen und Termine
- Buchhaltung und Zwangsvollstreckung sowie
- die Post (Eingang und Ausgang)[67]

Das **Fristenmanagement** ist dabei wohl das heikelste Thema, da hier die Haftungsrisiken begründet liegen. Empfehlenswert ist, nicht nur einen sehr erfahrenen Mitarbeiter explizit mit dem Aufgabenfeld des Fristenmanagements zu beauftragen, sondern auch mit einem doppelten Fristenkalender (schriftlich und elektronisch) sowie mit einem strikten Fristen- und Terminsystem (wie Vorfristen, Notfristen, Wiedervorlagefristen, Verjährungsfristen etc.).

Viele dieser Prozesse, Strukturen und Systeme werden von den Assistenzen etabliert. Der Nachteil dessen ist, dass diese sich dann oft unentbehrlich machen und in deren Abwesenheit Chaos ausbricht oder aber jede Assistenz ihr eigenes Hoheitsgebiet autonom verwaltet ohne sich mit anderen zu Schnittstellen und der Übergabe von Prozessen zu verständigen. Es ist daher ihre Aufgabe, diese Zuständigkeiten und die Wirksamkeit der Prozesse und Strukturen zu bestimmen, zu beobachten und zu kontrollieren sowie ggf. zu korrigieren. Hier können Sie sich selbstverständlich der Hilfe eines erfahrenen Bürovorstehers oder eines Kanzleimanagers bedienen.

Vielleicht berufsbedingt kostenbewusst fragen vor allem Wirtschaftsprüfer und Steuerberater, warum eigentlich jeder Anwalt seine eigene Sekretärin haben muss. Diese Frage ist nicht unberechtigt. Nur wenn ein Anwalt ein Massendezernat führt, wird er alleine eine Schreibkraft vollständig auslasten. Spracherkennende Diktatsysteme können reine Schreibkräfte in erheblichem Umfang ersetzen. Die Aufgaben von Rechtsanwaltsfachangestellten gehen weit über das

66 Enterprise-Content-Management (ECM) sind Methoden, Techniken und Werkzeuge zur Erfassung, Verwaltung, Speicherung, Bewahrung und Bereitstellung von Inhalten („Content") und Dokumenten zur Unterstützung organisatorischer Prozesse in Unternehmen.

67 Geißinger, v. Landenberg, „Erfolgreich starten als Rechtsanwalt", S. 252.

Schreiben nach Diktat hinaus. Bis auf einige Kontrollfunktionen sollte die gesamte Büroorganisation den nicht- juristischen Mitarbeitern einer Kanzlei übertragen werden.

An die Kanzlei gerichtete Anfragen, insbesondere telefonische Anfragen, sollten freundlich, schnell und kompetent beantwortet werden. Gibt es eine zentrale Telefonvermittlung, dann muss die entsprechende Mitarbeiterin so geschult sein, dass der Anrufer schnellstmöglich mit dem von ihm gewünschten Ansprechpartner oder demjenigen, der ihm Auskunft erteilen kann, verbunden wird. Betreut die Kanzlei ausländische Mandanten, dann muss die Empfangssekretärin zumindest gut Englisch sprechen. Großkanzleien beschäftigen permanent eigene Dolmetscher und Übersetzer.

Die Wirkung, die die nicht-juristischen Mitarbeiter auf Außenstehende haben können, darf nicht unterschätzt werden. Die Mandantenorientierung einer Kanzlei darf vor den Büromitarbeitern nicht haltmachen. Auch das äußere Erscheinungsbild der Kanzleimitarbeiter ist nicht unwichtig für die Außendarstellung einer Kanzlei. Weder legere Freizeitkleidung noch Abendgarderobe gehören in ein Büro, wobei hier natürlich auch die Besonderheiten der Mandantenzielgruppe eine Rolle spielt: ein Start-up wird eine andere Erwartungshaltung haben als eine Bank.

i **Erreichbarkeit und Verfügbarkeit** eines Anwalts sind das A und O anwaltlicher Distributionspolitik. Die anwaltliche Dienstleistung ist eine interaktive Dienstleistung. Bis auf einige wenige Ausnahmen ist es der Anwalt selbst, der im direkten Kontakt mit dem Mandanten seine Dienstleistung transportiert. Nichts verärgert einen Mandanten mehr, als wenn er seinen Anwalt nicht erreicht oder die erwartete Rückmeldung des Anwalts ausbleibt.

Anwälte sollten mindestens zu den büroüblichen Zeiten, also montags bis freitags zwischen 9.00 Uhr und 18.00 Uhr, besser bis 20.00 Uhr, erreichbar sein. Eine Lösung kann auch darin bestehen, eventuell durch den Einsatz von Aushilfskräften oder speziellem zentralem Telefonservice, für eine Besetzung der Telefonvermittlung während der gesamten Kernarbeitszeit zu sorgen.

Die permanente Verfügbarkeit von Anwälten mag aus Sicht von Mandanten wünschenswert sein. Praktisch kann kein Anwalt eine solche Anforderung vollständig erfüllen. Wer einen komplizierten Vertrag zu entwerfen, einen schwierigen Schriftsatz zu erstellen hat, benötigt zusammenhängende Zeitblöcke einiger Stunden konzentrierter Arbeit, die nicht durch Telefonate unterbrochen werden. Es wäre jedoch falsch, Mandanten von einer Sekretärin, womöglich noch mit der zurückweisenden Bemerkung „Rechtsanwalt XY hat gerade etwas Wichtiges zu tun. Rufen Sie später noch einmal an“ abwimmeln zu lassen. Der Mandant fühlt sich zurückgesetzt und schlecht behandelt. Denn aus seiner Sicht ist sein Anliegen weitaus bedeutender als alles andere, das der Anwalt möglicherweise gerade zu tun haben könnte.

Weitaus besser ist es, dem Mandanten freundlich mitzuteilen, dass er leider den von ihm gewünschten Anwalt zurzeit nicht sprechen kann, dass der Anwalt ihn aber, sofern dies dem Mandanten Recht ist, zu einer bestimmten Uhrzeit zurückrufen wird. Der zugesagte Rückruftermin muss eingehalten werden. Geschieht dies zuverlässig, dann werden Mandanten es dem Anwalt nachsehen, dass sie ihn das eine oder andere Mal nicht sofort erreichen können.

Ein Anwalt sollte sich genau überlegen, wozu er ein Mobiltelefon nutzt. Hält er sich in seinem Büro auf, dann braucht er es nicht. Bewegt er sich außerhalb des Büros, Reisezeiten einmal ausgeklammert, dann hat dies im Regelfall mit einem Mandat zu tun, das seine volle Aufmerksamkeit verdient hat. Zudem ist darauf zu achten, wer gerade mithört. Ich erlebe immer wieder, wie offensichtlich „wichtige“ Mandatsgespräche im Großraumabteil eines ICE geführt werden ohne Rücksicht auf Mitreisende, die dann mit den Einzelheiten des Mandats zwangsbeglückt werden – das Vertraulichkeitsgebot ist hier vollständig außer Kraft gesetzt.

Anrufer können in der Kanzlei eine Nachricht hinterlassen. Wenn das Rückrufsystem funktioniert und er auf die Rückmeldung nicht ungebührlich lange warten muss, dann wird der Mandant nicht verärgert sein, wenn er seinen Anwalt kurzfristig nicht erreichen kann. Umgekehrt wissen Mandanten es zu schätzen, wenn ein Anwalt sich im Gespräch mit ihnen nicht von hereinkommenden Telefonanrufen ablenken lässt.

Schreiben des Mandanten, gleichgültig ob diese per Post, per Telefax oder per E-Mail zugehen, müssen beantwortet werden. Nicht immer ist es möglich, die erwartete Antwort sofort zu verfassen. Beunruhigungen und Nachfragen des Mandanten können durch die kaum Zeit kostende Mitteilung, wann er eine ausführliche Antwort voraussichtlich erhalten wird, vermieden werden.

Mandanten erwarten von ihrem Anwalt, dass er dann zu ihrer Verfügung steht, wenn es aus ihrer Sicht wichtig erscheint. Als Dienstleister sollte sich ein Anwalt davon verabschieden, die Notwendigkeit eines Zusammentreffens mit dem Mandanten an „objektiven“ Kriterien zu messen oder danach zu beurteilen, ob ein weiteres Gespräch mit dem Mandanten die Angelegenheit voranbringt. Entscheidend ist die Sicht des Mandanten. Diese Sicht des Mandanten kollidiert nicht selten mit der Zeitplanung des Anwalts und tangiert auch die Rentabilität eines Mandats. Der Anwalt, der nach dem Vergütungsgesetz sein Honorar bemisst, kann nicht beliebig Zeit auf ein Mandat verwenden, will er nicht Verluste einfahren. In solchen Fällen ist Fingerspitzengefühl gefragt. Eine freundliche Sekretärin, der es gelingt, mit dem Mandanten einen anderen Termin zu vereinbaren, der etwas besser in den Zeitplan des Anwalts passt, gehört zu den Pluspunkten einer Kanzlei.

| **WER: Assistenz/RA** | **WIE: (Thema elektronische Akte)** |
|---|---|
| • **Anlegen**<br>– Daten →<br>– Kosten<br>– Fristen | • **Handakte/System**<br>– Erfassen und Zuordnung zur Akte<br>– Kostenmanagement<br>– Fristenmanagement |
| • **Managen**<br>– Termine/Fristen →<br>– Besprechungen/Weiterverfügungen<br>– Strategie/Wiedervorlagen | • **Bearbeiten**<br>– SS/Schreiben an/von Dritte/Gegner/Mdt.<br>– Protokolle: Gespräche/Termine<br>– Aktennotizen/Recherche |
| • **Abschließen**<br>– Daten →<br>– Kosten<br>– Fristen | • **Archivieren**<br>– Archiv<br>– elektronisches Archiv |

Workflow Mandantenakte, © Dr. Geertje Tutschka

| **WOFÜR** | **WIE** |
|---|---|
| • **Akte**<br>– Daten →<br>– Termine/Fristen<br>– Notizen | • **Vereinfachen der Datenerfassung**<br>– Erfassen und Zuordnung zur Akte (print/system)<br>– Buchen<br>– Kostenmanagement |
| • **Kosten**<br>– Kostenblatt der Akte →<br>– Fremdgeld<br>– Gebühren | • **Kosten**<br>– Zuordnung zur Akte (print/system)<br>– doppelte Kontolle/Treuhänderschaft<br>– Zeiterfassung |
| • **Korrespondenz mit Dritten**<br>– Formular für Behörden →<br>– zur Arbeitserleichterung | • **Vers./Gericht/Behörden/Mdt.**<br>– Erklärungen: Vollmacht, Entb. ärztl. Schw.pfl.<br>– Formularnachrichten (Kenntnisnahme/Verbleib) |

Workflow Templates/Formblätter, © Dr. Geertje Tutschka

Im Folgenden finden Sie die wichtigsten traditionellen Formblätter und Templates der Handakte (Design by Soldan).

Auch wenn heute einiges davon elektronisch (ebenfalls) erfasst wird, sind die wesentlichen Strukturen und Informationen dennoch gleich geblieben, so dass es auch heute noch Sinn macht, diese hier abzubilden.

<u>Der Start:</u>

**Mandatserfassungsbogen**

mit den wichtigsten Kontaktdaten, Rechtsschutzversicherung etc. zum Anlegen der Handakte zur Vorbereitung auf das Erstgespräch

Der Klassiker:

## Die Vollmacht für die Beauftragung

# Vollmacht

**Zustellungen werden nur an den/die Bevollmächtigte(n) erbeten!**

wird hiermit in Sachen

wegen

sowohl Vollmacht zur außergerichtlichen Vertretung aller Art als auch Prozessvollmacht für alle Verfahren in allen Instanzen erteilt.
Diese Vollmacht erstreckt sich insbesondere auf folgende Befugnisse:

1. Außergerichtliche Vertretung, Geltendmachung von Ansprüchen gegen Schädiger, Fahrzeughalter und deren Versicherer und Akteneinsicht.
2. Begründung und Aufhebung von Vertragsverhältnissen und Abgabe und Entgegennahme von einseitigen Willenserklärungen (z. B. Kündigungen).
3. Vertretung im privaten und gesetzlichen Schlichtungsverfahren.
4. Prozessführung (u. a. nach §§ 81 ff. ZPO).
5. Antragstellung in Scheidungs- und Scheidungsfolgesachen, Abschluss von Vereinbarungen über Scheidungsfolgen sowie Stellung von Anträgen auf Auskünfte im Rahmen des Versorgungsausgleichs.
6. Vertretung und Verteidigung in Strafsachen und Bußgeldsachen (§§ 302, 374 StPO, 73, 74 OWiG) einschließlich der Vorverfahren sowie (für den Fall der Abwesenheit) Vertretung nach § 411 II StPO und mit ausdrücklicher Ermächtigung auch nach §§ 233 I, 234 StPO und Stellung von Straf- und anderen nach der Strafprozessordnung zulässigen Anträgen.
7. Bei Anträgen nach dem Gesetz über die Entschädigung für Strafverfolgungsmaßnahmen gilt die Vollmacht auch für das Betragsverfahren.
8. Vertretung vor Verwaltungs-, Sozial- und Finanzbehörden und -gerichten.
9. Vertretung vor den Arbeitsgerichten.
10. Beilegung oder Vermeidung des Rechtsstreits oder außergerichtlicher Verhandlungen durch Vergleich, sonstige Einigung, Verzicht oder Anerkenntnis.
11. Einlegung und Rücknahme von Rechtsmitteln, Rechtsbehelfen und Anschlussrechtsmitteln sowie Verzicht auf solche; Zustimmung zur Sprungrevision; Verzicht nach § 147 FamFG.
12. Entgegennahme und Bewirken von Zustellungen und sonstigen Mitteilungen.
13. Alle Neben- und Folgeverfahren, z. B. Arrest und einstweilige Verfügung, Kostenfestsetzung, Zwangsvollstreckung einschließlich der aus ihr erwachsenden besonderen Verfahren, Insolvenz, Zwangsversteigerung, Zwangsverwaltung und Hinterlegung.
14. Empfangnahme der vom Gegner, von der Justizkasse oder anderen Stellen zu erstattenden Kosten und notwendigen Auslagen.
15. Übertragung der Vollmacht ganz oder teilweise auf andere.

(Ort, Datum) (Unterschrift)

Jetzt geht's los:
**Das Deckblatt der Handakte**
mit den Kerninformationen des Mandats

Handakte

☐ Verjährungsfrist:
☐ Ausschlussfrist:

Mandant:

Gegner:

Gegenanwalt:

Termine

Fristen / Wiedervorlagen

Der Evergreen:

**Gesprächsnotiz**

Für die Handakte – macht Sinn bei durchschnittlich 40 Telefon-Gesprächen am Tag

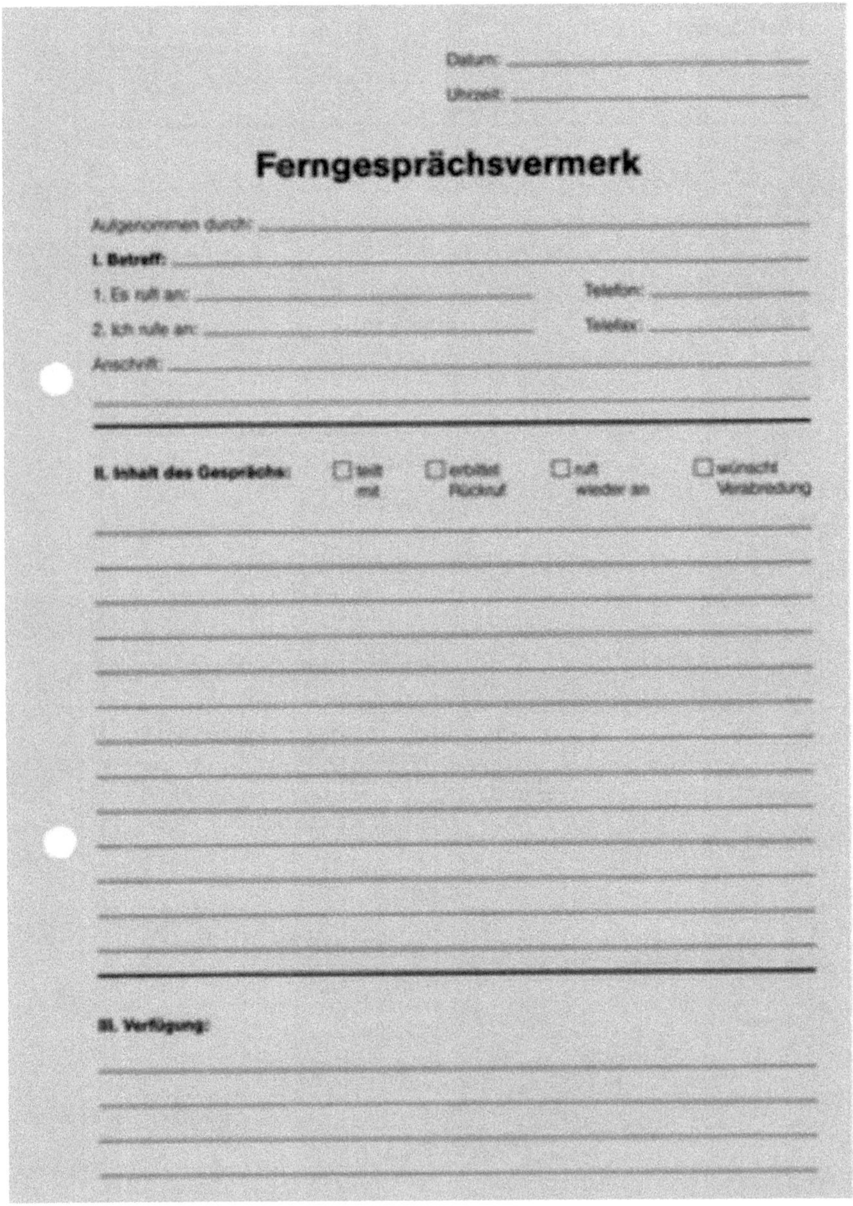

Datum: ________

Uhrzeit: ________

## Ferngesprächsvermerk

Aufgenommen durch: ________

**I. Betreff:** ________

1. Es ruft an: ________ Telefon: ________

2. Ich rufe an: ________ Telefax: ________

Anschrift: ________

**II. Inhalt des Gesprächs:** ☐ teilt mit ☐ erbittet Rückruf ☐ ruft wieder an ☐ wünscht Verabredung

**III. Verfügung:**

<u>Der Dinosaurier:</u>

**Beizettel zur Weiterleitung eines Schriftstückes**

zum Ankreuzen, von E-Mail & co vom Aussterben bedroht

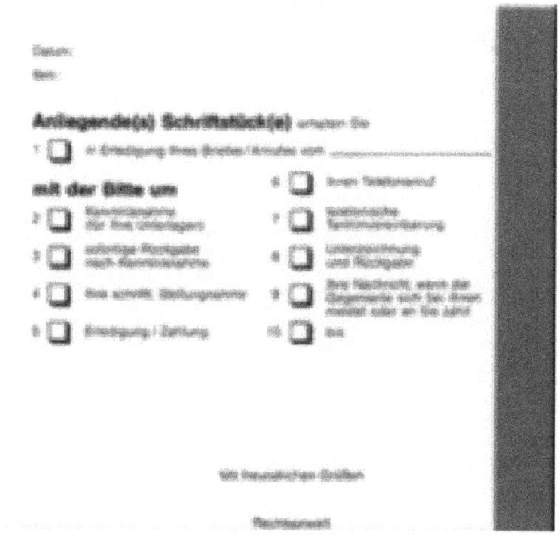

<u>Der Samariter:</u>

**Nachweis für die Beratungshilfe**

geliebt und gehasst

## Beratungsnachweis

____________________________________________________

(Rechtsanwalt/ Rechtsanwältin)

hat ________________________________________________

(Name und Anschrift des Mandanten)

in der Angelegenheit

beraten.

Die Beratung hat ____________________ gedauert.

________________________ ________________________

(Ort, Datum) (Mandant)

<u>Der Pünktliche:</u>

**Fristenzettel**

Alarmstufe rot

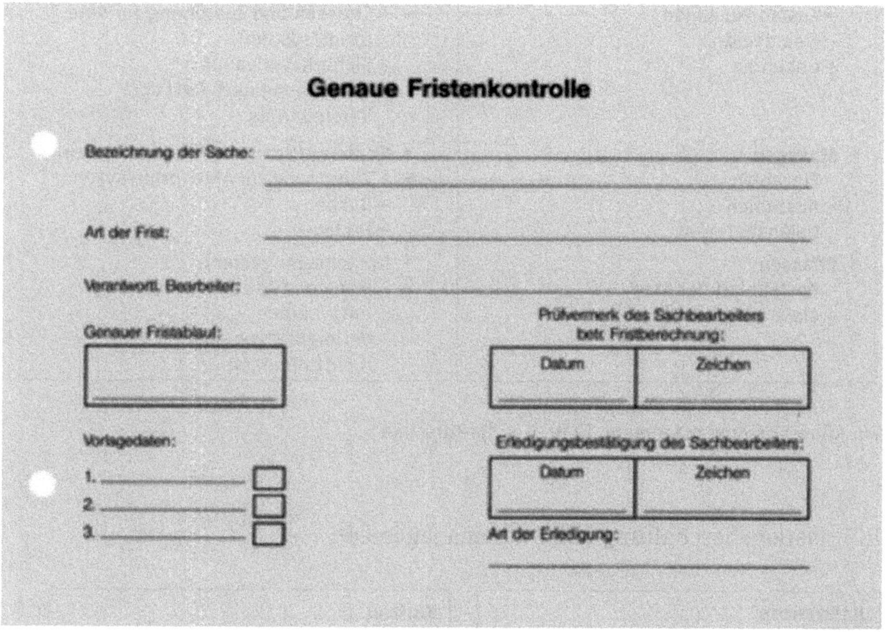

**Genaue Fristenkontrolle**

Bezeichnung der Sache: ____________________

Art der Frist: ____________________

Verantwortl. Bearbeiter: ____________________

Genauer Fristablauf:

Prüfvermerk des Sachbearbeiters bei Fristberechnung:

| Datum | Zeichen |
| --- | --- |
| | |

Vorlagedaten:

1. ____________ ☐
2. ____________ ☐
3. ____________ ☐

Erledigungsbestätigung des Sachbearbeiters:

| Datum | Zeichen |
| --- | --- |
| | |

Art der Erledigung: ____________________

Buchhaltung und Abrechnung:

| **WER: Assistenz/RA** | **WO: Buchhaltung/Kanzlei** |
|---|---|
| • **Unterscheiden**<br>– Kosten/Auslagen →<br>– Fremdgeld<br>– Gebühren | • **Akte**<br>– Erfassen und Zuordnung zur Akte (print/system)<br>– Sichern/Verwalten<br>– Abrechnung nach RVO oder Vereinbarung |
| • **Managen**<br>– Einzahlen →<br>– Auszahlen<br>– Dokumentieren | • **Kopieren/Scannen/Arbeitsstunden**<br>– Zuordnung zur Akte (print/system)<br>– Buchen<br>– Prüfen |
| • **Erfassen**<br>– Kostenblatt der Akte →<br>– elektronischer Akte | • **Kostenmanagement**<br>– wann und wie der Abrechnung entscheiden<br>– Verfolgung von Ansprüchen/ Nichtzahlungen |

Workflow Kostenmanagement, © Dr. Geertje Tutschka

Informationsbeschaffung und Datenmanagement:

| **Ressourcen** | **Kanzlei** |
|---|---|
| • **Unterlagen des Mandanten**<br>– Originale/Kopien/Notizen →<br>– Formate/Papierqualitäten<br>– Urkunden/Bescheide | • **Elektronisch/Kopieren/Scannen**<br>– Zuordnung zur Akte (print/system)<br>– Zurücksenden (Post/Bestätig.)<br>– Kostenmanagement |
| • **kanzleifremde Akten/Datenträger**<br>– Hohe Seitenzahl →<br>– Geheftet<br>– Verschiedene Formate | • **Elektronisch/Kopieren/Scannen**<br>– Zuordnung zur Akte (print/system)<br>– Zurücksenden (Post/Bestätig.)<br>– Kostenmanagement |
| • **Formulare**<br>– Für die Mandatierung: Vollmacht, Schw.pflErkl. →<br>– Für die Handakte: Kostenblatt<br>– Für Behörden: PKH, Beratungsschein | • **Bezug durch**<br>– Anbieter<br>– Download<br>– eigene Templates |

Workflow Datenerfassung, © Dr. Geertje Tutschka

## 2. Krisen- und Projektmanagement

Selbstverständlich gibt es in Kanzleien wie in jedem anderen Unternehmen Projekte zu den Themenkomplexen

- Business Development
  z.B. die Erschließung einer neuen Zielgruppe, des österreichischen Marktes oder aktuell die Umsetzung der DSGVO oder des österreichischen Marktes
- Marketing
  z.B. die Überarbeitung der Webseite oder die Neufassung der Kundenkommunikation
- Personalentwicklung
  z.B. die Einführung von Gleitzeit oder Erarbeitung von Stellenbeschreibungen

und weiteren Bereichen. Diese gekonnt aufzusetzen, zu verantworten, voranzutreiben und schließlich sauber abzuschießen und auszuwerten ist in Kanzleien eine ebensolche Herausforderung neben dem Alltagsgeschäft wie in jedem anderen Unternehmen. Zumeist werden hier externe Dienstleister hinzugezogen, die entsprechend betreut werden müssen, Zuarbeiten benötigen und einen Ansprechpartner brauchen. Das funktioniert nicht immer optimal. Was daran liegen kann, dass diese Projekte nicht die oberste Priorität haben.

Hinzu kommt sicherlich, dass Kanzleiinhaber im Umgang mit Projektmanagement wenig routiniert sind[68]. Wann ist schon ein Projekt ein Projekt und ab wann muss es gemanagt werden?

Oberste Priorität hat das Kerngeschäft, die Rechtsberatung und Mandatsarbeit.

Doch Mandatsarbeit ist im Wesentlichen Projektmanagement.

Jedes Mandat absolviert bestimmte „Lebensphasen“: Mandatierung, Problemlösung durch anwaltliche Dienstleistung, Abrechnung, Archivierung. Der verantwortliche Rechtsanwalt hat bei Mandatserteilung eine konkrete Zieldefinition zu formulieren und einen genauen Ablaufplan zu erstellen. Es bedarf solider Vorbereitung, ggf. der Hinzuziehung weiterer Teammitglieder oder Dienstleister, Zwischenevaluation und schließlich eines ordentlichen Abschlusses. So weit so gut. Anwälte lernen dies „hands on“ in der Kanzlei im Rahmen der Ausbildungsstation (oder explizit als Konzipienten in Österreich) bzw. bei ihrer Einarbeitung.

68 Foitzik, „Projektmanagement in Kanzleien“, Kanzleimarketing.de vom 21.2.2018.

Doch Mandatsarbeit und Rechtsberatung als Projekt zu begreifen, ist das eine. Es zu managen kann hingegen eine besondere Herausforderung sein. Jeder Anwalt wird wissen, wovon ich rede:

Die Besonderheit besteht darin, dass anwaltliche Dienstleistung zur Problemlösung fast ausschließlich in Krisen- und Konfliktsituationen eingefordert wird.

Der Mandant befindet sich zumeist in einem „Ausnahmezustand“, der ihn „existenziell“ bedroht. Dabei ist es völlig egal, ob gerade sein Privatleben in Einzelteile zerfällt, sein Arbeitsverhältnis als Existenzgrundlage weggebrochen ist, ihm ein Gefängnisaufenthalt droht oder sein Unternehmen in ein finanzielles Fiasko geschlittert ist. Zum Anwalt kommt man nicht, weil es einem gut geht, sondern damit es irgendwann überhaupt wieder geht.

Biologisch korrekt reagiert der Mensch auf diese Situationen im Allgemeinen mit „Flucht“ oder „Angriff“. In jedem Fall aber ist sein rationales und strategisches Denken eingeschränkt. Gleichzeitig muss er in diesem Moment eine für ihn passende Lösung des Konfliktes, einen Ausweg aus der Krise, eine sinnvolle Veränderung seiner Situation visualisieren: Immerhin brauchen Sie von ihm mit der Mandatierung einen klaren Arbeitsauftrag. Jeder Psychologe würde dies zu einer „Mission impossible“ erklären. Für Sie – für uns – ist es unser tägliches Brot.

In erster Linie bedarf es eines besonderen Krisenmanagements
- wie De-Eskalation,
- sensible Kommunikation,
- Aufbau von Vertrauen und Sicherheit aber auch
- Begleitung und Anleitung für das Meistern der Krise

---

**i** Es sind also
1. besondere Kommunikationstechniken erforderlich, um den Mandanten überhaupt zu erreichen. Gleichzeitig muss
2. die Grundlage für vertrauensvolle Zusammenarbeit geschaffen werden: eine persönliche Beziehung zwischen Anwalt und Mandant muss entstehen. Und
3. gilt es, ein Ziel/eine Vision für den zukünftigen Idealzustand herzustellen und den Mandanten durch diesen Veränderungsprozess mit all seinen Höhen und Tiefen zu begleiten

---

Die verschiedenen Tätigkeitsfelder des Anwalts

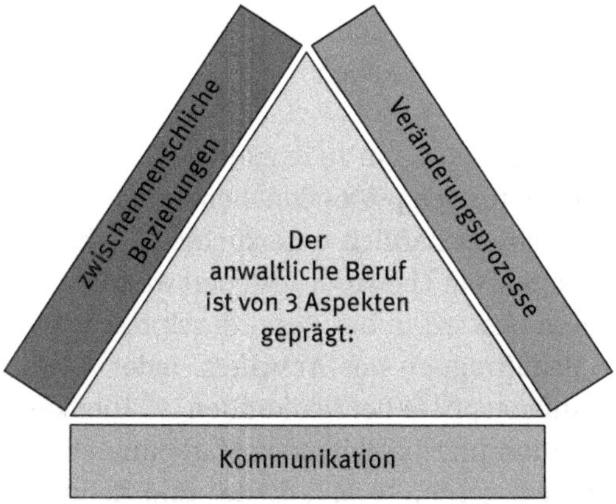


© Dr. Geertje Tutschka

Viele meiner Anwaltskollegen erwarten in unseren Seminaren, dass Ihnen einfache „Gebrauchsanleitungen" für die „10 goldenen Mandantenfragen" überreicht werden, um ab sofort jedes Mandat effizient und zügig danach abarbeiten zu können. Nie mehr endlos scheinende Mandantengespräche über (scheinbare) Belanglosigkeiten. Nie mehr Emotionen und Psycho-Management in den Kanzleiräumen, sondern schöne sauber-aufbereitete, relevante Fakten. Ein Traum für jeden Anwalt.

Leider funktioniert es so nicht.

Gleichwohl kann der Kanzleialltag im Umgang mit den Mandanten in derartigen Krisensituationen sehr viel mehr Effizienz und Professionalität gebrauchen.

**1.** Für eine wirksame Kommunikation ist es wichtig, sich deren Grundmuster zu vergegenwärtigen:

Kommunikation ist Interaktion

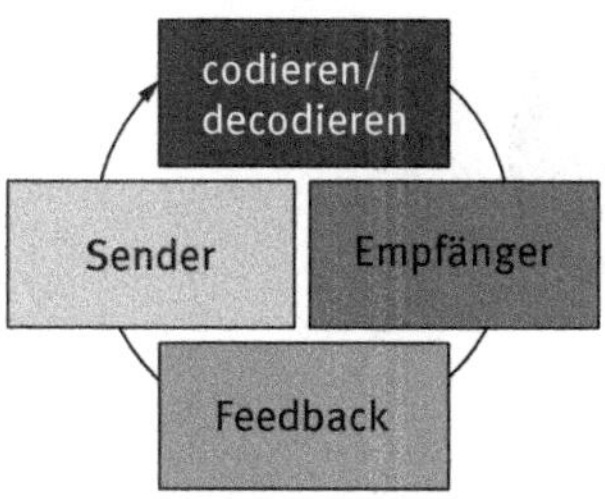


Kommunikation, © Dr. Geertje Tutschka

Dabei muss noch unterschieden werden
- beim **Sender** zwischen „Meinen“ und „Sagen“ und
- beim **Empfänger** zwischen „Hören“ und „Verstehen“

bevor der Empfänger wiederum zum Sender wird, um zu reagieren (Feedback).

Das ist alles ist komplex. Kann jedoch für den professionellen Gebrauch trainiert werden und mit erprobten und wissenschaftlich untersuchten Techniken (wie Spiegeln, aktives Zuhören, Provokation etc.) bewusst gesteuert werden.

**2.** Beziehungsaufbau zum Mandanten passiert in der Regel durch das Erstgespräch und die anschließende Beauftragung des Anwaltes. Jeder Anwalt weiß, wie sensibel gerade diese Anfangsphase bei Neukunden ist. Hier kann professionelle Kundenkommunikation und begleitendes Marketing ebenso wirksam unterstützen wie besonders geschulte Mitarbeiter und definierte Prozesse.

**3.** Auch Veränderungsprozesse folgen bestimmten Mustern und Abläufen, deren Kenntnis Anwälte darin unterstützt, die Situation des Mandanten und dessen aktuelles Bedürfnis einzuordnen. Damit kann situativ angemessen und punktgenau reagiert werden. Überraschende Überreaktionen und Übersprungshandlungen des Mandanten bleiben aus. Der Mandant fühlt sich abgeholt, vertraut und ist zufrieden.

Nach Kurt Lewin folgen Krisen dem Muster „Freeze-Unfreeze-Refreeze“. Er geht davon aus, dass der Normalzustand von Stabilität und Ruhe gekennzeichnet ist (quasi wie bei einem soliden Eisblock: „Freeze“). Im Gegensatz dazu ist die Krise vom Auflösen intakter Beziehungen, Chaos und Emotionalität gekennzeichnet (so wie beim Auftauen der Aggregatszustand gewechselt wird: „Unfreeze“). Bevor es dann wieder zu einer Stabilisierung der Situation kommt (wie beim erneuten Gefrieren in einer anderen Form: „Refreeze“).

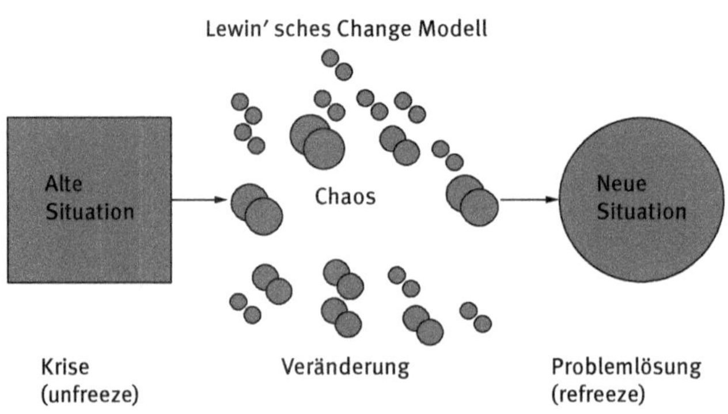


Change Modell nach Lewin, © Dr. Geertje Tutschka

Mandanten kommen zum Anwalt in der Phase der Veränderung, des Chaos'. Der Anwalt soll „abwehren", „reparieren", Veränderung „gestalten" und dabei Begleiter, Vertrauter und souveräner Partner sein. Sein Mandatsauftrag wird dabei nicht nur vom Rechtsgebiet bestimmt, sondern auch von der individuellen Situation des Mandanten und hier insbesondere davon, wo genau in diesem Veränderungsprozess sich der Mandant gerade befindet. Für uns Juristen ist dieses Modell sowohl auf die Mandatslaufzeit als auch auf das einzelne Verfahren (Gerichts- oder Verwaltungsprozesse) anwendbar, wobei sich die Strukturen ebenso wie bei den verschiedenen Rechtsgebieten lediglich minimal unterscheiden. In meiner langjährigen Arbeit mit Veränderungsprozessen habe ich die Erfahrung gemacht, dass noch ein vierter kleiner, aber signifikanter Abschnitt einzufügen ist: am Ende des Chaos kurz vor der Problemlösung findet immer ein „Vakuum" statt. Vergleichbar etwa mit der „Stillen Sekunde" vor einer Lawine erfolgt ein „Luftanhalten", Energie wird abgezogen, als würde die Problemlösung Ihren perfekten Auftritt inszenieren. Wofür ist das wichtig? Befindet sich der Mandant bereits in diesem Vakuum, wenn er zum Anwalt kommt, kann dieser nur noch sichernd, aber nicht mehr gestaltend eingreifen[69].

In der Tat durchläuft jeder Veränderungsprozess, jedes „Chaos" sieben einzelne Prozessschritte im Hinblick auf den persönlichen Zustand des Mandanten, seiner Kompetenz zu realistischen Entscheidungen und persönlicher Entwicklung sowie veränderter Wahrnehmung und Präferenzen:

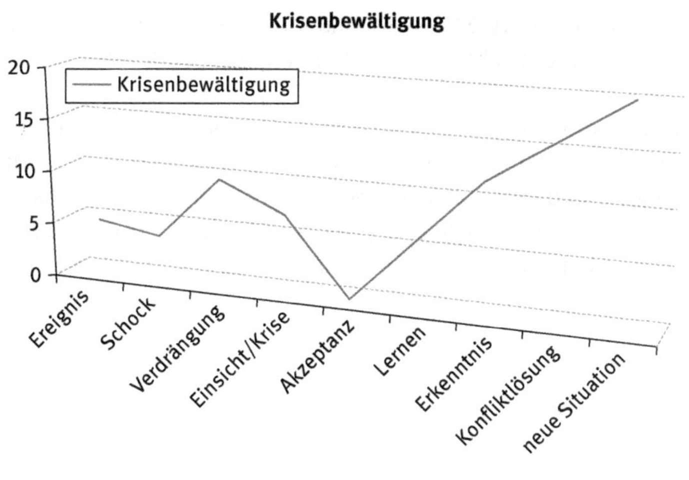


Krisenbewältigung nach Kostka/Mönch, © Dr. Geertje Tutschka

69 Mehr dazu in meinen Seminaren bei CLP: Consulting und Coaching for legal professionals.

Für die Mandatsbearbeitung macht es einen Unterschied, ob der Mandant zum Zeitpunkt des Schocks in die Kanzlei kommt oder aber bereits in der Phase der Krise und Akzeptanz. Im ersten Fall ist er zumeist nicht in der Lage, alle relevanten Fakten zu liefern. Die Verdrängungsphase hindert ihn daran. Das Tal der tiefen Krise ist noch nicht erreicht. Geht der Anwalt darauf nicht ein und liefert hier mehr vertrauensbildende Maßnahmen als dass er Fakten verlangt, wird die Krisensituation schnell auf den Anwalt projiziert, der zum „Sündenbock" erklärt wird. Für den Mandanten bedeutet dies aber auch, dass er in der Krisensituation verbleibt und sich in einer „Feedbackschleife" zurück zum Ereignis/ Schock bewegt. Er bleibt im Prozess gefangen ohne Chance auf Lösung des Konflikts.

Kommt der Mandant hingegen erst „wenn das Kind in den Brunnen gefallen ist" und er sich bereits in der Phase befindet, wo er sich mit der plötzlichen Veränderung abgefunden hat, wird er Sie als Anwalt viel leichter und engagierter in der Aufbereitung des Mandats unterstützen können. Unkontrollierte emotionale Ausbrüche sind nicht (mehr) zu erwarten. Vielen Kollegen sind diese Mandanten gerade die Liebsten. Sie lehnen sich entspannt zurück und konzentrieren sich auf ihre eigentliche Arbeit; um dann überrascht festzustellen, dass der Mandant bei der erstbesten Gelegenheit wieder „weg" ist. Der Kollege hat verkannt, dass der Mandant in diesem Zeitpunkt nicht mehr derart offen und dankbar für eine intensive Kundenbeziehung war wie zum akuten Krisenpunkt. Jetzt wird der Anwalt schnell „austauschbar" und „beliebig", wenn er nicht ganz gezielt beispielsweise mit ganzheitlichen Services und aktiv in den Aufbau der Mandantenbeziehung investiert. Soll es ein Stammkunde werden und keine Eintagsfliege bleiben, muss hier nachhaltig Mandantenbindung erfolgen.

Für die erfolgreiche Anwaltstätigkeit ist ein vertieftes Verständnis derartiger Prozesse unerlässlich. Dies garantiert nicht nur zufriedene Mandanten, sondern auch ein professionelles und damit effizientes Mandatsmanagement. Da dies in die anwaltliche Ausbildung jedoch bislang ebenso wenig inkludiert ist wie betriebswirtschaftliches Know How, bleibt es die Aufgabe der Anwaltschaft, dies post graduate nachzubilden[70].

**70** Ich empfehle die Absolvierung von Konflikt- und Krisenmanagement- sowie Kommunikationskursen speziell für den Anwaltsberuf, um Relevanz und Nachhaltigkeit zu optimieren (wie z.B. durch mich bei CLP angeboten).

## 3. Business Development

Kanzleientwicklung wird immer noch vor allem am Umsatz gemessen.

Allein in Deutschland erzielt die Rechtsbranche rund 20 Milliarden Euro jährlich[71].

Rankings[72] messen die jeweilige Entwicklung der einzelnen Kanzlei-Umsätze. Ein genauer Blick darauf lohnt sich:

An der Spitze stehen die „Top 5“ der USA:

| | |
|---|---|
| **Latham Watkins** | **2.650 Mill. Dollar Umsatz** |
| Baker McKenzie | 2.620 Mill. Dollar Umsatz |
| DLA Piper | 2.540 Mill. Dollar Umsatz |
| Skadden Arps Slate Meagher Flom | 2.410 Mill. Dollar Umsatz |
| Kirkland Ellis | 2.300 Mill. Dollar Umsatz |

Umsatzstärkste Kanzleien USA, Oktober 2017, © Dr. Geertje Tutschka

Gefolgt (noch) von den Großkanzleien Großbritanniens, die den Sitz vor allem in London haben. Man wird abwarten müssen, was der Austritt aus der Europäischen Union und der Abzug der Banken aus der Landeshauptstadt für das Geschäft und den Umsatz der Kanzleien dort bedeuten wird. Das Ranking 2018 und erst recht 2019 wird hier also mit Spannung erwartet, einerseits im Vergleich zu den umsatzstarken Kanzleien der USA, aber auch im Hinblick auf den Zuwachs des Geschäftes der Kanzleien anderer Länder wie z.B. Deutschland.

| | |
|---|---|
| **Clifford Chance** | **1.359 Mill. Pfund Umsatz** |
| Linklaters | 1.255 Mill. Pfund Umsatz |
| Allen Overy | 1.234 Mill. Pfund Umsatz |
| Freshfields Bruckhaus Deringer | 1.232 Mill. Pfund Umsatz |
| Slaughter May | 504 Mill. Pfund Umsatz |

Umsatzstärkste Kanzleien UK, Oktober 2017, © Dr. Geertje Tutschka

---

**71** Sam van Wijk, „Legal Tech – die Zukunft der Rechtsbranche“ in politik-digital.de vom 23.3. 2017.

**72** Ranking Stand Oktober 2017.

Im Vergleich dazu sind die Umsatzzahlen der Großkanzleien in Deutschland (und Österreich) eher ernüchternd. Zwar spiegeln diese einerseits das jeweilige Verhältnis des Bruttoinlandproduktes wider. Andererseits spiegeln diese aber eben auch nationale Begrenzungsregelungen für die Branche, die Bedeutung der Rechtsberatung für die jeweilige Wirtschaft, die Umsatzorientiertheit der Kanzleien, ja und auch das gesellschaftliche Verständnis zur Wertigkeit der Rechtsberatung im Allgemeinen wider.

| **Freshfields Bruckhaus Deringer** | **368 Mill. Euro Umsatz (+0,3% zum Vorjahr)** |
|---|---|
| CMS Hasche Sigle | 295 Mill. Euro Umsatz (+3,1% zum Vorjahr) |
| Hengeler Mueller | 232 Mill. Euro Umsatz (+6,4% zum Vorjahr) |
| Linklaters | 192,3 Mill. Euro Umsatz (+0,5% zum Vorjahr) |
| Gleiss Lutz | 190 Mill. Euro Umsatz (+13,8% zum Vorjahr) |

Umsatzstärkste Kanzleien Deutschland, Oktober 2017, © Dr. Geertje Tutschka

| **Schönherr** | **58,8 Mill. Euro Umsatz (+3,0% zum Vorjahr)** |
|---|---|
| Freshfields Bruckhaus Deringer | 52 Mill. Euro Umsatz (+2,0% zum Vorjahr) |
| Wolf Theiss | 49 Mill. Euro Umsatz (–1,8% zum Vorjahr) |
| CMS Reich-Rohrwig Hainz | 33,7 Mill. Euro Umsatz (+6,0% zum Vorjahr) |
| Binder Grösswang | 33,6 Mill. Euro Umsatz (+3,0% zum Vorjahr) |

Umsatzstärkste Kanzleien Österreich, Oktober 2017, © Dr. Geertje Tutschka

Bemerkenswert ist die Tatsache, dass in der europäischen Rechtsbranche historisch bedingt immer noch eine strikte Grenzziehung zwischen Deutschland und Österreich besteht. Während die Großkanzleien in Deutschland (hier vor allem die in Frankfurt) sich tendenziell eher zum britischen, amerikanischen und internationalen Markt ausrichten, sind die Großkanzleien in Österreich (hier in Wien) eher zum osteuropäischen Markt hin ausgerichtet. Das führt dazu, dass zumeist auch schon in weniger großen Wirtschaftskanzleien Österreichs traditionell in englisch gearbeitet wird, um der osteuropäischen Sprachenvielfalt gerecht zu werden. Auch an vielen osteuropäischen Universitäten wird in der Regel Rechtswissenschaft in englisch mit europäischem Bezug studiert. Die Übersicht zeigt ferner, dass sich in diesen verschiedenen Märkten (Osteuropa und Westeuropa) Großkanzleien unterschiedlich stark etablieren können und hier offensichtlich sehr verschiedene Kompetenzen und Stärken gefragt sind.

Spannend ist an dieser Stelle, wie sehr die Schere bei den Umsatzzahlen bereits bei den Top 5 in Deutschland auseinandergeht.

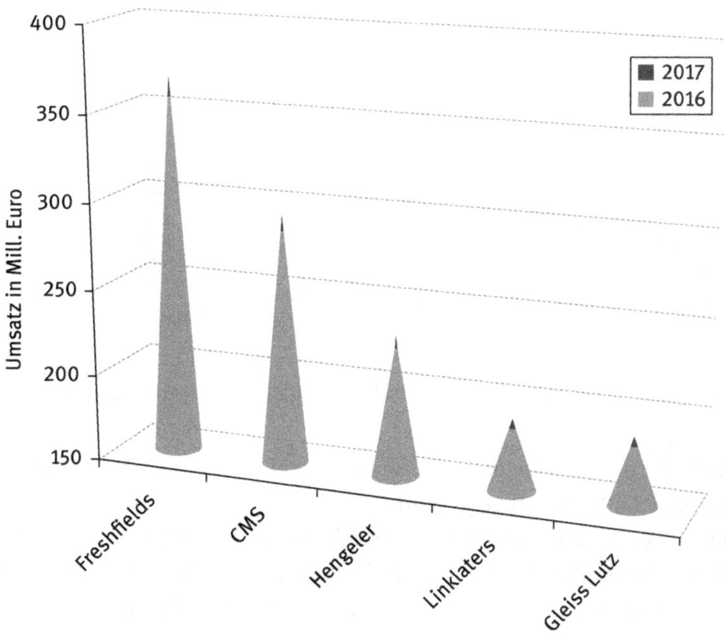


Vergleich der Umsatzstärke der Kanzleien Deutschland, Oktober 2017, © Dr. Geertje Tutschka

Nicht weniger spannend ist aber auch, wie unterschiedlich stark der jeweilige Zuwachs am Umsatz ist. Hier kann also in den kommenden Jahren auch auf nationaler Ebene sich einiges verändern.

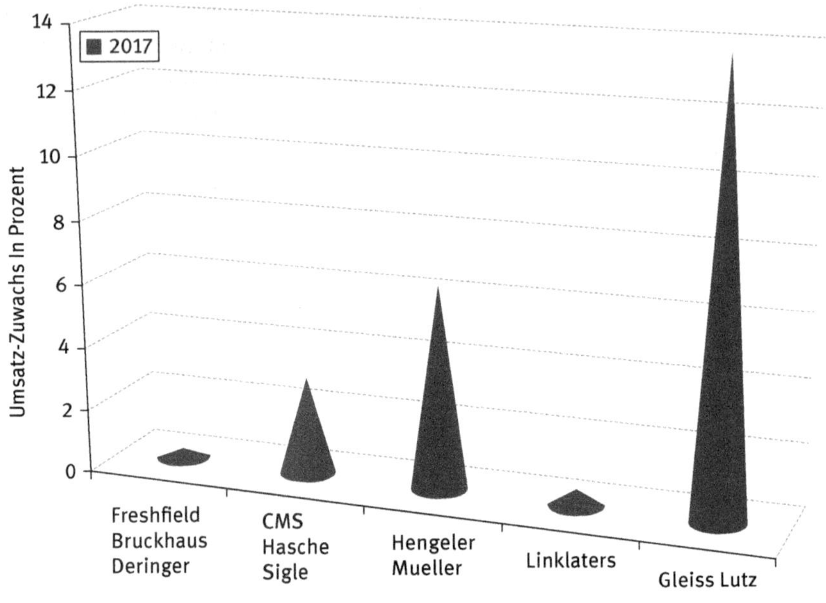


Vergleich des Umsatzzuwachses der Kanzleien Deutschland, 2017, © Dr. Geertje Tutschka

Die Zahl der in Deutschland zugelassenen Rechtsanwälte ist zwar 2017 erstmals um 0,2 Prozent auf 163.436 zurückgegangen.

Die deutschen Wirtschaftskanzleien verzeichnen jedoch insgesamt (nicht nur die Top 5) ein Umsatzplus von durchschnittlich 7%[73]. Anwaltskanzleien ohne Notariat erwirtschafteten jährlich ca. 3% mehr Umsatz[74], Notariate hingegen nur 2%.

Das mag zum einen daran liegen, dass sowohl der Spitzensatz als auch der durchschnittliche Stundensatz für anwaltliche Beratung so hoch liegt wie noch nie[75].

73 Branchenbericht der Sparkassen Deutschland 2017, S. 2.

74 Branchenbericht der Sparkassen Deutschland 2017, S. 2.

75 Statistisches Jahrbuch der Anwaltschaft 2017/2018 des Soldan Instituts.

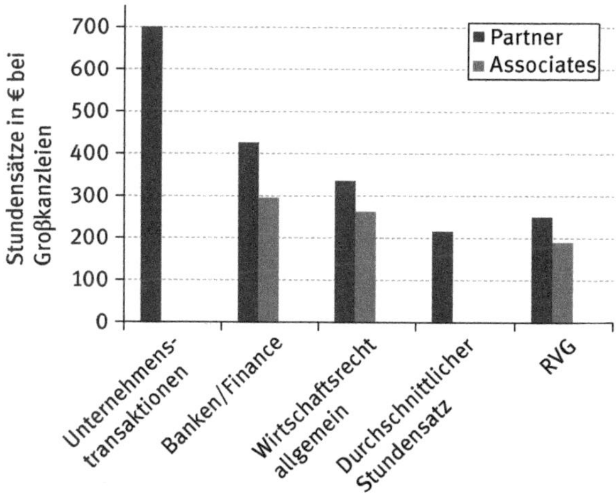


zum Vergeich das RVG:
- Außergerichtliche Beratung/Gutachten 250 €
- Erstberatung Verbraucher 190 €

Verhältnis der Stundensätze[76], © Dr. Geertje Tutschka

In diesem Zusammenhang sei darauf hingewiesen, dass nach wie vor eine Anpassung bzw. Erhöhung des Gebührenrechtes nach RVG diskutiert wird[77].

Zum anderen an der steigenden Zahl der Fachanwaltszulassungen:

Mittlerweile gibt es 23 verschiedene Fachanwaltstitel im Sinne des § 43c BRAO in Verbindung mit der FAO, wobei die Fachanwälte für Arbeits-, Familien- und Steuerrecht die mit Abstand meistgenutzten sind. Mit 53.600 Fachanwaltszulassungen für 42.900 Fachanwälte (man kann bis zu drei Titel gleichzeitig führen) besitzt mittlerweile jeder dritte Anwalt eine derartige Spezialisierung. Und davon konnte wiederum mehr als 2/3 ihren Umsatz nach Erwerb des Fachanwaltstitels steigern[78]. Der Fachanwalt für Steuerrecht steigerte seine Umsätze mit durchschnittlich 47% am meisten[79].

**76** JUVE Rechtsmarkt 2016.
**77** DAV Pressemitteilung vom 2.6.2016.
**78** Branchenbericht der Sparkassen Deutschland 2017, S. 2.
**79** Soldan Insight, 30.9.2014.

Eine wichtige Rolle spielt jedoch auch das Rechtsgebiet:

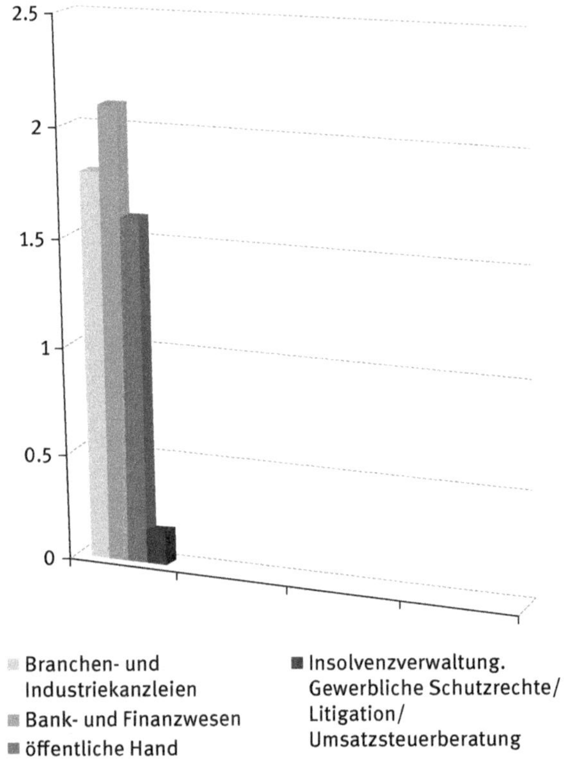


Verhältnis der Umsätze nach Rechtsgebiet[80], © Dr. Geertje Tutschka

Branchen- und Industriekanzleien erzielen also neben Kanzleien für das Banken- und Finanzwesen den größten Umsatz, wobei der Umsatz pro Anwalt 456.000 € bzw. 715.000 € pro Jahr beträgt.

Sieht man sich hingegen die grundsätzliche Verteilung der Mandate auf die verschiedenen Branchen an, kommt der überwältigende Anteil der Mandate aus dem umsatzschwachen Verbraucherbereich:

80 Branchenbericht der Sparkassen Deutschland 2017, S. 21.

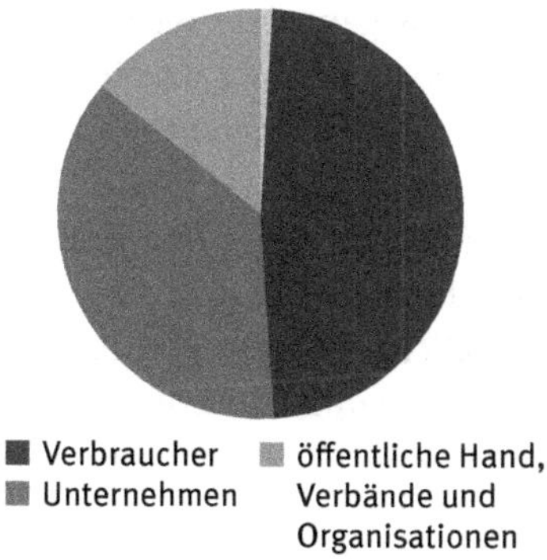


Mandatsstruktur[81], © Dr. Geertje Tutschka

Die Verbrauchermandate stammen überwiegend aus dem Zivilrecht und Strafrecht, aber auch aus dem Sozial-, Verwaltungs- und Steuerrecht. Interessant dabei ist auch, dass 50–70% dieser Mandanten Stammkunden sind[82].

Ein weiterer Aspekt für das Business Development ist der Standort der Kanzlei. Selbstverständlich macht es sowohl für Ihre strategische Ausrichtung als auch für Ihren Wettbewerb und damit Ihr Marketing einen Unterschied, ob Sie der einzige Anwalt weit und breit sind oder sich gegenüber einer Vielzahl von Kollegen behaupten müssen. München hat nach wie vor nicht nur die größte Anwaltsdichte im Vergleich zur Bevölkerung, sondern auch die meisten Anwälte insgesamt.

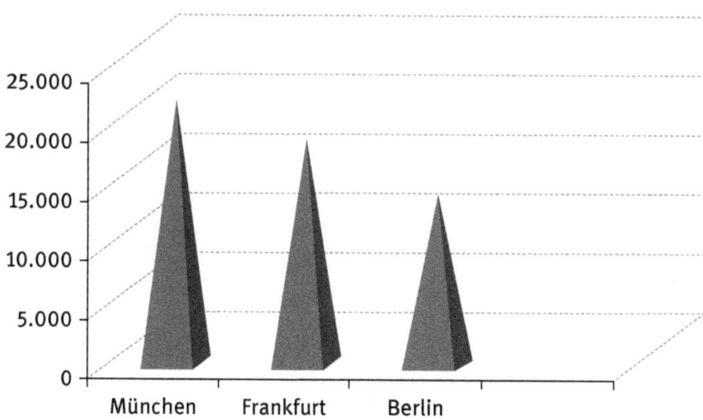


Rechtsanwälte nach Regionen[83], © Dr. Geertje Tutschka

**81** Soldan Institut Insights, 1.6.2016.

**82** Branchenbericht der Sparkassen Deutschland 2017, S. 4.

Ein interessantes Detail dürfte an dieser Stelle sein, dass ganz Österreich weniger als ein Viertel der Anwälte Münchens hat. Im Vergleich der umsatzstärksten Kanzleien (s.o.) erwirtschaften diese jedoch nur ein Achtel der deutschen Spitzenkanzleien und waren damit nur halb so umsatzstark.

Dies ist vor allem deshalb interessant, weil die Nähe zum deutschen Rechtssystem – wenn auch die Tücke im Detail liegt –, die lokale Nähe aber auch die deutsche Muttersprache in Verbindung mit den Möglichkeiten der beruflichen Freizügigkeit der Europäischen Union Österreich eine spannende Erweiterung der deutschen Rechtsbranche darstellen könnte.

Ich möchte jedoch an dieser Stelle auf zwei Besonderheiten hinweisen:

Die österreichische Rechtsbranche ist der deutschen (gefühlt) Lichtjahre

- **voraus** bei der Einführung und alltäglichen Nutzung des elektronischen Rechtsverkehrs, der hier seit mehr als einem Jahrzehnt reibungslos zwischen Behörden, Gerichten und Anwälten funktioniert.
- **hinterher** bei der Gender-Gleichstellung, weshalb der Anteil der Anwältinnen trotz ausgewogener Zahlen der JUS-Studiengänge[84] bei unter einem Drittel liegt[85]

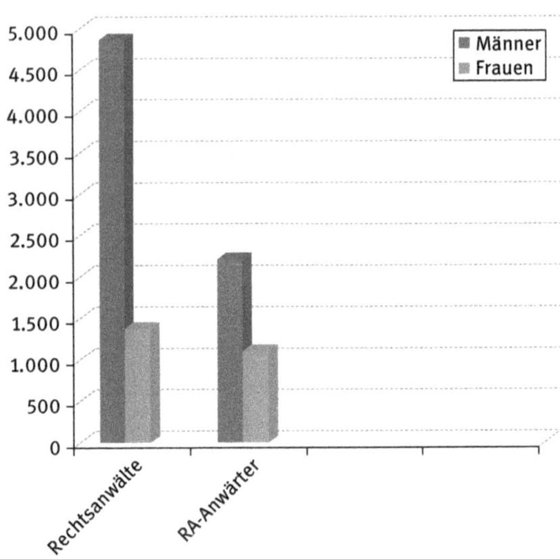


Rechtsanwälte in Österreich 2017[86], © Dr. Geertje Tutschka

83 Branchenbericht der Sparkasse Deutschland 2017, S. 8.

84 JUS ist der Fachbereich Rechtswissenschaft/Jura an den Universitäten.

85 Und in Deutschland sich auch in den Zulassungszahlen bei 50% widerspiegelt.

86 Statistik der ÖRAK vom 31.12.2017.

Unabhängig von Ihrer Qualifikation und Ihrem Standort ist also heute (leider) auch Ihr Geschlecht ein zu berücksichtigender Aspekt im Business Development.

Die Branche scheint sich zu stabilisieren: Die Umsatzrentabilität liegt seit 2015 bei über 30% und rangiert damit im Vergleich zu anderen Branchen auf einem sehr hohen Niveau. Insbesondere Spezial- und Boutique-Kanzleien verzeichneten einen sehr starken Umsatzzuwachs und bezeichnen ihre Ertragslage als sehr gut[87]. Insgesamt kann die Rechtsbranche als konjunkturstabil bezeichnet werden.

Die Insolvenzwahrscheinlichkeit ist zurückgegangen und liegt deutlich unter dem Durchschnitt aller Branchen[88], wobei er im Westen Deutschlands mit 0,51% deutlich niedriger lag als im Osten mit 0,86%. So gab es beispielsweise lediglich zwei Kreditausfälle in Hamburg hingegen zehn in Brandenburg im Jahr 2016.

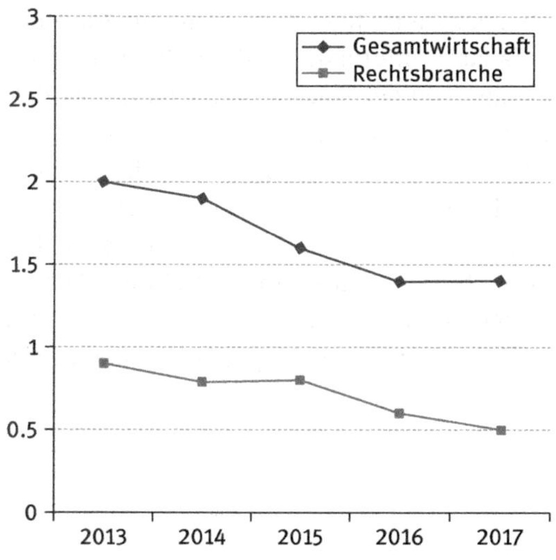


Creditreform – Risiko – Indikator[89], © Dr. Geertje Tutschka

Insgesamt gibt es in Deutschland knapp 59.000 Anwalts- und Notarkanzleien.
- 2% erwirtschaften dabei 40% des Gesamtumsatzes der Branche
- 3% erwirtschaften einen Jahresumsatz von 250.000–2 Millionen €
- 70% erwirtschaften einen Jahresumsatz von bis zu 250.000 €

**87** Branchenbericht der Sparkassen Deutschland 2017, S. 11.
**88** Branchenbericht der Sparkassen Deutschland 2017, S. 2.
**89** Creditreform 2017, ebenda.

- 25% (ca. 15.000 Einzelkanzleien) erwirtschafteten lediglich einen Jahresumsatz von durchschnittlich 32.803 €[90].

Hierbei ist zu bedenken, dass der kalkulatorische Lohn für den Kanzleiinhaber mit ca. 5% anzunehmen ist und damit im Mittel des Dienstleistungssektors liegt[91]. Gleichzeitig bewegen sich die Einstiegsgehälter für angestellte Prädikatsjuristen in Großkanzleien bei 120.000 €. Stellen Sie sich also als Berufsanfänger die Frage nach der bestmöglichen Einstiegs-Konstellation sollten Sie unbedingt Ihren persönlichen Marktwert (zumindest aufgrund des Examensergebnisses) vorher getestet haben.

Die folgende Übersicht verdeutlicht dann auch, dass nur lediglich ein Viertel aller Berufsanfänger tatsächlich als Kanzleiinhaber starten. Neben finanziellen Erwägungen dürfte außerdem eine Rolle spielen, zunächst Erfahrung im „Kanzleigeschäft" zu sammeln.

Die in diesem Zusammenhang vieldiskutierte Reform des Referendariats hat dabei durchaus ihre Berechtigung: Es kann informativ und berufsorientierend sein, alle Aspekte juristischer Tätigkeiten von der Staatsanwaltschaft, über den Richter- und Anwaltsberuf bis hin zum Rechtsamt kennenzulernen. Eine ausreichende Vorbereitung auf eine Kanzleigründung ist es hingegen auch bei maximalem Einsatz in Kanzleien während dieser Zeit nicht. Was im Übrigen auch für die fünf Jahre umfassende Konzipientenausbildung in Österreich mit anschließendem Anwaltsexamen gilt: denn auch hier umfasst die fünfjährige Ausbildung beim Anwalt ausschließlich fach- und mandatsbezogene Aspekte und kein betriebswirtschaftliches Know How, kein Leadership Development, kein Marketing oder ähnliches.

**90** Branchenbericht der Sparkassen Deutschland 2017, S. 8.
**91** Branchenbericht der Sparkassen Deutschland 2017, S. 12.

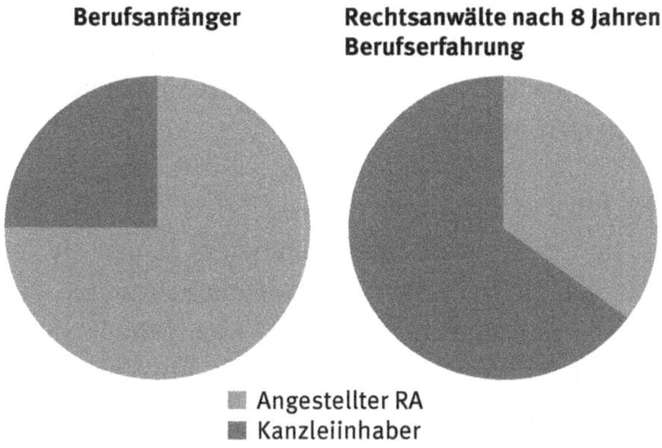


Verhältnis von angestellten Rechtsanwälten und Kanzleigründern[92], © Dr. Geertje Tutschka

Ein weiterer wichtiger Aspekt beim Business Development ist die Frage, ob man allein als Einzelanwalt oder aber in einer Partnergemeinschaft startet. Wie oben bereits dargestellt, sind die Umsätze der Einzelkanzleien signifikant geringer, was vor allem auch an der mangelnden Spezialisierung aber auch am ineffizienten Kanzleimanagement liegt. Ressourcenteilung, gegenseitige Vertretung aber auch der Mehrwert diverser Entscheiderteams sind hier die maßgeblichen Pluspunkte für die Partnerkanzlei.

Verhältnis von Einzelanwälten und Kanzleien mit mehreren Partnern[93], © Dr. Tutschka

92 Branchenbericht der Sparkassen Deutschland 2017, S. 6.

93 Branchenbericht der Sparkassen Deutschland 2017, S. 8.

Doch wie sieht die Prognose aus? Ist Spezialisierung das „Must Have“ für Ihr Business Development? Lohnt sich also der Erwerb eines der priorisierten Fachanwaltstitel, wie beispielsweise den Fachanwalt für Arbeitsrecht, um zu den 2/3 umsatzsteigernden Rechtsanwälten zu gehören?

Hier ist ein sehr viel intensiverer Blick in die Zahlen notwendig:

Während im Allgemeinen die Gerichtsverfahren zunehmen, haben sie im Arbeitsrecht abgenommen, was auf die verbesserte Arbeitsmarktsituation zurückzuführen ist. Allerdings sind Verfahren rund um das Thema Hartz IV deutlich gestiegen[94]. Die Zunahme der Gerichtsverfahren spiegelt sich hingegen deutlich in den Familiensachen wider, was den Erwerb des Fachanwaltes für Familienrechtes sehr viel attraktiver macht.

Bei dieser Ausgangslage kann unter dem Gesichtspunkt des Business Developments es also strategisch sehr viel besser sein, sich auf weniger überlaufene Gebiete zu fokussieren, wie beispielsweise den gerade erst aufgesetzten Fachanwalt für Migrationsrecht oder aber auf sich entwickelnde Rechtsgebiete, die noch gar keinen Fachanwaltstitel aufweisen, wie beispielsweise

- die Inhaber- und Nutzungsrechte im Internet forciert durch die Umsetzung der neuen Datenschutzrichtlinie
- das Expat- und Entsendungsrecht wird sich als bislang eher unbedeutender Teil des Arbeitsrechtes aufgrund der zunehmenden Globalisierung und wachsenden Bedeutung der Entsendung von Arbeitnehmern zu einem eigenständigen Rechtsgebiet entwickeln
- das Sportrecht
- das Opferrecht
- das Recht der Vereine und NGO’s für den rasant wachsenden non-profit-Bereich oder aber
- die Spezialisierung auf die Investition in Kryptowährung (wie BitCoin) sowie deren steuerliche Behandlung[95].

Beobachtern der Branche zufolge werden sich darüber hinaus aber auch die Fachanwaltschaften für Verkehrsrecht, Erbrecht sowie Mietrecht entwickeln[96].

Aus betriebswirtschaftlichen Gründen kann es durchaus sinnvoll sein, sich diese neuen Geschäftsfelder auch mit temporärer Unterstützung aufzubauen, beispielsweise mit Lawyer on Demand, die bislang eher für Ausfallzeiten als Interim

94 Branchenbericht der Sparkassen Deutschland 2017, S. 9.

95 Hier besteht gerade ein enormer Bedarf an Experten für Investorenveranstaltungen und Artikel.

96 Anwaltsblatt online, 23.3.2016.

eingesetzt worden sind. Neben im Vergleich zu Festanstellungen geringen Personalkosten erhält sich die Kanzlei genügend Flexibilität, um auf Marktveränderungen kurzfristig reagieren zu können. Ein nicht zu unterschätzender Aspekt ist ferner die „Helikoptersicht" dieser High Potenzials, die zumeist aus einer Vielzahl von Assignments zum Geschäftsfeld einschlägige und umfassende Erfahrungen mitbringen und damit neue Ideen und frischen Wind in eingefahrene Strukturen und Denkmuster. Letztlich punktet der Lawyer on Demand mit einem großen Netzwerk und dem Potenzial, Mandanten mitzubringen. Personalvermittler wie Xenion haben sich bereits auf die spezielle Marktsituation der Legals eingestellt und vermitteln explizit Lawyer on Demand an Unternehmen und Kanzleien.

i

*„In einer Zeit der Transformation und Digitalisierung in der juristischen Arbeitswelt bietet der Einsatz von Lawyern on Demand flexible und maßgeschneiderte Lösungen für Projekte oder zur Verstärkung juristischer Teams in Ausfallzeiten sowohl für Unternehmen als auch Kanzleien. Talentierte Lawyer on Demand können ihre einschlägigen Erfahrungen aus verschiedenen Assignements und neue Perspektiven von außen einbringen. Gleichzeitig kann ein Anwalt als Lawyer on Demand ein ausgewogenes Portfolio für den nächsten Karriereschritt aufbauen sowie ein starkes, professionelles Netzwerk."*

**Rechtsanwältin Elisabeth Gawrych, Lawyer on Demand, Wülfrath**

Business Development kann aber auch in der Bildung strategisch günstiger Allianzen bestehen. Weiter diskutiert wird, ob die Möglichkeit des Zusammenschlusses mit anderen Berufen weiter aufgeweicht werden soll, um im Sinne von agilen Teams ganzheitliche Projektarbeit gewährleisten zu können. Zwar begrüßen lediglich 31% die Entscheidung des Bundesverfassungsgerichtes, dass sich Anwälte nun mit Apothekern und Ärzten zusammenschließen können. Laut dem Soldan Institut wird diese Hemmschwelle aber mit der alten Generation an Anwälten verschwinden[97].

Eine andere Frage wird bleiben, inwieweit die Zulassung von sogenannten Alternative Business Structures (ABS) im deutschen Rechtsdienstleistungsmarkt zumindest teilweise das Anwaltsmonopol abschafft und zahlreiche neue finanzkräftige Akteure in den Markt holen wird. Klassische Finanzinvestoren wie Versicherungen oder Banken könnten dann Anteile von Kanzleien erwerben[98].

Der weitere Eintritt der Wirtschaftsprüfungsgesellschaften in den Rechtsmarkt, was zuletzt den Druck auf die Wirtschaftskanzleien enorm verstärkte,

**97** Soldan Insight, 4.2.2016.

**98** Der Rechtsdienstleistungsmarkt 2030, S. 18, Deutscher Anwaltverein, Prognos.

dürfte hingegen nicht zu befürchten sein: Das neue Abschlussprüfungsreformgesetz beendet langjährige Mandatsbeziehungen nun nach zehn Jahren[99].

Business Development bleibt einer der wichtigsten Bereiche für Kanzleien. Allerdings geht es dabei nicht nur um das Erschließen neue Geschäftsfelder. Sondern ebenso um die Optimierung der vorhandenen Mandantenstruktur. Was heißt das?

Wie in jedem Unternehmen gibt es auch bei Kanzleien Mandanten, die mit Großaufträgen oder einer Vielzahl von gleichen Aufträgen einen gewissen Sockelumsatz für die Kanzlei erzeugen. Dabei geht es nicht nur um das Autohaus oder den Sachverständigen, welche regelmäßig in Verkehrsunfallsachen mit der Kanzlei zusammenarbeiten oder das mittelständische Unternehmen, welches die Kanzlei mit einem Rahmenvertrag quasi als externe Rechtsabteilung nutzt. Es geht auch um Einzelmandate, die ein enormes Umsatzplus erzeugten oder Potenzial für Folgemandate mitbringen. Diese sogenannten A-Mandanten können beispielsweise Türöffner bei Innungen und Berufsvereinen sein, aber auch bei Veranstaltungen als Botschafter fungieren[100].

Die wenigsten Kanzleien werten jedoch ihre Mandantenstruktur regelmäßig aus, um sich diese A-Mandanten herauszufiltern und verstärkt zu nutzen.

Dabei wird in der Wirtschaft hierzu seit langem schon mit dem sogenannten Pareto-Prinzip[101] gearbeitet: Danach bringen in der Regel 20% der Kunden 80% des Umsatzes. Fokussiert man sich also auf diese 20% mit seiner strategischen Ausrichtung, seinem Marketing und Kundenbindungsstrategien, erzielt man die größtmögliche Umsatzsteigerung.

**Pareto Prinzip**

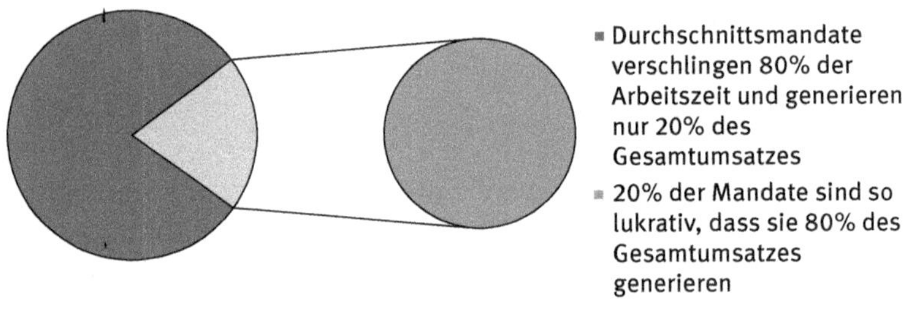


Verhältnis von Umsatz und Kunden nach dem Pareto Prinzip, © Dr. Geertje Tutschka

99 JUVE online Nachrichten 11.7.2016.

100 Hamtschek „Prädikat Empfehlenswert – Die A-Mandanten als Türöffner" in Kanzleimarketing.de vom 28.1.2018.

101 Vilfredo Pareto (1848–1923) lebte in Frankreich, Italien und der Schweiz. Sein Pareto-Prinzip zur Effizienzsteigerung entwickelte er, nachdem er als Ökonom für eine Bank feststellte, dass 80% des Umsatzes der Bank von 20% ihrer Kunden erbracht wurde.

Business Development muss also sowohl nach Außen als auch nach Innen stattfinden.

Kann aber auch bedeuten, Kosten zu minimieren, Ressourcen zu bündeln und Qualität zu standardisieren. Im Folgenden soll daher noch einmal auf die Bedeutung von Buchhaltung und Controlling aber auch von Qualitätsmanagement und Compliance eingegangen werden.

### 4. Buchhaltung, Controlling, QM und Compliance

Die Überprüfung der anwaltlichen Tätigkeit sollte unter zwei Blickwinkeln erfolgen.

Einerseits ist die Qualitätskontrolle der anwaltlichen Dienstleistung unabdingbar. Zum anderen sollte aber auch eine regelmäßige Kostenkontrolle erfolgen:

Die Qualitätskontrolle ist auch in der Anwaltskanzlei eine Daueraufgabe. Da Anwälte eine Dienstleistung vermarkten, ist die Qualität ihres Produkts nach verschiedenen Gesichtspunkten zu überprüfen.

Zum einen ist die **rechtliche Qualität der Dienstleistung** zu gewährleisten. Der Rechtsrat muss richtig sein. Dies reicht jedoch bei weitem nicht aus. Die Dienstleistung muss rechtzeitig erbracht werden. Der beste Schriftsatz ist wertlos, wenn er nicht fristgerecht eingereicht wird. Hinzu kommt: Mandanten warten nicht gerne. Sie möchten, dass ihr Problem schnell gelöst wird. Dem Mandanten nützt ein Rat nur dann, wenn er ihn auch verstehen kann. Mit Fachchinesisch ist ihm nicht gedient. Kann der Mandant den Rat seines Anwalts nicht verstehen, dann besteht die Gefahr, dass er allein aufgrund des Un- oder Missverständnisses den Rat seines Anwalts nicht befolgt. Schließlich kommt es darauf an, dass die juristische Dienstleistung dem Mandanten dabei hilft, sein Ziel zu erreichen. Dies mag simpel klingen. Doch tatsächlich ist dies in der Praxis in kaum einer Besprechung mit dem Mandanten üblich. Warum? Anwälte werden dazu schlicht nicht ausgebildet. Die rein fachliche universitäre Ausbildung führt dazu, dass bei den Studierenden und späteren Anwälten Unmengen von Wissen angehäuft wird. Ein Nebenprodukt dieser Ausbildung ist die Fähigkeit zum Beschaffen und Selektieren nach Relevanz sowie die Fähigkeit von abstraktem und subsumierendem Denken. Da aufgrund der fortschreitenden Digitalisierung und des Internets heute jedes Wissen immer und überall abrufbar ist, ist die juristische Fachausbildung mehr als überholt. Damit wird das einstige Nebenprodukt aufgewertet und stellt das tatsächliche Kapital der ausgebildeten Juristen dar.

Für den späteren Erfolg im Beruf aber bedarf es darüber hinaus auch Kommunikations- Präsentations- und Performancefähigkeiten. Dies bringen die künftigen Juristen nicht ohne weiteres mit. Viele Erlernen dies mühsam im Laufe ihres Berufslebens. Eine profunde Ausbildung könnte hier jedoch enorm unterstützen. Daher haben gerade in den letzten Jahren die **Mediationsausbildungen**, die viel Verhandlungsführung aber auch richtiges Zuhören und Fragestellen beinhalten, gerade unter den fertig ausgebildeten Juristen, die bereits einige Jahre im Beruf standen, einen wahren Boom erlebt. Heute werden sogar spezielle Coachingausbildungen nur für Juristen angeboten, die diesen helfen sollen, die entscheidenden Qualitäten im anwaltlichen Beruf herauszubilden. Warum hier der Staat immer noch einerseits bei der rein juristischen Fachausbildung eine professionelle Ausbildung zu einem absoluten Muss erklärt, bei den Kommunikationsfähigkeiten hingegen Laien toleriert, ist absolut unverständlich. Oder würden Sie gern von einem Chirurgen operiert werden, der sich zwar die medizinischen Kenntnisse theoretisch angeeignet hat, jedoch nicht gelernt hat ein Skalpell zu halten?

Und letztlich: Ein wichtiges, simples, in der Praxis aber häufig ignoriertes Kontrollinstrument ist das kritische Durchlesen der eigenen schriftlichen Ausführungen vor der Unterzeichnung. In größeren Kanzleien werden zumeist **inhaltliche Qualitätskontrollen** etabliert, indem jedenfalls größere Arbeiten wie Schriftsätze und Vertragsentwürfe einem Kollegen mit der Bitte um Durchsicht und Korrektur vorgelegt werden. Die Kontrolle der äußeren Form und der Verständlichkeit von Schriftstücken kann auch nichtjuristischen Mitarbeitern der Kanzlei übertragen werden. Wenn die eigenen Mitarbeiter den von einem Anwalt verfassten Text nicht verstehen können, dann wird es im Zweifel auch der Mandant nicht können. Schwieriger ist es, das Verhalten von Anwälten bei Verhandlungen, Diskussionen oder im Gerichtssaal zu prüfen und zu bewerten. Ein Kollege aus der eigenen Kanzlei, dem nicht die Verhandlungsführung obliegt, kann wertvolle Hinweise geben. Aber auch die Investition in einen externen Verhandlungsexperten lohnt sich. In guten Kanzleien hat auch der jüngste Anwalt das Recht, Änderungen vorzuschlagen, gleichgültig, ob der Entwurf von einem jungen Associate oder dem ältesten Namenspartner stammt. Es kommt auf die Güte der Arbeit an. Autorenstolz wird klein geschrieben.

Bei der **Kostenkontrolle** ist Ihr Businessplan oder Ihr Businesskonzept die wichtigste Arbeitsgrundlage. Dieser Businessplan sollte kontinuierlich angepasst, ausgerichtet und mit neuen Markterfahrungen unterfüttert werden. Empfehlenswert ist auch, zu einer quartalsmäßigen Überprüfung des Businessplanes oder zu einer Halbjahresplanung überzugehen. Doch unabhängig von dieser regelmäßigen Anpassung sollte Sie sich Zeit nehmen, die Erfahrungen der letzten Monate kontinuierlich auszuwerten und umzusetzen. Lassen Sie Ihre

Buchhaltung und Ihren Steuerberater in bestimmten Abständen Kassensturz machen und erstellen Sie einen voraussichtlichen Jahresabschluss, um zu überprüfen, ob Sie noch auf Kurs sind. Schauen Sie sich die Zahlen zu Gewinn und Verlust, Umsatz und Ausgaben genau an.

Untersuchen Sie monatliche Schwankungen und Muster und nutzen Sie Ihre Erkenntnis, um Ihre Abrechnungen darauf abzustimmen und Fehlinvestitionen und Geldfressern auf die Spur zu kommen. Trennen Sie sich jetzt von unprofitablen Strategien, lustlosen Mitarbeitern und unnützen Abonnements und Services. Müssen die Rückstellungen angepasst werden?

---

i

Die Überprüfung kann in vier Schritten erfolgen:
- kenne ich alle Bürokosten
- sind alle Bürokosten notwendig
- können ungenutzte Ressourcen gegebenenfalls in Geld umgewandelt werden
- können alternative Anbieter Bürokosten einsparen

---

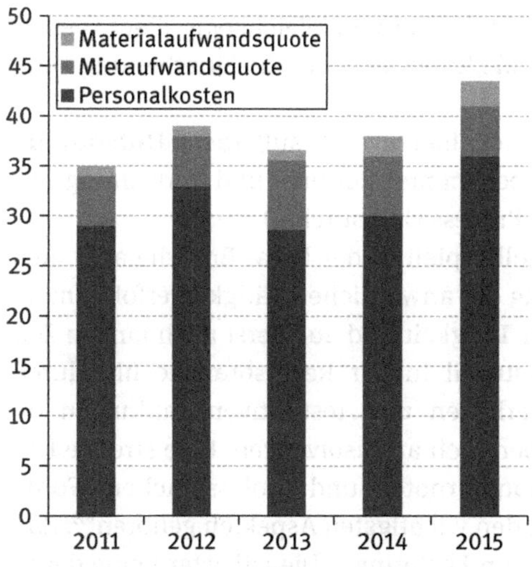


Kosten in der Kanzlei[102], © Dr. Geertje Tutschka

Im Allgemeinen sind die Personalkosten der mit Abstand größte Kostenfaktor. Daran ändert auch die Personaleinsparung und Einführung von Legal Tech wenig. Grund dafür sind die hohen Qualifikationskosten und Weiterbildungsbedarf der Mitarbeiter und Rechtsanwälte durch Neuerungen in Rechtsprechung

---

**102** Branchendienst der Sparkassen-Finanzgruppe, Stand 01/2017.

und Gesetzgebung aber auch die Notwenigkeit von Schulungen für Personal- und Kanzleiführung, da diese nicht in der Ausbildung vermittelt werden, sowie technische Schulungen für die Einführung von Legal Tech.

Selbstverständlich haben Sie bereits für Ihr Businesskonzept eine genaue Kostentabelle erstellt. Nun gilt es, diese daran zu überprüfen, ob diese Kosten tatsächlich für die Erwirtschaftung des Umsatzes erforderlich sind. Zudem kann ein Anbieterwechsel zu Kosteneinsparungen führen. Kostensenkend wirkt sich auch aus, wenn Räumlichkeiten untervermietet werden (z.B. für Seminare am Abend oder Wochenende), Teilzeitkräfte flexibel von zu Hause arbeiten und den Schreibplatz nicht benötigen, Abstellfläche, Archiv und Material reduziert wird[103]. Neben den Kosten des Bürobetriebes sollten Sie die Arbeitszeit Ihrer Mitarbeiter aber auch Ihre eigene erfassen. Um kostenintensiven Abläufen auf die Spur zu kommen, sollten Sie Zuständigkeiten, Abläufe und Arbeitsmaterialien sowie die für bestimmte Tätigkeiten aufgewendete Arbeitszeit dokumentieren[104]. Anhand dieser Dokumentation können nicht nur Prozesse verschlankt werden, sondern auch überprüft werden, welche Einsparung z.B. der Ersatz dieser Tätigkeit durch technische Hilfsmittel einbringt. Gleichzeitig dient dies als Grundlage der Stellenbeschreibung und „Handbuch" für die Einarbeitung neuer Mitarbeiter.

Zur Einsparung von Personalkosten bieten sich außerdem **Outsourcing Maßnahmen** an, wie das Auslagern bestimmter Routine- und Verwaltungsaufgaben an externe Dienstleister (Legal Process Outsourcing).

Eine nicht zu unterschätzende Rolle spielt in der Legal Branche aber auch das Thema **Cash Flow**: Die Vergütung der anwaltlichen Tätigkeit erfolgt immer noch vorwiegend nach Abschluss der Tätigkeit und auch erst nach langen Zeiträumen. Zudem ist der Forderungsausfall in der Rechtsbranche überdurchschnittlich hoch. Das mag an zögerlichen und restriktiven Zahlungen der (Rechtsschutz-)Versicherer liegen, aber auch an Insolvenzen. Eine strenge Kostenkontrolle mit kostenbasierten Honorarnoten und professionellem Forderungsmanagement wird zukünftig zu den wichtigsten Aspekten gehören[105]. Zum Teil wird auch mit der Beauftragung von Factoring – Dienstleistern eine deutliche Reduzierung der Ausfallquote erzielt[106].

Die Reduzierung der allgemeinen Cash Flow Rate der Branche führt der Branchenbericht der Sparkasse auf die deutlich gestiegenen Privatentnahmen zurück. Gleichzeitig sind die Eigenkapitalquoten durch Einbehaltung der Ge-

---

103 Liker, „The Toyota Way to service excellence", S. 28 f.

104 Namislo in Landenberg, „Erfolgreich starten als Rechtsanwalt", S. 517.

105 Branchenbericht der Sparkasse 2017, S. 13.

106 Ebenda.

winne gestiegen[107]. Gegen die Privatentnahmen und Einbehaltung der Gewinne ist aus betriebswirtschaftlicher Sicht erst mal nichts einzuwenden. Wenn dies denn wohl überlegt und strategisch vorbereitet ist. Keinesfalls sollte dies spontan „nach Gefühl" erfolgen oder weil man die Quote für sein Anwaltsgehalt (in der Regel 5% vom Umsatz) lediglich als Minimum definiert hat. Stattdessen sollte ein bewusstes Cash Flow Management betrieben werden, z.B. indem man kontinuierliche Einnahmequellen generiert jenseits von Mandatslaufzeiten (quartalsweise oder monatliche Abrechnungsmodi bei Rahmenverträgen) oder aber alternative Einkommensquellen (wie Wissensverkauf für Ausbildungen und Seminare).

Diese Entscheidungen sollten weder spontan noch allein getroffen werden. Finanz- und Steuerverantwortliche gehören selbstverständlich ebenso ins Boot wie Eigentümer und Partner.

Sollten Investitionen getätigt werden? Sollten Zahlungen noch in diesem Jahr durchgesetzt werden oder besser ins nächste Jahr verschoben werden? Wurden die Budgets für Weiterbildung und Investitionen ausgeschöpft? Und haben sich diese Investitionen bereits ausgezahlt oder sollte für das kommende Jahr anders budgetiert oder anders investiert werden? Die Ergebnisse sollten regelmäßig in der Teambesprechung diskutiert werden, um gemeinsam über Kursänderungen beraten zu können. Wichtig ist jedoch auch, alle anderen Mitarbeiter ausreichend zu informieren.

So sollten Sie jederzeit wissen, wo Sie gerade stehen, insbesondere im letzten Quartal. Vielleicht war es ein starkes Jahr. Dann ist es wichtig, dass Ihnen nicht so kurz vor dem Ziel die Kräfte ausgehen. Vielleicht war es aber auch eher enttäuschend, weil ein wichtiger Kunde weggebrochen ist, Ihr bester Mitarbeiter lange krank ausfiel oder sich Ihr Partner von Ihnen getrennt hat. Dann geben Sie nicht auf. Entwickeln Sie gemeinsam einen Aktionsplan für die letzten Wochen. Nur wenn Ihre Mitarbeiter und Kollegen wissen, wo sie stehen, können sie sich auch engagiert einsetzen. Wichtig ist dabei, dass Sie genau überlegen, welche Aktionen in dieser Zeit des Jahres zu maximalem Erfolg führen. In diesem Zusammenhang ist auch ein kritisches Auge auf Ihre Mandantenstruktur zu werfen. Einerseits gilt es zu überprüfen, ob die strategische Ausrichtung und Positionierung genau die anvisierten Mandanten angezogen hat, so dass die Mandate zu Ihrer Infrastruktur passen. Andererseits ist zu überprüfen, ob diese Mandate den im Businesskonzept geplanten Umsatz erzielt haben bzw. inwieweit es Sinn macht, auf bestimmte lukrativere Mandanten zu fokussieren und sich von anderen, weniger umsatzstarken Mandaten[108] zu trennen.

---

**107** Ebenda.
**108** Hierzu können auch lukrative Mandate mit hohen Reisekosten zählen.

Warum Controlling Ihrer Kanzlei Chefsache ist, erklärt der Unternehmeranwalt:

i

*„In den letzten Jahren ist nach meiner Wahrnehmung die Anzahl von Kanzleien in wirtschaftlichen Schwierigkeiten gestiegen. In allen Fällen die ich als Sanierungsmandate oder Insolvenzverfahren auf dem Tisch hatte, war eine der Ursachen, dass der Anwalt nicht die richtigen Informationen zur Verfügung hatte um Entscheidungen treffen zu können und die Kanzlei gleichsam im Blindflug nach Bauchgefühl gesteuert hat. Neben den „Standards" – insbesondere also, ob alle Rechnungen bei Fälligkeit bezahlt werden können (Liquidität), welchen Gewinn die Kanzlei abwirft und wie die Kosten sich entwickeln braucht der Anwalts-Unternehmer vor allem Antworten auf die Fragen, was die Zeit des Anwalts wert ist und welche Mandate „gut" sind. Mit den Auswertungen der meisten Kanzleiprogramme lassen sich diese Fragen allerdings bestenfalls in Ansätzen beantworten. Der erste Schritt ist daher die Entwicklung eines auf die Kanzlei zugeschnittenen Berichtswesens, das die Informationen liefert, die für die anstehenden unternehmerischen Entscheidungen wirklich gebraucht werden. Fragen Sie sich, was speziell Sie wissen müssen, um Ihre Kanzlei zu führen und verlassen Sie sich nicht auf die Informationen die der Programmierer Ihrer Software für sinnvoll hält. Unnötige Informationen sind wertlos! Der limitierende Faktor in Anwaltskanzleien ist – trotz aller skalierbaren Geschäftsmodelle – nach wie vor die Arbeitszeit der Anwälte. Diese muss daher besonders sorgfältig und für jedes Mandat „controlled" werden – ganz gleich wie es abgerechnet wird. Ein geeigneter Maßstab um unterschiedliche Mandate zu vergleichen ist der in dem jeweiligen Mandat realisierte Umsatz pro Stunde. Dieser ermittelt sich als Quotient aus realisiertem Umsatz abzüglich den direkten Kosten und der im Mandat aufgewandten Anwaltszeit. Wenn diese Kennzahl laufend und für jedes Mandat ermittelt wird, ist ein solider Grundstein dafür gelegt, die Kanzlei gut zu positionieren. Auch für die Abrechnung werden laufend Informationen benötigt und auch die schönste Rechnung (= abgerechneter Umsatz) nutzt nichts, wenn das Honorar nicht auf dem Konto landet (= realisierter Umsatz). Es kann nicht genug betont werden, wie wichtig es ist, den Forderungseinzug im Blick zu behalten, denn Honorarausfälle schlagen überproportional auf den Gewinn durch: bei einer Kosten- quote von 50% führt ein Honorarausfall von 5% zu 10% weniger Gewinn. Controlling ist Chefsache – nehmen Sie das Thema ernst!"*

**Rechtsanwalt und Diplom-Ökonom Dr. Andreas R. J. Schnee-Gronauer, Schüttorf.**

Lassen Sie dabei aber nicht Ihr langfristiges Kanzleiziel aus den Augen. Im Tagesgeschäft und im Zahlenland kann man sich schnell verlieren. Man sieht buchstäblich den Wald vor Bäumen nicht mehr. Ihr langfristiges Kanzleiziel navigiert Sie auch durch Um- und Irrwege. Ihr Jahresergebnis und Ihr Businessplan sind dabei nichts anderes als ein weiterer Pflasterstein zur Verwirklichung Ihrer Kanzleiidee. Bewerten Sie also Planabweichungen mit Fokus auf das Endergebnis und lassen Sie dabei auch ihre persönlichen Wünsche und Pläne nicht unberücksichtigt.

Zum Abschluss hier noch ein Wort zu Compliance. Compliance soll einerseits die Einhaltung von Recht und Gesetz sicherstellen, aber eben auch die Umsetzung der Kanzleiwerte, Standards und internen Richtlinien. Die mit Ihrer Kanzleivison verinnerlichten Werte sollten mittlerweile als Kanzleikultur gelebt werden. Das bedeutet, dass Prozesse und Verantwortlichkeiten festgeschrieben und standardisiert worden sind. Das bedeutet aber auch, dass bestimmte Routinen und Rituale mittlerweile dazu gehören, ebenso ein bestimmter Umgangston, ein „Willkommensprozess“ für neue Mitarbeiter oder auch Bekleidungsrichtlinien bis hin zur Vorgabe, wie die Kanzlei sich am Telefon meldet. Auch dies sollte niedergeschrieben und immer weiter vervollständigt werden, wird doch hier Ihre „Kanzlei-DNA“ zum ersten Mal greifbar und real. Das ist die Grundlage für eine wirkungsvolle und nachhaltige Comliance, die Ihre Kollegen und Mitarbeiter dazu anhält, diese Standards und Routinen täglich in Ihrer Kanzlei umzusetzen.

## 5. Wissensaufbau und -entwicklung

Neben der Personalentwicklung und effizienten Büroorganisation ist der Auf- und Ausbau des Know How die dritte wesentliche Ressource der Kanzlei.

Doch ebenso wie für Personal- und Kanzleimanagement wird der Anwalt und Kanzleiinhaber auch für den Erwerb und die Entwicklung seines Know How nicht bezahlt.

Zwar bringt jeder Anwalt eine „Grundausbildung“ nach Studium und Referendariat mit. Kenntnisse über sein Spezialgebiet, Kommunikation und Verhandlungsführung, Büroorganisation und Business Development, Personalführung und Controlling muss er sich hingegen „Post Graduate“ aneignen.

Interessanterweise besteht jedoch lediglich für das Führen einer Fachanwaltsbezeichnung eine kontinuierliche Fortbildungspflicht mit fünfzehn Stunden im Jahr gemäß § 15 FAO, davon fünf Stunden auch im Selbststudium. Das sind weniger als 20 Minuten pro Woche. Insgesamt liegt der Anteil der anwaltlichen Fortbildung tatsächlich bei durchschnittlich drei Stunden bei einer 50 Stunden-Woche[109].

**109** Kilian, „Anteile der Arbeitszeit“ S. 32, Anwaltsblatt 01/2018.

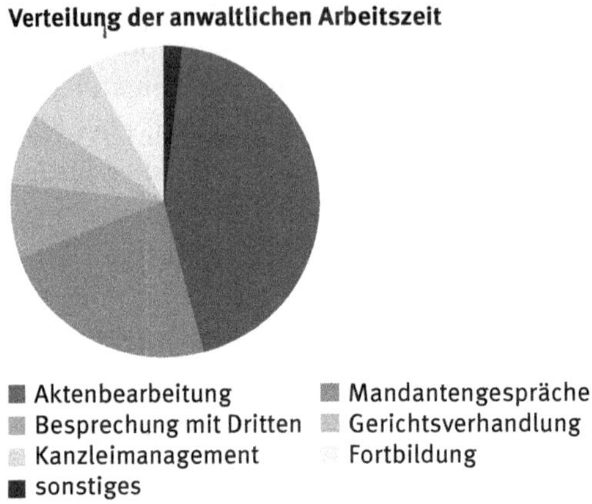


durchschnittliche Verteilung der Arbeitszeit eines Kanzleiinhabers[110], © Dr. Geertje Tutschka

Leider gibt die Studie nicht her, wieviel Anteil dabei auf die rein fachliche Fortbildung, welcher auf sogenanntes „Personal Development" und welcher auf reines Kanzleimanagement und Unternehmensführung entfällt. Auch ist nicht ersichtlich, ob hierzu auch Selbststudium sowie Coaching und Mentoring gezählt wird.

Das Bundesministerium der Justiz wagte gerade mit Unterstützung der Bundesrechtsanwaltskammer (BRAK[111]) einen Vorstoß bei der nationalen Umsetzung der europäischen Berufsanerkennungsrichtlinie, eine generelle Fortbildungsverpflichtung für die Anwaltschaft festzuschreiben. Angedacht waren verbindliche vierzig Stunden im Jahr inklusive Selbststudium. Dies sollte sogar neben einer Rüge mit einem Bußgeld sanktioniert werden können. Das hätte die Anhebung auf mindestens fünfundvierzig Minuten pro Woche für alle Anwälte bedeutet, wäre aber immer noch nur ein Viertel der tatsächlichen Fortbildungszeit (im Durchschnitt) gewesen. Als besonders wichtig sah die BRAK dabei die Verpflichtung für Junganwälte an, sich innerhalb der ersten sieben Jahre mindestens zehn Stunden davon im Berufsrecht fortzubilden, was einer Investition von ca. 150 € gleichgekommen wäre, da dieses in der Juristenausbildung bislang überhaupt nicht gelehrt wird[112].

---

110 Studie „Anwaltstätigkeit der Gegenwart" des Soldan Instituts 2016. An der Studie beteiligten sich 1.593 Rechtsanwälte.

111 Die BRAK betreibt das Deutsche Anwaltsinstitut; der DAV die Deutsche Anwaltsakademie.

112 Dazu gehören die beruflichen Haftungsrisiken, einschränkende Wettbewerbsregulationen aber auch die Verschwiegenheitsverpflichtung.

i

*„Fortbildung ist ein elementarer Bereich unseres Berufs. Das ist schon gesetzlich festgelegt, in § 43a BRAO. Deshalb sollte die Fortbildung auch einen Stellenwert im Bewusstsein der Kolleginnen und Kollegen bekommen, der gewährleistet, dass wir die Qualität unseres Berufs hochhalten können. Dieser gesetzlichen Fortbildungspflicht kommen sehr viele Kollegen bereits nach – und das gilt nicht nur für die Fachanwälte nach der Fachanwaltsordnung. Die Kollegen wissen ganz überwiegend, dass eine qualitativ hochwertige Rechtsberatung nur möglich ist, wenn man sich fortbildet."*

**Dr. Ulrich Wessels, Vizepräsident BRAK, Präsident der Rechtsanwaltskammer Hamm, Rechtsanwalt und Notar in der Sozietät Dr. Koenig & Partner GbR in Münster, Vorstandmitglied und Schatzmeister des Deutschen Anwaltsinstituts**[113]

Leider erfolglos. Eine generelle Fortbildungspflicht besteht also für Anwälte und Juristen nach wie vor nicht und liegt damit weiterhin allein in der Eigenverantwortung der Berufsträger, sowohl beim OB als auch beim WIE.

i

*„Fortbildung bedeutet Karrierevorsprung und Marktvorteil auch gegenüber dem nichtanwaltlichen Wettbewerb! Fortbildung macht unsere Qualität nach außen sichtbar und ist eine 1a-Werbemaßnahme. Gerade in Zeiten von Digitalisierung und Legal Tech ist es aber nicht nur die FAO-Fortbildung, die die Position am Markt sichert, sondern und gerade auch die Auseinandersetzung mit Themen wie unternehmerischem Kanzleimanagement, strategischer Führung der Anwaltskanzlei und modernen Formen der Mandantenakquise. Nutzen Sie Ihre Chancen!"*

**Rechtsanwältin Anke Haug, Geschäftsführerin www.advoknowhaug.de, Anwaltsseminare und Fortbildung GmbH, Renningen**

Die für die erfolgreiche Ausrichtung der Kanzlei notwendigen Aus- und Weiterbildungen auszuwählen, gehört zu einer der Schwerpunktaufgaben professionellen Personal- und Talentmanagemetns. Viele Kanzleien haben für diese „Standardfortbildungen" mittlerweile Inhouse-Programme aufgebaut, die Junganwälte quartalsweise oder auch in sogenannten Sommerakademien absolvieren können. Schwerpunkte sind dabei beispielsweise Verhandlungsführung sowie Pitch und Präsentation. Zusätzlich werden zumeist gewisse Fortbildungsbudgets zur Verfügung gestellt, die entsprechend abzurufen sind, beispielsweise für Zusatzqualifikationen und Abschlüsse.

Zum Wissensmanagement gehört heute in jeder Kanzlei außerdem nicht nur die Standard-Bibliothek (Gesetze, Kommentare, Fachbücher) nebst Abonnement der wichtigsten juristischen Fachzeitschriften, sondern ebenso ein auf das Spezialgebiet der Kanzlei abgestimmtes professionelles Research-Programm mit Zugang zu Online-Datenbanken[114]. Auch der regelmäßige Besuch von Fort-

**113** Pia Lorenz, „Am Wahlkampf gescheitert" in LTO vom 4.4.2017.
**114** Schwohnke in Landenberg, „Erfolgreich starten als Rechtsanwalt", S. 384.

bildungsveranstaltungen, Kongressen und Netzwerktreffen sollte dazugezählt werden. In welchem Umfang und zu welchem Gebiet liegt allein in Ihrer Entscheidung. Auf eine umfassende Darstellung kann daher an dieser Stelle verzichtet werden.

Eine andere Frage ist hingegen, wie mit kanzleiinternem Wissen umgegangen wird. Dieses Wissensmanagement (Knowlegde Management) umfasst Büroorganisation, Templates und Bausteine für Spezialgebiete der Kanzlei, aber auch die Erfahrung langjähriger Mitarbeiter. Nach Heussen halten zwar 75% Knowledge Management für wichtig. Es werden jedoch lediglich 5% des Umsatzes darin investiert[115].

Aus seiner Sicht bedarf es für erfolgreiches Knowledge Managements:
- Implementierung in Werte und Strategie (Budget)
- Bestimmung eines Verantwortlichen
- Abholung, Aufbereitung, Systematisierung, Dokumentation des Wissens
- Entgeltregelung
- Qualitätsmanagement

Leider boykottieren Konkurrenzdenken und Zeitdruck auch heute noch in den meisten Kanzleien diese wichtige Ressource[116].

## III. Zeitmanagement

Kennen Sie das?

Der lang ersehnte Jahresurlaub steht vor der Tür. Seit Wochen haben Sie darauf hingearbeitet, den Schreibtisch von allen wichtigen Dingen und Fristensachen zu befreien, Termine zu verschieben, Liegengebliebenes in Wochenend- und Nachtschichten weggeschafft und den gutmütigen Kollegen, der Ihre Urlaubsvertretung übernimmt, eingewiesen.

Und nun das: genau jenes Projekt, auf das Sie seit Jahren hingearbeitet haben, entwickelt genau in dem Moment, in welchem Sie in den Urlaub starten wollen, den „Show Down“. Das alles entscheidende Finale wird in den zehn Tagen stattfinden! Während Ihres Urlaubs.

Sie haben die Wahl: Ihren Urlaub sausen zu lassen; Partner und Familie ihre Unabkömmlichkeit zu erklären oder in den Urlaub zu fahren und Ihre Kollegen die Lorbeeren einheimsen zu lassen: Die Lorbeeren für die Monate zäher

115 Heussen, „Anwaltsunternehmen führen“, S. 206.
116 Ebenda.

Kommunikation, politisch-taktischer Spielchen und die vielen Nachtschichten. Sie wissen, wovon ich rede?! Gut. Willkommen im Club!

Das bedeutet, Sie haben einen gewissen Level auf Ihrer Karriereleiter erreicht. Sie ahnen bereits, was ich Ihnen jetzt verrate: Sie sind einer der Auserwählten der Unentbehrlichen! Karrierestufe + Status + Gehaltsgruppe + Verantwortung = UNENTBEHRLICHKEIT.

Also was ist jetzt mit Urlaub? Klar, der steht Ihnen natürlich gesetzlich zu. Ebenso wie die Überstundenkappung bzw. -vergütung. Es können Ihnen sogar bewilligte Urlaubstage zurückgebucht werden ab einem bestimmten Eingebundensein in E-Mail-Kommunikation und Telefonate. Wir sind Juristen. Soviel zur Theorie. Nützt Ihnen das was? Nein.

Denn Ihr Arbeitgeber erwartet Ihre Unentbehrlichkeit selbstverständlich zum Selbstkostenpreis. Und wenn Sie ohnehin Ihr eigener Chef sind, geht das Ganze sowieso auf Ihr Konto und Ihre Verantwortung.

Was hat das alles mit Zeitmanagement zu tun?

Hätten Sie daran irgendetwas mit gutem Zeitmanagement ändern können? Hilft es Ihnen jetzt bei der Entscheidung für oder gegen den Urlaub?

Zeitmanagement ist Selbstmanagement. Und es geht immer nur um diese eine Frage:

**WAS IST IHNEN IM MOMENT WICHTIG? Was hat Priorität?**

Ist es Ihnen wichtig, das alles entscheidende Finale des Projektes mit einem genialen Twist abzuschließen? Hat das wohltuende Schulterklopfen oder die geile Rechnung Priorität?

Oder ist es Ihnen wichtig, den warmen weißen Sand zwischen Ihren Zehen zu spüren, während Sie auf den Sonnenuntergang warten? Können Sie sich nichts Besseres vorstellen, als die beiden Kleinen vorn am Wasser zu beobachten, wie sie ihre Sandburg vor den Wellen schützen? Gibt es nichts Wichtigeres, als die braunen Pünktchen in den graublauen Augen neben Ihnen zu zählen?

**Was ist IHNEN im Moment wichtig? Ihre Antwort weist Ihnen den Weg. Ohne Schuldgefühle. Ohne genervtes „GLEICH".**

---

**i**

Wichtig ist dabei, dass Sie sich diese Frage ehrlich beantworten und die Antwort an Ihre Lieben ehrlich kommunizieren. Nichts ist schlimmer als faule Kompromisse, Halbwahrheiten oder vorgespielte Aufmerksamkeit.

Wichtig ist Ihre Aufmerksamkeit. Egal, wie Sie sich entscheiden: Ihre Aufmerksamkeit wird sich dieser Sache zuwenden und diese zu einem einzigartigen Moment machen.

Wichtig ist, dass Sie sich entscheiden. Denn ohne Entscheidung, wird Ihre Aufmerksamkeit zwischen allem Möglichen hin und her springen; nichts wird Ihre Aufmerksamkeit lange genug fesseln, um sich entwickeln zu können. Die Menschen in Ihrer Umgebung werden frustriert darauf reagieren, von Ihnen keine Antwort zu erhalten: Aufgrund der diffusen Signale, die Sie aussenden, werden Sie von Ihnen ständig angezogen und abgestoßen und nicht wissen, wo Sie sich gerade mit Ihrer Aufmerksamkeit befinden.

Was hat das mit Zeitmanagement zu tun?

Zeitmanagement ist Selbstmanagement. Und die ständige Beantwortung der Frage: Was hat für mich Priorität. Um sich darauf mit Ihrer vollen Aufmerksamkeit zu konzentrieren.

Nichts anderes gilt für Ihre Anwaltstätigkeit und Ihre Kanzlei: Ohne gutes Zeitmanagement ist beides ein aussichtsloses Unterfangen.

Vielleicht befinden Sie sich am Anfang Ihrer beruflichen Karriere als Anwalt. Vielleicht starten Sie gerade erst ins Berufsleben. Vielleicht starten Sie aber auch gerade wieder nach einer Familienpause oder einfach nochmal anders nach einem beruflichen Wechsel aus anderen juristischen Berufen: In jedem Fall stehen Sie unmittelbar vor der Realisierung des Projektes „Ich, der Anwalt und Kanzleiinhaber“. Ein schönes Projekt. Ein anspruchsvoller Beruf.

Wie Sie wissen, dachten das außer Ihnen sich das derzeit allein in Deutschland fast 165.000[117] andere auch. Bei weiterhin rückläufigen Bevölkerungszahlen sind das im Moment nur noch ca. 500 Einwohner pro Anwalt[118], eine der geringsten Quoten europaweit. Und die deutschen Mandanten sind nicht streitsüchtiger als ihre europäischen Nachbarn. Deutsche Anwälte verdienen also keinesfalls mehr pro Mandat als ihre europäischen Kollegen. Der Konkurrenzdruck ist groß. Viele Anwälte arbeiten achtzig Wochenstunden und mehr. Kanzleien stehen vor dem wirtschaftlichen Aus. Sie tun also gut daran, sich mit Fragen des Zeitmanagements in der Anwaltskanzlei, im Anwaltsberuf zu beschäftigen.

Man möchte meinen, dass gutes Zeitmanagement nur eine „App“ entfernt ist.

Noch nie gab es so viele Ratgeber und Hilfsmittel zu diesem Thema wie heute. Ausgeklügelte Planer und Organisationssysteme in gedruckter und digitaler Form schaffen Ordnung und Vorhersehbarkeit. Fast täglich drängen neue online-Dienste auf den Markt, die Sie bei der Erledigung Ihrer Aufgaben unterstützen und Ihnen Zeit einsparen. Terminerinnerungen, Diktier- und Übersetzungssysteme, Blumendienst, Rund-um-die-Uhr-Kinderbetreuung, flexible Öff-

117 Aktuelle Zahl: 165.551 BRAK-Statistik vom 1.1.2017.

118 Die Zahl der Anwaltszulassungen hat sich seit 1990 verdreifacht. 1950 kamen noch 5.000 Einwohner auf einen Anwalt.

nungs- und Arbeitszeiten, Putz- und Bringdienste schaffen Ihnen Freiräume. Gesundes Fastfood in konzentrierter oder pürierter Form, Personal Trainer und Fitnessprodukte garantieren Gesundheit ohne Zeitaufwand. Die Digitalisierung hat die Informationsbeschaffung und Kommunikation revolutioniert: Schlüsselpositionen im Anwaltsberuf, denken wir nur an Recherchetätigkeiten und den Rechtsverkehr mit Gerichten und Behörden, war nie leichter. Und noch nie so kompliziert. Während andere Branchen davon in erster Linie profitieren, bereitet es den Anwälten in erster Linie Kopfschmerzen.

Denn wie kann ein Berufsstand, dessen Ausübung an Recht und Gesetz hängt, innovative Technik nutzen, für die die vorhandenen Gesetze nicht gemacht sind und die er selbst nicht mehr vollständig versteht, um beispielsweise Datenschutz garantieren zu können? Fragen, die die Anwaltschaft nicht erst seit der Einführung des beA (Besonderes elektronisches Anwaltspostfach[119]) umtreibt.

Informationen sind nun rund um die Uhr, in nahezu unendlicher Fülle jedoch von meist zweifelhafter Herkunft zu beschaffen. Automatisierte Rechtsauskünfte im Internet reduzieren zusätzlich Kanzlei-Geschäftsmodelle. Hinzu kommt die ständige (24/7) Erreichbarkeit jedes einzelnen, die Auflösung der traditionellen Öffnungs- und Ruhezeiten (Tag-Nacht, Woche-Wochenende, Büro-Urlaub), die Vermischung von Beruflichem und Privatem.

Und nicht zuletzt die Herausforderung, in der sogenannten „Rush-Hour" des Lebens Familie und Beruf gleichermaßen zu realisieren, ohne sich später mit Ende Vierzig fragen zu müssen, ob man nicht zu Lasten der Familie auch noch die falsche Karriereleiter erklommen hat.

Durch die langen Ausbildungszeiten und dem damit verbundenen späten Berufseinstieg fällt dieser heute oft mit der ebenfalls nach hinten verlagerten Familiengründung zusammen. Die intensive Zeit der Kleinkindbetreuung und des Ausfalles wegen Familienzeit kollidiert dabei zumeist mit der ersten Festanstellung, in der man sich als Junganwalt bewähren möchte oder gar mit der Doppelbelastung Karriere plus berufsbegleitende Promotion oder betriebswirtschaftliches Aufbaustudium. Meine Karrierecoachings für die Berufseinsteiger drehen sich fast ausschließlich um die Bewältigung dieser Doppel- und Dreifachbelastung – zumeist verbunden mit einer ersten intensiven Phase der Hinterfragung, wie sehr man mit diesem Beruf die Bedürfnisse und Erwartungen der Eltern oder seine eigenen erfüllt hat und wo genau dieser Weg hinführen soll. Fand diese Doppel- und Dreifachbelastung hingegen in dieser Phase nicht

**119** Wie die BRAK in ihre Presseerklärung im Dezember 2017 mitteilt, wird die seit langem geplante Einführung des beA aus technisch-rechtlichen Gründen auch nicht zum 1.1.2018 starten, sondern auf unbestimmte Zeit verschoben.

statt, weil man sich voll und ganz auf seine berufliche Karriere fokussiert hat und das Privatleben ausblendete, habe ich genau diese Kandidaten dann spätestens mit Mitte vierzig, wenn sie einen gewissen Karrierelevel erreicht haben, mit der Sinnfrage im Karrierecoaching.

Keine Frage: der Beruf des Anwalts und die Führung einer Kanzlei sind zeitintensiv und der Arbeitsalltag wird von Besprechungsterminen, Deadlines, Rotfristen und Gerichtsterminen bestimmt. Gleichzeitig sind unsere Kraft und unsere Lebenszeit begrenzt. Diese Begrenzung anzunehmen und mit unseren Ressourcen sinnvoll zu haushalten, ist der Beginn guten Zeitmanagements.

Erinnern Sie sich an die Zeit Ihres Ersten Juristischen Staatsexamens und die Vorbereitung darauf. Während manche „abgetaucht" sind, haben es bestimmt auch einige geschafft, „nebenbei" zu arbeiten und/oder sich um Kinder und Familie zu kümmern. Manche sind vielleicht auch dazu gekommen, ihren Hobbys nachzugehen. Während der Referendarzeit vergrößerte sich wegen der verschiedenen vorgegebenen Aufgaben bis zum Zweiten Staatsexamen der „Zeitdruck": Examensvorbereitung, Arbeitsgemeinschaften, Klausuren und parallel dazu die Ausbildungsstationen, vielleicht ein Job, Familie oder gar eine Promotion.

Aber jeder Tag hat für jeden nur vierundzwanzig Stunden. Warum haben die einen „keine Zeit", die anderen schon? Das liegt nicht an der Zeit an sich, sondern an den Aktivitäten, die wir entfalten: Wer „keine Zeit" hat, beschäftigt sich im Zweifel mit zu vielen, zu schwierigen oder unwichtigen Dingen, während sich andere gut organisiert genau um die „richtigen" Dinge kümmern.

Wenn Sie das nicht überzeugt, dann schauen Sie sich gedanklich einmal die Leute an, die in Ihren Augen beruflich und privat erfolgreich sind: Sind das nicht häufig die, die nicht nur „Karriere machen" und alle Zeit hierauf verwenden, sondern die, die gleichzeitig Bücher lesen, reisen oder ein Instrument spielen, Freunde treffen und auch Zeit für die Familie haben?

Wie Sie am Umfang dieses Abschnitts erkennen können, halte ich die Bedeutung dieses Themas für immens wichtig. Gleichzeitig spielt es in viele bereits besprochene Bereiche hinein: die richtige Positionierung Ihrer Kanzlei, die richtige Ausstattung, die richtigen Leute können „Zeit sparen" und natürlich auch die richtigen Strukturen, das richtige Controlling.

Doch um Zeitmanagement wirklich zu verstehen, bedarf es meiner Ansicht nach jedoch des „Big Pictures". Ich erlaube mir also den Luxus, hier etwas weiter auszuholen und nicht bloß Tipps zur Steigerung von Effizienz und Profitabilität beizusteuern.

Um Zeit wirklich „managen" zu können, muss man voraussetzen, dass es so etwas wie Zeit gibt. Und dass dieses Etwas in irgendeiner Weise organisierbar ist, so dass es quantitativ besser eingeteilt wird. Wir setzen voraus, dass Zeit endlich ist, vergeudet werden kann und dass es gut ist, Zeit zu haben.

Zeit. Sie begleitet uns unser ganzes Leben, bestimmt alle wichtigen und unwichtigen Ereignisse, definiert, ob wir jung oder alt sind, in welchem Tempo wir uns bewegen und welchen Dingen wir uns zuwenden. Zeit ist Geld. Zeit hat man nicht, man muss sie sich nehmen. Und nichts ist so alt wie die Zeitung von gestern.

Die Frage ist aber: Ist Zeit ein Paradoxon, was es gar nicht gibt?

Wenn die Zeit nicht existiert, sondern bloß eine Illusion ist, dann gibt es in Wirklichkeit gar keinen Ablauf von Ereignissen. Dieser „Ablauf“ wäre nur unsere subjektiv irrige Empfindung. Schwer zu glauben, wenn man doch häufig viel zu wenig Zeit hat oder ängstlich auf seinen Alterungsprozess starrt. Der Mathematiker Hermann Weyl hat dies in seinem Buch „Philosophie der Mathematik und Naturwissenschaft“ schon 1927 folgendermaßen beschrieben: „Der Schauplatz der Wirklichkeit ist nicht ein stehender dreidimensionaler Raum, in dem die Dinge in zeitlicher Entwicklung begriffen sind, sondern die vierdimensionale Welt, in welcher Raum und Zeit unlöslich miteinander verwachsen sind. Diese objektive Welt geschieht nicht, sondern sie ist – schlechthin; ein vierdimensionales Kontinuum, aber weder Raum noch Zeit.

Die Zeit als vierte Dimension hat schon 1895 der britische Schriftsteller Herbert George Wells beschrieben – in seinem Roman „Die Zeitmaschine“. Und noch früher, 1884, spekulierte der britische Mathematiker Charles Howard Hinton über eine vierdimensionale Raumzeit, in der gewöhnliche Partikel gleichsam als Fäden vorkommen; eine fast prophetische Vorwegnahme der „Weltlinie“, die in der Relativitätstheorie eine zentrale Rolle spielt.

Die vierdimensionale Realität wird oft als „Block-Universum“ bezeichnet, denn sie entwickelt sich nicht, sondern ist gleichsam als Ganzes und auf einmal da. Wenn es Gott gäbe und er außerhalb der Zeit existierte, wie schon der Kirchenvater Augustinus glaubte, könnte er gewissermaßen die Welt in ihrer Totalität von Anfang bis Ende überblicken. Der Begriff des unveränderlichen Block-Universums geht auf den amerikanischen Psychologen und Philosophen William James zurück. In seinem Essay „The Dilemma of Determinism“ von 1884 kritisierte er die Vorstellung des Determinismus, die der Idee eines freien Willens widerspräche.

Ashtekars Kollege Carlo Rovelli, Physik-Professor an der Universität Marseille, hält die Zeit ebenfalls für ein Truggebilde: „Auch, wenn ich es nicht beweisen kann, bin ich überzeugt, dass Zeit nicht existiert. Ich glaube, dass es eine Möglichkeit gibt, das Funktionieren der Natur zu beschreiben, ohne die Begriffe Zeit und Raum zu benutzen. ‚Raum‘ und ‚Zeit‘ werden nur innerhalb gewisser Näherungen sinnvoll bleiben – so wie der Begriff ‚Wasseroberfläche‘

seine Bedeutung verliert, wenn wir auf die Atome des Wassers im Detail schauen: Sieht man genau genug hin, gibt es so etwas wie eine Wasseroberfläche gar nicht." Ganz ähnlich verhält es sich mit Zeit und Raum: „Es sind nur makroskopische Näherungen – Illusionen, die unser Bewusstsein geschaffen hat, um die Realität zu verstehen." Das „Fließen" der Zeit ist im Rahmen der Relativitätstheorie eine Illusion. Alles ist gewissermaßen „auf einmal" in der Raumzeit fixiert.

Wie die Wissenschaftler „Zeit" definieren ist das eine. Eine andere Sache ist, wie Sie „Zeit" empfinden, mit Ihr umgehen. Dies kann genetisch und individuell determiniert sein aber auch durch Erziehung und Gesellschaft bestimmt. Im Allgemeinen nimmt man beispielsweis an, dass Männer „Zeit" als etwas eher (eindimensional) Lineares begreifen, weshalb unser derzeitiges gesellschaftliches Verständnis von Zeit vom Patriarchat seit Jahrhunderten geprägt als „Geschichte – Gegenwart – Zukunft" quasi auf einem Zeitstrahl definiert wird. Das weibliche Prinzip versteht „Zeit" hingegen eher als (zweidimensionale) Welle oder besser (dreidimensionale) Spirale. Das weibliche Verständnis von Zeit sagt, Dinge wiederholen sich (wie die Gezeiten, der Monatszyklus, die Jahreszeiten, Lebenszyklen und Karma), immer wieder jedoch niemals ident. Ähnlich wie beim Jurastudium, wo mit dem Allgemeinen Teil des BGB begonnen wird und Semester für Semester „weitere Schichten aufgetragen werden" oder besser vom Allgemeinen zum Speziellen übergegangen wird, kann die Gesamtheit des Rechtssystems (des Universums?) erst am Ende (oder nur am Anfang) erfasst werden[120]. Auffallend ist wohl auch, dass „Pünktlichkeit" und „Zeitwert" offensichtlich nicht überall auf Welt dasselbe bedeuten. Fünf Minuten Verspätung können in Westeuropa bereits eine diplomatische Krise auslösen. In Osteuropa vermögen das noch nicht einmal fünf Tage. Zeit ist relativ – in mehrfacher Hinsicht.

Doch zurück zum Wesentlichen: Wofür ist das wichtig?
Wichtig ist, dass Sie sich Ihre persönliche Determinierung von „Zeit", Ihr ureigenes Verständnis von dieser Illusion bewusst machen. Und eben nicht als „allgemeingültig" unterstellen. Zeit und Pünktlichkeit sind völlig wertneutral. Erst Sie (be)werten das und zwar nach Ihrer subjektiven Vorstellung davon. Haben Sie sich also selbst Ihre genetische Veranlagung und Ihre gesellschaftliche Prägung zum Thema „Zeit" bewusst gemacht, kommt es auf Ihre individuellen Persönlichkeitsmerkmale an. Denn selbstverständlich sind wir Westeuropäer nicht alle pünktlich und wir Deutschen nicht immer zuverlässig.

**120** Als Synästhet habe ich ohnehin noch ein ganz anderes Verständnis von Zeit.

Zunächst sollten Sie für sich herausfinden, welcher „Zeittyp" Sie sind.
Die Menschen sind verschieden: Während der eine alles bis ins letzte Detail plant und sehr gründlich erledigt, plant der andere so gut wie gar nicht und kommt immer gleich auf den entscheidenden Punkt; der eine arbeitet langsam, aber beständig, der andere reagiert häufig spontan. Wieder ein anderer kann sich gut organisieren, plant und arbeitet routiniert und systematisch und lässt sich wenig ablenken, der nächste ist ein „Chaot", der vor einem Tisch voller Akten sitzt, ständig viel Unerledigtes vor sich herschiebt und sich so von einer zur anderen Aufgabe „durchhangelt"; der eine hat regelmäßig genügend Zeit für Privates, der andere dagegen nie. Daran, wie jeder von uns mit vorgegebenen Terminen umgeht, wie er sich und andere diszipliniert, wie viel Energie er für die Erfüllung einzelner Aufgaben hat, aber auch daran, wie er eigene Ziele setzt und auf deren Erreichen hinarbeitet, kann man die vier nachfolgend beschriebenen Typen erkennen.

Grundlage bildet das **DISG-Persönlichkeitsmodell:**
**DISG: Dominant – Initiativ – Stetig – Gewissenhaft**[121]**.**

Die unterschiedlichen Verhaltensstile leiten sich daraus ab, dass Menschen sich eher extrovertiert oder introvertiert sowie eher menschen- oder sachorientiert verhalten[122]. Wir alle haben ganz unterschiedliche Stärken und Schwächen. Wer seine Stärken kennt, nutzt und ausbaut und dabei um seine Schwächen weiß, kann am effektivsten sein. Nehmen Sie sich also Zeit und versuchen Sie, herauszufinden, welcher Typ Sie sind.

Der **dominante Typ** verhält sich aufgabenorientiert und extrovertiert. Kontrolle und Ergebnisse sind ihm absolut wichtig. Dieser Typ analysiert Sachverhalte schnell, kann Wesentliches von Unwesentlichem unterscheiden, verliert seine Ziele nicht aus dem Blick und merkt sofort, wenn die konkrete Situation das Erreichen seiner Ziele gefährdet. Er bewertet Aktivitäten ergebnisorientiert. Dominante Typen wollen, dass alles am besten so schnell wie möglich erledigt wird; deswegen schieben sie Arbeiten nicht gerne vor sich her, sondern machen lieber vieles nebeneinander oder nebenbei. Auf andere üben sie dementsprechend Druck aus. Pünktlichkeit ist ihnen wichtig und im Gespräch mit anderen sind sie die Dominanten. Wenn ihnen etwas wichtig ist, unterbrechen sie andere, wollen aber umgekehrt nicht gestört werden. Allerdings will sich der dominante Typ nicht mit langweiligen Arbeiten befassen. Er tut nur, was unbedingt gemacht werden muss. Weil Angehörige dieses Typs oft zu viele Aufgaben ne-

121 Seiwert, Wenn Du es eilig hast, gehe langsam, S. 201 ff.
122 Seiwert, Wenn Du es eilig hast, gehe langsam, S. 204 ff.

beneinander beginnen, arbeiten sie oft unorganisiert und unterschätzen die für die Bewältigung der Aufgaben benötigte Zeit. Durcheinander und Hektik sind häufig Folge dieses Verhaltens. Es hilft dominanten Typen, sich Zeit zu nehmen, ihre Ziele zu formulieren und Prioritäten zu setzen. Wenn sie neue Aufgaben annehmen wollen, sollten sie deren Bewältigung und den Zeitbedarf vorab im Detail planen. Außerdem sollten sie mehr auf ihre Mitmenschen und Kollegen achten, indem sie von ihnen einerseits nicht zu viel verlangen und ihnen andererseits im Gespräch aktiv zuhören.

Der **initiative Typ** verhält sich menschenorientiert und extrovertiert. Andere zu motivieren, zu überzeugen und sie zu beeinflussen ist ihm wichtig. Initiative Menschen handeln spontan, analysieren selten, sind immer für neue, interessante Aufgaben offen und wechseln Prioritäten häufig. Sie sind emotional und reden lieber mit anderen, als zu arbeiten. Dabei legen sie mehr Wert auf Beziehungen, planen optimistisch und achten nicht so sehr auf Uhrzeit und Termine. Andererseits kommen initiative Menschen deswegen häufig zu spät und haben ein schlecht organisiertes Büro. Sie verstricken sich immer wieder in zu viele Aufgaben und lassen sich gerne ablenken. Routinearbeiten werden gemieden und nur erledigt, wenn sie unbedingt notwendig sind. Angehörige dieses Typs organisieren sich besser, wenn sie (z.B. durch drohenden Ansehensverlust) dazu gezwungen werden. Es hilft initiativen Typen, Dinge konsequent zu Ende zu bringen, bevor sie mit Neuem beginnen. Sie sollten dazu ihre Aufgaben planen und die Prioritäten festlegen. Weiter sollten sie auf Pünktlichkeit achten und sich nicht – schon gar nicht durch unwichtige Dinge – unterbrechen lassen.

Der **stetige Typ** verhält sich hingegen menschenorientiert und introvertiert. Stabilität und Harmonie, Unterstützung anderer und geordnete Beziehungen sind ihm wichtig. Die stetigen Typen arbeiten gründlich, langsam, beständig und zuverlässig. Sie gewichten ihre Aufgaben, schaffen und halten Ordnung und sind gut organisiert; sie arbeiten eine Sache nach der anderen ab. Angehörige dieses Typs brauchen Zeit, um ihre Aufgaben in Ruhe zu durchdenken und bringen ihre fachliche Autorität ein. Sie sind ebenso wie der dominante Typ pünktlich. Auf der anderen Seite fällt es stetigen Typen schwer, Nein zu sagen. Weil sie ihre Beziehungen nicht belasten wollen, vermeiden sie Konfrontationen. Lieber bearbeiten sie nicht so dringende und weniger wichtige Aufgaben, als anspruchsvollere Aufgaben mit Termindruck. Zu viele Aufgaben zur selben Zeit überfordern sie. Verantwortung übernehmen diese Menschen nur ungern, aber Bestätigung von anderen ist ihnen sehr wichtig. Stetige Typen sollten mehr Selbstvertrauen haben und auch öfter einmal Nein sagen. Sie sollten kreativ sein auf der Suche nach effizienteren Arbeitsweisen und diese ausprobieren und nicht immer an bewährten Abläufen festhalten. Hilfreich ist es auch, wenn sie sich öfter mit anderen absprechen und abstimmen. Stetige Typen sollten den

Arbeitstag früher beginnen, um Zeitdruck zu vermeiden und mehr an die Ergebnisse denken, als an den Arbeitsaufwand.

Der **gewissenhafte Typ** verhält sich aufgabenorientiert und introvertiert. Das Richtige präzise und genau zu tun und dabei Ärger zu vermeiden ist ihm wichtig. Gewissenhafte Typen haben einen aufgeräumten Schreibtisch, auf dem alles seinen festen Platz hat. Sie sind immer pünktlich und gut vorbereitet und beachten Vorschriften peinlich genau. Um sicher zu gehen, dass alles richtig gemacht wird, fragen sie lieber oft nach. Alles wird detailliert geplant und vorbereitet. Auf der anderen Seite tendiert der gewissenhafte Typ dazu, sich in Einzelheiten zu verzetteln. Spontan kann er deswegen auch nur schwer Entscheidungen treffen. Oft verbringt er zu viel Zeit mit Planung und Vorbereitung, die ihm dann für die eigentliche Durchführung der Aufgabe fehlt. Wenn ihm eine Aufgabe nicht in sein Konzept passt, lehnt er sie ab. Den gewissenhaften Typen hilft es, wenn sie ihre Planungszeiten kritisch überdenken, nicht alles bis ins Detail analysieren und sich auf Arbeitsergebnisse konzentrieren. Es muss nicht immer alles perfekt sein. Sie sollten also auch ihre hohen Ansprüche etwas zurückschrauben. Diese Typen sollten sich bewusst machen, dass Fehler passieren; sie können nicht jedes Risiko und jede Eventualität einplanen. Ziele sollten realistisch gesetzt werden, und zuletzt sollten gewissenhafte Menschen mindestens so aufmerksam bezüglich ihrer Mitmenschen sein, wie sie es mit Blick auf abstrakte Vorschriften und Regeln sind.

Neben diesen vier verschiedenen Typen mit Zeit und Organisation umzugehen nach dem DISG-Modell, kann man die Menschen auch nach McGee in **Systematiker und Chaot** einteilen. Wie oben schon angesprochen, sind manche Menschen gut organisiert, während andere im Chaos, also desorganisiert leben. Diese Menschen sind deswegen nicht weniger intelligent, schlampig, dumm oder faul, sie gehen einfach nur anders mit ihrer Zeit um, verarbeiten Informationen anders und motivieren sich selbst anders[123].

Nur wenn Sie wissen, welcher Typ Sie sind, können Sie erkennen, auf welche Dinge Sie achten müssen, um effizient mit Ihrer Zeit umzugehen.

**Systematiker** planen im Voraus, orientieren sich streng an der Uhr, denken konzentriert und fokussiert und achten auf Ordnung. Außerdem richten sie sich nicht so sehr nach dem, was andere von ihnen erwarten, sondern mehr nach ihren inneren Signalen.

---

**123** McGee-Cooper, „Time Management for Unmanageable People“, S. 25.

McGee-Cooper spricht von
- monochronischen Zeitmanagern,
- konvergenten Denkern bzw.
- intrinsisch Motivierten.

Im Gegensatz zu den Systematikern lassen sich **Chaoten** nicht in ein Uhrenschema pressen. Sie wollen oft mehrere Dinge gleichzeitig erledigen und sind nicht berechenbar. Sie denken in verschiedene Richtungen und haben immer wieder neue Ideen und reagieren außerdem auf das, was andere von ihnen wollen.

McGee-Cooper spricht von
- polychronischen Zeitmanagern,
- divergenten Denkern bzw.
- extrinsisch Motivierten.

Ein weiterer nicht zu unterschätzender Punkt ist die Frage, welcher Lerntyp Sie sind. Denn schließlich lesen Sie ja dieses Kapitel, weil Sie unzufrieden sind mit der gegenwärtigen Situation und sie etwas verändern möchten (s.o.)

Aber auch Ihre individuelle Leistungsfähigkeit und Lebenssituation spielt eine nicht unerhebliche Rolle. Selbstverständlich ist es ein Unterschied, ob Sie jung, alt oder schwanger sind; ob Sie die ganze Nacht wegen des Babys oder wegen Ihrer Rückenschmerzen nicht schlafen konnten, Sie ein Frühaufsteher oder eine Nachteule sind und wie Sie sich ernähren.

Die meisten Menschen haben am Vormittag eine sehr hohe Leistungsbereitschaft, am frühen Nachmittag ein Tief, später noch einmal ein Zwischenhoch, und ab dem frühen Abend fällt die **Leistungskurve** dann kontinuierlich ab[124]. Aber es gibt auch Menschen, die sich als „Nachtmenschen" bezeichnen und am liebsten abends und in der Nacht arbeiten. Mehr Qualität sowohl bezogen auf das Ergebnis der Arbeit, wie auch im Sinne von Lebensqualität erzielt, wer die Phasen hoher Leistungsbereitschaft ausnutzt, um Leistungen zu erbringen.

Finden Sie also für sich heraus, wie Ihre eigene Leistungskurve aussieht: Eine Möglichkeit besteht darin, über eine gewisse Zeit Notizen darüber zu machen, wie Sie sich zu welcher Tageszeit fühlen. Sie werden einen gewissen Rhythmus erkennen und sollten bei der Tagesplanung hierauf Rücksicht nehmen. Aber auch den Rhythmus von Arbeitswoche und Wochenende sollte man beachten. Die Zäsur, die das Wochenende mit sich bringt, ermöglicht es uns, die während der Woche getanen Arbeiten emotional zu verarbeiten und uns auf die nächste Woche einzustellen. Sie können zusätzlich Ihre Energie durch einen entsprechenden

**124** Seiwert, „Das neue 1×1 Zeitmanagement", S. 50 f.

**Lebenswandel** steigern: Eine gesunde Ernährung, bestehend aus mehr frischem Obst und Gemüse sowie Vollwertkost, weniger Koffein, dafür mehr Kräutertees, Säfte und viel Wasser, wird sich sofort spürbar bemerkbar machen. Keine Sorge, Sie sollen nicht von heute auf morgen Ihr Leben komplett umstellen, aber versuchen Sie einmal, die eine oder andere „schlechte" Gewohnheit teilweise durch eine gesündere Alternative zu ersetzen. Wenn Sie den positiven Effekt spüren, wird es Ihnen leichtfallen, andere schlechte Gewohnheiten zurückzufahren. Daneben sollten Sie sich körperlich betätigen und bewusst atmen. Langsames, tiefes Ein- und Ausatmen kann den Energiepegel erheblich auffrischen[125].

Auch sollte Ihr Arbeitsplatz Ihren Bedürfnissen entsprechen. Damit meine ich nicht nur, dass er ergonomisch auf Sie ausgerichtet ist und den wesentlichen Arbeitsschutzempfehlungen entspricht. Er sollte vor allem Ihre Kreativität ansprechen: denn das ist Ihre wichtigste Ressource im Arbeitsalltag. Dabei ist es völlig egal, ob Sie

- einen leeren, aufgeräumten Schreibtisch brauchen,
- einen gut organisierten Schreibtisch nach dem Toyota-Prinzip oder aber
- viele Aktenstapel und „kreatives" Chaos um sich herum

Es muss „Ihr" Schreibtisch sein, also Ihren Arbeitsstil abbilden. Ein Schreibtisch bildet Ihre Persönlichkeit ab. Co-Working-Spaces und Kanzleien, in denen es keine definierten Arbeitsplätze gibt, sondern sich morgens jeder mit seiner Box an einen der freien Gemeinschaftstische setzt, vergeben sich daher individuelle Potenzialentfaltung.

Zeitmanagement ist also per se nicht möglich. Wir haben keinen Einfluss darauf, wie schnell oder wieviel Zeit vergeht. Wir können nur bestimmen, was wir tun, wann wir es tun und wie lange wir es tun. Wir können nur unseren eigenen Wirkungskreis bestimmen.

Und genau da sind wir beim Thema: Was ist unser Wirkungskreis. Oder besser, was soll unser Wirkungskreis sein? Was wollen wir bewirken? Seien Sie sich darüber im Klaren, was Sie in Ihrem Leben bewirken wollen und was Ihnen besonders wichtig ist. Es ist Ihre Zeit. Ihr Leben. Entscheiden Sie sich ganz bewusst dafür, womit Sie Ihre Lebenszeit verbringen möchten.

Vielleicht geht nicht alles auf einmal. Vielleicht hat manches auch „seine Zeit". Bei den meisten Dingen – und erste Recht bei den Wichtigen – kommt es nicht darauf an, wann Sie sie tun, sondern dass Sie sie tun. Machen Sie sich das

**125** Seiwert, „Wenn Du es eilig hast, gehe langsam", S. 195 ff.

bitte bewusst, wenn ich Ihnen im Folgenden Tipps für mehr Effizienz gebe. Es geht darum, sich auf die wirklich wichtigen Dinge fokussieren zu können und nicht mit Nebensächlichkeiten herumzutrödeln.

### 1. Work – Life Balance

Beginnen sollten Sie daher für sich ganz persönlich mit der Erarbeitung Ihrer Ziele – Ihrer „Bucket List"[126], wenn man so will – Ihrer Grundwerte und Lebensvision, um sich daran bei der Priorisierung ausrichten zu können. Hier gilt nichts anderes als für ihre Kanzlei.

In meinen Trainings kommt an dieser Stelle gern der Einwand: „Was hat das mit Work-Life-Balance zu tun?" Und da sind wir bei der Frage: Was ist Work – Life Balance?

Geht es um die Frage, wieviel Leben am Ende der Arbeit noch möglich ist? Geht es darum, ob die Arbeit Ihr Leben ist – und umgekehrt?

„Wer für das lebt, was er tut, muss nie wieder arbeiten."

Ist es das?
Es gibt genug Routinearbeiten, ungeliebte Nebenschauplätz, Pflichtübungen, denen man sich nicht entledigen kann, die Lebenszeit und -kraft kosten.

Ziel meiner Ausführungen zum Thema „Zeitmanagement" ist es, Ihnen einfache und praktikable Tipps zu geben, wie Sie sinnvoll mit Ihrer wertvollen Zeit umgehen können, um einerseits den Stress im Beruf zu reduzieren und andererseits auch Zeit für die anderen „schönen Dinge des Lebens" zu haben.

Sie sollen dazu beitragen, dass Sie freie, also unverplante Zeit gewinnen. „Zeit haben" sollte erstes Ziel effizienten Zeitmanagements sein! Wer jedoch nur anstrebt, noch effizienter „die Zeit zu nutzen", ohne ein Ziel damit zu verbinden, wird voraussichtlich mehr schaffen, mehr leisten und mehr verdienen. Ob das glücklicher macht, ist fraglich. Dies können wir nach meiner Überzeugung erreichen, wenn wir es schaffen, unser Zeitmanagement so auszurichten, dass wir gleichzeitig individuellen Bedürfnissen und Rhythmen gerecht werden.

Nicht jeder von Ihnen wird jeden Tipp umsetzen; dazu sind wir alle als Persönlichkeiten viel zu unterschiedlich, genauso wie die Aufgaben, die wir bewälti-

126 Auf der „Bucket List" stehen all die Dinge, die Sie im Leben erreichen oder erleben möchten.

gen wollen, völlig unterschiedlich sein werden. Aber ich hoffe, Sie für viele, häufig scheinbar nebensächliche, Themen sensibilisieren zu können.

Natürlich habe ich das Zeitmanagement nicht erfunden. Seit vielen Jahren wird dieses Thema zunehmend populärer, und Sie können sehr viele gute Bücher internationaler Autoren dazu finden. Meine Aufgabe verstehe ich darin, Ihnen praktische Tipps für den Berufsalltag als Anwalt bzw. Kanzleiinhaber zu geben. Sie werden Ihre Ziele leichter erreichen, ausgeglichener sein und hoffentlich den Spaß an der Arbeit nicht verlieren.

### Das Richtige zuerst tun

Haben Sie herausgefunden, welche Persönlichkeitsmerkmale Sie aufweisen und zu welchem Typ Sie tendenziell zuzuordnen sind, geht es nun darum, Ihre persönlichen Ziele und Prioritäten zu definieren. Es klingt so selbstverständlich und einfach: **Definieren Sie Ihre Ziele!**

Aber legen Sie einmal ein leeres Papier vor sich auf den Tisch, nehmen sich zehn Minuten Zeit und schreiben Sie auf, was Ihre beruflichen und privaten Ziele sind.

---

Ziele können sich im Wesentlichen aus vier Bereichen ergeben[127]:

1. dem Leben an sich
   Mit Leben ist das Leben im biologischen Sinn gemeint; dazu gehören natürlich Gesundheit, möglicherweise auch Kinder oder die Sicherung des Lebens anderer.
2. dem Wunsch Ihrer Eltern
   Mit dem Wunsch der Eltern ist gemeint, dass diese (meist unbewusst) einen Wunsch mit ihrem Kind verbinden, der das Leben des Kindes indirekt steuert.
3. Ihren Begabungen und Schwächen
   Dass Begabungen und Schwächen die Ziele jedes Menschen maßgeblich mitbestimmen, ist offenkundig.
4. Ihrem Lebenstraum
   Und schließlich spielt der Lebenstraum eines jeden Menschen eine Rolle, die Vision, die wir alle früher vielleicht einmal hatten und wahrscheinlich längst aus den Augen verloren haben. Denn: Ohne eine Vision oder ein Leitbild vor Augen zu haben ist es sehr schwer, zielgerichtet den Weg dorthin zu beschreiten.

---

Sie werden merken, dass das gar nicht so leicht ist: Natürlich wollen wir alle gesund, erfolgreich und glücklich sein, aber was heißt das konkret für jeden Einzelnen? Welche Aktivitäten entfalten wir, um unsere Ziele zu erreichen?

127 Küstenmacher/Seiwert, „Simplify your life", S. 287 ff.

Nur, wenn die Ziele klar, plastisch und griffig umschrieben sind, wird es möglich sein, das eigene Leben auf die Erreichung derselben aktiv, aber auch unterbewusst auszurichten. Mit einer reaktiven Lebenseinstellung, Sie sich also passiv jeder Lebenssituation fügen mit der Einstellung, die Zukunft ohnehin nicht beeinflussen zu können, werden Sie Ihre Ziele nicht erreichen.

Nach einer Langzeitstudie der Harvard-Universität über den Werdegang von Studienabgängern über einen Zeitraum von zehn Jahren ergaben sich folgend Ergebnisse zur Zielerreichung:

- 83% hatten keine Zielsetzung für ihre Karriere und jetzt ein durchschnittliches Einkommen
- 14% hatten eine klare Zielsetzung für ihre Karriere, diese aber nicht schriftlich festgelegt; Sie hatten im Durchschnitt das dreifache Einkommen der ersten Gruppe,
- 3% hatten eine klare, schriftlich formulierte Zielsetzung für ihre Karriere; Sie verdienten im Durchschnitt das Zehnfache der zuerst genannten Gruppe[128]

Neben der Vision, die Sie vielleicht von Ihrem Leben haben, wird es einige Ziele geben, deren Realisierung sich auf einen Zeitraum von mehreren Jahren erstreckt, manche Ziele sind innerhalb eines Jahres zu erreichen, ganz viele natürlich in kürzeren Abschnitten. Wenn Sie im Alltag nicht die „großen" Ziele aus den Augen verlieren, werden Sie die anderen Ziele automatisch an Ihrem Traum orientieren. Definieren Sie also zunächst schriftlich Ihre Ziele. Sie sollten nicht nur die beruflichen, sondern auch die privaten Ziele formulieren. Denn erfolgreich können Sie nur als Mensch mit all Ihren Rollen und mit all Ihrer Verantwortung sein.

Haben Sie Ihre Ziele definiert, geht es nun darum, **Prioritäten** zu setzen.

Wie schon angesprochen, füllen Sie in Ihrem Privat- und Berufsleben verschiedene Rollen aus, in denen Sie auch mehr oder weniger Verantwortung tragen (Einzelanwalt und Kanzleiinhaber, Doktorand, Fachanwalt in Ausbildung, Referent, Partner, Vater, Sohn, Bruder, Nachbar, Elternbeiratsmitglied, Vereinsmitglied usw.). In Stress gerät man meistens dann, wenn man zu viele Rollen gleichzeitig ausfüllen muss. Vor allem, wenn Sie sich vom Beruf so sehr vereinnahmen lassen, dass Ihre Beziehung, Familie, Hobbys, Gesundheit oder kulturelle Interessen zu kurz kommen, können Berufs- und Privatleben aus dem Gleichgewicht geraten.

**128** Seiwert, „Wenn Du es eilig hast, gehe langsam", S. 95.

Wie gehen Sie am besten mit dieser Situation um? **Mehr Lebensqualität gewinnen Sie, wenn Sie sich auf das Wesentliche konzentrieren.** Natürlich sind manche Ihrer Rollen vorgegeben, Sie können sie nicht abgeben (z.B. Eltern, Beziehungspartner, berufliche Hauptaufgaben, u.U. ein bestimmtes Hobby). Zumeist gibt es viele „Nebenrollen", bei denen Sie Abstriche machen könnten. Machen Sie sich bewusst, auf welche Rollen Sie vielleicht sogar ganz verzichten könnten. Vielleicht wollen Sie z.B. das Amt als Kassenführers in Ihrem Verein schon lange nicht mehr führen und trauen sich nur nicht, diesen Wunsch auch umzusetzen? Andere Rollen können Sie möglicherweise auf weniger Aktivitäten reduzieren? Orientieren Sie sich dabei immer auch an Ihren Zielen, die Sie ja mittlerweile konkret formuliert haben.

Nach Zach sollten Sie sich darauf konzentrieren, Ihr Zeitmanagement darauf auszurichten, dass Sie die „wichtigen, aber nicht dringenden" Dinge tun. Das bedeutet nicht, dass Sie die dringenden Dinge schlicht ignorieren. Nach Zach wird es dringende Dinge dann nicht mehr geben, wenn Ihr Zeitmanagement optimiert ist[129].

Prioritäten setzen

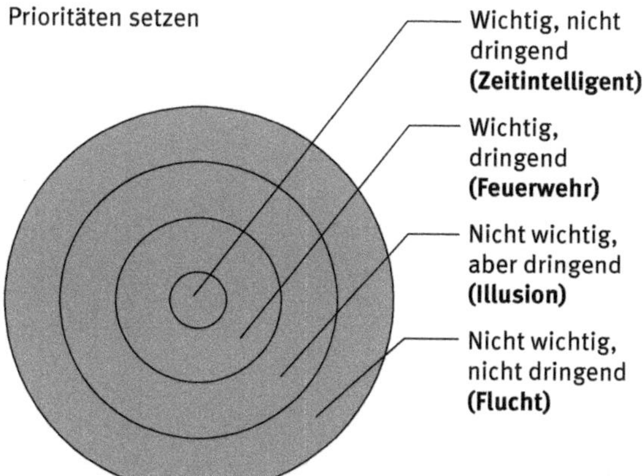


Modell nach Zach Davis

Welche Prioritäten setzen, © Dr. Geertje Tutschka

Wenn Sie Prioritäten richtig setzen wollen, sollten Sie auch darauf achten, was Sie am Bes-ten können, was Ihnen am meisten Spaß macht und womit Sie mit Blick auf Ihren Lebenstraum die größte Wirkung erzielen können[130]. Denn dann

**129** Zach, „Zeitmanagement für Rechtsanwälte", S. 13.
**130** Seiwert, „Wenn Du es eilig hast, gehe langsam", S. 142 ff.

können Sie am Wahrscheinlichsten einen entscheidenden Beitrag zur Erreichung eines bestimmten Zieles leisten. Vernachlässigen Sie aber Ihre Stärken zugunsten Ihrer Schwächen, werden Sie allenfalls durchschnittliche Leistungen bringen. Auch bei den Prioritäten müssen Sie schließlich konkret werden, das heißt Sie sollten überlegen, welche Aufgaben Sie tatsächlich in welcher Ihrer Rollen haben. Erst dann können Sie Prioritäten setzen.

Die zu bewältigenden Aufgaben sind mehr oder weniger wichtig und mehr oder weniger dringend, d.h. es gibt
- wichtige und dringende,
- unwichtige und dringende,
- wichtige, aber nicht dringende sowie
- unwichtige und nicht dringende Aufgaben.

Nach Eisenhower können diese Parameter so dargestellt werden[131].

Prioritäten setzen

Modell nach dem Eisenhower Diagramm

Prioritäten setzen, © Dr. Geertje Tutschka

Die unterschiedlichen Prioritäten herauszufinden, bedeutet, dass Sie sich mit den einzelnen Aufgaben auseinandersetzen müssen. Tun Sie das nicht, werden Sie sich sicher mit vielen Dingen beschäftigen, die an Sie herangetragen werden, obwohl Sie diese eigentlich gar nicht zu Ihren Aufgaben machen müssten.

131 Töpfer in Landenberg, „Erfolgreich starten als Rechtsanwalt“, S. 288.

**Alles Planung**

In **einer Woche** können Sie, auch wenn Sie beruflich voll ausgelastet sind, sehr viel unterbringen: Neben der Arbeit können Sie auch private Dinge tun, Freundschaften pflegen, Ihren Hobbys nachgehen und idealerweise auch ein bisschen Zeit für sich selber haben. Dass das kein unrealistischer Idealzustand ist, zeigt sich daran, dass es einige Menschen gibt, die das auch schaffen. Und das ist doch das Ziel effizienten Zeitmanagements!

Wer allerdings die Woche am Montag Morgen beginnt, indem er zur Arbeit geht, um dort all die Aufgaben zu bewältigen, die bis zum Freitagabend an ihn herangetragen werden und dabei andere Dinge nicht eingeplant hat, wird erst ab Freitag Abend „frei" sein. Nach einer anstrengenden Arbeitswoche ist jeder am Freitag Abend jedoch mehr oder weniger erschöpft, und am Wochenende komprimieren sich dann eine Reihe anderer Aufgaben, zu denen man unter der Woche nicht gekommen ist. Zeit für einen selber bleibt meistens nicht und das führt früher oder später zu Unzufriedenheit und Gereiztheit. Wer dagegen einen Wochenplan erstellt und dabei realistisch die Erledigung beruflicher Aufgaben neben privaten plant und daneben auch noch Privatleben und Zeit für sich einplant, wird sich wohl fühlen[132]. Nehmen Sie sich also irgendwann am Wochenende ein bisschen Zeit und schreiben Sie auf, was in der kommenden Woche alles ansteht. Auch der Besuch beim Zahnarzt und die Geburtstagsfeier eines Freundes gehören auf den Zettel, genauso wie Zeit für die Familie oder den Partner.

Und hier kommen wieder die oben erarbeiteten Zeittypen ins Spiel:

Wenn Sie zu den „Systematikern" gehören, werden Sie einen übersichtlichen und detaillierten Wochenplan erstellen und die Woche dann auch entsprechend gestalten.

Wenn Sie eher zu den „Chaoten" gehören, dann zwingen Sie sich nicht dazu, einen herkömmlichen Wochenplan zu machen: Beschreiben Sie kleine Notizzettel (einen für jede Aufgabe) und legen Sie diese dann vor sich auf den Tisch. Überlegen Sie, wie viel Zeit Sie für welche Aktion benötigen und legen Sie die Zettel in entsprechender Anordnung vor sich auf den Tisch.

Wichtig ist einfach nur, dass Sie eine **realistische Wochenplanung** erstellen.

---

i

Egal wie Ihr Wochenplan aussieht: Sie können abstreichen, was Sie bereits erledigt haben. Das gibt immer ein gutes Gefühl und Sie werden den Überblick über die Woche behalten. Wichtigstes Planungsprinzip ist die Schriftlichkeit. Ein schriftlicher Plan entfaltet (psychologisch) eine gewisse Verbindlichkeit: Sie arbeiten zielorientierter, außerdem entlastet Sie der schrift-

---

132 Töpfer in Landenberg, „Erfolgreich starten als Rechtsanwalt", S. 285.

liche Plan, weil Sie sich nicht alles merken müssen, und Sie dokumentieren auf diese Weise automatisch, was Sie wann erledigt haben. Der Wochenplan kann und soll nicht sehr detailliert sein. Es geht mehr um die Einteilung der Woche.

Aber auch **jeder einzelne Tag** und vor allem jeder Arbeitstag sollte geplant werden, wenn man sich nicht von den Aufgaben und Anliegen, die an einen herangetragen werden, bestimmen lassen will: Notieren Sie zunächst die zu bewältigenden Aufgaben. Wenn Sie hierzu eines der Formulare verwenden, wie sie in den verschiedenen Zeitplanern angeboten werden, erleichtern Sie sich die Arbeit und den Umgang mit Ihren Tagesplänen[133]. Dann ist es wichtig, den Zeitbedarf für die einzelnen Aufgaben realistisch zu kalkulieren, denn die Erfahrung zeigt, dass wir uns oft viel zu viel vornehmen mit der Folge, dass wir frustriert sind, wenn wir nicht alles geschafft haben. Pufferzeiten zur Erledigung von unvorhergesehenen Aufgaben sollten unbedingt eingeplant werden. Sie werden entscheiden müssen, welche Aufgaben Sie an einem bestimmten Tag erfüllen wollen, denn Sie werden fast nie in der Lage sein, alles, was auf Ihrem Aufgabenkatalog steht, an einem Tag zu erledigen. Setzen Sie also Prioritäten, machen Sie Abstriche und übertragen Sie Aufgaben auch auf andere. Zuletzt sollten Sie regelmäßig kontrollieren, ob Sie die Aufgaben gemäß Ihrem Tagesplan bewältigt haben.

Ob Sie sich eher für einen Wochenplan oder einen Tagesplan entscheiden – oder beides kombinieren – bleibt Ihnen überlassen. In jedem Fall sollten Sie jedoch immer mit der Morgenroutine in den Tag starten, sich auf die Prioritäten des Tages zu fokussieren und den Tag in wesentlichen Abschnitten durchzustrukturieren.

| PLANUNG | | |
|---|---|---|
| **Wochenplan** | **vs.** | **Tagesplan** |
| • 5 Prioritäten pro Woche | | • 2 Prioritäten pro Tag |
| • Mehr Überblick | | • Mehr Fokus |
| • Mehr Flexibilität | | • Besser kontrollierbar |

Mein Tipp: Fokus auf der Morgenroutine

Planung, © Dr. Geertje Tutschka

Alles können wir nicht vorausplanen. Deswegen ist es im Berufsalltag wichtig, **Pufferzeiten** einzuplanen. Nur dann sind Sie in der Lage, z.B. eine unerwartete Fristsache zu erledigen oder aber einem Freund, der Sie darum bittet, einen Ge-

**133** Seiwert, „Das neue 1×1 Zeitmanagement", S. 38 f.

fallen zu tun oder Ihr Auto in die Werkstatt zu bringen, weil es nicht mehr fährt. Aber auch wenn gar nichts Unerwartetes passiert, werden Sie Pufferzeiten brauchen, einfach deswegen, weil wir keine Maschinen sind und unseren Tagesplan nicht immer genau so abspulen können, wie wir es geplant haben. Es ist ein Trugschluss, zu meinen, keine Zeit für Pufferzeiten zu haben. Mit diesem Argument verplanen viele Kollegen ihre Arbeitstage vollständig und geraten früher oder später „ins Schleudern". Denn es ist ja nicht so, dass man in einer Stunde, die als Pufferzeit eingeplant war, nichts tut, die Stunde also vergeudet, nur, weil nichts Unvorhergesehenes passiert ist. Natürlich kann man und wird diese Stunde zur Bewältigung einer anderen wichtigen Aufgabe nützen. Aber man bleibt in der angenehmen Situation, selber über seine Zeit zu bestimmen, man wird nicht von den Aufgaben beherrscht. Das ist wesentlich.

Während Pufferzeiten dazu da sind, zusätzliche oder unerwartet zeitintensive Aufgaben zu erledigen, für die sonst keine Zeit wäre, die sie also nur unter Aufopferung Ihrer privaten Zeit erfüllen könnten, sollten Sie auch **Auszeiten** einplanen, in denen Sie konzentriert und absolut ungestört arbeiten wollen. Sie kennen sicher alle den „Sägeblatteffekt": wird man auch nur für einen Moment von seiner Arbeit abgelenkt, benötigt man zur Weiterarbeit an gleicher Stelle unverhältnismäßig viel Anlauf- und Einarbeitungszeit[134]. Wenn Sie also wissen, dass eine bestimmte Aufgabe Ihre volle Konzentration erfordert, dann planen Sie eine entsprechende Auszeit, in der Sie nicht (auch nicht vom Telefon) gestört werden, ein. Wenn Sie so den Sägeblatteffekt ausschalten, gewinnen Sie nicht nur Zeit, sondern Sie fühlen sich auch viel besser. Und wenn Sie eine eingeplante Auszeit einmal nicht für eine schwierige Arbeit benötigen, dann nützen Sie diese „stille Stunde" für die Erledigung anderer Aufgaben oder für sich. Sie können also nur gewinnen.

Eine einfache Möglichkeit, einen Tagesplan unter Beachtung der oben dargestellten Tipps zu erstellen, ist die so genannte **A-L-P-E-N-Methode**. Jeder Buchstabe steht für einen bestimmten Schritt:

- *A*ufgaben notieren,
- *L*änge der Aufgabenbewältigung schätzen,
- *P*ufferzeiten reservieren,
- *E*ntscheidungen treffen
- *N*achkontrolle.

**134** Seiwert, „Das neue 1×1 Zeitmanagement", S. 53.

Spaß und Freude sind maßgeblich für die Selbstmotivation. Wer den **Tag positiv beginnt**, wird die zu bewältigenden Aufgaben leichter und wahrscheinlich auch besser erfüllen, als derjenige, der genervt oder gestresst ist. Aber wie viele von uns stellen den Wecker zu spät oder schlafen zu lange mit der Folge, dass sie zu wenig oder keine Zeit zum Frühstücken geschweige denn für ihre Familie oder den Partner haben, um dann durch den Berufsverkehr ins Büro zu hetzen, wo bereits die erste Besprechung begonnen hat. Achten Sie deshalb darauf, den Tag positiv zu beginnen. Nehmen Sie sich Zeit für die Zeitung oder ein gutes Frühstück, zum Laufen oder worauf Sie sonst Lust haben, und starten Sie mit positiver Energie in den Tag. Ein positiver Start wirkt sich dabei nicht nur günstig auf die Erfüllung Ihrer Aufgaben aus, Sie kommunizieren ja auch mit Ihrer Umwelt: Wer gute Laune hat, geht entsprechend mit seinen Mitarbeitern um, und auch das wirkt sich positiv auf die Arbeit und das Arbeitsklima aus.

### Nein – nicht meine Baustelle

Der Druck im Arbeitsleben steigt wegen der Angst um den Arbeitsplatz bzw. der Angst um Aufträge (Mandate). Aber auch im Privatleben kommen wegen der Doppelbelastung von Beruf und Familie oft mehr Aufgaben auf den Einzelnen zu. Wer sich dadurch jedoch überfordert oder überfordern lässt, wird früher oder später gereizt, angespannt und unzufrieden, vielleicht sogar krank.

Sagen Sie deshalb „Nein“,

- wenn es nicht in Ihren Zuständigkeitsbereich fällt
- wenn Sie zu viele Aufgaben zu erledigen haben.

Wer seine Ziele und Prioritäten kennt und Tagespläne macht, kann gut erkennen, wann er „Nein“ sagen muss. Das gilt für das Privatleben wie für den Beruf. Ein gesundes Selbstbewusstsein ermöglicht „Neins“. Wenn wir „Ja“ sagen, obwohl wir „Nein“ meinen, lassen wir uns manipulieren nach dem Motto „Das schaffen Sie doch locker!“. Dagegen hilft natürlich ein starkes Ego. Mit einem schroffen „Nein“ kann man eine geschäftliche oder private Beziehung belasten. Es ist also wichtig, ein „Nein“ beziehungsorientiert zu verkaufen, z.B. indem Sie sich etwas Bedenkzeit ausbedingen oder Anliegen der anderen Seite zunächst würdigen. Natürlich können Sie auch souverän „Nein“ sagen, wobei Sie dies nicht begründen sollten, um weitere Diskussionen zu vermeiden.

**Ja – aber Müll**

Fällt es hingegen in Ihren Zuständigkeitsbereich, ist es jedoch wertlos, weil es auf keine Ihrer Prioritäten einzahlt, benutzen Sie den Papierkorb. Das gilt für Mandate ebenso wie für Anfragen, Angebote und Postsendungen.

Werfen Sie Papier weg, wenn Sie wissen, dass Sie es nicht benötigen. Das gilt für alle möglichen Unterlagen, die sich innerhalb kürzester Zeit auf dem Schreibtisch oder auch im Posteingangsfach stapeln. Solche Stapel zu sortieren oder etwas von dort herauszusuchen kostet nämlich sehr viel Zeit. Werfen Sie uninteressante Werbesendungen sofort weg (das können Sie teilweise auch delegieren). Sie sollten aber auch andere Unterlagen (z.B. Einladungen, die Sie nicht wahrnehmen können oder wollen oder Infobriefe zu Themen, die Sie nicht interessieren) wegwerfen. Im Zeitalter des Internets kann man ohnehin fast alle Informationen jederzeit wiederbeschaffen, so dass die Hemmschwelle, etwas wegzuwerfen, niedriger sein sollte. Was man nicht wegwirft, sollte mit System abgelegt oder abgeheftet werden.

**Ja – klein zuerst**

Ähnlich wie bei Rettungseinsätzen sollte Sie sich „Kinder zuerst" zum Mantra für Mini-Aufgaben machen. Wann ist es eine Mini-Aufgabe? Wenn der Zeit- und Energieaufwand überschaubar gering ist und es nicht eine Vielzahl davon gleichzeitig gibt.

Sie kennen das sicher: Sie müssen noch schnell eine Geburtstagskarte besorgen, die Hemden zum Bügeln bringen, die Kontoauszüge abholen, eine Glühbirne austauschen, einen Bekannten zurückrufen usw., usw. All diese Dinge sind ja ganz schnell zu erledigen – das ist schon richtig. Wenn Sie aber all das neben Ihren geplanten Aufgaben machen wollen, wenn Sie diese Zeit nicht eingeplant haben, dann kommen Sie schnell „ins Schleudern". In der Summe addiert sich nämlich die benötigte Zeit spürbar. Machen Sie sich das bewusst und planen Sie entweder auch die Erledigung dieser Miniaufgaben bewusst in Ihre Tagespläne ein oder delegieren Sie diese. Vielleicht können Sie auch die eine oder andere Aktion komplett streichen.

In jedem Fall leert das schnelle Abhaken der Kleinstaufgaben Ihren Aufgabenzettel und Terminkalender, verschafft Erfolgserlebnisse und Motivation für größere Aufgaben. Wenn Sie also kleinere Aufgaben „gleich" erledigen können, sollten Sie das tun. Sie gewinnen deswegen Zeit, weil Sie sich mit der individuellen Aufgabe nur einmal beschäftigen, nämlich in dem Zeitpunkt, in dem sie an Sie herangetragen wird. Außerdem müssen Sie die Erfüllung dieser Aufgabe nicht für einen späteren Zeitpunkt planen. Möglich ist die Erledigung von Aufgaben „lieber gleich" natürlich nur, wenn entsprechende Pufferzeiten zur Verfügung stehen. Man sollte sich auch nicht durch die hohe Messlatte an der sofortigen Erfüllung einer Aufgabe hindern lassen: „So gut wie nötig", nicht unbedingt perfekt, sollte die Leistung sein.

### Ja – aber delegieren

Das Delegieren von Aufgaben ist ein effizientes Mittel, um Zeit für die Erledigung anderer Aufgaben, die nicht delegiert werden können, aber auch Zeit für sich zu gewinnen. Dabei kann eine Aufgabe entweder dauerhaft übertragen oder auf einmalige Fälle beschränkt werden. Natürlich behält derjenige, der Aufgaben delegiert, als „Vorgesetzter" immer die Führungsverantwortung. Wenn Sie Aufgaben delegieren, sollten Sie die notwendigen Kompetenzen und die Handlungsverantwortung auf die betreffende Person übertragen[135]. Würden alle Schritte bis ins letzte Detail vorgeschrieben, hätte also die Person, auf die eine Aufgabe übertragen werden soll, keine Handlungsverantwortung, würde deren Motivation wahrscheinlich vermindert sein. Auf die Übertragung von Verantwortung reagieren die meisten Menschen positiv. Natürlich müssen Sie im Berufsleben die richtigen Mitarbeiter auswählen, die Verantwortungsbereiche abgrenzen, eine Aufgabe so frühzeitig wie möglich delegieren, und die betreffende Person fördern, beraten und mit allen erforderlichen Informationen versorgen. Wenn Sie mehrere Aufgaben delegieren, müssen Sie diese koordinieren. Und zuletzt müssen Sie natürlich immer kontrollieren, ob alles in Ihrem Sinn funktioniert. Nur dann macht Delegation Sinn. Ein wesentlicher Vorteil von Delegation besteht darin, dass Sie die Kenntnisse und Erfahrungen der Person, die eine Aufgabe für Sie wahrnimmt, auf diese Weise nutzen können.

Wer nicht nur anspruchslose Aufgaben auf andere überträgt, sondern Herausforderungen, der fördert im Zweifel die Selbständigkeit, Eigeninitiative und die Kompetenz, aber auch die Motivation und die Zufriedenheit der Person, an die eine Aufgabe delegiert wird. Stellen Sie daher durchaus auch den Reiz der einzelnen Aufgabe heraus, wenn Sie diese an jemanden übertragen. Ist die Aufgabe zu groß, sollten Sie diese mit Zwischenzielen delegieren und regelmäßig kontrollieren, ob der andere nicht überfordert ist. Sie sollten zum Zwecke der eigenen Entlastung insbesondere auch Routine- und vorbereitende Arbeiten delegieren. Wenn es sich um unangenehme oder langweilige Aufgaben han-

135 Seiwert/Buschbell/Mandelkow, Zeitmanagement für Rechtsanwälte, S. 135 ff.

delt, dann sprechen Sie mit der betreffenden Person darüber und übertragen Sie vielleicht zusätzlich eine anspruchsvollere Aufgabe, um zu zeigen, was Sie der Person zutrauen. Auf diese Weise können Sie sicher die Motivation fördern.

**Ja – aber planen und managen**

Es kommt vor, dass die Dinge (noch) nicht „reif" dafür sind, von Ihnen umgesetzt zu werden.

Entweder, weil es eine Aufgabe ist, die Sie als Team bewerkstelligen müssen, oder aber bestimmte Serviceprovider eingebunden sind (z.B. der Webdesigner bei der Erstellung der Webseite). Dann besteht Ihre Aufgabe nicht darin, es schnell selbst zu erledigen, sondern vielmehr ein Projektmanagement mit Verantwortlichkeiten, Prozessen, Zeitvorgaben und Kontrollsequenzen aufzusetzen.

Ein nützliches Tool, komplexe Prozesse in ihrer Gesamtheit zu erfassen, um daraus strukturiertes Projektmanagement entwickeln zu können, ist das Anfertigen einer sogenannten „Mind Map", auf der die verschiedenen Aspekte gesammelt werden und sodann zueinander in Relation gesetzt werden. Diese kann von Ihnen selbst aber auch gut von ganzen Teams entwickelt werden. Professionelle Anleitung und Moderation kann auch hier das Meeting produktiv, effektiv und zeitschonend gestalten.

Geht es hingegen zunächst darum, sich langsam vorzutasten, wo sich bestimmte Dinge hinentwickeln sollen, kann „Brainstorming" eine gute Methode sein, die Ideen und Gedanken des Teams dazu einzusammeln. Allerdings sollte diese Methode immer in den beiden Sequenzen „storming" und „norming" vollständig abgebildet werden.

**Zeitdiebe entlarven**

Sie kennen sicher alle diese Situation: Sie haben sich etwas vorgenommen und die dafür erforderliche Zeit realistisch eingeplant, und dann läuft es doch nicht wie geplant. Die vielen kleinen, aber tückischen Zeitdiebe, die immer nur für „einen Moment" Ihre Aufmerksamkeit in Anspruch nehmen, haben wieder zugeschlagen. Im ersten Schritt geht es darum, die Zeitdiebe zu enttarnen, um sich dann von ihnen wirkungsvoll zu verabschieden. Hand auf's Herz: Häufig sind wir selber schuld, wenn wir eine Aufgabe nicht in der dafür vorgesehenen, realistisch kalkulierten Zeit bewältigen. Jeder kennt sich selbst am besten und kann bestimmt schnell aufzählen, wodurch er sich selbst oft im Weg steht. Tun Sie das am besten wieder schriftlich, und überlegen Sie sich Strategien, wie Sie diese inneren Zeitdiebe am besten fassen können. Nachfolgend will ich auf typische Zeitfresser und Möglichkeiten, sie zu beherrschen, eingehen:

**Aufschieberitis: Der „innere Schweinehund"**

Es gibt unzählige Lebenssituationen, in denen wir immer wieder einen inneren Widerstand überwinden müssen, um das in die Tat umzusetzen, was wir eigentlich wollen. Ob es darum geht, unsere Fremdsprachenkenntnisse aufzufrischen, die Wohnung aufzuräumen, die Eltern wieder einmal anzurufen, gesünder zu essen, weniger zu trinken, mehr Sport zu treiben oder aber einen Mandanten zurückzurufen, ein (vermeintlich) schwieriges Rechtsproblem für einen konkreten Fall zu lösen oder eine unliebsame Akte weiter zu bearbeiten. Es gibt tausende Beispiele aus allen Lebensbereichen. Wenn Sie herausfinden, in welchen Lebensbereichen Sie sich von Ihrem „inneren Schweinehund" überrumpeln lassen, wenn Sie ergründen, welche miesen Tricks Ihr „innerer Schweinehund" dabei anwendet, dann können Sie auch Strategien entwickeln, den „inneren Schweinehund" zu überwinden[136].

Drei Angriffsmöglichkeiten hat unser „innerer Schweinehund":

- Verhinderung eines Entschlusses zum Handeln
  Oft können wir uns schon gar nicht dazu entschließen, etwas zu tun, weil wir uns irgendetwas einreden, z.B. „Das schaffe ich nie!", „Das ist viel zu schwierig!", „Dafür habe ich keine Zeit!", „Ich müsste einmal ..." oder „Warum soll ausgerechnet ich das tun?". Sie sehen schon: Wenn wir einen Entschluss nicht ernsthaft fassen, dann kann daran schon dessen Umsetzung scheitern[137].

- Störung des Entschlusses an sich
  Wenn wir unser Ziel nur unklar formulieren, z.B. „Ich mache meine Steuererklärung bald" oder „Ich werde gesünder essen", dann fehlt es an der konkreten Bezeichnung dessen, was wir machen wollen. Ein Entschluss kann aber auch dadurch gestört werden, dass wir uns viel zu viel auf einmal, d.h. etwas Unrealistisches vornehmen, z.B. „Ab morgen laufe ich jeden Tag 20 km".

---

**136** v. Münchhausen, „So zähmen Sie Ihren inneren Schweinehund", S. 32.
**137** Töpfer in Landenberg, „Erfolgreich starten als Rechtsanwalt", S. 291.

- Verhinderung oder Beeinträchtigung der Ausführung
  Zuletzt verhindern oder beeinträchtigen wir die Ausführung geplanter Aufgaben durch Ablenkung, z.B. dadurch, dass wir vor der Erledigung der geplanten Aufgabe noch irgendetwas anderes erledigen müssen oder durch Aufgabe nach dem Motto „Das bringt doch alles nichts".

---

i

Wenn Sie Ihren „inneren Schweinehund" durchschaut haben, werden Sie ihn in Schach halten können, und er wird Ihnen nicht Ihre wertvolle Zeit klauen.
- Definieren Sie deswegen Ihre Ziele klar und eindeutig,
- beginnen Sie konkret mit der Umsetzung der Aufgaben und
- bleiben Sie diszipliniert bei der Bewältigung derselben.

---

**Perfektion: Die hohe Messlatte**

Wer sehr hohe oder zu hohe Ansprüche an sich stellt, fängt eine Arbeit unter Umständen gar nicht erst an, weil entweder die zur Verfügung stehende Zeit nicht ausreicht, um die Aufgabe perfekt zu lösen, oder weil es am nötigen Selbstvertrauen fehlt. In unserer Gesellschaft zählt Perfektionismus[138]: Schneller, reicher, besser, schöner, erfolgreicher wollen oder sollen alle sein. Aber in Wirklichkeit ist Perfektion selten und flüchtig. Auch von ihren Mitmenschen verlangen nicht alle, die an sich selber sehr hohe Ansprüche stellen, das gleiche Maß an Perfektion. Schrauben Sie deshalb Ihre Ansprüche ruhig ein wenig zurück, und werden Sie aktiv. Eine Aufgabe zu erledigen, auch wenn vielleicht nicht alles perfekt gemacht ist, ist viel besser, als sie über einen langen Zeitraum vor sich zu haben.

**Der Zeitdieb zu Besuch; Die äußeren Umstände**

Neben den inneren Zeitdieben belästigen uns die vielen Zeitfresser von außen. Die einzelne Störung ist häufig nur von kurzer Dauer, aber über den Tag verteilt summiert sich die verlorene Zeit:
- Ein Anrufer, der „nur eine schnelle Auskunft" erbittet und dabei nicht ahnt oder daran denkt, dass das einen nicht nur bei der Arbeit stört, sondern dass die schnelle Auskunft unter Umständen in längerer Zeit erarbeitet werden muss (jeder Jurastudent kennt dieses Übel),
- Spontanbesuche von Bekannten im Büro,
- Anrufe von Freunden,

---

138 Töpfer in Landenberg, „Erfolgreich starten als Rechtsanwalt", S. 292.

- aber auch unnötige Anrufe von Mandanten oder
- der Besuch eines Kollegen, der einfach nur gerne ein paar Takte mit Ihnen reden möchte,
- aber auch die auf Ihrem PC eingehenden E-Mails, Postsendungen usw.

Jeder reagiert unterschiedlich auf diese Störungen von außen: Manche blocken alles rigoros ab, andere – z.B. initiative Typen – lassen sich sogar recht gern von der Arbeit ablenken, und wieder andere bemühen sich, alles auf einmal zu machen.

Schließen Sie die Türe: Ein paar der Zeitdiebe kommen einfach zu Ihnen ins Arbeitszimmer, weil die Türe geöffnet ist. Der Störer, der so zu Ihnen kommt, hat möglicherweise gar nicht das Gefühl, zu stören. Schwerer fällt es da schon, wenn man anklopfen muss, weil die Tür geschlossen ist. Sobald Sie mit mehreren Menschen zusammen arbeiten, sollten Sie darauf achten, dass Sie klar kommunizieren, wann Sie absolut nicht gestört werden wollen und wann Sie offen sind für welche „Störungen".

i So kann man z.B.
- mit geschlossener Türe sagen, dass man absolut nicht gestört werden will („Auszeiten"),
- mit angelehnter Türe, dass man nur „im Notfall" gestört werden darf (natürlich ist dann zu definieren, was unter solchen Notfällen zu verstehen ist) und
- mit geöffneter Türe, dass man Sie danach fragen darf, ob man Sie wegen eines bestimmten Anliegens stören kann.

**Kontrolle**

Sie haben sich Ziele gesetzt, geplant, wie Sie diese erreichen können; dazu haben Sie Entscheidungen getroffen, an der Realisierung Ihrer Ziele gearbeitet und sich entsprechend organisiert. Nun sollten Sie unbedingt kontrollieren, ob Sie die angestrebten Ziele auch erreicht haben. Gegebenenfalls können Sie korrigierende Maßnahmen ergreifen und so Ihr Selbst- und Zeitmanagement verbessern[139].

Was auch immer die Aufgaben sind, die Sie erfüllen wollen, ob berufliche, soziale oder familiäre, Sie sollten sich regelmäßig die Zeit nehmen und sich fragen,
- ob Sie die für die Erreichung Ihrer Ziele notwendigen Aufgaben erfüllen, oder ob Sie diese schon wieder aus dem Blick verloren haben,

139 Seiwert/Buschbell/Mandelkow, „Zeitmanagement für Rechtsanwälte", S. 229 ff.

- ob Sie diese Aufgaben nach ihrer Gewichtung anpacken oder die gesetzten Prioritäten aus den Augen verloren haben,
- ob Sie Ihre Zeitpläne eingehalten haben,
- ob Sie die Störfaktoren und Zeitdiebe im Griff haben,
- ob Sie schlechte Gewohnheiten abgestellt haben,
- ob auf andere übertragene Aufgaben von den entsprechenden Personen in Ihrem Sinn erledigt wurden usw.

**Selbstkritische Ablaufkontrollen** sollten Sie schriftlich machen. Der Zwang, etwas aufzuschreiben, zwingt dazu, sich konkret mit den einzelnen Themen auseinanderzusetzen. Nur dann kann man auch erkennen, an welchen Punkten man mit korrigierenden Maßnahmen ansetzen kann. Die Ergebnisse, die Sie erreichen, können nur vor dem Hintergrund Ihrer Ziele als positiv oder negativ eingestuft werden. Sie sollten daher regelmäßig kontrollieren, ob Sie die Tages-, Wochen-, Monats-, Jahres- sowie Ihre längerfristigen Ziele erreicht haben. Bei komplexen Aufgaben sollten Sie kontrollieren, ob Sie Zwischenziele erreicht haben. Je nach dem Ergebnis Ihrer Zielkontrolle sollten Sie die sich ergebenden Konsequenzen ziehen, im Einzelnen:
- Prüfen Sie zunächst, welche Ziele Sie erreicht haben bzw. welche hierfür zu erledigenden Aufgaben Sie erfüllt haben.
- Vergegenwärtigen Sie sich sodann, welche Ziele Sie nicht erreicht haben, vor allen Dingen, was die Gründe hierfür waren.
- Möglicherweise ergeben sich diese Gründe bereits aus Ihrer Ablaufkontrolle
- Nunmehr können Sie Ihre weiteren Pläne an die aktuelle Situation anpassen, um so die Erreichung Ihrer Ziele realisieren zu können.
- Achten Sie darauf, diese Kontrollen frühzeitig durchzuführen, um etwaige korrigierende Maßnahmen rechtzeitig einleiten zu können.

Auf diese Weise ist man bald in der Lage, einerseits Zeitpläne zu machen, deren Umsetzung realistisch ist, und andererseits mit der nötigen Disziplin an der Erfüllung seiner Aufgaben zu arbeiten. Das ist Voraussetzung für gutes Zeitmanagement.

Grundsätzlich kann man unter zwei Blickwinkeln auf Leistungssteigerung bzw. Zeitmanagement schauen: aus dem Blickwinkel der Effizienz mit dem Fokus auf die Reduzierung von „Zeitdieben“ oder mit dem Blick auf die Erhöhung der Effektivität.

EFFIZIENZ und EFFEKTIVITÄT

| Effizienz: Reduzierung von | Effektivität: Erhöhung von |
|---|---|
| Zeitfallen | Gewinn |
| Leerlauf | Status |
| Dopplungen | Hierarchieebene |

Effizienz vs. Effektivität, © Dr. Geertje Tutschka

Während es bei Letzterem um gute Planung und Umsetzung geht, geht es bei Ersterem vor allem um strenges Controlling. So kann beispielsweise die Zeiterfassung einerseits natürlich wirksames Controlling sein, um Optimierungsbedarf einschätzen zu können.

Wenn Sie sich hingegen selbst einmal die Mühe machen Ihre Tätigkeiten nach Zeit zu erfassen, kann Ihnen das verdeutlichen, ob Sie sich wirklich vor allem mit den wichtigen Dingen, Ihren Prioritäten beschäftigen[140].

EFFIZIENZ vs. EFFEKTIVITÄT

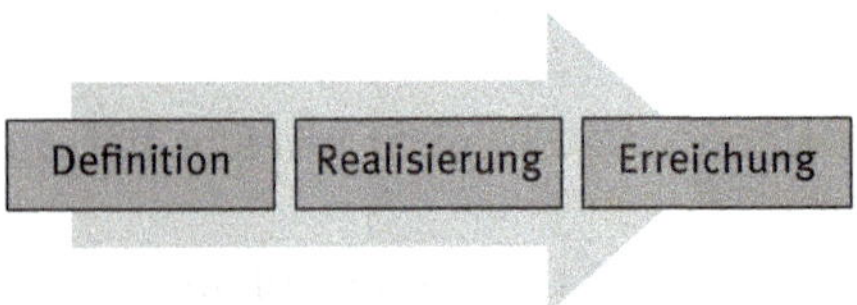


Effektivität, © Dr. Geertje Tutschka

EFFIZIENZ vs. EFFEKTIVITÄT

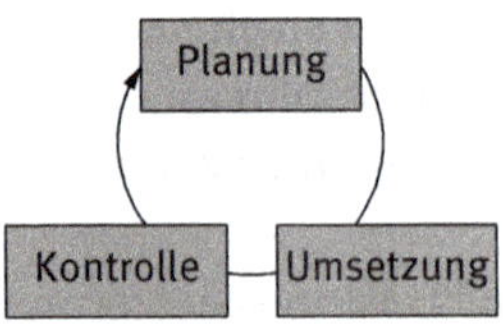


Effizienz, © Dr. Geertje Tutschka

140 Heussen, „Anwaltsunternehmen führen“, S. 69.

Idealerweise sollte beides Hand- in Hand gehen, damit sich effektive Maßnahmen auszahlen durch effiziente Kostenkontrolle beispielsweise:

EFFIZIENZ und EFFEKTIVITÄT

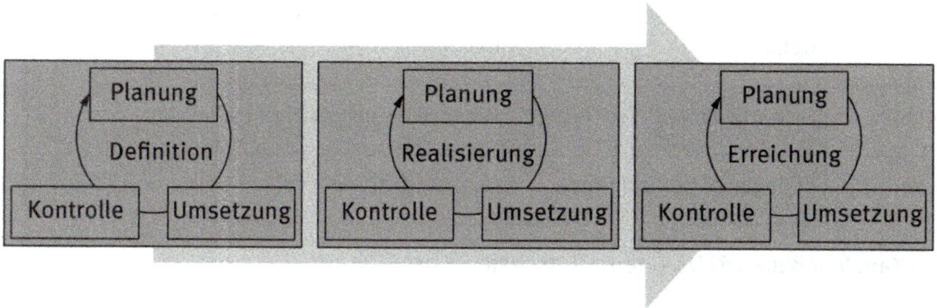


Effizienz vs. Effektivität, © Dr. Geertje Tutschka

Die Ansatzpunkte

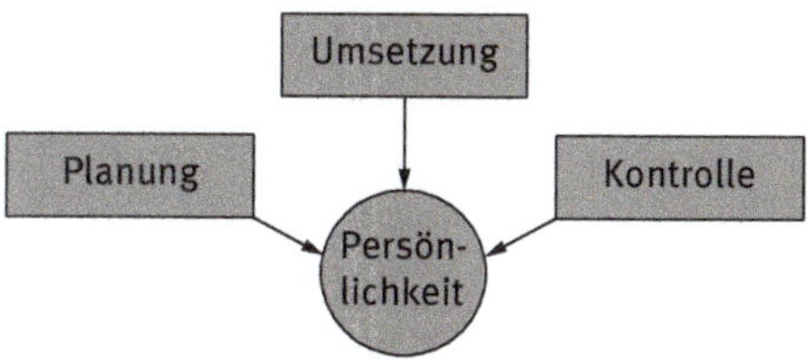


Ansatzpunkt Persönlichkeit, © Dr. Geertje Tutschka

Viele der allgemeingültigen Effizienzmodelle spielen sowohl in Ihre Rolle als Anwalt als auch in Ihre Rolle als Kanzleiinhaber hinein. Um Ihre eigenen Arbeitsabläufe mit gutem Zeitmanagement zu optimieren, kommt es sehr auf Ihre eigene Persönlichkeit an, wie beispielsweise die oben erwähnten Zeittypen. Geht es hingegen um ideales Zeitmanagement in Ihrer Kanzlei, tritt Ihre Persönlichkeit in den Hintergrund und andere Aspekte spielen eine Rolle.

Wichtig ist, dass Sie sich bei der situativen Entscheidung jeweils sehr bewusst darüber sind, in welcher Rolle, aus welchem Blickwinkel Sie sich gerade für das eine oder andere entscheiden. Denn wie Sie in der nachfolgenden Gegenüberstellung sehen können, unterscheiden sich die jeweiligen Zielsetzungen bei der Beurteilung der Frage, welche Maßnahme ausgewählt werden soll:

Ihre Rolle bestimmt Ihr Tun

| | Anwalt | Kanzleiinhaber |
|---|---|---|
| Fokus | Karriere | Kanzlei |
| Geld | Gehalt | Gewinn |
| Rechtsgebiet | Fachanwaltsspezialisierung | Positionierung im Markt |
| Mitarbeiter | Kollegen/Auszubildende | Angestellte/Personal |

Anwalt vs. Kanzleiinhaber, © Dr. Geertje Tutschka

Als Kanzleiinhaber mit dem Fokus, die Entwicklung der Kanzlei voranzutreiben, ist also weniger Ihre eigene Kariere sondern vielmehr die Positionierung der Kanzlei insgesamt am Markt wichtig und die Effizienz der allgemeinen Strukturen und Prozesse in der Kanzlei ist relevant – weniger ihre eigenen.

EFFIZIENZ und EFFEKTIVITÄT plus ROLLE

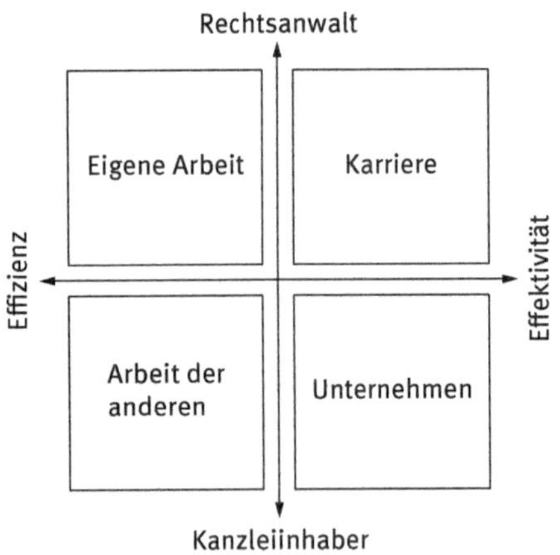


Effizienz und Effektivität vs. Rolle, © Dr. Geertje Tutschka

Die allgemeingültigen Effizienzmodelle sind immer und für jeden anwendbar.

Im Folgenden sollen diese nun auf konkrete Abläufe im anwaltlichen Arbeitsalltag angewendet werden. Dabei gehen sie zum Teil sehr ins Detail und sind möglicherweise für den einen oder anderen „alten Hasen" ohnehin Routine. Nach meiner Erfahrung ist aber doch immer noch das eine oder andere Neue für jeden dabei gewesen – und wenn letztlich auch nur noch einmal die eigenen

Prozesse und Abläufe hinterfragt werden. Anwälte in kleinen bis mittelständischen Kanzleien am Anfang ihrer Kariere werden ohne Zweifel das meiste daraus ziehen können. Alle anderen möchte ich motivieren, mir Ihre bewährten und nützlichen Methoden und Tools unter office@coachingforlegals.com zuzusenden, so dass ich diese in jedem Falle in der nächsten Ausgabe des Buches und bei meinen Workshops zum Zeitmanagement in Kanzleien berücksichtigen kann[141].

## 2. Kommunikation

Als Anwalt wissen Sie, dass das **Telefon** Ihr wichtigstes Kommunikationsmittel ist, jedoch auch, wie viel Zeit am Telefon vergeudet wird. Dabei ist das Telefon wesentliche Schnittstelle zwischen Mandant und Anwalt. Es ist einerseits ein ganz wichtiges Instrument zur unmittelbaren, rationellen Kommunikation und zum Informationsaustausch, auf der anderen Seite ist es ein großer Zeitfresser. Es sind oft mehrere Stunden, die Anwälte täglich mit unnützem Telefonieren verbringen.

Die häufigsten Telefonsünden sind:

- Wenn man jemanden anrufen will und die richtige Nummer nicht weiß,
- wenn man telefoniert, ohne ein konkretes Ziel zu verfolgen,
- wenn man auf das Gespräch schlecht vorbereitet ist,
- wenn man zu einem ungünstigen Zeitpunkt telefoniert,
- wenn man ohne die für das Gespräch nötigen Unterlagen telefoniert,
- wenn man vor dem Telefonat keine Stichworte notiert,
- wenn man seine Gesprächsabsicht nicht erklärt,
- wenn man monologisiert anstatt aktiv zuzuhören,
- wenn man keine Telefonnotizen macht,
- wenn man keine konkreten Vereinbarungen mit dem Gesprächspartner trifft.

Dabei bietet das Telefon gegenüber allen anderen Kommunikationsmöglichkeiten einen unglaublichen Zeitvorteil, weil Informationen unmittelbar ausgetauscht werden. Sie können Kosten sparen (Porto, Papier, Personalkosten) und vermeiden die Ansammlung von unnötig viel Papier. Außerdem können etwaige Fragen unmittelbar geklärt werden, und der persönliche Kontakt zum Gesprächspartner (wie z.B. zu einem Richter oder einem Kollegen) bietet häufig

141 Viele der folgenden Tipps finden Sie auch in meiner Studienliteratur für den Masterstudiengang Recht (Anwaltspraxis) der Fernuniversität Hagen, Deutschland.

die Basis dafür, Informationen auszutauschen, die in schriftlicher Form vielleicht nicht getauscht würden. Ob das Telefon bei Ihnen zur Zeitersparnis oder zur Zeitverschwendung beiträgt, haben Sie selbst in der Hand.

Sobald in einer Kanzlei mehrere Personen (Sekretariatsmitarbeiter und/oder Anwälte) ans Telefon gehen, besteht die Gefahr, dass ein Mandant, der wegen desselben Anliegens mehrfach anruft, von verschiedenen Personen unterschiedliche Informationen erhält. Man sollte deshalb klar regeln, wer in welchen Angelegenheiten der richtige Ansprechpartner ist. Selbstverständlich sind hier abhängig von der Kanzleistruktur ganz unterschiedliche Varianten denkbar. Ist nur eine Person fürs Telefon zuständig, dann ergeben sich viele Probleme erst gar nicht. Das Risiko, dass verschiedene Personen Informationen betreffend ein und dasselbe Mandat haben oder weitergeben, besteht nicht. Möglich ist es auch, dass eine Person eingehende Anrufe annimmt und diese dann an die zuständige Sekretariatsmitarbeiterin weiterleitet. Die für einen Anwalt zuständige Sekretärin kann im Zweifel sogar Auskünfte zur Sache geben (z.B. ob ein Schriftsatz der Gegenseite einging). In größeren Kanzleien ist diese Form der Büroorganisation (die Bildung von Teams bestehend aus Anwalt und Büromitarbeitern) üblich und absolut sinnvoll. Wenn der Anwalt selber mit dem Anrufer sprechen muss, dann kann die für ihn zuständige Büromitarbeiterin im Zweifel besser beurteilen, ob bzw. wann er die Gelegenheit dazu hat. Außerdem kann eine Mitarbeiterin, die einen Überblick über die Mandate des Anwalts hat, gezielte Fragen an den Anrufer richten und auf diese Weise die Arbeit für den Anwalt erleichtern.

Das Führen von Anruflisten gehört zu einer guten Büroorganisation. Auf einer Liste werden alle eingehenden Anrufe unter Angabe des Datums, Namens des Anrufers, der Sache, des Anliegens des Anrufers und des Verbleibs mit dem Anrufer schriftlich notiert. Solche Anruflisten dokumentieren alle Anrufe. Als Anwalt können Sie regelmäßig nachvollziehen, wer angerufen hat. Sie können auch sehen, ob ein Mandant mehrfach versuchte, Sie zu erreichen, und ihn gegebenenfalls zurückrufen, obwohl er darum gar nicht gebeten hatte. Das macht natürlich einen guten Eindruck. Sie können aber auch nachvollziehen, ob ein Mandant wirklich schon mehrfach (wie er vielleicht vorwurfsvoll behauptet) versuchte, Sie zu erreichen. Häufig werden Ihnen Anrufe nicht durchgestellt werden können, weil Sie nicht im Büro oder in einer Besprechung sind oder weil Sie nicht gestört werden wollen. In solchen Fällen sollten Ihre Büromitarbeiter den Anrufer richtig „bedienen". Möglicherweise kann eine Frage des Anrufers von Ihrer Sekretärin beantwortet werden. Sofern der Mandant mit Ihnen sprechen muss/will, sollte ihm im Sinne von gutem Service Ihr Rückruf innerhalb eines bestimmten Zeitfensters zugesagt werden. Außerdem sollte erfragt werden, worum es dem Anrufer konkret geht. Als Anwalt benötige ich also den Namen des Mandanten, ich muss wissen, wann ich ihn unter welcher Nummer erreichen kann und was er von mir will (dies ist insbesondere dann wichtig, wenn mehrere Mandate für diesen Mandanten geführt werden).

Wenn Sie entsprechende **Anruflisten** führen lassen, können Sie Anrufer ganz gezielt zurückrufen. Gezielt und damit effizient deswegen, weil Sie das Anliegen des Anrufers kennen, so dass Sie sich entsprechend vorbereiten können. Gezielt können Sie auch deswegen zurückrufen, weil Sie wissen, wann Sie ihn unter welcher Nummer erreichen können. Man kann sonst schnell wertvolle Zeit dadurch vergeuden, dass man jemanden wiederholt vergeblich zu erreichen versucht. Es spielt dabei nicht nur die durch das Anwählen der Nummer und das Warten vertane Zeit eine Rolle, vielmehr müssen Sie sich im Zweifel vor jedem Anrufversuch auf das geplante Gespräch vorbereiten, was einen erheblich höheren Zeitaufwand bedeutet. Auf diese Weise können Sie bezogen auf einen vollen Arbeitstag viel Zeit sparen und Sie vermeiden zudem die unangenehme Situation, dass Ihr Mandant Sie „kalt erwischt", weil Sie seinen Fall nicht im Kopf haben. Achten Sie jedoch peinlich genau darauf, dass Zusagen, die Ihren Mandanten gemacht werden, auf jeden Fall eingehalten werden. Andernfalls riskieren Sie einen nur schwer wieder gutzumachenden Vertrauensverlust.

Einen **Anrufbeantworter** hat fast jeder. Es ist jedoch kritisch zu beurteilen, welche Vorteile dieses Gerät bringt. Denn nur in wenigen Fällen werden sich Mandanten (und andere) damit begnügen, eine Nachricht auf Band zu hinterlassen. Regelmäßig werden sie noch einmal anrufen, um die Angelegenheit zu besprechen, oder, wenn es um die Verabredung eines Termins betreffend eine neue Sache geht, gleich einen anderen Anwalt anrufen. Aber gerade als Einzelanwalt, der keine Vollzeitmitarbeiter hat, sollten Sie einen Anrufbeantworter haben, damit eingehende Anrufe auch in Zeiten Ihrer Abwesenheit bei Ihnen „ankommen"; es geht insbesondere um die Abwesenheiten während der üblichen Geschäftszeiten. Dem Anrufer sollte die Möglichkeit gegeben werden, Nachrichten auf Band zu hinterlassen. In der Ansage sollte man sagen, welche Informationen man vom Anrufer erbittet (z.B. Name und Telefonnummer) und innerhalb welches Zeitraumes das Band abgehört wird. Wenn Sie den Anrufern die Möglichkeit einräumen, Nachrichten auf Band zu hinterlassen, können Sie unter Umständen in der konkreten Angelegenheit aktiv werden, bevor Sie zurückrufen. Gibt es diese Möglichkeit nicht, ist fraglich, was der Anrufbeantworter überhaupt bringen soll. Fest steht, dass Nachrichten auf Band von irgendjemandem bearbeitet werden müssen. Das kostet natürlich Zeit, und – hieraus ergibt sich der Nachteil zum direkten Kontakt bei einem Gespräch – etwaige Rückfragen können nicht gestellt werden. In Kanzleien, in denen das Telefon durchgehend während der Geschäftszeiten – mit Ausnahme der Mittagspause –

besetzt ist, braucht man nicht unbedingt einen Anrufbeantworter. In einigen Kanzleien gibt es keinen Anrufbeantworter bzw. nur einen mit einer informativen Nachricht ohne Aufnahmemöglichkeit, in vielen schon. Letztlich ist es eine Frage des Marketings, wie man sich entscheidet.

Sie sollten sich genau überlegen, ob bzw. wem gegenüber Sie Ihre **Privatnummer** publik machen (z.B. generell auf Visitenkarten oder im Einzelfall). Das birgt nämlich das Risiko, dass man Sie jederzeit stören kann. Andererseits kann es Situationen geben, in denen es außerordentlich wichtig sein kann, eine Information so schnell wie möglich zu erhalten. Unabhängig davon erwarten manche Mandanten häufig zu Unrecht, dass Sie als Anwalt ständig erreichbar sind. Wir Dienstleister müssen uns jeden Tag aufs Neue neben vielen Mitbewerbern hervortun. Permanente Erreichbarkeit ist sicher einer der wesentlichen Aspekte für gutes Marketing. Meine Erfahrung ist die, dass Mandanten, die meine Privatnummer haben, in der Regel zurückhaltend damit umgehen. Wenn ich diese Nummer an einzelne Mandanten weitergebe, dann immer mit der Bitte, mich nur in „Notfällen" oder in bestimmten Situationen anzurufen. Das zeigt einerseits mein Engagement für das konkrete Mandat, andererseits habe ich immer noch die Möglichkeit, ein Gespräch auf meine Bürozeiten zu verlegen, wenn ich sehe, dass die Angelegenheit nicht so dringend ist.

Besprechungen mit Mandanten kosten häufig viel mehr Zeit als nötig. Ist jedoch ein Mandant erst einmal bei Ihnen im Büro, ist es oft schwierig, ein Ende zu finden: Sofern Sie kein Stundenhonorar vereinbart haben, neigen Mandanten dazu, mehr oder weniger „by the side" noch das eine oder andere Rechtsproblem klären zu wollen. Außerdem sind sie regelmäßig nicht in der Lage, für die Mandatsbearbeitung Wesentliches von Unwesentlichem zu unterscheiden mit der Folge, dass sie viel zu viel erzählen, was wertvolle Zeit kostet. Unabhängig davon, dass Sie natürlich durch geschickte Gesprächsführung den Gang einer Besprechung steuern sollten, können Sie eine Reihe von Besprechungen sicher gut durch **Telefontermine** ersetzen[142]. Wie für eine Besprechung sollten Anwalt und Mandant vorbereitet sein und so können Sie ganz gezielt die zu klärenden Punkte am Telefon abarbeiten. Gerade dann, wenn schon ein persönliches Gespräch mit dem Mandanten stattgefunden hat, wenn also Anwalt und Mandant sich bereits kennen, stellen Telefontermine eine günstige Alternative zu Besprechungen im herkömmlichen Sinn dar.

**Dokumentation** ist für den Anwalt „die halbe Miete". Dies nicht nur aus haftungsrechtlichen Gesichtspunkten, sondern schlicht wegen der korrekten

142 In Zeiten von Videokonferenzen und Video-Calls verschwimmen ohnehin die Grenzen zwischen Telefon- und Besprechungstermin. Allenfalls die neuen Datenschutzregelungen geben hier gewisse Beschränkungen vor hinsichtlich der Sicherheit der Anbieter.

Mandatsbearbeitung: Wer sich pro Tag mit dreißig, vierzig oder mehr Akten beschäftigt, kann sich nicht merken, was mit wem in welcher Sache vereinbart wurde. Es ist also absolut wichtig, zu dokumentieren, was Inhalt eines Telefonats war. Häufig haben Sie nicht die Möglichkeit, sofort im Anschluss an ein Telefonat den nächsten Schritt anwaltlichen Vorgehens zu veranlassen. Nach meiner Erfahrung ist es deswegen günstig, am Ende jeder Telefonnotiz unter dem Stichwort „Verbleib“ zu notieren, ob und gegebenenfalls was in dieser Sache als Nächstes veranlasst ist.

**Besprechungen mit Mandanten** ufern häufig aus, sofern sie nicht zielgerichtet geführt werden (es sei denn, es wurde ein Stundenhonorar vereinbart). Denn der einzelne Mandant hat typischerweise ein „großes“ Problem, das ihn massiv beschäftigt. Außerdem kann er regelmäßig nicht Wesentliches von Unwesentlichem unterscheiden, so dass er, wenn er nicht geführt oder gebremst wird, alles erzählt, was seiner Ansicht nach eine Rolle spielt. Dass dabei häufig die für den Anwalt wichtigen Fakten unvollständig mitgeteilt werden, ist ein weiteres Problem. Zwar muss der Mandant sich abgeholt und verstanden fühlen. Das bedeutet aber nicht, dass der Anwalt für den Mandanten immer zur Verfügung stehen muss. Es gibt nämlich Mandanten, die grundsätzlich nach Erhalt eines Schreibens einen Besprechungstermin mit ihrem Anwalt vereinbaren (möchten), um das Weitere zu besprechen. Wer dies zulässt, wird wertvolle Zeit wahrscheinlich völlig unwirtschaftlich vergeuden. Sie sollten daher immer die Erforderlichkeit einer Besprechung prüfen und gegebenenfalls die Vereinbarung eines Termins ablehnen, stattdessen einen Telefontermin vereinbaren. Natürlich sollten Sie dies dem Mandanten nachvollziehbar erläutern. Sie werden sehen, dass Mandanten dieses Vorgehen durchaus akzeptieren, wenn sie wissen, dass die Bearbeitung ihres Falles dadurch nicht behindert wird. Zudem sollte der Zeitrahmen der Besprechung vorab festgelegt werden und jedem Gesprächspartner die erforderlichen Informationen/Unterlagen zur Verfügung gestellt werden. Neben dem Termin sollten Sie auch das konkrete Thema, den Anlass der Besprechung genau vereinbaren. Das klingt vielleicht trivial, aber jede Unklarheit kostet Zeit. Achten Sie darauf – vor allem, wenn mehrere Gesprächspartner beteiligt sind –, dass jeder schriftlich Kenntnis von Zeitpunkt und Ort der Besprechung erlangt. Es ist misslich, wenn ein Gesprächspartner fehlt, weil sich niemand verantwortlich fühlte, ihn über den Termin zu unterrichten. Definieren Sie außerdem das Ziel der Besprechung. Die Besprechung kann dadurch zielgerichtet und ergebnisorientiert geführt werden. Nebenthemen werden erkannt und eliminiert.

Solche Ziele sind immer dann abstrakt zu formulieren, wenn die Interessenlage der Beteiligten unterschiedlich ist:

- Herausarbeiten der Übereinstimmungen und Streitpunkte in Gesprächen mit gegnerischen Kollegen oder Parteien
- Herausarbeiten der Ziele und Motivationen der Parteien. Denn wenn man weiß, warum jemand etwas will oder nicht will, dann kann man erstens dessen Ziele besser nachvollziehen, zweitens kann man gezielte Kompromissvorschläge erarbeiten. (wesentliches Element der Mediation.)

Es klingt trivial. Aber starten Sie Besprechungen immer **pünktlich und gut vorbereitet**. Nur so können Sie Ihren Tagesplan effektiv umsetzen. Unabhängig davon verstimmen Sie Ihre Gesprächspartner, wenn diese warten müssen, und das belastet im Zweifel die Besprechung und das Verhältnis zum Gesprächspartner.

Fertigen Sie eine **Tagesordnung mit Zeitvorgaben**. Gerade in einer laufenden Angelegenheit zu einem komplexen Sachverhalt können Sie als Verhandlungsführer immer wieder auf Einhaltung dieser Vorgaben in zeitlicher und inhaltlicher Sicht hinwirken. Zudem wird die Besprechung zeitlich und inhaltlich planbar und damit effizient. Natürlich kostet das Entwerfen einer Tagesordnung Zeit. Diese Zeit ist jedoch gut investiert. Gibt es nämlich keine Tagesordnung, ist die Gesprächsführung ungleich schwieriger.

Sie können außerdem zur Vorbereitung einen **Fragenkatalog** fertigen, was vor allem bei Erstbesprechungen Sinn machen kann. Darüber hinaus empfiehlt sich bei Routinearbeiten die Arbeit mit Checklisten. Checklisten sind wie Fragebögen ein probates Mittel, wesentliche Informationen zu erfragen. Checklisten können dem Mandanten sogar zur Beantwortung vorab übermittelt werden, so dass man sich noch gezielter auf das geplante Gespräch vorbereiten kann.

Hören Sie aktiv zu. Wer seinem Gesprächspartner **„aktiv zuhört“**, befolgt eine wichtige Kommunikationsregel, weil der Sprechende signalisiert bekommt, dass das, was er sagt, gehört und verstanden wird. Hat er diesen Eindruck nicht, wird er dasselbe immer wieder wiederholen. Als Anwälte erkennen wir normalerweise sehr schnell, ob ein Themenkomplex für den zu bearbeitenden Fall von Bedeutung ist oder nicht. Für den Mandanten können diese „Geschichten“ jedoch wichtig sein, damit er den Sachverhalt erfassen und einordnen kann. Reagieren Sie dementsprechend: Wer sich desinteressiert zurücklehnt, wird dieselbe Geschichte immer wieder hören, weil der Gesprächspartner, der doch verstanden werden will, meint, er habe sich noch nicht verständlich machen können. Es geht also darum, die Gratwanderung zwischen zielgerichteter Gesprächsführung und dem „aktiven Zuhören“ zu meistern. Signalisieren Sie Ihrem Gegenüber, dass das, was es sagt, bei Ihnen „angekommen“ ist, und lenken sie dann das Gespräch wieder in die richtige Richtung.

So zeigen Sie Interesse:
- bleiben Sie Ihrem Gegenüber zugewandt
- nicken Sie zustimmend
- fragen Sie aktiv nach
- machen Sie auch bei irrelevanten Schilderungen kurze schriftliche Notizen
- fassen sie die Gesprächsinhalte kurz zusammen
- lenken Sie das Gespräch auf wesentliche Inhalte

i

Die eigene Zusammenfassung des Gesprächsergebnisses ist schon deswegen sehr wichtig, weil Sie so sichergehen, dass Sie die Ausführungen Ihres Gegenübers richtig verstanden haben. Gleichzeitig zeigen Sie diesem, dass und was sie verstanden haben. Etwaige erforderliche Richtigstellungen sind sofort möglich. Ansonsten bleibt das Risiko eines Missverständnisses, dessen Entdeckung und Korrektur im Laufe der Mandatsbearbeitung unangenehm, eventuell sogar riskant und vor allen Dingen zeitintensiv ist.

**Unangemeldete Besucher** bringen jeden Zeitplan durcheinander. Wer voll ausgelastet ist, sollte sich daher grundsätzlich nicht überrumpeln lassen. Klare Anweisungen für die Sekretariatsmitarbeiter zum Umgang mit dieser Situation sind daher wichtig. Allerdings kann es natürlich auch hier Ausnahmen geben bei besonderer Dringlichkeit

## 3. Aktenarbeit und Recherche

Als Anwalt haben Sie viel mit Papier zu tun; insbesondere die Inhalte von Gerichtsverhandlungen, Besprechungen und Telefonaten werden dokumentiert. Eine Pflicht zur Führung von Handakten ergibt sich direkt aus der Berufsordnung für Rechtsanwälte.

Mit Ausnahme von ganz einfach gelagerten Sachverhalten kommen pro Mandant unterschiedliche Informationen von verschiedenen Seiten zusammen, u.a.:
- Korrespondenz mit dem Mandanten,
- Korrespondenz mit der Rechtschutzversicherung des Mandanten,
- Korrespondenz mit dem Gegner, dem gegnerischen Anwalt,
- Korrespondenz mit Gerichten und Behörden,
- Korrespondenz mit Dritten (z.B. Streitverkündeten, Zeugen, Gutachtern).

Weiter sind wichtige Daten jeden einzelnen Mandanten betreffend in der einzelnen Akte zu dokumentieren, genauso wie eingehende und ausgehende Zahlungen. Effiziente Aktenarbeit bedeutet also, dass Sie organisieren müssen, wie Sie sich gut und schnell in der einzelnen Akte zurechtfinden können. Vergleichen Sie am besten die unterschiedlichen Organisationsformen und diskutieren Sie mit Kollegen, um herauszufinden, welche Form Ihnen am besten liegt.

Wichtige **Daten** sind nicht nur elektronisch in der Akte selbst zu notieren, u.a.:
- Name und Anschrift des Mandanten/des Gegners/des gegnerischen Anwalts,
- ggf. Name der Firma mit Angabe des Vertretungsorgans,
- Telefon- und Telefaxnummer mit der Angabe, ob es sich um die Privat- oder die Geschäftsnummer handelt,
- E-Mail-Adressen,
- Angaben zur Rechtschutzversicherung des Mandanten (Name, Adresse, Versicherungsnummer),
- Angabe des zuständigen Gerichts nebst Aktenzeichen.

Standard-Software für Anwälte bietet diese Möglichkeiten selbstverständlich.

Vielfach wird aber noch der gute Handaktenbogen, auf dem die wesentlichen Stammdaten enthalten sind, vorne in jeder Akte abgeheftet. So sind Sie z.B. jederzeit in der Lage mit den Parteien und anderen Beteiligten zu telefonieren, ohne vorher die Telefonnummern heraussuchen zu müssen. Natürlich müssen diese elektronisch gespeicherten Daten gepflegt werden. So viel aktuelle Stammdaten wert sind, so viel Mühe und Zeit kann es kosten, die richtigen Daten zu ermitteln, wenn die gespeicherten Daten nicht mehr aktuell sind.

Auch eine **arbeitsfreundliche Sortierung der Akten** kann zum effizienten Arbeiten beitragen. Wie oben schon ausgeführt, kommen ganz verschiedene Informationen zusammen. All diese Informationen brauchen Sie im Laufe der Mandatsbearbeitung, zum Teil auch mehrfach. Je nach Umfang der Unterlagen zu einem Mandat kommen Aktendeckel oder Ordner in Betracht. So gibt es verschiedene Varianten von Aktendeckeln (z.B. Doppel- oder Einfachheftung, Heftung von links nach rechts oder umgekehrt, verschiedene Farben). Unabhängig davon, dass Akten einzelner Anwälte oder betreffend verschiedene Rechtsgebiete durch verschiedene Farben kenntlich gemacht werden können, bieten die Aktendeckel die Möglichkeit, das Stammdatenblatt und die Kostenblätter separat zu heften, ebenso Mandantenkorrespondenz und Korrespondenz.

Sinnvoll ist es, das Stammdatenblatt obenauf zu heften, danach könnten die Kontenblätter geheftet werden (da es sich nur um eine oder wenige Seiten handelt, die man leicht überblättern kann, wenn man anderen Informationen aus der Akte sucht), danach kann die Korrespondenz mit Mandant und Gegner und anderen geheftet werden.

Zur Unterteilung eignen sich farbige Trennblätter, die auf der Seite über die DIN A4-Seiten hinaus reichen, so dass man am Rand den Inhalt notieren kann. Bei diesem System sind mehr Unterteilungen möglich als bei Aktendeckeln, so dass man auch Rechnungen separat abheften kann und/oder die Korrespondenz mit der Rechtschutzversicherung. Zusätzlich können wichtige Unterlagen mit bunten „post-its" markiert werden. Gehören zu einem Mandat so viele Unterlagen, dass diese alleine einen oder mehrere Ordner füllen, dann können Sie eine normale Akte mit Aktendeckel anlegen und die Unterlagen im Ordner lassen, wobei in der Akte ein Hinweis auf den Ordner sein sollte. Nur wer sich in seinen Akten schnell zurechtfindet, kann effizient arbeiten, telefonieren oder vor Gericht oder in Besprechungen fundiert argumentieren. Sortierung der Akten mit System ist daher wesentlich für effizientes Arbeiten. Arbeiten in einer Kanzlei mehrere Anwälte, kann es sein, dass jeder sein eigenes Aktenführungssystem hat. Das ist natürlich möglich. Die Sekretariatsmitarbeiter müssen sich hierauf entsprechend einstellen; vor allem, wenn diese jeweils für mehrere Anwälte arbeiten, ist es umständlich, verschiedenen Systemen zu folgen. Fehler sind leichter möglich, und das kann im Ergebnis bedeuten, dass ein erheblicher Zeitaufwand nötig ist, diese zu finden und zu korrigieren. Dass es insgesamt effizienter ist, wenn in einem Büro einheitlich ein System genutzt wird, liegt auf der Hand.

Die Aktenarbeit kann erheblich erleichtert werden, wenn wesentliche Informationen oder Gedankengänge in Form von **Aktennotizen** zusammengefasst werden. Wie schon gesagt, bearbeiten wir zum Teil dreißig und mehr Akten an einem Tag. Ein Mandat kann sich zudem über mehrere Jahre erstrecken. Wer zur Rekapitulation eines komplexen Sachverhalts jedes Mal die gesamte Akte durchblättern und wichtige Schriftsätze durchlesen muss, wird ungleich mehr Zeit benötigen als derjenige, der in Aktennotizen Wesentliches notiert hat. Hinzu kommt, dass die Arbeit viel mehr Spaß macht, wenn man nicht das Gefühl hat, seine Zeit mit doppelter Arbeit zu vertun. Aktennotizen erleichtern auch einem Kollegen die Arbeit, wenn dieser den Sachbearbeiter wegen Krankheit oder einer Terminkollision vertreten muss. Zudem werden Sie gezwungen, für die Mandatsbearbeitung Wesentliches von Unwesentlichem zu unterscheiden, und wenn Sie Ihre Argumentation zur Abwehr oder Begründung eines Anspruchs stichwortartig skizzieren, werden Sie zwangsläufig frühzeitig erkennen, wo etwaige Schwachpunkte sind. Im Interesse der Mandanten sollen wir meist ohnehin frühzeitig eine Abschätzung darüber abgeben, welche Chancen und Risiken wir sehen, genauso wie wir regelmäßig Angaben zum zeitlichen Rahmen des einzelnen Mandats machen sollen. Je genauer wir solche Prognosen abgeben (was häufig schlicht unmöglich ist), umso besser fühlt sich der Mandant beraten, und umso besser können wir selber planen. Basierend auf diesem Umstand können Aktennotizen leicht gefertigt werden.

Das Spektrum anwaltlicher Tätigkeit ist heute so groß, dass es unmöglich ist, jeden Fall zu bearbeiten. Spezialisierungen bilden sich schon seit Jahren immer weiter heraus. Selbst der so genannte Allgemeinanwalt bearbeitet häufig keine öffentlich- oder strafrechtlichen Mandate. Dass Mandate von Anwälten bearbeitet werden, die sich im betreffenden Rechtsgebiet gut auskennen bzw. die ihren Interessensschwerpunkt entsprechend gewählt haben, liegt auf jeden Fall im Interesse der Mandanten. Aber auch effizientes Arbeiten und damit Zeitmanagement ist besser möglich, wenn **Spezialisierungen** von Anwälten genutzt werden. Sie sollten deshalb vielleicht nach einer anfänglichen Orientierungsphase anstreben, eine Spezialisierung zu entwickeln. Diese kann sich auf Rechtsgebiete, aber auch Mandanten beziehen, z.B.:
- Fachanwaltschaften (z.B. im Arbeits-, Sozial-, Familien-, Insolvenz-, Verwaltungs-, Versicherungs- oder im Strafrecht),
- Interessen- und/oder Tätigkeitsschwerpunkte,
- Spezialisierung auf bestimmte – auch „exotische" – Rechtsgebiete (z.B. Skirecht),
- Spezialisierung auf Mandantengruppen (z.B. Arbeitgeber, Vermieter, Frauen).

Eine Zusammenarbeit mit spezialisierten Kollegen macht natürlich besonders viel Sinn innerhalb derselben Kanzlei, weil das betreffende Mandat in der Kanzlei bleibt. Beim Einzelanwalt oder in einer kleinen Sozietät wird es häufig nicht möglich sein, alle Mandate „im Hause" zu bearbeiten. Sie könnten jedoch mit einem oder mehreren externen Kollegen vereinbaren, Mandate eines Bereichs dorthin zu empfehlen, wenn Sie umgekehrt Mandate „Ihres" Spezialgebiets geschickt bekommen. Wer nicht gezwungen ist, sich juristisch in jede neue Sache einzuarbeiten, kann seine eigentliche Spezialisierung ausbauen und sich am Markt besser positionieren – und spart obendrein Zeitaufwand und minimiert das Risiko, welches in Halbwissen steckt. Außerdem kann er im Zweifel besser planen, weil er kalkulieren kann, wie viel Zeit er für die Bearbeitung bestimmter Fragestellungen voraussichtlich brauchen wird.

Auch die Sekretariatsmitarbeiter können sich spezialisieren und dies im Sinne effizienter Arbeit nutzen. **Spezialwissen** steht bei dem einen oder anderen Mitarbeiter vielleicht in folgenden Bereichen zur Verfügung:
- Telefon (durch Telefontraining in Akquise und Kundenbindung kann man sich auch hier spezialisieren),
- Mahnwesen,
- Zwangsvollstreckung,
- Betreuungssachen,

- Verkehrsunfallsachen,
- Abrechnung.

Notieren Sie **Fristen und Wiedervorlagen** realistisch. Oben war davon die Rede, Wochen- und Tagespläne zu machen. In unserem Beruf gehört nun zwingend zur Mandatsbearbeitung, Fristen und Wiedervorlagen zu notieren. Dies ergibt sich bereits aus dem Berufsrecht sowie aus Gründen der Qualitätssicherung. Anders wäre es auch gar nicht möglich, eine größere Zahl von Mandaten parallel zu bearbeiten. Heute beinhaltet jede Anwaltssoftware Fristen- und Wiedervorlagekalender, was Sie unbedingt nutzen sollten. Es sind verschiedene Fristen zu unterscheiden:

- gesetzliche Fristen
  z.B. Verjährung, Sachmängelanzeige, Frist zur Erhebung einer Kündigungsschutzklage im Arbeitsgerichtsprozess, Trennungsjahr bei Scheidung
- gerichtlich gesetzte Fristen, auch Notfristen
  z.B. zur Verteidigungsanzeige, Klageerwiderung, Berufung, Stellungnahme Einzahlung von Gerichtskostenvorschüssen
- andere Fristen z.B. vom Gegner gesetzte Fristen zur Stellungnahme oder Zahlung

Spätestens zum Zeitpunkt des Fristablaufs sind die entsprechenden Aktionen vorzunehmen. Im Falle der Einreichung einer Klageerwiderung oder einer Berufungsbegründung kann das bedeuten, dass mehrere Stunden Arbeit einschließlich Besprechungen aufzuwenden sind. Natürlich kommt man dann „ins Schleudern“, wenn man Kenntnis vom Ablauf einer solchen Frist erst am Tag des Fristablaufs erlangt. Fristen werden typischerweise von außen gesetzt, so dass Sie bei Ihrer Wochen- und Tagesplanung hierauf Rücksicht nehmen müssen. Abhängig von der geforderten Handlung sollte daher jede Frist in Verbindung mit einer so genannten **Vorfrist** (von z.B. acht oder zehn Tagen) im Kalender notiert werden. Auf diese Weise können Sie realistisch planen. Wer sich täglich eine Fristenliste bezogen auf die jeweils nächste Woche ausdrucken und vorlegen lässt, hat immer einen guten Überblick über alle zu erledigenden Fristen. Darüber hinaus sind Akten zu gewissen Zeitpunkten wiedervorzulegen.

Solche Wiedervorlagen werden häufig in folgenden Fällen notiert:

- Sachstand
- Stellungnahme erfolgt
- Zahlung des Gegners eingegangen
- Vorschuss von Mandant bezahlt
- Rechnung bezahlt
- Klage erheben

- Entwurf eines Schreibens an Gegner an Mandant schicken zur Klärung von Details

Die meisten Anwälte nutzen EDV im Büro und lassen sich täglich die Fristen für die aktuelle Woche vorlegen. Unabhängig davon sollten Sie sich in Ihrem eigenen Kalender diejenigen Aufgaben (einschließlich Fristsachen) notieren, deren Erledigung viel Zeit kostet. Auf diese Weise können Sie immer gezielt planen. Wenn Sie z.B. in einer Woche drei schwierige Schriftsätze machen müssen, einen Kindergeburtstag vorbereiten und ausrichten und einen Gerichtstermin, zu dem fünf Zeugen geladen sind, wahrnehmen müssen, dann verfügen Sie nur die absolut nötigen Wiedervorlagen für diese Woche und planen keine zeitintensiven Aufgaben zusätzlich ein. So können Sie das Zusammentreffen von zu vielen bzw. zeitintensiven Aufgaben einigermaßen gut vermeiden. Fristen sollten Sie grundsätzlich so frühzeitig wie möglich bearbeiten. So können Sie bei unerwarteten Fragen Ihrer Mandanten, die normalerweise spätestens in der Woche vor Fristablauf nervös werden, wenn die geforderte Aktion noch nicht erfolgt ist. Wenn Sie sich mit einer Akte befassen, dann sollten Sie zielgerichtet etwas verfügen oder veranlassen. Vermeiden Sie es, die Akte nur zu „schieben", indem Sie nichts tun außer einer neuen Wiedervorlage zu verfügen.

Wenn Sie z.B. dem Gegner eine Frist zur Zahlung der Werklohnforderung Ihres Mandanten gesetzt haben, dann sollten Sie sich die Akte am Tag nach Fristablauf wiedervorlegen lassen, um zu prüfen, ob Zahlung erfolgte.

- Wenn ja, dann müssen Sie Fremdgeld unverzüglich auszahlen
  (evtl. nach Verrechnung mit Ihrer Honorarforderung),
- wenn nein, dann sollten Sie mit Ihrem Mandanten die weiteren Schritte besprechen
  (Klage erheben oder den Erlass eines Mahnbescheides beantragen sowie um die Zahlung eines Vorschusses bitten)

Erledigen Sie dies am besten sofort.

Ineffizient wäre es z.B. in der zweiten Alternative, die Akte zunächst wieder wegzulegen, um zu einem späteren Zeitpunkt den Mandanten zu fragen, wie nun weiter verfahren werden soll. Jedes Mal, wenn Sie eine Akte bearbeiten, sollten Sie sich im Klaren über den nächsten Schritt sein und eine darauf abzielende Verfügung treffen. Die Bearbeitung der Akte wird so vorangetrieben. Das ist regelmäßig im Interesse der Mandanten und gleichzeitig zielgerichtet und effizient. Zudem kommt das nicht nur Ihnen, sondern auch Ihren Sekretariatsmitarbeitern zugute.

i

An dieser Stelle noch einmal kurz zu **effizienter Kommunikation**:
Häufig müssen Sie Fragen an Ihre Mandanten richten (zum Sachverhalt, zum weiteren Vorgehen, zu Zeugen). Je vager Sie solche Fragen formulieren, umso wahrscheinlicher ist es, dass die Mandanten nicht die vollständige Antwort geben. Sie müssen dann nochmals nachhaken, was im Zweifel bedeutet, dass die Akte noch einmal zu Ihnen gebracht werden, bearbeitet und wieder aufgeräumt werden muss. Fragen Sie deshalb ganz gezielt, indem Sie z.B. konkret Vor- und Zunamen sowie Adresse eines Zeugen oder genaue Zeit- und Ortsangaben oder aber auch genaue Produktbezeichnungen erbitten. Formulieren Sie einfach und umgangssprachlich – weniger im juristischen Kontext. Sie sind der Anwalt Ihres Mandanten und werden dafür bezahlt, komplizierte Rechtslagen allgemeinverständlich, individuell sensibel mit einem klaren Lösungsvorschlag zu „übersetzen“. Muss Ihr Mandant nachfragen oder versteht die Frage nicht, haben Sie Ihren Job nicht erfüllt – und Kosten ohne Mehrwert für Ihre Kanzlei produziert.

Viele Schreiben, mit denen Anwälte täglich konfrontiert werden, enthalten für den juristischen Laien unverständliche Formulierungen und geben deshalb Anlass zu weiterer Korrespondenz oder Kommunikation:

- Was bedeutet „Kostenfestsetzungsbeschluss“?
- Was bedeutet die Forderung zur Einzahlung eines Vorschusses (im Zusammenhang mit einem Beweisbeschluss)?
- Was bedeutet „Versäumnisurteil“?
- Was bedeutet es, wenn ein Urteil erging, dieses aber noch nicht rechtskräftig ist?
- Was bedeutet „Termin zur Verkündung einer Entscheidung“?
- Was bedeuten konkrete rechtliche Ausführungen (z.B. Gesamtschuld, Eigentumsvorbehalt, Nacherbe)?

Senden Sie die Abschrift von Schriftsätzen oder Beschlüssen lediglich „zur Kenntnis“ an Ihren Mandanten, wird er Sie im Zweifel anrufen und nachfragen. Dieses Telefonat können Sie vermeiden, wenn Sie ein kurzes, erläuterndes Begleitschreiben versenden. Ich habe mir daher angewöhnt, den Mandanten grundsätzlich entsprechende Erläuterungen zu geben. Das spart Ihnen und den Sekretariatsmitarbeitern täglich viel Zeit und die Mandanten fühlen sich zudem besonders gut beraten. Nutzen Sie Standardschreiben und Textbausteine, wenn Sie angebracht sind. Auf diese Weise können Sie Zeit gewinnen. Ihren Mitarbeitern ersparen Sie Zeit, weil sie nur wenige individuelle Einfügungen in dem Text vornehmen müssen:

- Deckungsschutzanfrage bei der Rechtschutzversicherung des Mandanten,
- Verteidigungsanzeige bei Gericht (nach Klage gegen den Mandanten),
- Erläuterung zur Anfechtungsmöglichkeit eines Urteils,
- Kostenfestsetzungsgesuch/Kostenausgleichsgesuch.

Gleiches gilt für Kurzanweisungen. Sie müssen nicht alles diktieren. Das hat den Vorteil, dass die Sekretariatsmitarbeiter sofort wissen, um welche Kurzanweisung es sich im Einzelfall handelt. So hilft es beispielsweise, einem Aktenstapel eine entsprechende schriftliche Kurzanweisung anzufügen, als diese bloß zu diktieren, um den Mitarbeitern eine bessere Entscheidungsgrundlage dafür zu geben, wann sich wer damit befasst. In folgenden Fällen kann man sehr gut mit Kurzanweisungen arbeiten:

- Eintragen von Wiedervorlagen im Kalender,
- Senden einer Abschrift eines Schreibens an den Mandanten,
- Auszahlung von Fremdgeld,
- Einwohnermeldeamtsanfrage bzgl. Gegner veranlassen,
- Anforderung eines Handelsregisterauszuges bzgl. Gegner,
- Aktenendablage,
- Akte in Ordner umheften, zusammenfassen oder ausgliedern

Wichtig ist in diesem Zusammenhang, dass die Büromitarbeiter genau instruiert sind, was sie in welchem Fall tun müssen. Aber das ist nur eine Frage guter Delegation.

Nach Beendigung eines Mandats ist die **Akte abzulegen und zu archivieren**. Das kann man gut delegieren und sogar mittels Kurzverfügung veranlassen. Auf diese Weise kann man nicht nur Zeit, sondern auch richtig Platz sparen (Aktenschränke sind nicht billig). Voraussetzung ist natürlich, dass der Mandantenauftrag erfüllt, alle Buchungen erfolgt sind (inklusive der Auszahlungen) und dass Mandantenunterlagen (z.B. Titel, Originalurkunden, Belege) zurückgegeben wurden. Wer ein Mandat zielgerichtet und mit Progress führt, kommt automatisch an den Punkt, an dem die Akte abzulegen ist. Versäumen Sie aber nicht, die Endablage tatsächlich zu veranlassen. Wer das nicht tut, wird irgendwann zu einem späteren Zeitpunkt mit seinen Aktenleichen konfrontiert. Wenn man sich dann nicht mehr an das Mandat, geschweige denn an dessen Beendigung, erinnern kann, muss man sich zwangsläufig noch einmal einlesen und einarbeiten. Diese Arbeit ist absolut unbefriedigend und raubt wertvolle Zeit. Hier sollten Sie auch im Blick haben, ab welchem Ablagevolumen es sich lohnt, ein elektronisches Ablagesystem zu nutzen.

Als Juristen werden wir mit einer Unmenge von **Literatur** konfrontiert. Hinzu kommen die Fachbeiträge der Fachmagazine sowie die Tageszeitung, lange Rundbriefe, Zeitschriften und vielleicht auch noch ein ganz normales Buch. Manager wenden angeblich ca. 30% ihrer Zeit für Lesen auf; Anwälte sind mindestens im gleichen Umfang mit Lesen beschäftigt. Wer also eine Steigerung seiner Leseleistung erreicht, kann entsprechend viel Zeit für anderes gewinnen. Selektieren Sie den Lesestoff. Wer sich neugierig auf alle eingehenden Poststücke stürzt, um sich dann durch alles zu lesen, was ihn spontan interessiert, wird sich am Ende des Tages eingestehen müssen, dass vieles überhaupt nicht hätte gelesen werden müssen. Sie sollten sich deshalb bewusst entscheiden, was Sie lesen und was nicht. Was Sie aus beruflichen Gründen lesen müssen, können Sie sicher gut definieren. Was Sie lesen sollen und wollen, sollten Sie zielgerichtet und ergebnisorientiert lesen. Wenn Sie feststellen, dass Sie etwas überhaupt nicht zu lesen brauchen, dann beschäftigen Sie sich auch nicht weiter damit.

Wichtige Passagen aus längeren Texten können Sie aus einer gefertigten Kopie herausschneiden und z.B. direkt in eine Akte heften[143]. Sie können auch einen Ordner anlegen, in dem Sie einzelne, ausgeschnittene oder kopierte Texte sortiert nach Thematik abheften.

Verbessern Sie Ihre Lesemethode und -geschwindigkeit.

### Orientierendes Lesen

Der Lesestoff wird erstmals erfasst, um abzuschätzen, was einen als Leser erwartet. Sie sollten beim „Überfliegen" daran denken, welche Informationen für Sie wichtig sind. Gegebenenfalls können Sie sofort Markierungen im Text vornehmen oder Stichworte herausschreiben. Achten Sie auf Schlüsselworte und Schlusssätze. Zeitungsartikel, Kommentare und Fachartikel enthalten die wesentlichen Informationen typischerweise am Anfang oder am Ende; Sie können gezielt diese Passagen lesen.

### Studierendes Lesen

Bedeutet umfassendes und auswertendes Lesen. Erfassen Sie den Inhalt in kurzen Stichpunkten. Sie sollten sich nicht scheuen, Texte, die Sie lesen, zu bearbeiten, indem Sie diese markieren. Wichtige Passagen oder Schlüsselwörter können einfach mit Textmarkern gekennzeichnet werden, Sie können aber auch mit bestimmten Zeichen Verschiedenes hervorheben (z.B. „!" für wichtig, „?" für fraglich, „P" für Problem, „K" für Kopieren etc.). Wenn Sie Ihr eigenes System für die Markierung von Texten gefunden haben und diesem treu bleiben, können Sie sich auch nach langer Pause in einmal bearbeiteten Texten schnell und gut zurechtfinden.

---

**143** Nutzen Sie außerdem die Fotofunktion und den Screenshot Ihres Smartphones, um schnell und unkompliziert etwas der e-Akte zuzuweisen (z.B. per mail an die eigene Kanzlei).

**Zusammenfassendes Lesen**

Bedeutet synoptische Zusammenstellung des Inhalts sowie kritische Wertung des Erarbeiteten. Lesen Sie Titel, Untertitel und Überschriften sowie Inhaltsangaben, Vorbemerkungen und Klappentexte. Sie können Passagen mit offensichtlich geringerem Informationsgehalt schnell „überfliegen“, sollten dafür wichtige Passagen aufmerksam und langsam lesen.

---

i Die Lesegeschwindigkeit können Sie mit einiger Übung wie folgt erhöhen

- Silbenweises Lesen anstelle von buchstabenweisem Lesen,
- Vermeiden von innerem Mitsprechen,
- Konzentriertes anstelle von oberflächlichem Lesen,
- Augenbewegungen anstelle von Kopfbewegungen,
- Lesen in bequemer, komfortabler Stellung,
- Abschaffen störender Umwelteinflüsse (z.B. Lärm, unzureichende Beleuchtung).

---

## 4. Effiziente Büroprozesse

Viele Büroabläufe können standardisiert und damit effizient gestaltet werden. Klare Anweisungen an die Mitarbeiter sind hierfür Voraussetzung. Ebenso das Erstellen von Listen und Systemen.

**Wiedervorlagelisten**

Akten sind aus den verschiedensten Gründen wiedervorzulegen. Das habe ich oben schon ausgeführt. Allerdings heißt das nicht, dass der Anwalt selbst jede Akte sehen muss. Manche Wiedervorlagen können direkt an Mitarbeiter delegiert werden, so dass diese dann selbst den nächsten Schritt veranlassen können, z.B. „Kostenvorschuss bezahlt, ggf. Mahnung und neue WV“. Mit virtuellen Wiedervorlagen ist es nicht nötig, dass Sie die einzelne Akte in die Hand nehmen, weil Sie den nächsten Schritt „aus dem Kopf“ veranlassen können, z.B. „Rückäußerung des Mandanten da?“. (Wäre eine Äußerung des Mandanten bis dato eingegangen, wüsste man dies als Anwalt bereits. Ein kurzes Schreiben an den Mandanten zur Erinnerung sowie eine neue Wiedervorlage können ohne die Akte verfügt werden.)

Die regulären Wiedervorlagen sollten einem bestimmten Platz in ihrem Arbeitszimmer zugewiesen werden – was ohnehin nicht erst jetzt seit der neuen Datenschutzregelung im Hinblick auf das Mandatsgeheimnis mehr als bedenklich ist. Nicht jedoch auf Ihrem Schreibtisch liegen. Sie sollten diese Akten jeden Tag vollständig bearbeiten. Wer dies nicht tut, generiert innerhalb kurzer Zeit einen Aktenstapel, von dem bald niemand mehr weiß, welche Akten sich darin befinden. Das kann lästiges Aktensuchen bedeuten, hat aber auch zur Konsequenz, dass die Bearbeitung der einzelnen Mandate nicht progressiv erfolgt, was nicht im eigenen, aber auch nicht im Mandanteninteresse sein kann.

**Fristenlisten:**

Fristenlisten sollten täglich aktualisiert für die Woche oder die nächsten zwei Wochen ausgedruckt vorliegen. Ebenso die Vorfristen. Je nach der geforderten Aktion sollten Sie unterschiedliche Vorfristen notieren lassen. Die Erledigung bestimmter Fristsachen kann delegiert werden, z.B. bei einer Frist zur Einzahlung eines Gerichtskostenvorschusses für die Beauftragung eines Sachverständigen: Sofern das Geld vom Mandanten bereits gezahlt wurde, kann auch ein Mitarbeiter aus dem Sekretariat die rechtzeitige Einzahlung bei Gericht veranlassen und die Frist sodann löschen. In jedem Fall sind Fristen zu löschen, sobald die geforderte Aktion erfolgt ist. Andernfalls riskiert man Irritationen, die wiederum viel Zeit kosten können. Denn man kann sich bei entsprechender Aktenmenge unmöglich alles merken; wer versäumt, die Löschung einer Frist nach Erledigung zu veranlassen, muss die Akte nochmals in die Hand nehmen, um sich zu vergewissern, dass alles erledigt ist.

**Aktenmanagementsystem**

In vielen Kanzleien werden wöchentlich- manchmal auch täglich- einige Stunden (!) mit Aktensuche vergeudet, weil sich die Akten nicht an den definierten Plätzen befinden. Dies kann vermieden werden, wenn dafür gesorgt wird, dass sich jede Akte grundsätzlich an „ihrem" Platz befindet (z.B. Hängeakten in alphabetischer Reihenfolge im Aktenschrank, Ordner entsprechend im Regal).

In folgenden Fällen befinden sich Akten zwangsläufig nicht an „ihrem" Platz:

- wenn der Anwalt mit der Akte arbeitet (die Akte befindet sich auf dem Schreibtisch oder ggf. zu Hause),
- wenn der Anwalt auf dem Weg zu einem Termin ist (die Akte befindet sich in dessen Koffer oder im Auto),
- wenn Post zugeordnet wird (die Akte befindet sich im Posteingangsfach),
- wenn die Akte wiedervorgelegt wird (die Akte befindet sie sich im Wiedervorlagefach),
- wenn der Anwalt etwas diktiert hat (die Akte befindet sich im Diktatfach),

- wenn der Anwalt etwas per Kurzanweisung verfügt hat (die Akte befindet sich im Fach „Kurzanweisungen“)

Akten sollten **nur** in den Fällen, in denen es nicht anders möglich ist, von „ihrem“ Platz weggenommen werden, d.h. wenn mit einer Akte nicht gearbeitet wird, sollte sie unbedingt sofort an „ihren“ Platz zurückgebracht werden. Viele Mandantenprogramm bieten bereits die Möglichkeit, ohne die Papierakte viel wesentliche Aktenarbeiten zu veranlassen und zwar von mehreren Arbeitsplätzen gleichzeitig. Nutzen sie auch die Funktion mancher Mandantenprogramme, den Standort der Papierakte im Büro nachzuverfolgen[144]. Vermeiden Sie unbedingt die Bildung von Aktenstapeln bei den Anwälten oder den Sekretariatsmitarbeitern.

**Postsystem**
Filtern Sie Ihre Post oder lassen Sie diese filtern. Treffen Sie konkrete Anweisungen, was zur Akte sortiert und vorgelegt, gescannt oder gleich bearbeitet wird. Bereits der für den Posteingang zuständige Mitarbeiter kann einzelne Postsendungen wegwerfen, ohne sie vorher vorzulegen. Geben Sie entsprechende Anweisungen für Werbesendungen. Manche lassen diese in einer separaten Mappe zusammenfassen. Dann sollte hierfür unbedingt definiert werden, wer diese Mappe in welchen Zeitabständen durchsieht und entrümpelt.

Die **technischen Möglichkeiten** stellen auch an die Anwaltschaft neue Anforderungen ihre Arbeitsabläufe sowie deren technischen Hilfsmittel den Bedürfnissen und Arbeitsweisen der Mandanten anzupassen. Mit allem Streben nach Modernität und zeitgemäßer Rechtsberatungsangebote dürfen weder die rechtlichen Rahmenbedingungen der eigenen Arbeit übersehen noch das besondere Vertrauensverhältnis zwischen Mandant und Anwalt außer Acht bleiben.

Die technischen Hilfsmittel erfordern auch im Verhältnis zu den Mandanten und dem möglichen Mandantenkreis Anpassungen z.B. in den Mandatsbedingungen über den Einsatz elektronischer Kommunikation sowie der Art und Weise und des Inhalts von Kanzleiwebseite. Im Deutschen Anwaltsverein (DAV) befassen sich die Arbeitsgemeinschaft Informationstechnologie mit IT-rechtlichen und die Arbeitsgemeinschaft Anwaltsmanagement mit Hinweisen zu kanz-

144 Manche Anwälte arbeiten immer noch mit so genannte Fehlblättern, auf denen notiert wird, wo sich eine einzelne Akte befindet, wenn sie nicht an „ihrem“ Platz ist.

leitypischen IT- und Telekommunikationstechnischen Fragestellungen. Seit 2006 gibt es die Fachanwaltschaft Informationstechnologierecht (IT- Recht), die zu den Fragen des EDV-, Software-, Internet-, Telekommunikationsrechts sowie den hierzu spezifischen Fragen des Urheber- und Kennzeichen-, insbesondere des Domainrechts, Datenschutzes, Strafrechts, Vergaberechts, internationalen sowie Prozess- und Verfahrensrechts mit jeweils unterschiedlichen Schwerpunkten ausgebildet und erfahren sind.

**Datenschutz und Datensicherheit** sind nicht erst seit Mai 2018 ein Thema. Mit der Neufassung der DSGVO gehen zahlreiche Verschärfungen zum Schutz von Verbraucher und Dateninhaber einher. Die Installation eines Datenschutzbeauftragten ist nach wie vor ab einer gewissen Personenzahl bei der automatisierten Datenverarbeitung vorgegeben und wird in der modernen Anwaltskanzlei der Regelfall sein. Es ist also festzustellen, wie viele Personen unabhängig von Voll- oder Teilzeit, angestellt oder als freier Mitarbeiterschaft oder Inhaber mit dem Erheben, Verarbeiten und Nutzen der personenbezogenen Daten automatisiert beschäftigt sind. Nach wie vor kann auch ein externer Datenschutzbeauftragter bestellt werden, ohne der Besorgnis der Verletzung der Verpflichtung zur Berufsverschwiegenheit zu begegnen.

Vom Datenschutz zu unterscheiden ist die Datensicherheit. Ersterer erfasst den Schutz von personenbezogenen Daten im Sinne einer Reduzierung von Datenvolumen. Die Datensicherheit meint den Schutz der IT-Systeme (Hardware, Software, Infrastruktur, Netze, Daten) vor der Gefahr des Verlustes, der Zerstörung oder der Nutzung, also des Missbrauchs durch Unbefugte. Verarbeitung, Speicherung und Kommunikation von Informationen sind so zu gestalten, dass die Vertraulichkeit, Verfügbarkeit und Integrität der Informationen und Systeme in ausreichendem Maß besteht, Bedrohungen erkannt und Risiken minimiert werden (IT-Risiko-Management). Das IT- Grundschutzhandbuch des Bundesamtes für Sicherheit in der Informationstechnik (BSI) kann hierfür brauchbares Basiswissen bieten. Das BSI bietet auf seiner Website außer kompakten Basisinformationen den Leitfaden IT-Sicherheit und die IT-Grundschutz-Kataloge zum Download an[145].

**Software** ist immer wieder das Ziel von Hackerattacken, die Sicherheitslücken suchen. Die jeweiligen aktuellen Updates schließen diese Sicherheitslücken. Antivirenprogramme (Virenscanner/Virenschutz) spüren Computerviren, Computerwürmer und Trojanische Pferde au, blockieren und beseitigen diese. Die Pflicht zur Aktualisierung vorhandener Software wird von der Rechtspre-

---

**145** www.bsi-bund.de.

chung mittlerweile anerkannt. Eine Firewall ist ein System aus Software- (Paketfilter, Proxyserver) und Hardwarekomponenten (Router, Hosts), das den Zugriff zwischen verschiedenen Rechnernetzen beschränkt, um ein Sicherheitskonzept umzusetzen. Der Einsatz einer Firewall erfolgt in der Anwaltskanzlei an der Schnittstelle vom lokalen Netzwerk zum Internet. Die Datensicherung hat manuell oder automatisiert regelmäßig, im Idealfall täglich zu erfolgen. Letztlich sollte eine Regelung zur Datensicherung installiert werden sowie zur Sicherheit ein Abgleich, ob die Datensicherung ordnungsgemäß erfolgte und im Ernstfall die Daten wieder herstellbar sind.

Die wichtigsten Maßnahmen im Überblick:
- Software aktualisieren
- Antiviren-Software einsetzen
- Firewall installieren/konfigurieren
- Benutzerrechte verwalten und einschränken
- Verschlüsselung sensibler Daten
- Datensicherung
- Mitarbeiterschulungen
- Notfallplan erstellen

Die Ausstattung der Kanzlei mit **Telekommunikationslösungen** kann von Kanzlei zu Kanzlei sehr unterschiedlich sein. Dennoch ist die passgenaue Ausführung ein wichtiger Baustein im Zeitmanagement für die Kanzlei.

Standard dürfte sein:
- Festnetz-Telefonanlage
- Anrufbeantworter,
- Faxgerät,
- Mobiltelefone/Smart Phone
- Kreditkartenlesegerät
- Frankiergerät,

Die Telefonanlage ist eine Vermittlungseinrichtung, die mehrere Endgeräte z.B. Telefone, Fax, Anrufbeantworter sowohl untereinander als auch mit dem öffentlichen Telefonnetz verbindet. Das Koppelfeld ist bei der TK-Anlage die wesentliche Funktionseinheit, deren Ein- und Ausgangskanäle durch ein Steuerwerk geschaltet werden. Vorteile des Einsatzes einer Telefonanlage sind erstens die kostenlosen internen Gespräche zwischen den verschiedenen an die Anlage angeschlossenen Endgeräten. Zweitens werden die kostenpflichtigen Amtsanschlüsse (Leitungen) besser ausgenutzt, da nicht jedes Endgerät eine eigene Teilnehmeranschlussleitung benötigt. Die Telefonanlage besitzt eigene Zusatzfunktionen zum Verwalten und Bearbeiten der Telefonate, wie z.B. Weiterverbinden von Telefongesprächen, Makeln, Rufumleitung, Anruflisten, Einzelgesprächs- und Gebührenauswertungen. Außerdem ist oftmals ein Abfrageplatz vorgesehen, an dem die Anrufe zentral angenommen und an die entsprechenden Personen weitervermittelt werden. Über eine TK-Anlage ist auch die Festlegung möglich, welche Gespräche von einzelnen Nebenstellen aus geführt werden dürfen und inwieweit Nebenstellen von außen erreichbar sind. Die Umschaltung zwischen internen und externen Gesprächen wird üblicherweise über eine ein- oder mehrziffrige Vorwahl, die Verkehrsausscheidungsziffer, durchgeführt. Oft ist dies die in Deutschland auch sonst als Verkehrsausscheidungsziffer übliche „0". Telefonanlagen gibt es auch für kleine Einheiten. Bei der Entscheidung zwischen Tischgeräten oder schnurlosen Geräten ist zu überlegen, welche Funktionalitäten gebraucht werden. Ein schnurloses Gerät macht sicherlich für die Kanzlei dann Sinn, wenn es weite Wege gibt. Üblich, weil praktisch und gesund für die Körperhaltung, ist heute vor allem aber auch ein Headset für den Telefondienst, der diesem außerdem die Hände freihält. Der Telefondienst der Kanzlei lässt sich im Übrigen auch vollständig über Dienstleister abbilden. Diese bieten zu Pauschalen oder Grundpreisen individualisierte Telefon- und Sekretariatsdienste an.

Die anwaltliche Tätigkeit ist trotz Einzug des PC-Arbeitsplatzes auch auf den Schreibtischen der Berufsträger stark durch das **Diktieren** geprägt. Ob über gute Spracherkennungsprogramme oder aber klassisch als Aufnahme auf Smart-Phone oder separatem Gerät: eine gute Diktiereinheit ist ebenso wie hochwertige Geräte für den Schreibservice (mit Kopfhörer und Pedal) ein effektives Tool für optimales Zeitmanagement. Denn nichts ist so zeitaufwendig und mühsam wie schlecht funktionierende Technik oder Störgeräusche. Auch hier sind externe Sekretariats- und Schreibservices temporär gut nutzbar.

**Dokumentenrecherche** für Gesetzestexte, Entscheidungen, juristische Fachliteratur in Fachzeitschriften, Kommentaren und Fachbüchern sowie Muster, Antragsformulare, Registerauszüge, Beweisstücke und Publikationen über Fachverbände und -tagungen wird zeitsparend heute über die Nutzung von Online- oder CD-Rom-Recherchemöglichkeiten oder aber über Wissensmanagement-Tools abgebildet. Das Internet bietet eine gute Möglichkeit der Recherche auch nach juristischen Informationen. Hier gibt es Portale, welche juristische Informationen bereithalten, Gerichtsentscheidungsdatenbanken, Kanzleiwebsites mit juristischen Informationen, Websites der jeweiligen Verbände mit Online-Publikationen oder Tagungsunterlagen und vieles mehr. Das Bundesministerium der Justiz stellt in einem gemeinsamen Projekt mit der juris GmbH unter www.gesetze-im-internet.de nahezu das gesamte aktuelle Bundesrecht kostenlos im Internet bereit. Die Gesetze und Rechtsverordnungen können in ihrer geltenden Fassung abgerufen werden. Sie werden durch die Dokumentationsstelle des BMJ fortlaufend aktualisiert[146]. Das Portal der Universität des Saarlandes bietet eine große Auswahl an Landes- und Europäischen Rechtsnormen unter http://www.jura.uni-sb.de/. Die Rechtsnormen der Europäischen Union finden sich unter http://europa.eu.int/eur- lex/en/.

## IV. Marketing und Kommunikation

Seit 1996 ist das Werbeverbot für Anwälte aufgehoben; gerade noch rechtzeitig, um die Branche mit dem Boom an Möglichkeiten, die die Digitalisierung, neue Technologien und die sozialen Medien mitbrachten, wach zu küssen.

**Doch was ist Marketing überhaupt?** „Marketing" ist ein schillernder Begriff. Marketing wird als betriebswirtschaftliche Disziplin, als eine Universalwissenschaft, die sich der Erkenntnisse zahlreicher Disziplinen bedient und als Kunst, Beziehungen zu Klienten zu knüpfen und aufrechtzuerhalten, verstanden. Marketing wird auch als eine Kunst definiert, die nicht etwa darin besteht, „eine knifflige Methode auszudenken, wie man das, was man erzeugt, wieder los wird[147]. Marketing ist die Kunst, wirklich wertschöpfend für den Kunden zu wirken. Es ist die Kunst, Kunden so zu betreuen, dass es ihnen bessergeht.". Alle diese Beschreibungen haben trotz ihrer unterschiedlichen Aussagen etwas für sich. Die Marketinglehre behandelt einen komplexen Gegenstand.

Von vornherein ist mit einem verbreiteten Vorurteil aufzuräumen: Marketing darf nicht mit „Werbung" im herkömmlichen Sinn gleichgesetzt werden. Marketing ist weitaus umfangreicher. Werbung im herkömmlichen Sinn, die etwa durch Annoncen in Zeitungen betrieben wird, ist nur ein untergeordneter und nachrangiger, noch dazu kleinerer Bestandteil von Marketing. Die Marketinglehre ist ein noch junger, jedoch sehr wichtiger Bestandteil der Betriebswirtschaftslehre. Ein wenig vereinfacht formuliert befasst sich die Marketinglehre mit der Vermarktung von Waren, Dienstleistungen und Gütern. Die Betriebswissenschaftler sind sich selbst noch nicht darüber einig geworden, welches die gültige Definition für den Begriff „Marketing" sein soll.

Eine verbreitete Definition lautet: Marketing bedeutet Planung, Koordination und Kontrolle aller auf die aktuellen und potentiellen Märkte ausgerichteten

146 Achtung: Die im Internet abrufbaren Gesetzestexte sind nicht die amtliche Fassung. Diese ist nur im Bundesgesetzblatt unter www.bundesanzeiger.de zu finden, welches als Abonnement-Dienst kostenpflichtig ist.
147 Meine Lieblingsdefnition.

Unternehmensaktivitäten. Durch eine dauerhafte Befriedigung der Kundenbedürfnisse sollen die Unternehmungsziele im gesamtwirtschaftlichen Güterversorgungsprozess verwirklicht werden. Marketing ist damit nichts anderes als die Summe aller marktbezogenen Aktivitäten eines Anwalts. Doch wie jede Aktivität sollte auch das Marketing nicht spontan, sondern geplant und organisiert durchgeführt werden.

Leider gehört die Beschäftigung mit Marketingfragen auch heute noch für die meisten Anwälte nicht zwingend zu Ihrem Berufsbild – egal ob als Anwalt oder als Kanzleiinhaber. Dies mag daran liegen, dass Marketing als der Betriebswirtschaft zugehörig und damit fachfremd betrachtet wird. Die Scheu vor dem Marketing mag auch aus der falschen Gleichsetzung von Werbung und Marketing herrühren. Lange wurde die Werbung für Dienstleistungen eines Anwalts fälschlicherweise als vollständig verboten angesehen, weil es für den Anwalt als Organ der Rechtspflege nicht angemessen schien, Werbung reklamehaft zu betreiben[148]. Das ist natürlich Unsinn und als „reine Schutzbehauptung zu werten“ – um im Kontext der Branche zu bleiben – sich nicht damit beschäftigen zu müssen oder über die eigene Unfähigkeit auf diesem Gebiet hinwegzutäuschen. Hinzu kommt, dass das Dienstleistungsmarketing anderen Regeln folgt als das reine Produktmarketing. Rechtsberatung wird jedoch erst neuerdings als Dienstleistung und Service begriffen.

Doch zugegebenermaßen verkauft der Anwalt nun einmal keine Kfz-Reparatur oder einen günstigen Haarschnitt, wo es darum geht, sich gegenüber dem Mitbewerber abzuheben. Rechtsberatung, Vertretung und Begleitung des Mandanten ist nicht irgendeine Dienstleistung. Erfolgreiches Anwaltsmarketing muss berücksichtigen, dass die Inanspruchnahme und die Auswahl eines Rechtsanwalts in höchstem Maß Vertrauenssache ist. Weil die Dienstleistung eines Anwalts kaum sichtbar, nicht greifbar und in ihrer Qualität nur in den seltensten Fällen von einem Mandanten kontrollierbar ist, spielt das Vertrauen in die Qualität des Anwalts und seiner Arbeit eine so große Rolle. Sowohl der Erwerb des Vertrauens, der über Ersatzindikatoren funktioniert, als auch der dauerhafte Erhalt dieses Vertrauens stellen ganz besondere Anforderungen an den Rechtsanwalt bei der Vermarktung seiner Dienste. Und schließlich werden Anwaltskanzleien gegenüber anderen Dienstleistungsunternehmen in ihrer Distributionspolitik ganz erheblich dadurch benachteiligt, dass sie sich ihre Mandanten nicht in jedem Fall aussuchen dürfen. Nach den §§ 48 bis 49a BRAO ist jeder Rechtsanwalt verpflichtet, Mandate, die er vielleicht gar nicht will, zu

**148** Branchenbericht der Sparkasse 2017, S. 23.

übernehmen. Nur aus wichtigem Grund kann er solche Mandate ablehnen. Ein Anwalt kann also unter Umständen sogar gezwungen werden, eine gar nicht in den Marketing-Mix seiner Kanzlei passende Prozessvertretung zu übernehmen.

Doch was macht gutes Marketing aus?

**Gutes Marketing** folgt einem Gesamtkonzept, bei dem alle erfolgversprechenden und für Zielgruppe und Markt relevanten Marketinginstrumente fein aufeinander abgestimmt sind und ineinandergreifen. Das Gesamtkonzept dient der Erreichung der Kanzleiziele, die mit der strategischen Ausrichtung der Kanzlei und der Kanzleistrategie verfolgt werden. Kanzleimarketing ohne Marketingstrategie ist wertlos und manchmal sogar schädlich!

Soll das Kanzleimarketing Geschäft bringen und den Umsatz steigern, sollte es vor allem in den für die Kanzlei interessanten Geschäftsfeldern betrieben werden, in denen die Kanzlei Know-how und die notwendigen Ressourcen besitzt. Anderenfalls war das Marketing eine Fehlinvestition. Kanzleien, die Kanzleimarketing weiterhin ohne Marketingstrategie oder nicht im Einklang mit der eigenen Kanzleistrategie betreiben, werden sich das nicht mehr leisten können. Auf Kanzleimarketing hingegen ganz zu verzichten, ist bei der gegenwärtigen Entwicklung der Branche allerdings auch nicht mehr möglich, dafür ist der Legal Markt zu umkämpft und konkurrenzstark. Kommunikation und Marketing sind zu sehr miteinander verschmolzen. Kanzleien, die heute also noch meinen, ohne Kanzleimarketing auszukommen, wird es morgen nicht mehr geben.

Kanzleimarketing sollte sowohl die Kanzlei als Ganzes als auch die dahinterstehenden Persönlichkeiten einbeziehen: Kanzleimarketing muss daher die Anwaltspersönlichkeiten, die Gesichter der Kanzlei, in den Mittelpunkt des Marketings rücken, sie dem Zielpublikum näher bringen, sie greifbarer und menschlicher machen.

Gleichzeitig muss Kanzleimarketing heute aber nicht nur für die Mandantenakquise, sondern auch für die Anwerbung von High Potentials zur Verfügung stehen (Stichwort: Employer Branding). Mit dem richtigen Marketing kann man zukünftige Anwaltspersönlichkeiten und Fachkräfte auf sich aufmerksam machen – und zwar diejenigen, die zu Ihnen, Ihrem Team und Ihrer Kanzleistrategie passen. Nicht zuletzt bringen Top-Performer nicht selten Top-Mandate mit. Auch dadurch erhöhen sich Geschäft und Umsatz. Nur so entfaltet Ihr Kanzleimarketing sein gesamtes Potenzial: Teurer als unstrategisches Kanzleimarketing ist nur kein Marketing[149].

---

**149** Dr. Tutschka," Kanzleimarketing kompakt" S. 25.

Ihr Marketing sollte also
1. Ihren Kanzleiwerten, Ihrer Positionierung und Kanzleistrategie entsprechen
2. sowohl Ihre Kanzlei als auch Ihre Anwaltspersönlichkeiten präsentieren
3. die beiden unterschiedlichen Zielgruppe Mandanten und zukünftige Mitarbeiter abholen

Mandanten können weiter danach unterschieden werden, ob es sich um Kanzleimandanten handelt oder erst um zukünftige/potenzielle Mandanten.

Warum wird diesem Thema hier noch einmal ein ganzes Kapitel gewidmet?

Die Komplexität von Marketing, die Bedeutung von Markenbildung, Sales und Akquise ist vielen Kollegen noch nicht bewusst. Es wird daher entweder komplett ausgeblendet oder aber ausgelagert, in dem externe Dienstleister eingekauft werden, die sich mit diesem Thema dann „für die Kanzlei" beschäftigen sollen. Gleiches gilt, wenn Marketingexperten in die Kanzlei integriert werden bzw. innerhalb der Kanzlei ein Mitarbeiter die Verantwortlichkeit für das Marketing erhält[150]. Gemeint ist in den meisten Fällen nämlich „statt des Kanzleiinhabers". Doch die Marketingstrategie, das Marketingkonzept und die Markenbildung sind Chefsache, da Sie das unmittelbare „äußerliche" Gegenstück zum eher „innerbetrieblichen" Prozess der Erarbeitung der Kanzleiwerte und -kultur und der Positionierung darstellt. Fachexpertise und Know How können daher erst in einem zweiten Schritt (ergänzend) eingekauft werden. Sie lassen sich ja heute auch nicht mehr Ihre Kleidung morgens von Mama rauslegen[151]!

Ich möchte daher schon an dieser Stelle mit fünf Illusionen rund um das Thema Kanzleimarketing aufräumen. Bitte verinnerlichen Sie:
1. Marketing müssen Sie als Kanzleiinhaber **und** als Anwalt betreiben
2. Marketing können Sie nicht komplett an Mitarbeiter oder Dienstleister ausgliedern.
3. Es gibt kein allgemeingültiges Kanzleimarketingkonzept
4. Es gibt kein ewig gültiges Kanzleimarketingkonzept für ihre Kanzlei
5. Marketing ist ein Begleitprozess, kein Projekt. Es wird niemals abgeschlossen sein.

**150** So hat Deloitte beispielsweise die Inhouse-Marketingabteilung derart erfolgreich auf- und ausgebaut, dass diese mittlerweile als Marketingagentur nach außen in Erscheinung tritt.
**151** Bitte antworten Sie mit JA.

Akzeptieren Sie also Marketing und Kommunikation als einen wesentlichen Baustein Ihrer Kanzleistrategie und Ihres Kanzlei-Business, der weder ausschließlich von Experten und Spezialisten außerhalb Ihrer Kanzlei übernommen werden kann, noch komplett vernachlässigt werden kann. Lernen Sie Marketing zu lieben. Um aus der Fülle an Möglichkeiten den für Sie und Ihre Kanzlei richtigen Weg im Marketing und die für Sie und Ihrer Kanzlei richtigen Tools herauszufiltern und zu nutzen, sind dann erfahrene Experten da.

Doch auch hier gilt: der Weg ist das Ziel. Marketing ist ein Sie ständig begleitender Prozess.

Das gilt sowohl für die Kanzleigründung als auch beim Management. Ein Gründungsprozess bedarf eines anderen Marketingkonzeptes als eine seit Jahren am Markt etablierte Kanzlei. Auch die Begleitung einer geschäftlichen Neuausrichtung kann und muss mit Marketing erfolgen.

i *„Um heute und in Zukunft eine moderne Anwaltskanzlei erfolgreich zu managen, wird die Integration von Kanzleimarketing und Legal Tech immer wichtiger. Das gilt in jeder Phase des Kanzlei-Lebenszyklus – und ganz besonders in der Gründungsphase."*

**Markus Weins, Geschäftsführer FFI-Verlag GmbH**

Geben Sie sich nicht der Illusion hin, dass dieses „Projekt" irgendwann abgeschlossen ist. Und dieser Prozess wird auch viel „Try and Error" sein, Neuausrichtungen und Anpassungen erfahren. Es gibt weder das eine einzig wahre Kanzleimarketing für alle noch Ihre ewig gültige Kanzleimarketingstrategie. Manche Sachen müssen sicherlich einfach ausprobiert werden, um sie in ihrem Aufwand und ihrer Wirkung einschätzen zu können.

Nicht nur deshalb unterliegt letztlich auch das Marketing dem **Controlling**. Dabei geht es einerseits darum, Budget und Kosten im Auge zu behalten. Auf der anderen Seite aber noch viel mehr darum, die wirklich wirksamen Marketinginstrumente herauszufiltern[152], um so Effektivität und Effizienz zu steigern. Ihnen wird an dieser Stelle das eine oder andere bekannt vorkommen. Ich möchte es jedoch noch einmal spezifisch auf das Marketing hinunterbrechen.

Die wesentlichen Elemente des Controllings beim Marketing sind ebenfalls Planung, Information, Kontrolle und Steuerungsmaßnahmen. Controlling ist auch hier ein kreislaufartiger Prozess, der eine ergebnisorientierte Steuerung

152 Dies erinnert wieder an das Pareto-Prinzip (80:20).

der einzelnen Maßnahmen erlaubt. Ohne Controlling bleibt der Erfolg von Marketingaktivitäten dem Zufall überlassen.

Der Controllingkreislauf beginnt mit dem Bestimmen von **Marketingzielen**. Stehen die Ziele fest, sind die zum Erreichen der Ziele erforderlichen Marketingaktivitäten festzulegen. Zur Planungsphase gehört auch, den Zeitrahmen zu setzen, bis die Ziele erreicht werden sollen. Es muss geklärt werden, mit welchem sachlichen, monetären und personellen Aufwand die Maßnahmen betrieben werden. Schließlich ist es unabdingbar zu bestimmen, wer welche Aktivitäten selbst ausführen oder für die Ausführung verantwortlich sein soll.

Alle an Marketingmaßnahmen beteiligten Kanzleimitarbeiter müssen über die Marketingziele sowie die Art und den Umfang der ihnen jeweils übertragenen Teilaufgaben informiert werden. Umgekehrt muss der für das Marketingcontrolling Verantwortliche kontinuierlich über die erreichten Fortschritte und etwa auftretende Probleme informiert werden. Abhängig von der Kanzleigröße ist hierzu nicht unbedingt ein formalisiertes Berichtswesen erforderlich. Kurze Absprachen können genügen. Wichtig dabei ist, dass der Controller die Informationen nicht nur sammelt und prüft, sondern auch auswertet.

Es muss also einerseits durch einen Vergleich zwischen der für diesen Zeitpunkt angestrebten Situation, dem Soll, und der tatsächlich bestehenden Situation, dem Ist, geprüft werden, ob und bis zu welchem Grad das Ziel erreicht wurde und andererseits die festgestellten Abweichungen analysiert werden. Die Abweichung des Ist-Zustands von der Soll-Vorgabe kann zum einen daraus resultieren, dass die Kanzlei nicht die geeigneten Maßnahmen ergriffen hat, um das Ziel zu erreichen. Möglich ist auch, dass die ergriffenen Maßnahmen zwar geeignet waren, jedoch nicht mit der erforderlichen Intensität betrieben wurden, die Qualität nicht passt oder schlicht das Timing nicht passte. Schließlich kann das Ergebnis der Analyse auch sein, dass das Ziel nicht richtig gewählt wurde oder aus heutiger Sicht nicht mehr als richtig erscheint.

Praktisches Beispiel: Eine Kanzlei in Österreich hatte sich zum Ziel gesetzt, im Lauf eines Jahres zwei Workshops für Rechtsanwaltsanwärter abzuhalten zur Vorbereitung der Kandidaten auf die mündliche Anwaltsprüfung. In Österreich absolvieren zukünftige Anwälte statt des deutschen Referendariats mit Anwaltsstation eine fünf jährige Konzipientenausbildung in der Kanzlei, an deren Ende die Anwaltsprüfung steht. Damit wollte die Kanzlei einerseits einen Mehrwert für ihre eigenen Anwärter bieten, dass diese mit einem guten Ergebnis abschließen und ein gutes Bild für die Kanzlei erzeugen. Das Seminar sollte aber auch und vor allem Teil des Employer Brandings sein und externe Rechtsanwaltsanwärter auf die Kanzlei aufmerksam machen. Eine erste Analyse ergab, dass dieses Angebot sehr gut angenommen wurde, insbesondere auch von vielen externen Anwärtern. Das Seminar selber begeisterte die Teilnehmer. Eine genauere Analyse ergab jedoch, dass viele Teilnehmer als zukünftige Anwälte für die Kanzlei nicht in Frage kamen, da sie auf andere Rechtsgebiete spezialisiert waren. Hier erarbeitete ich mit der Kanzlei ein sehr viel differenziertes Marketing für die folgenden Seminare, welches gezielt die „richtigen" Teilnehmer ansprechen sollte. Dafür konnte aber das erste Seminar sehr gut ausgewertet werden.

Um den Grund der Abweichung von der Soll-Vorgabe feststellen zu können, ist also eine Fülle von Informationen erforderlich. Vielfach werden diese für das Controlling notwendigen Informationen nicht gezielt gesammelt geschweige denn konsequent ausgewertet. Zugegebenermaßen ist es aber auch nicht immer ganz einfach, die erforderlichen Informationen zu gewinnen. Immer wieder ist zu beobachten, dass Anwälte sich für neue Ideen begeistern, sich mit Feuereifer an das Umsetzen der Ideen machen – und es dabei bewenden lassen. Überraschend häufig wird nicht geprüft, zu welchem Ergebnis „tolle Maßnahmen" geführt haben. Die Auswertung von Marketingergebnissen wird regelmäßig zugunsten der Erledigung „dringender" Sachbearbeitungsaufgaben aufgeschoben. Abhilfe schafft nur das konsequente Einhalten fixer Termine zur Auswertung von Marketingmaßnahmen im Zweifel auch in einem Klausurtermin mit allen Verantwortlichen. Grundsätzlich sollte jedoch ein monatlicher Jour fixe etabliert werden, an dem die mit Marketingaufgaben betrauten Anwälte und Mitarbeiter sich ausschließlich mit der Auswertung und Steuerung der Marketingmaßnahmen befassen. Zum anderen sollte bereits bei der Planung kurzfristiger Marketingmaßnahmen, wie beispielsweise der Veranstaltung eines Vortrags oder einem Directmailing der Termin festgelegt werden, an dem das Projektergebnis ausgewertet wird. Fest steht: Marketing kostet nicht nur Geld sondern auch Zeit und Aufwand, die dem Mandanten nicht in Rechnung gestellt werden können. Der Anwalt, der Marketing sachgerecht betreiben will, muss sich dafür die erforderliche Zeit nehmen.

Zur Etablierung des Marketingcontrollings in einer Kanzlei gehört auch, dass die Mitarbeiter abgeholt werden. Sie sind nicht nur über die Marketingstrategie zu informieren, sondern auch über einzelne Maßnahmen und deren Zielrichtung. Ist Marketing schon beim Kanzleiinhaber oder den Partnern nicht Priorität, wird es das auch nicht bei den Mitarbeitern sein. Gleiches gilt für das Controlling. Und erst Recht gilt das für die Wirksamkeit des Marketings: Halbherzigkeit wird man einer Marketingmaßnahme immer ansehen. Sie wird dadurch nicht nur weniger wirkungsvoll sein, sondern schlimmstenfalls sogar Schaden am Kanzleiimage anrichten.

## 1. Markenbildung

Der Wunsch, aus der Masse herauszuragen, aufzufallen, in den Augen von Konsumenten besonders interessant zu erscheinen, unverwechselbar zu sein, ist weder neu, noch allein den Produzenten und Verkäufern von Waren vorbehalten. Nach Bekanntheit, möglichst einer Alleinstellung, müssen auch Anwälte streben, die ihre Position auf dem Rechtsberatungsmarkt behalten, festigen oder erst noch etablieren wollen.

Eine etablierte Marke ersetzt nicht – aber unterstützt Überzeugungsarbeit und Qualitätsbeweis. Erfolgreiche Marken, gleichgültig für welches Produkt oder für welche Dienstleistung sie stehen, haben einiges gemeinsam. Die Markennamen sind kurz, einprägsam und leicht erinnerbar. Marken vermitteln ein Lebensgefühl, verleihen unter Umständen ein Image, das weit über den eigentlichen Nutzen des Produkts oder der Dienstleistung hinausgeht. Im Extremfall kann derjenige, der Produkte einer bestimmten Marke nicht nutzt zum Außenseiter werden.

Anwälte haben in Deutschland erst vor etwa fünfzehn Jahren damit begonnen, eine Marke als wichtigen Bestandteil der Kommunikationspolitik zu entdecken. Englische und amerikanische Kanzleien haben uns beigebracht, dass nicht der Name jedes Partners auch im Kanzleinamen auftauchen muss. Zwei, besser noch nur ein einziger Name, genügen. War es früher noch üblich, die Namen aller in einer Kanzlei tätigen Anwälte auf das außen an der Kanzlei angebrachte Schild zu schreiben, so ist dies heute, jedenfalls den sehr großen Kanzleien, gar nicht mehr möglich. Angesichts der Vielzahl beschäftigter Anwälte müsste das Kanzleischild sich über mehrere Stockwerke hin erstrecken, um die Namen aller Anwälte aufzuführen.

Die Inhaber und Gesellschafter von Kanzleien sehen diese Entwicklung mit einem lachenden und einem weinenden Auge. So sehr es manchen auch stören mag, seinen Namen nicht mehr täglich auf dem Kanzleischild und den Drucksachen der Kanzlei vorzufinden, so sehr wird es ihn doch beruhigen, dass die Leistungen aller beschäftigten Anwälte in erster Linie der einzig nach außen in Erscheinung tretenden Kanzlei und nicht mehr dem individuellen Anwalt zugerechnet werden. Es muss nicht länger befürchtet werden, dass Expertise nur einem bestimmten Anwalt zugeschrieben wird und die zugeschriebene Expertise eventuell gemeinsam mit dem betreffenden Anwalt in ein anderes Büro wechselt. Wer von „International Lawyers“ betreut werden will, dem ist es gleichgültig, ob der Rechtsanwalt Müller oder der Rechtsanwalt Meier die Arbeit erledigt, solange es nur irgendein Mitarbeiter von „International Lawyers“ ist. So die Hoffnung vieler Anwälte. Der Aufbau einer Dienstleistungsmarke ist jedoch weitaus schwieriger als der einer Produktmarke. Die Dienstleistung des Anwalts ist zu einem erheblichen Teil von dem Vertrauen, das ein Mandant in „seinen" Anwalt setzt, geprägt. Dieses Vertrauen ist personengebunden. Es lässt sich nur sehr schwer auf eine Marke übertragen. Rechtsberatung ist ein „people business". Es ist daher zu unterscheiden zwischen der Marke des Rechtsanwaltes und der der Kanzlei. Gleichzeitig sind diese keinesfalls losgelöst voneinander zu betrachten. Natürlich ist das Herzstück des Kanzleimarketings das „Vermarkten der Anwälte"[153]. Es wäre daher falsch, sich nur auf das Marketing für die Kanzlei oder nur das der Anwälte zu konzentrieren[154]. Personal Branding für jeden einzelnen Anwalt ist also heute unverzichtbarer Bestandteil des Berufs: sowohl aus Sicht der Kanzlei als auch aus Sicht des jeweils einzelnen[155].

In den meisten Kanzleien wird der Aufbau der Kanzleimarke externen Spezialisten überlassen, ohne diesen weiteren Input zu geben bzgl. der Anwälte oder Kanzleiprodukte. So kann das professionellste Marketing zu einer leeren Hülse verpuffen. Gleichzeitig findet sich fast jeder Anwalt insbesondere der neuen Generationen beruflich und/oder privat irgendwie in den sozialen Medien wieder; oft sogar vermischt, da man als Student/Schüler eingestiegen war und irgendwann als Anwalt immer noch denselben Account bediente. Das kann jedoch für die Marke der Kanzlei fatal sein, auf die es dann im Zweifelsfall zurückfällt.

Doch was gehört nun zum **Aufbau einer Marke**?

1. ein der Positionierung und den Kanzleiwerten entsprechender Auftritt (z.B. Logo)
2. ein einheitlicher Gesamtauftritt (der einzelnen Anwälte und der Kanzleikommunikation)
3. Konsistenz und Nachhaltigkeit im Markt,

Die Marke sollte die Kanzlei, deren Geschäftsbereich und Positionierung auch mit den besonderen Vorzügen und ihrem speziellen Arbeitsstil verbinden, so dass die Erwähnung der Marke im Bewusstsein der Marktteilnehmer sofort die Assoziation mit diesen besonderen Vorzügen weckt.

Inhaltlich erfolgt Markenbildung also:

- dem marktbekannten Namen
- der Besonderheit der Dienstleistung
- Ihrer Persönlichkeit

**153** Auch wenn manche lieber ihre Mandanten und Mandate in den Vordergrund stellen.

**154** Dr. Geertje Tutschka „In drei Schritten zu Ihrem Kanzlei-Marketingplan" in Huffington Post vom 18.11.2015.

**155** Schulz, „Erfolg braucht Dein Gesicht", S. 62ff.

Die **Wiedererkennbarkeit** einer Kanzlei wird durch einen einheitlichen und konstanten Außenauftritt gefördert. Dazu gehören Logo, ein einheitlicher Webauftritt, ein definierter Briefkopf, Visitenkarten und sonstige Drucksachen. Ein Kanzleilogo muss auffallen; darf aber nicht aufdringlich sein. Je schlichter desto besser. Meine Empfehlung: verzichten Sie dabei vollständig auf alle klassischen/traditionellen Symbole der Branche (Justitia, Waage, Paragraph, Schreibfeder mit Papier, Bücher etc.). Sie wollen sich mit dem Logo ja nicht vom Friseurmeister unterscheiden, sondern von Ihren Kollegen (die aber alle dieselben Symbole nutzen dürfen). Die Namen der wichtigsten Partner oder Gründungspartner – ausgeschrieben oder abgekürzt – ist auch standesrechtlich vorgesehen. Sehr viel wichtiger ist es jedoch, ein einheiltiches Konzept mit Markenthema, Farbe und Bildern zu entwickeln. Ich kann hier beispielsweise das Sportmotiv der Wiener Kanzlei Fellner-Wratzfeld und Partner (www.fwp.at) empfehlen, welches nicht nur auf die Kanzleiwerte abgestimmt ist sondern auch bis zu den Bildern der Anwälte und den Broschüren durchdekliniert ist.

Beim **Farbkonzept** dominieren immer noch die Farben Schwarz, Grau und Blau die Branche, stehen diese doch für Seriosität, Kompetenz, Vertrauen und konservatives Understatement. Grün ist als Alternative auf dem Vormarsch sowie alle Kombinationen der traditionellen Farbtöne mit Knallfarben[156]. Ob man das Farbkonzept auf seine persönlichen Vorlieben oder Erfolgsfarben abstimmt oder gar Fengshui und sonstiges bemüht, ist Geschmackssache. Wichtig ist, dass Sie sich als Kanzleiinhaber persönlich im Farbkonzept wiederfinden, den immerhin soll es Ihnen Spaß machen, Ihre Kanzlei derart nach außen zu tragen.

Möchten Sie mit einem großen Mitarbeiterstamm mit einem Namen wie Schönherr[157] starten, besteht Ihre Markenbildung im Wesentlichen darin, die bestehende Corporate Identity des Unternehmens Schönherr national zu adaptieren und intern dieselben Strukturen und Systeme aufzubauen. Wesentlich ist, dass Sie sich nicht von der Marke in anderen Ländern unterscheiden und eine gleichbleibende Qualität garantieren können.

Möchten Sie sich hingegen als jemand positionieren, der mit einer modernen, zukunftsträchtigen und Legaltech basierten Idee auf den Markt kommt, wie beispielweise „flightright“, dann gilt es in erster Linie, diese Idee und die Vorsteile der automatisierten und einheitlichen Bearbeitung dieser Rechtsfälle in den Vordergrund Ihrer Markenbildung zu stellen.

---

156 Kocourek, „Rot in der Anwaltskanzlei“ auf Kanzleimarketing.de vom 7.2.2018.

157 Schönherr gehört zu den Top 10 in Österreich und Südosteuropa.

In den allermeisten Fällen wird es jedoch darum gehen, dass Sie aufgrund Ihrer persönlichen Eigenschaften, Erfahrungen und Fähigkeiten, Ihren „Unique Selling Point“ ermittelt haben.

Die Markenbildung Ihrer Kanzlei besteht dann darin, Ihre Person und Persönlichkeit in den Vordergrund und in das Zentrum Ihrer Kanzlei zu rücken[158]. Der Vorteil ist, dass Sie sich selbst am Besten kennen. Der Nachteil besteht darin, dass Sie nicht austauschbar sind[159].

Zuletzt noch ein Wort zu den externen Dienstleistern im Kanzleimarketing. Hier haben sich mittlerweile diverse auf die Legal Branche spezialisierte Agenturen etablieren können, einerseits um die Besonderheiten der Regulierung und des Berufsbildes und andererseits um das besondere Vertrauensverhältnis Anwalt-Mandant wissen. Dies war und ist sicherlich eine sehr gute Ausgangsposition, möchte man nicht einer x-beliebigen Agentur, die gerade um die Ecke oder in der Stadt ist, diese Dinge erklären müssen. Auch können diese spezialisierten Agenturen natürlich aus ihrer Erfahrung mit anderen Kanzleien schöpfen und wissen oft sehr viel schneller und besser, was gut funktioniert und was nicht: „Try and Error“ ist zwar gut und schön, aber besser, wenn das nicht nur auf Ihre Kosten geht.

Pia Löffler, selbst Rechtsanwältin und Inhaberin von Anwaltstexte.com bringt es auf den Punkt:

---

i *„Kanzleimarketing als Marketing für die Dienstleistung „Rechtsberatung“ hält einige Herausforderungen bereit, denen es sich aber zu stellen lohnt.*

*Zunächst ist Kanzlei nicht gleich Kanzlei. So banal das klingt, aber von Strategie und Größe einer Kanzlei hängt entscheidend ab, welche Marketingkanäle und -maßnahmen zu einer Kanzlei passen. Eine Familienrechtskanzlei in einer Kleinstadt hat vollkommen andere Anforderungen an Marketing als eine etablierte Wirtschaftskanzlei in Berlin. Suchmaschinenmarketing kann im ersten Fall sehr effizient im zweiten Fall vollkommen überflüssig sein. Das muss erkannt und konsequent in einem individuellen Marketingkonzept umgesetzt werden – offline wie online.*

*Außerdem ist Rechtsberatung im Vergleich zu anderen Dienstleistungen eine komplexe und oft erklärungsbedürftige Dienstleistung. Zielgruppengerechte bzw. mandantengerechte und damit verständliche Ansprache in der Marketingkommunikation ist deshalb ist für erfolgreiches Kanzleimarketing enorm wichtig.*

*Welche Auswirkungen hat das konkret? Geht es um Unterstützung im Kanzleimarketing, ist vertieftes inhaltliches Wissen notwendig, zugleich Wissen über die Mandantenbedürfnisse der individuellen Zielgruppe. Denn nur, wenn Inhalte zielgruppengerecht, korrekt aufbereitet und über passende Marketingkanäle (Print, Website, Social Media etc.) kommuniziert werden, ist es*

---

**158** Ilona Cosack, „Praxishandbuch Anwaltsmarketing“, S. 13f.
**159** Branchenbericht der Sparkasse, S. 24.

*möglich glaubwürdige Inhalte zu erschaffen und zu verbreiten. Eben das schafft einen Vertrauensvorschuss, sogar bevor ein Mandat entsteht. Und der ist nötig, denn Rechtsberatung ist nicht nur eine komplexe, sondern auch eine vertrauensbasierte Dienstleistung.*

*Nicht zuletzt ist Rechtsberatung ein „Produkt" ohne Vergleichbarkeit der Preise im Markt- auch das hat Auswirkungen auf ihre Vermarktung. Die Beraterpersönlichkeit muss neben der Beraterkompetenz im Fokus stehen und genau das wird in Zukunft noch an Bedeutung gewinnen. Denn der onlinebasierte Vertrieb von standardisierten Beratungsprodukten zum Festpreis, z.B. über Anwaltsportale, wird in Teilen des Marktes zunehmend deutschlandweiten Wettbewerb schaffen. Eben dieser Wettbewerb wird es künftiger noch wichtiger machen, mit effektivem Kanzleimarketing Beraterpersönlichkeit zielsicher zu kommunizieren um sich von Wettbewerbern abzuheben – ob in einer kleinen, mittleren oder großen Kanzlei."*

**Pia Löffler,**
**Rechtsanwältin/Wirtschaftsjuristin Universität Bayreuth und Inhaberin von Anwalttexte.com (Agentur Anwalts.marketing)**

## 2. Kommunikationskonzept

Bevor Sie anfangen, Mandanten zu akquirieren und Ihre Rechtsdienstleistung zu verkaufen, sollten Sie ein Marketing- und Kommunikationskonzept entwickeln.

Dieses basiert wie erwähnt auf Ihrer Kanzleivision und der etablierten Kanzleikultur. Außerdem sollte es Ihr Alleinstellungsmerkmal und Ihr besonderes Rechtsgebiet nach außen tragen und Sie als Persönlichkeit in den Mittelpunkt stellen.

Gleichzeitig sollte es sowohl die direkte (z.B. Newsletter, Mandantenrundschreiben) als auch die indirekte Kundenansprache (Flyer, Artikel) sowie online (z.B. Webseite, Blog) und offline-Kommunikation (z.B. Weihnachtskarte) beinhalten.

Ist eine auf die strategische Ausrichtung der Kanzlei abgestimmte Marketingstrategie entwickelt, heißt es, geeignete Marketingmaßnahmen zu ergreifen, um die Kanzleiziele zu erreichen. Leider greifen immer noch die meisten Kanzleien zu den falschen Maßnahmen: Nach einer Studie von Soldan verwenden Kanzleien beispielsweise mit Vorliebe genau die klassischen Marketinginstrumente, von denen sie am wenigsten überzeugt sind[160] oder die in der Tat die am wenigsten geeigneten sind. Zudem kranken die ergriffenen Marketingmaßnahmen daran, dass sie nicht von einem Gesamtkonzept getragen ineinandergreifen bzw. nur halbherzig umgesetzt sind oder die Anwälte und Kanzleiinhaber

---

**160** Dr. Kilian in „Wirksamkeit anwaltlicher Marketingmaßnahmen", S. 29, 32, Soldan-Studie 2011.

nicht voll dahinter stehen. So können selbst sehr wirkungsvolle und zielgenaue Marketinginstrumente verpuffen[161].

Neben der direkten, persönlichen Ansprache von potentiellen Mandanten kommen im Wesentlichen drei Instrumente zu Werbezwecken in Betracht: Annoncen, Directmailing und das Internet.

„Ein ordentlicher Anwalt steht nur zweimal in seinem Leben in der Zeitung: Mit seiner Geburtsanzeige und mit seiner Todesanzeige". – Noch vor zwanzig Jahren konnte man genau diese Antwort auf den Fluren einer großen deutschen Anwaltskanzlei auf die Frage, ob dem Managermagazin ein Interview gegeben werden solle, hören. Diese Zeiten sind vorbei.

In Tageszeitungen, Fachzeitschriften und gelegentlich auch Wirtschaftsmagazinen annoncieren Anwälte ihre Dienste. Die Zahl der Annoncen, in denen die Leser unmittelbar um die Erteilung eines Mandats gebeten werden, ist vergleichsweise gering. Überwiegend betreiben Anwälte durch Annoncen in Printmedien eine eher der Öffentlichkeitsarbeit zuzurechnende Imagewerbung. Die Kanzlei soll bekannt gemacht werden. Auch die Stellenanzeigen in der NJW, die zum Teil vorrangig die Vorzüge der werbenden Kanzlei in einem großen Teil der Anzeige, die Erwartungen an den Bewerber jedoch nur in sehr knappen Worten schildern, dienen öfter als man glaubt nicht der Besetzung einer freien Stelle, sondern der Selbstdarstellung der Kanzlei. Ein weiteres Werbemittel sind adressierte Werbebriefe, die nicht nur an bereits betreute Mandanten, sondern auch an potentielle Mandanten versandt werden können. Beim Directmailing kommt es darauf an, eine Antwort des Adressaten zu erzeugen. Nur eine Reaktion des Angeschriebenen ermöglicht die Entstehung eines Mandats. Directmailings sind sowohl per Briefpost als auch per E-Mail möglich. Noch sind Directmailings von Anwälten ungewöhnlich. Der werbende Anwalt muss damit rechnen, dass Directmailings auf seine potentiellen Klienten eher befremdend wirken. Eine weitere Form des Directmailings sind Mandantenrundbriefe und Newsletter. Diese dienen in erster Linie der Mandantenbindung und der Imagewerbung[162]. Nur in Ausnahmefällen, wenn beispielsweise über eine aktuelle Rechtsänderung, aus der Beratungsbedarf resultiert, berichtet wird, kann diese Form des Directmailings unmittelbar auf eine Mandatserteilung oder Weiterempfehlung gerichtet sein. Vorsicht ist hingegen bei Kaltakquise in Kombination mit Direktmailing geboten: Werbebriefe, ob per Post oder email, an eine Fülle potentieller Kunden versendet, deren Adressen

161 Busmann, „Chefsache Mandantenakquisition", S. 220, De Gruyter 2016.

162 Doch Vorsicht: Nach der Einführung der DSGVO im Mai 2018 sollten Sie nicht nur Ihre Webseite entsprechend angepasst haben, sondern auch Ihre Kommunikation (Double Opt-In) und Datenverwaltung.

einfach aus dem Telefonbuch kommen oder gekauft worden sind, ist verboten und kann neben Abmahnungen empfindliche Geldstrafen nach sich ziehen.

Die Marketinglehre unterscheidet herkömmlich vier Instrumente des operativen Marketings. Diese Instrumente betreffen das Produkt, den Weg, auf dem das Produkt zu den Nachfragern gebracht wird, den Preis und die sonstigen Konditionen, die als Gegenleistung für das Produkt verlangt werden, sowie die Kommunikation, die sowohl Informationselemente als auch Beeinflussungselemente nutzt, um den Vertrieb der angebotenen Leistung zu ermöglichen. Dabei steht der Kunde/der Mandant im Mittelpunkt eines erfolgreichen Marketingkonzeptes: der Mandant mit seinen Bedürfnissen, seinen Vorlieben, Problemen und sonstigen Wesensmerkmalen.

Wie schon bei der Frage nach der richtigen Produktstrategie und Positionierung der Kanzlei, spielen die Bedürfnisse des Mandanten auch beim Marketing eine zentrale Rolle:

Traditionelles Marketing

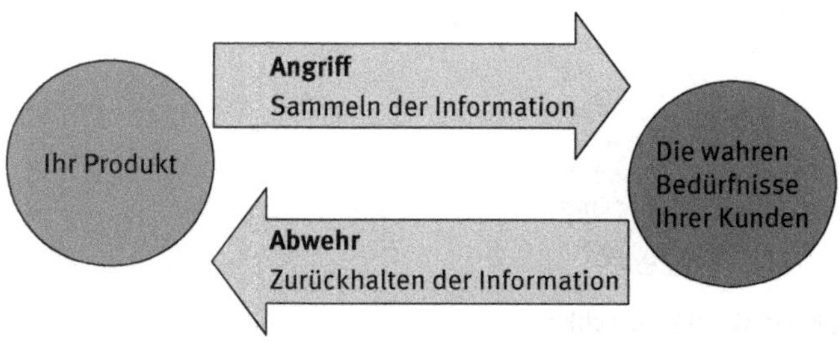


Traditionelles Marketing1, © Dr. Geertje Tutschka

Traditionelles Marketing

Traditionelles Marketing2, © Dr. Geertje Tutschka

Zielgruppenorientiertes Marketing...

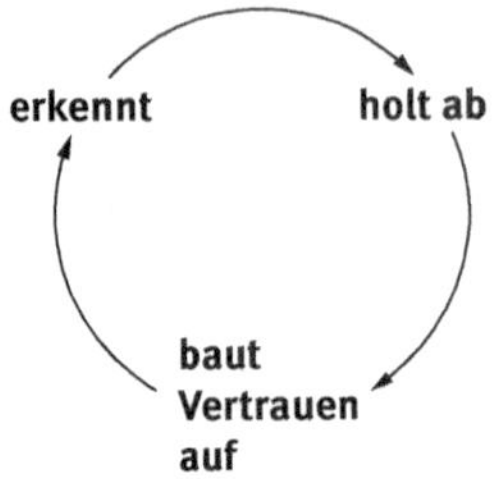


Traditionelles Marketing3, © Dr. Geertje Tutschka

Zielgruppenorientiertes Marketing

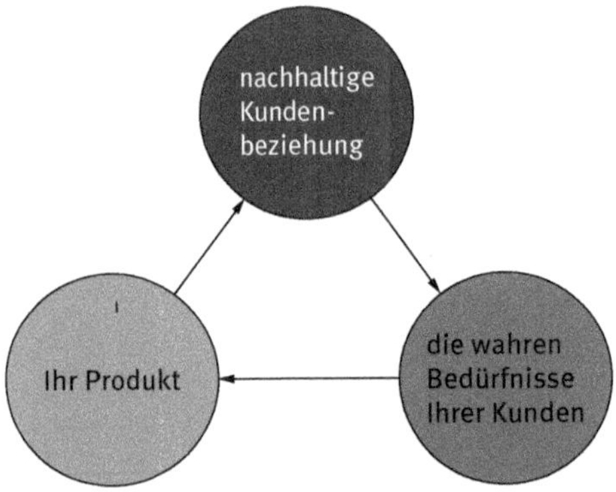


Traditionelles Marketing4, © Dr. Geertje Tutschka

Kreieren einer individuellen Lösung

Traditionelles Marketing5, © Dr. Geertje Tutschka

Ihr Marketing muss also unmittelbar darauf ausgerichtet werden, wie Ihr Produkt die Bedürfnisse Ihrer Kunden bedient und gleichzeitig an einer nachhaltigen vertrauensvollen Mandantenbeziehung arbeiten[163].

Der Ausgangspunkt Ihrer Kommunikationsstrategie ist offline Ihre Kanzlei und online Ihre Webpräsenz, also Ihr Webseiten-Auftritt, wenn es sich um diverse Webseiten handelt[164].

Selbstredend, dass Ihre Kanzlei sowie Anwälte und Mitarbeiter auch optisch an die Zielgruppe angepasst sind.

Verstehen sich die Anwälte beispielweise als Spezialisten im Gesellschaftsrecht, womöglich als solche, die überwiegend für Großkonzerne arbeiten wollen, dann müssen Büroausstattung und auch das äußere Erscheinungsbild der Anwälte diesem Anspruch gerecht werden. Wer in unseren Breitengraden im Polohemd und Bermudashorts aufläuft, mag ein brillanter Jurist sein, wird aber nicht als Spezialist im Aktienrecht wahrgenommen. Dies hängt also immer von der Zielklientel der Kanzlei ab. Wer Familien mit Kindern zu seinen Mandanten zählt, sollte ruhig eine Spielecke in der Kanzlei haben. Wer sich auf die Beratung von Frauen spezialisiert hat, sollte in seinem Kommunikationskonzept sehr viel mehr Wert auf typisch weibliche Kommunikation und entsprechendes Design legen. Doch hüten Sie sich vor Klischees: nicht alle Frauen stehen automatisch auf die Farbe „Pink" und mögen Blümchen.

Das allerdings nur dann, wenn Sie auch Ihre persönliche Rechtsberatung im Rahmen Ihrer Kanzlei verkaufen möchten[165]. Besteht das Konzept jedoch darin, beispielsweise standardisierte Pauschalleistungen anzubieten, wird der Fokus Ihrer Marketing- und Kommunikationsstrategie darin bestehen, die Transparenz und Vorhersehbarkeit von pauschalierter Rechtsberatung in den Vordergrund zu stellen.

Etwas differenzierter ist dies bei der Webseite zu sehen.

Eine professionell wirkende Website ist heute bereits für sehr wenig Geld zu erhalten. Ab einer Monatsgebühr von ca. 10 € ist sowohl die Registrierung Ihrer Domäne, das heißt Ihre „www.Adresse" als auch Ihr Website-Provider inklusive verschiedener Designs und Möglichkeiten wie Newsletter und Blog sowie die Verlinkung zu den Sozialen Netzwerken möglich. Das alles ist schnell und einfach an einem Sonntagnachmittag selbst erstellt, ohne dass es dafür der Ein-

**163** Zu welchem Zeitpunkt welche Marketingstrategie geeignet ist, wurde bereits im Rahmen des Krisenmanagements erörtert.

**164** Pia Löffler, „Praxishandbuch Onlinemarketing für Rechtsanwälte", S. 7 ff.

**165** Dr. David Hoeflmayr, „Kanzleimarketing", S. 81 f.

bindung von Spezialisten bedarf. Die Diskussion darüber, ob eine selbstgemachte Baukasten-Webseite für eine Kanzlei professionell genug ist, kann man sich geben. Man kann es aber auch schlicht für sich entscheiden, ob es im Moment das passende ist. Eine Webseite ist nicht für die Ewigkeit. Sie ist per Tastendruck sofort offline („unsichtbar“) oder im völlig neuen Design wieder online. Ohnehin gehen die meisten ängstlich davon aus, dass sofort die ganze Welt und erst Recht die Kollegen und Mandanten nach online-Schaltung der Webseite sofort ausgiebig die Webseite durchstöbern. Ich kann Sie beruhigen – oder auch enttäuschen, je nachdem – dem ist nicht so. Ihre Webseite wird keinen einzigen Besucher haben, wenn Sie nicht auf die Webseite aufmerksam machen. Stellen Sie es sich so vor: Ihre Webseite ist Ihr virtueller Shop mit Auslagen im Schaufenster, also „Ihre Kanzlei“. Allerdings liegt dieser Shop irgendwo im Niemandsland ohne Straßen und Publikumsverkehr. Es ist an Ihnen, Straßen und Wege zu bauen, vielleicht auch noch einen zusätzlichen Anreiz zu schaffen[166].

---

i Fakt ist, dass diese **Selfmade-Webseiten** heute nur von Profis tatsächlich als solche erkennbar sind. Jedoch den Vorteil haben, flexibel und einfach an Ihre Bedürfnisse angepasst werden können. Gerade diejenigen, die für eine Webseite vom Profi plädieren, haben sich noch nie wirklich eingehend mit der eigenhändigen Erstellung beschäftigt. Alles in allem ist diese Diskussion also eher politisch als konstruktiv. Optik und Inhalt dieser Seiten sind also durchaus als durchschnittlich gut zu bezeichnen.

---

Der Vorteil der **Profi-Webseiten** liegt nicht – wie die meisten meinen – darin, dass man sich die Zeit für das eigene Erstellen erspart. Selbstverständlich sollte Optik und Inhalt vom Profi einwandfrei sein. Und sicherlich bekommt man auch erst ab einer bestimmten Investition eine Individuallösung. Auch Profis arbeiten mit Baukastensystemen wie die Selfmade-Webseiten auch. Ein Nachteil kann aber darin liegen, dass der Profi nicht ausreichend vorbereitet und informiert worden ist und er am Ende seine Arbeit einfach nach bestem Wissen und Gewissen gemacht hat. Solche Seiten wirken dann wie die Grabrede des Vertretungspfarrers – irgendwie seltsam unpassend. Auch bei der Beauftragung einer professionellen Agentur sollten Sie also immer und unbedingt ausreichend Zeit für die Zusammenarbeit und das Briefing einplanen. Gute Agenturen erarbeiten mit den Kunden ein wertebasiertes Branding (inklusive Logo, Farben, Bildkonzept und Keywords). Verbunden mit einer professionell definierten

---

**166** Früher kamen findige Landgastwirte auf die Idee, neben den Gasthof eine Kirche und ein Pfarrhaus zu bauen – das Geschäftsmodell hat sich bewährt, der Landgasthof Gmachl in Elixhausen bei Salzburg zählt jetzt zu den ältesten familiengeführten Hotels in Österreich.

und optimal ausgearbeiteten Seite hinsichtlich SEO, Keywords und Metatags kann diese Seite schon bald ihr wichtigstes Akquiseinstrument sein[167].

Bei der Hinzuziehung von Profis ist selbstverständlich die Preisspanne nach oben offen. Planen Sie außer den laufenden Kosten für die Domain und das Hosting in jedem Fall auch „Pflegekosten“ ein sowie alle 2–3 Jahre ein komplettes „Make over“. „Nichts ist so alt wie die Zeitung von gestern“ – gilt auch für Webseiten.

---

i

Praktische Tipps zur Erstellung einer Website bzw. zur Beauftragung von entsprechenden Spezialisten liefern diverse Internetforen, aber auch das **Praxishandbuch „Onlinemarketing für Rechtsanwälte“ von Pia Löffler**. Nützliche Tipps zur SEO und SEM Optimierung, zu AdWords sowie zu den Anwaltssuchdiensten und der Einbeziehung der Social Media komplettieren diese Ausgabe. Auch rechtliche Hinweise zur Datenschutzerklärung und zum Impressum sowie zum Urheberrecht von Texten, Fotos und Videos sind darin enthalten.

---

Legen Sie gerade als Anwalt besonderes Augenmerk auf alle rechtlichen Erfordernisse wie Impressum, Bildrechte etc.[168]. Manche Kollegen scheinen sich einen ganz besonderen Spaß oder ein Geschäftsmodell daraus zu versprechen, die Webseiten der Kollegen akribisch auf Unzulänglichkeiten und rechtliche Fehltritte zu überprüfen, um dann teure Abmahnungen zu schicken[169]. Man kann davon ausgehen, dass es Ihnen nicht unbedingt in erster Linie um die Ehre des Berufsstandes geht. Das sollte es Ihnen aber. Also machen Sie Ihre Hausaufgaben!

Besonders wichtig ist in diesem Zusammenhang, dass Sie sich mit Ihrer Webseite wohl fühlen, dass diese das ausstrahlt, was Sie und Ihre Kanzlei vertreten und Sie sich darin wiederfinden. „It’s a people business“ sollte unbedingt auch in der Webseite widergespiegelt werden. Das gelingt erfahrungsgemäß kleinen und mittleren Kanzleien noch recht gut: die Anwälte und auch das Kanzleiteam stehen im Vordergrund. Justizia, Richterhammer, Paragraphen, Waagen der Gerechtigkeit und erst Recht die Papierseiten mit Schreibfeder gehören endlich der Vergangenheit an. Vermeiden Sie auch sogenannte bezahlte „Stockfotos“ von „Beratungssituationen“ und „menschlichen Körperteilen“ (z.B. sich gegenseitig schüttelnde Hände). Die Besucher Ihrer Webseite suchen nach Ihnen, dem Anwalt. Das bedeutet, Sie sollten auch auf den Fotos zu sehen sein – und

---

**167** Pia Löffler, „Praxishandbuch Onlinemarketing für Rechtsanwälte“, S. 30.
**168** Ebenda.
**169** Dies vor allem nun nach dem Inkrafttreten der immensen Strafen für DSGVO-Verstöße.

zwar souverän, gelassen und glücklich Ihre Werte verkörpernd. Das ist harte Arbeit; aber es lohnt sich. Absolut verboten ist, die letzten Familienfotos zu nutzen oder einen Freund mit guter Kamera/die nette Hochzeitsfotografin zu bitten, ein paar Schnappschüsse zu machen. Bilder sagen mehr als tausend Worte. Das ist eine ganze Menge. Stellen Sie sicher, dass es die Richtigen sind. Personal Branding heißt, dass Sie und Ihre Mitarbeiter sich zeigen müssen.

**Die Homepage einer Kanzlei ist ein besonders wichtiges Aushängeschild.** In vieler Hinsicht gleicht die Homepage der Kanzlei einer Kanzleibroschüre. Gegenüber der Kanzleibroschüre hat sie jedoch den Vorteil, nicht in den Papierkorb wandern zu können, sobald der Anwalt das Büro des Zielmandanten verlassen hat. Doch mit der Webseite ist es wie mit den Kanzleiräumlichkeiten und dem Marketing insgesamt: auch diese ist Teil des Begleitprozesses von der Gründung der Anwaltskanzlei über die gesamte Zeit. Auch die Webseite wird niemals vollständige als „Projekt" abgeschlossen sein, so wie Ihre Kanzleiräumlichkeiten immer wieder Nachbesserung, Renovierung, Modernisierung bedürfen.

Daher stellen Sie unbedingt sicher, dass Ihre Internetpräsenz auch funktioniert, sobald sie angegeben ist. Für Mandanten und andere Interessenten ist es frustrierend, wenn sie die auf dem Briefbogen oder auf der Visitenkarte angegebene Internetadresse einer Kanzlei anwählen, um festzustellen, dass sich diese Internetpräsenz noch im Aufbau befindet.

Zum Schluss noch etwas zum Aufbau:

Allgemeingültige Regeln für den **Aufbau und den Umfang einer Anwaltshomepage** gibt es auch hier nicht. Jeder Internetauftritt einer Anwaltskanzlei sollte aber wenigstens einige grundlegende Elemente enthalten:

Auf der Eingangsseite sollten zumindest der **Name** der Kanzlei und eine Übersicht des Inhalts der Internetpräsenz (Menüführung) aufgeführt sein sowie das Logo, soweit vorhanden.

Auf einer Unterseite sollten die Anwälte über ihre **Arbeitsbereiche** informieren. Dabei brauchen sie sich nicht an die für Laien ohnehin wenig aussagekräftigen Kategorien Tätigkeitsschwerpunkte und Interessenschwerpunkte zu halten. Auch die Aufzählung möglichst vieler Rechtsgebiete, in denen die Kanzlei angeblich arbeitet, ist wenig sinnvoll. Mandanten interessieren sich nicht für Rechtsgebiete. Sie interessieren sich für die Lösung ihrer Probleme. Eine Unterseite sollte Informationen über den Arbeitsstil der Kanzlei, ihre Zielgruppe und andere, für Interessenten vielleicht wissenswerte Aktivitäten der Kanzlei, wie beispielsweise über die pro-bono-Tätigkeit im Interesse einer gemeinnützigen Einrichtung, informieren. Die Anwälte können den Besucher über die Ziele der Kanzlei informieren. Des Weiteren sollten sie auf den besonderen Nutzen, den sie ihren Mandanten bieten, hinweisen („Bedürfnisstiller" und „Problemlöser").

Mandanten wollen wissen, mit wem sie es zu tun haben. Ein **Kurzporträt des beruflichen Werdegangs** der in einer Kanzlei tätigen Anwälte, Informationen über ihre speziellen Arbeitsbereiche und besonderen Qualifikationen (akademische Grade, Doppelstudien, Fachanwaltsbezeichnungen) sind üblich. Ein Bild des betreffenden Anwalts sollte nicht fehlen. Beachten Sie bitte, dass Sie hier nichts dem Zufall überlassen. Ebenso wie bei einem direkten Kontakt erkennt jeder an subtilen Zeichen sofort, ob der Auftritt professionell und souverän ist oder „selbstgestrickt". Dies fängt bei den Fotos an, die nicht nur ein Fotograf gemacht haben sollte, sondern auch ein auf diese Art von Imagefotos, die im Netz wirken müssen, spezialisiert ist. Ein Hochzeitsfotograf, Künstler oder Passbildspezialist wird einen anderen Fokus mitbringen. Gleiches gilt für den Text, das Logo und die Imagefarben. Auch hier gibt es mittlerweile nicht nur Spezialisten, sondern insbesondere solche, die sich auf die Besonderheiten der Legal Branche spezialisiert haben. Sparen Sie hier nicht am falschen Ende. Bedenken Sie, das die Investition in einen guten Experten am Ende preiswerter ist als die wiederholten Nachbesserungsversuche von Laien. Immerhin wollen Sie sich und Ihre Kanzlei professionell zeigen. Sie sollten also mit Profis arbeiten. Im Übrigen erlebe ich in meiner Arbeit immer wieder, dass die Arbeit mit einem professionellen Coach zur Erarbeitung der Kanzleimarke[170] (Farbe, Logo, USP) den anschließenden Umsetzungsprozess deutlich verkürzt und vereinfacht.

Üblich ist mittlerweile auch eine Rubrik „Karriere". Diese sollte sich jedoch nicht nur auf die Ausschreibung offener Stellen beschränken, sondern für einen starken Auftritt für das Employer Branding genutzt werden. Dazu gehören Förder- und Kariereprogramme ebenso wie eine Image- und Mitarbeiterbroschüre zum herunterladen.

Zusätzlich kann auch eine Kurzpräsentation der Kanzlei und Ihres Spezialgebietes nicht schaden. Dieser „Pitch" kann schriftlich oder auch als Video auf die Seite gestellt werden. Auch ein „Call-to-action" Button sollte nicht fehlen[171], also die klare Aufforderung, sich zu dem einen oder anderen Thema wie mit der Kanzlei sofort in Verbindung zu setzen. Prozesstransparenz hilft dem Kunden einzuschätzen, wann er was erwarten kann. Und bereitet damit den Weg für Kundenzufriedenheit.

---

**170** Und damit meine ich nicht das „Brainstorming" mit dem IT-Spezialisten, sondern professionelles Coaching.

**171** Branchenreport der Sparkasse 2017, S. 17.

Ein weiterer nützlicher Aspekt Ihrer Webseite: Sie können damit Mandanten und Kunden in einen Kommunikationsprozess einbinden, z.B. mit der Möglichkeit, einen Newsletter zu bestellen. Damit werden nicht nur aktive Mandanten nachhaltig gebunden sondern auch interessierte potenzielle Mandanten abgeholt.

Insbesondere potentielle Mandanten interessiert die Höhe des zu erwartenden Anwaltshonorars. Die Information, dass die Kanzlei ihre Honorare nach dem RVG berechnet, hilft Interessenten nicht weiter. Besser ist es in diesem Fall, wenn die Kanzlei auf ihrer Homepage Berechnungsbeispiele anbietet oder einen Gebührenrechner zur Verfügung stellt. Mit dem Gebührenrechner muss man allerdings umgehen können. Ein Mandant muss nicht wissen, dass die Einigungsgebühr im außergerichtlichen Bereich mit einem Satz von 1,5, im Rahmen eines gerichtlichen Verfahrens jedoch mit einem Satz von 1,0 berechnet wird. Geschmackssache ist, ob die Kanzlei auf ihrer Homepage ihre Stundensätze bekannt gibt. Zumindest sollten die Anwälte die Besucher ihrer Internetpräsenz darüber informieren, nach welchem Modus sie ihre Honorare berechnen.

Eine Unterseite sollte den zur Kontaktaufnahme mit der Kanzlei erforderlichen Daten wie der Anschrift, Telefonnummer und (noch) Telefaxnummer sowie der E-Mail-Adresse vorbehalten bleiben. Hierher gehören auch die sonstigen nach § 5 TMG erforderlichen Angaben. Eine druckbare Anfahrtsskizze, eventuell ein Routenplaner, und die Möglichkeit, unmittelbar per E-Mail eine Rückmeldung an die Kanzlei zu geben, runden den Inhalt des Kontaktdatenblatts ab.

---

**i** Zuletzt gilt: Die Homepage einer Kanzlei muss sich schnell aufbauen und zumindest mit den gängigen Internetbrowsern öffnen lassen. Nicht jeder Internetnutzer verfügt über einen schnellen Internetzugang. Der Anwalt, der seinen Internetauftritt mit all zu viel technischem Schnickschnack versieht und damit überlange Ladezeiten verursacht, darf sich nicht wundern, wenn Internetnutzer diese Webadresse nicht ein zweites Mal aufsuchen.

---

Ihre Webseite braucht „Bewegung“ und „Traffic“, um im Netz keine Spinnweben anzusetzen. Dies erreichen Sie durch die sozialen Medien und entsprechende Verlinkung zur Seite oder von der Seite mit den entsprechenden Icons zur Social-Media-Präsenz[172].

172 Löffler in „Praxishandbuch Onlinemarketing für Rae“, S. 55, TeleLex.

### 3. nachhaltige Mandantenbindung

Für eine nachhaltige Mandantenbindung ist ein **elegante Kommunikations- und Informationspolitik** notwendig.

So kann Sie sich mit juristisch aufbereiteten Informationen auf der Homepage nicht nur in den Suchmaschinen positionieren, sondern auch ganz allgemein Internetnutzer auf sich aufmerksam machen. Ein nicht zu unterschätzendes Erfolgskriterium für die Internetpräsenz ist deren leichte Auffindbarkeit durch Einträge in Internetverzeichnissen und Suchmaschinen.

Die Verfügbarkeit eines Newsletters ist ebenfalls zu empfehlen. Mit einem solchen kann sachlich über anstehende Termine, Vorträge oder neue Anwälte informiert werden also Kundenkommunikation betrieben werden. Eine andere davon zu unterscheidende Frage ist, ob man Rundschreiben zu gesetzlichen Neuregelungen oder Entscheidungen rausschickt. Ich empfehle meinen Kanzleien, dies nicht zu vermischen und das eine als „Entschuldigung" für das andere zu nutzen. Nicht zuletzt ist schon aus rechtlichen Gründen – und nicht nur aus Marketingsgesichtspunkten – eine saubere Inhaltsbeschreibung für neue Abonnenten unerlässlich. Wie übrigens auch neben dem perfekten Impressum der „unsubscribe"-Button und ein sauberer Abmeldeprozess. Neben diesen beiden Kommunikationskanälen für Mandanten kommt auch ein BLOG mit unterhaltenden, erzählenden Beiträgen in Betracht. Hier machen die allermeisten Kanzleien den Fehler, den Blog zur bloßen Berichterstattung über Mandate und Prozesse oder – noch schlimmer – als Plattform für ihre persönlichen Fehden mit Richtern und Kollegen zu nutzen. Schaden werden solche Beiträge nur dem Verfasser.

Facebook gehört für einige kleine Kanzleien wohl immer noch irgendwie „dazu". Tatsächlich hat es meiner Meinung nach jedoch keine positiven Auswirkungen auf die Akquise und ist damit schlecht investierte Zeit und Geld. Ich kann mir kein Rechtsgebiet vorstellen, wofür der Mandant seinen Anwalt auf Facebook finden möchte. Etwas anderes sind Anwaltssuchdienste und Plattformen oder Netzwerke. Auch Xing und LinkedIn als rein berufliche Netzwerke können sich auszahlen, aber nur, wenn die Anwaltsprofile professionell und Markenkonform aufbereitet sind und einen Bezug zur Kanzlei weisen. Von untergeordneter Bedeutung sind auf diesen Berufsnetzwerken hingegen die separaten Kanzleiprofile, die jedoch unbedingt zwecks Verlinkung vorhanden sein sollten.

Wichtig ist bei all dem, dass sich nirgendwo der Erfolg über Nacht einstellt. Kontinuität und Professionalität über Monate und Jahre zahlen sich hingegen aus. Meiner Erfahrung nach muss man mindestens ein Jahr intensive und zielgerichtete Aufbauarbeit leisten, um die ersten Erfolge einzufahren. Auch hier sind zielgruppenorientiertes strategisches Vorgehen oberstes Prinzip. Dann aber kann die Authentizität des Anwalts jede gut kalkulierte Kanzleikampagne überbieten, wie man bei Dieter Zetsche von Daimler beispielhaft erleben kann.

Gleiches gilt für alle anderen Anbieter, wie z.B. Twitter. Am Beispiel Donald Trumps ist zu sehen, dass auch dieses Netzwerk/Nachrichtendienst ausschließlich über Personen, nicht über Institutionen und Unternehmen funktioniert. Wer also als Kanzlei mit Hilfe eines „Profis" twittert, outet sich als social-media Neandertaler, der das Prinzip noch immer nicht verstanden hat. Und glauben Sie mir, Ihr vermeintlicher „Twitter-Profi" wird der letzte sein, der Sie darüber aufklärt.

Des Weiteren entdecken immer mehr Anwälte und Kanzleien youtube/ Vimeo und Podcast. Die Anbieter sind vielfältig. Von „gezeichneten Erklärvideos" über kurze Teaser-Filmchen zu einem bestimmten Topic bis hin zu Imagefilmen – wichtig ist dabei, dass die Videos nicht nur professionell aufgenommen sind, sondern auch professionell geschnitten, aufgesetzt (mit Logo, Jingle, Abspann, Stehbild und optimierter Suchmaschinendefinition) sowie professionell platziert und beworben sind.

i Das Allerwichtigste jedoch: auf keinen Fall sollten diese Videos mehr als fünf Minuten lang sein. Für viele Juristen undenkbar, weshalb sie dieses überaus wirkungsvolle Medium eher meiden.

Instagram, WhatsApp, SnapChat &Co können ergänzend sicherlich hinzugezogen werden, wenn dies denn dem Image der Kanzlei und den Anwälten – und der Zielgruppe – entspricht und ihnen leichtfällt. Für eine chinesische Zielgruppe kann daher beispielsweise „WeChat" eine Rolle spielen. Ein Händchen für die Wirksamkeit von Fotos, Bildern und Posts und deren Platzierung sowie den „ungeschriebenen Regeln" dieser Netzwerke (z.B. Zeit und Häufigkeit der Posts, Ob und wann Wiederholungen notwendig sind, Likes und Follows anderer, LiveChats und Hangouts, Bildbearbeitung etc.) sollte man in jedem Fall mitbringen.

Mit diesem Teil des Marketingkonzeptes bauen Sie über das Personal Branding der einzelnen Anwälte an der Reputation der Kanzlei. Nach meiner Erfahrung wird dies von kleinen bis mittelgroßen Kanzleien für selbstverständlich gehalten, jedoch von Großkanzleien oft vernachlässigt.

Dabei besteht hier das Dilemma, dass die Anwälte austauschbar werden, sobald sie gesichtslos ohne eigenes Profil in der Masse der Anwälte der Kanzlei untergehen. Das mag auf Partnerebene nicht zwingend für die Namensgeber und Gründer gelten. Sind jedoch namhafte Spezialisten mit internationaler Expertise unter Vertrag, ohne dass diese auf derartigen Webseiten zur Geltung kommen, verschenkt man wertvolles Potenzial für das Kanzleimarketing. Hier ist es wichtig, dass das Personal Branding für den Experten separat[173] – unter Umständen mit eigener persönlicher Webseite – erfolgt. Denn die Zielrichtung der Webseiten derartiger Großkanzleien ist eine völlig andere als die kleinerer und mittlerer Kanzleien. Sie dient nicht zur Akquise, so wie diese Kanzleien auch nicht von Laufkundschaft leben. Es ist lediglich ihr „Standort" im Netz: ebenso wie der lokale Standort soll er Status, Prestige und Größe ausstrahlen. Gleichzeitig ist es auch dem einzelnen Anwalt dringend zu empfehlen, frühzeitig an seinem Personal Branding und dem Aufbau seiner Reputation zu arbeiten und eine eigene Webseite mit Domain (hierfür genügt ein sogenannter „One-Pager") aufzubauen.

Mit regelmäßigen Beiträgen und Artikeln in entsprechenden Print- und Onlinemedien zum Spezialgebiet wird die Präsentation abgerundet. Die Auswahl sollten Sie daran orientieren, wo und was Ihre Zielgruppe liest bzw. welche Plattformen Ihrer Zielgruppe einen gewissen Mehrwert bieten und nicht in erster Linie daran, welche Sie selber lesen. So bieten sich beispielsweise Ratgeberseiten für Familien und Mütter mit Kinder für Familienrechtler an oder auch Medizinforen für Medizinrechtler, Wirtschaftsmagazine hingegen für Wirtschaftsrechtler.

Generell sollten Sie bei der Entwicklung Ihrer nachhaltigen Kanzleikommunikations- und Marketingstrategie darüber nachdenken, welche Produkte Sie hier langfristig als Mehrwert für Ihre Kunden kostenfrei anbieten möchten. Dies kann beispielsweise ein entsprechender Podcast (Audio- oder Videobeitrag) sein zu bestimmten Themen, der regelmäßig in weniger als fünf Minuten Spezialthemen für Ihren Zielgruppenkreis bespricht. Dieser Podcast unterscheidet sich ganz wesentlich von Ihrem Kanzleimarketingvideo, welches Sie von einem Spezialistenteam erstellen lassen sollten. Podcast und Periskope beispielsweise wären hingegen durchaus professionell selbst erstellbar. Neben Beiträgen und Artikeln sowie Podcast und Videos, ist auch an die Veröffentlichung von Experten-Sachbüchern zu denken, die ebenfalls in Umfang, Form und Ausgabe sehr variabel sein können und vom wenige Seiten umfassenden e-Book, über das selbst verlegte kleine Sachbuch bis hin zu einem Verlagsbuch reichen. Auch Checklisten und Anleitungsskizzen oder auch Studien und White-Paper zu einem Spezialthema sind erfahrungsgemäß potentiellen Mandanten sehr

**173** Ben Schulz, „Erfolg braucht Dein Gesicht", S. 62f.

willkommen. Sie können ebenso wie allgemeine Vertragsentwürfe einfach als Download auf Ihrer Website angeboten werden[174].

Diese sind einfach und unproblematisch mit kostenlosen Tools und Apps zu erstellen. Selbst ein ansprechendes eBook Cover ist heutzutage einfach und schnell abbildbar. Selbst Powerpoint Präsentationen oder besondere Produkte wie kleine Fachmagazine und Berichte, sind mit Tools wie Canva oder Prexi einfach zu erstellen und mit einem Tool wie Issue einfach ins Netz zu geben.

## 4. Reputation

Und damit sind wir auch schon beim Thema Reputation.

Werbung, Reklame, Imagepflege, Marketing, Öffentlichkeitsarbeit – bei der Verwendung dieser Begriffe herrscht ein munteres Durcheinander. Marketing ist ein Oberbegriff. Dieser Oberbegriff betrifft alle Aktivitäten, die ein Marktteilnehmer mit Blick auf den Markt betreibt. Werbung ist nur ein kleiner Teil von Marketing. Das Wort Reklame hat dabei einen unangenehmen Beiklang. Als „reklamehaft und marktschreierisch" qualifiziert die Rechtsprechung (noch) unzulässige Werbung ab. Zu Unrecht: Denn Reklame ist nichts anderes als eine Selbstanpreisung. Und genau das muss ein Anwalt tun, um neue Mandanten zu gewinnen und bereits vorhandene Mandanten zu behalten.

Die **Öffentlichkeitsarbeit** einer Kanzlei dient der Mehrung des Ansehens und der Reputation der Kanzlei beim Mandanten, potentiellen Mandanten, Mandatsmittlern und anderen Marktteilnehmern. Sie soll den Bekanntheitsgrad der Kanzlei und die Wertschätzung, die sie von anderen erfährt, erhöhen und damit ein bestimmtes „Images" einer Kanzlei aufbauen und pflegen, sie als Marke etablieren.

Kanzlei und Anwalt müssen also sich selbst und ihr Leistungsportfolio anpreisen. Und Selbstanpreisung ist durchaus erlaubt, solange sie nicht unsachlich wird. Plumpe Selbstbelobigungen sind jedoch kaum geeignet, Ruhm und Ansehen des einzelnen Anwalts oder seiner Kanzlei zu mehren. Besser ist es, der Öffentlichkeit das Engagement und die Arbeitsweise des Anwalts in anderen Bereichen als der Aktenbearbeitung zu demonstrieren.

Der Autor eines Kommentars oder eines Fachbuchs erhöht durch die Publikation nicht nur seinen Bekanntheitsgrad, sondern er hält mit seinem Buch zugleich ein **Werbemittel** in der Hand, das er seinen Mandanten überreichen

174 Als Anwälte und Juristen wissen wir selbstverständlich, dass diese allgemein gehaltenen Vertragsformulare selbstverständlich auf den Einzelfall nur durch uns als Jurist und Spezialist angepasst werden können.

kann, um sie von seiner Kompetenz zu überzeugen. Der Mitautor oder gar Herausgeber eines Handbuchs weist sich in den Augen der Öffentlichkeit als Fachmann aus. Beiträge in juristischen Fachzeitschriften beeindrucken nicht nur Kollegen. Der Mandant, dem ein Sonderdruck mit freundlicher Empfehlung des Verfassers übersandt wird, unterstellt ganz selbstverständlich, dass die Veröffentlichung die herausragende Fachkompetenz seines Anwalts beweist. Auch allgemeinverständliche Veröffentlichungen zu juristischen Themen in Branchenblättern oder den Mitteilungen der örtlichen Industrie- und Handelskammer verfehlen ihre Wirkung nicht. Oft wird nicht der Artikel, jedoch der Name des Anwalts gelesen. Mit der Zahl der Veröffentlichungen steigen Bekanntheitsgrad und Ansehen des Anwalts. Um die gewünschte Wirkung zu erreichen, darf es jedoch nicht bei einer Veröffentlichung bleiben. Es kommt auf Kontinuität an. Auch für die Öffentlichkeitsarbeit gilt, dass steter Tropfen den Stein höhlt. Wenn Sie das erste Mal von Kollegen zitiert werden, wissen Sie, dass Sie den nächsten Level an Reputation erreicht haben.

Eine Möglichkeit für einen kontinuierlichen Aufbau der **Reputation** ist sicherlich, sich Pressediensten und Agenturen für die Beziehungsarbeit mit Journalisten zu bedienen. Kaum ein Anwalt ist fähig, eine Pressemitteilung zu formulieren, die geeignet ist, das Interesse eines Journalisten zu wecken. Anwälte müssen sich von dem Gedanken verabschieden, Journalisten für ihre Zwecke instrumentalisieren zu können. Ein Journalist wird nur dann über ein Thema berichten und eventuell den Kanzleinamen in seinem Bericht erwähnen, wenn das Thema für ihn und sein Publikum von Interesse ist. Abgesehen von einem darauf spezialisierten Magazin interessiert die Medien regelmäßig nicht, ob Partner X oder Associate Y die eine Kanzlei verlassen und sich der anderen Kanzlei angeschlossen hat. Berichtenswert kann aber eine grundlegende, manchmal auch eine skurrile Entscheidung eines Gerichts in einer die Öffentlichkeit interessierenden Frage sein. Dabei differenziert die Lokalpresse häufig nicht danach, ob es um eine Entscheidung des Bundesgerichtshofs oder eine solche des örtlichen Amtsgerichts geht. Die Mitteilung, dass der Bundesgerichtshof über die Gültigkeit von Eheverträgen befunden hat, kann für Journalisten ebenso interessant sein, wie die Nachricht, dass das örtliche Arbeitsgericht in erster Instanz dem Betriebsrat in der Auseinandersetzung mit einem bekannten Unternehmen Recht gegeben hat. Sie sollten nicht unterschätzen: Medienarbeit ist Beziehungsarbeit. Hat ein Journalist wiederholt interessante Informationen von einem Rechtsanwalt erhalten, die er für seine Arbeit verwenden kann, dann wird er möglicherweise diesen Rechtsanwalt, wenn er ein juristisches Thema zu bearbeiten hat, um Hintergrundinformationen bitten und eventuell auch in seinem Beitrag den Anwalt als seinen Informanten zitieren oder gar interviewen. Punktuelle Kontakte zu Journalisten nützen regelmäßig nichts. Der Schlüssel zu einer erfolgreichen Medienarbeit ist die Kontinuität.

Reputation speist sich auch aus den Profilen der Berufsnetzwerke Xing und LinkedIn. Ist das Profil nicht nur professionell und markenwirksam aufbereitet, sollte es unbedingt auch zum Aufbau der eigenen Reputation eingesetzt werden.

Reputation wird hier zum einen durch den Aufbau eines aussagekräftigen Netzwerkes erzeugt. Hier kommt es sowohl auf Quantität als auch auf Qualität an. 23 Kontakte sind nur dann argumentierbar, wenn das Profil nicht älter als 6 Monate ist (der Profilstart ist im Profil ablesbar). Ein „Netzwerk" von mehreren hundert bis eintausend Kontakten sollte ein Spezialist und Experte aufweisen, wenn er nicht unmittelbar am Anfang seiner Karriere oder eines Umbruchs steht. Das Netzwerk muss aus einschlägigen Kontakten bestehen, das heißt aus gleichrangigen und höhergestellten Experten zu Ihrem Thema, A-Mandanten und Multiplikatoren sowie namhaften „Celebrities" Ihres Geschäftsfeldes. 250 Kontakte zu Key account Managern, Assistenten, alten Schulfreunden und Profilleichen sind nicht nur wenig nutzbar, sondern schaden auch Ihrer Reputation, wenn dies Ihre einzigen Kontakte sind. In 2.500 Kontakten gehen diese jedoch auf. Reputation kann in diesen Netzwerken auch über Beiträge und Kommentare in einschlägigen Gruppen und Postings anderer zu Ihrem Thema aufgebaut werden. Auch sollten Sie in Erwägung ziehen, bestimmte Veranstaltungen (auf Xing Event) oder Artikel (auf LinkedIn) zu posten. Eine weitere Möglichkeit ist, sich Empfehlungen und Endorsements von Kunden und Kollegen (LinkedIn) geben zu lassen sowie seinem Profil jeweils nicht nur seine Webseite, sondern auch Unterlagen als pdf, Videos und Awards und Auszeichnungen beizufügen.

So wie ein schlecht aufgesetztes und vernachlässigtes Profil in den Berufsnetzwerken können aber auch sonstige „fahrlässige" Bemerkungen und schlechte Darstellungen Ihrer Reputation schaden. Sie sollten daher ebenso wie beim Aufbau Ihrer Reputation auch dem Schutz Ihrer Reputation Aufmerksamkeit widmen. Beschädigte Reputation kann schwerwiegendere, nachhaltigere Folgen haben als keine Reputation. Pressevertreter im Gerichtssaal, die sensationslüstern spontan das Mikro in Ihr Gesicht halten, telefonische Schnellauskünfte an Journalisten und Branchenvertreter oder auch private Unregelmäßigkeiten[175] können schnell zu einem unkontrollierbaren „Shitstorm" werden.

175 Wie auch das unreflektierte Veröffentlichen Ihrer unpopulären Privatmeinung zu brisanten Themen wie Abtreibung etc. auf Facebook und Co. (Politik und Religion sind nicht nur als Tischgespräch mit Vorsicht zu genießen).

Manchmal bringen auch Mandate oder ganze Rechtsgebiete und Zielgruppen ein erhöhtes Risikopotenzial mit. Damit muss man umgehen und umgehen können. Es zu ignorieren ist wenig hilfreich, da diese Themen dann eine Eigendynamik entfalten. Für das entsprechende Know How beim Umgang mit derartigen Situationen gibt es Experten wie Martin Wohlrabe von Consilium:

---

i

*„Anwälte kämpfen vor allem innerhalb des Gerichtssaals. Nicht aus dem Blick verlieren dürfen sie dabei allerdings die Öffentlichkeit. Worauf man achten sollte, damit es am Ende nicht heißt: OP gelungen, Patient verstorben.*

*Während im Gerichtssaal das strenge Gesetz von Recht und Gesetz gilt, schaut die Welt draußen anders aus. Hier urteilt die Öffentlichkeit nach Moral und Gerechtigkeit. Eine gefährliche Mischung, wenn Betroffene darum kämpfen einen Rechtsstreit zu gewinnen und am Ende feststellen Verfahren gewonnen, aber Öffentlichkeit verloren. Damit dies nicht passiert, ist es gerade für Anwälte wichtig die öffentliche Wirkung in ihre Überlegungen miteinzubeziehen. Beim Angriff geht es darum, eigene Ansprüche medial zu unterstützen, bei der Verteidigung vor allem darum den Ruf zu schützen. Stets muss geschaut werden: Wie könnte sich der Rechtsstreit in den Medien entwickeln? Wann nutzt Öffentlichkeit und wie setzt man sie ein? Ebenso wichtig: Wie hält man eventuell einen Fall aus der Presse draußen ohne gleich mit der Keule des Medienrechts zu kommen. Das Mittel der Wahl lautet häufig: Hintergrundgespräche. Dies sind vertrauliche Unterhaltungen mit Journalisten. Den Journalisten helfen sie, den Sachverhalt einzuordnen. Erst wenn sich ein Gesamtbild ergibt, können sie differenziert berichten. Und gerade beim Reputations-Schutz ist dies auch der Schlüssel zum Erfolg. Oberstes Gebot bei der Litigation-PR ist die Anwalts-Strategie zu unterstützen – es geht also nicht darum ein PR-Paralleluniversum neben dem eigentlichen Fall aufzubauen.*

*Ziel bei Angriffsmandaten ist in allen relevanten Märkten der Gegenseite PR im Sinne des eigenen Mandanten zu betreiben. Beim Gegenüber soll die Auffassung erreicht werden, dass eine lang anhaltende öffentliche Diskussion über den strittigen Sachverhalt tendenziell mehr Schaden nimmt als die rechtliche Auseinandersetzung. Anders sieht es bei Verteidigungsmandaten aus: Ziel hier ist, den Ruf zu schützen oder auch einmal möglichst wenig der geforderten Summe zu zahlen. Juristen neigen schnell zur „no-comment"-Strategie. Abgesehen von Einzelfällen eine fatale Entscheidung. Denn so geben Betroffene ihre eigene Deutungsmacht auf. Die Folge: Unkommentierte Negativ-Meldungen verbreiten sich (besonders online) schnell. Außerdem sorgt dieses Verhalten bei Journalisten in aller Regel zu unnötigem Misstrauen und im ärgsten Fall Trotzreaktionen."*

**RA Martin Wohlrabe ist Geschäftsführer der CONSILIUM Rechtskommunikation GmbH. Der PR-Berater hält einen Lehrauftrag für strategische Rechtskommunikation an der Uni Freiburg. Sein Unternehmen veranstaltet den jährlichen Rechtskommunikationsgipfel.**

---

Reputationsfördernd sind hingegen **Vorträge und Seminare**, die ein Anwalt selbst hält beziehungsweise leitet. Zum einen erhält er die Gelegenheit, seine Zuhörer davon zu überzeugen, dass er über Fachwissen verfügt und dieses allgemeinverständlich und praxisbezogen vermitteln kann. Zum anderen hat es der Anwalt im Regelfall mit einem interessierten Zuhörerkreis zu tun. Eine Kanzlei kann eigene Seminare veranstalten, zu der nicht nur Mandanten, sondern auch andere Personen, die die Kanzlei gerne als Mandanten gewinnen möchte, eingeladen werden. Ein „Mandantenseminar" muss durchaus nicht immer das Kartellrecht, das Gesellschaftsrecht oder neuste Änderungen zum Steuerrecht zum Gegenstand haben und nur für Unternehmer als Mandanten bestimmt sein. Auch Allgemeinkanzleien können solche Seminare, Informationsveranstaltungen oder „Tage der offenen Tür" abhalten. Eine Kanzlei, die sich vorwiegend mit dem Wohnungsmietrecht befasst, kann mit der Einladung zu einem „Informationsabend für Wohnungsmieter" eine hohe Resonanz erzielen, wenn es ihr gelingt, diese Einladung auch in der lokalen Presse zu veröffentlichen. Vorträge und Seminare führen automatisch zu Rückfragen der Veranstaltungsteilnehmer und einem darauf aufbauenden Gespräch. In einer Gesprächsrunde lassen sich etwaige „Berührungsängste" gegenüber Anwälten leichter abbauen. Seminare und Vorträge müssen auch nicht immer selbst organisiert und beworben werden. Kooperationen auch mit Nicht-Kollegen bieten sich hier ebenso an, wie Veranstalungsreihen von Gemeinde, Ämtern, Institutionen aber auch Fortbildungen wie über die Deutsche Anwaltsakademie.

Zuletzt sind schließlich Rankings, Auszeichnungen und Awards zu nennen. Man mag Rankings und „Top 100 – Siegel[176]" kritisch und differenziert sehen. Reputationssteigernd sind sie allemal. Zumal diese oft von großen Medien unterstützt werden und damit eine gewisse Reichweite bei der Vermarktung erzeugen.

Anders verhält es sich hingegen mit verdienten Titeln und Auszeichnungen für Anwälte und Kanzleien. Dazu gehört klassischerweise der Doktortitel und der LL.M. aber auch ein Fachanwaltstitel kann so gewertet werden. Ehrenämter und Würden sind ebenfalls hilfreich.

Mittlerweile hat sich eine vielfältige Award-Kultur etabliert, die zu ganz unterschiedlichen Kategorien mit unterschiedlicher Zielrichtung jährlich die „Besten" kürt. Ich möchte hier nur beispielhaft die JUVE-Awards (z.B. „Kanzlei des Jahres") und die azur-Awards (z.B. „Aus- und Fortbildung"), der „Innovation Award" von STP oder die „PMN Management Awards" nennen. Auch der Deutsche Anwaltverein und der Juristinnenbund vergeben besondere Preise und Auszeichnungen für engagierte Berufsträger. Ebenso gibt es natürlich auf internationaler Ebene die verschiedensten Formate.

Am Ende haben Sie die Wahl, auf welchem Gebiet Sie sich besonders profilieren und messen lassen möchten.

---

176 Aufgrund zweifelhafter Qualitätskriterien oder der Kombination mit monetären Beiträgen.

## 5. Business Networking

Konkurrenzdruck und Wettbewerb sind in unserer Berufsgruppe in den letzten Jahren dramatisch angestiegen. Man möchte meinen, dass sich dadurch Anwaltsnetzwerke erledigt haben, weil sich jeder selbst der nächste ist. Das Gegenteil ist der Fall:

Der Zusammenschluss von personellen, materiellen und kommunikativen Ressourcen (z.B. Räume, Technik, Finanzen, Kontakte, Kompetenzen) erweitert Handlungsspielräume für jeden Einzelnen und ermöglicht neue und größere gemeinsame (Netzwerk-)Angebote und Leistungen (Veranstaltungen, Publikationen, öffentliche Aktionen, Service-Leistungen), durch die auch die einzelnen Beteiligten größere Befriedigung und Anerkennung erfahren können.

Die Erweiterung des beruflichen und persönlichen Erfahrungshorizontes kann zudem auch neue Chancen für die berufliche Weiterentwicklung mit sich bringen. Jedes Netzwerk funktioniert nach seinen eigenen Spielregeln und hat einen bestimmten Fokus.

Schließlich kann ein Netzwerk auch gegenseitig unterstützen, Zugehörigkeit Heimat und Identität stiften oder einfach Spaß machen. Zwanglos neue Ideen kreieren, gemeinsame Ziele verfolgen, sich in einer angenehmen Atmosphäre treffen und neue Vorstellungen und neue Leute kennenlernen: Dieser „Wohlfühl-Faktor“, die emotionalen Bindungen sind enorm wichtig für die Bereitschaft, sich in ein Netzwerk einzubringen und dabei zu bleiben[177].

Es gibt genau drei Kategorien von Menschen. Diejenigen, die offen und neugierig auf Ihre Mitmenschen offline wie online einfach zugehen. Sie sind kommunikativ, extrovertiert, haben Humor und Mitgefühl. Diesen Menschen fällt es nicht nur leicht, ja sie lieben es geradezu zu „netzwerken“, sie brauchen den Austausch mit anderen. Diese „netzwerken“ quasi nebenbei. Ein Nutzen entsteht dabei jedoch für keinen der Beteiligten – allenfalls einige kurzweilige Momente. Das Gegenteil sind Menschen, denen Small Talk ein Gräuel ist. Diese sind eher still und introvertiert. Dies sind die Schüchternen und Denker. „Netzwerken“ ist für diese eine lästige Pflicht, oft verkrampft und hölzern. Meist sind beide Seiten dankbar, wenn es „vorbei“ ist. Mehrwert? Null.

Und dann gibt es die Menschen, die mit dem „Netzwerken“ etwas erreichen möchten, für die Netzwerken schlicht eine Methode ist, ihr Ziel zu erreichen. Das Ziel im Blick spielt es für diese eine untergeordnete Rolle, ob sie kommuni-

177 Dr. Tutschka, „Drei Gründe, warum Netzwerken für Juristen so wichtig ist“ im Blog Jur Coach vom 22.2.1015.

kativ sind oder nicht. Für den Erfolg eines Unternehmers ist auch nicht in erster Linie entscheidend, ob er auf der Bühne der Superstar ist (Steve Jobs) oder eher nicht (Bill Gates).

Vergegenwärtigen Sie sich also Ihr Ziel und nutzen Sie das **Netzwerken als „Mittel zum Zweck“**. Überlegen Sie genau, mit wem Sie wie und wann in Kontakt treten.

Ihr Netzwerken sollte demnach:

1. Strategisch
2. Zielgruppendefiniert und
3. Terminiert sein

Welche Möglichkeiten gibt es für Anwälte und Juristen im deutschsprachigen Raum zum Netzwerken? Natürlich gibt es die berufsständischen Vereine (wie den DAV), das moderierte Mittagsmeeting oder auch den ungezwungenen monatlichen Stammtisch mit Kollegen.

Doch auch darüber hinaus gibt es vielfältige Möglichkeiten, mit Kollegen zu netzwerken:

1. Ausbildungen
   Ausbildungen schweißen die Teilnehmer zusammen und es entwickeln sich oft auch nach Abschluss der Ausbildung enge gegenseitige Unterstützungen („buddy-Programm“).
2. online Netzwerke
   Mit wenig Zeit und Geld kann man die online- Möglichkeiten zum Netzwerken nutzen: XingGruppen wie JurBiz, aber auch Beiträge und Austausch in Blogs bieten unkomplizierten, regelmäßigen Austausch mit anderen Anwälten und Juristen.
3. Kongresse, Tagungen und Messen
   Der wichtigste alljährliche Kongress unserer Berufsgruppe ist sicherlich der Deutsche Anwaltstag alljährlich im Frühsommer mit der begleitenden Messe, der Advotec, und dem Abendprogramm. Anwaltstage gibt es aber auch auf regionaler Ebene. Oder aber bei den österreichischen Kollegen alljährlich im September. Darüber hinaus sind natürlich LegalTech Konferenzen und Messen wie der „Zukunftskongress“ oder die Legal ®Evolution, Fachsymposien wie die STP-Tagung in Bensberg, der Verkehrsrechtstag und viele andere und nicht zu vergessen der Juristentag alle zwei Jahre im September gute Gelegenheiten, Kollegen zu treffen und sich auszutauschen. In den allermeisten Fällen bilden sich schon bald fest Gruppen, die sich zu der einen oder anderen Veranstaltung regelmäßig wiedertreffen.

4. Bälle
   Natürlich zählen auch die gesellschaftlichen Anlässe dazu, zu denen sich die Juristen und Anwälte treffen, wie eben zu den entsprechenden Bällen, den DAV Empfängen oder auch den Gala- und Awardveranstaltungen.

Abschließend ist diese Aufzählung sicherlich nicht. Und sie bezieht sich auch ausschließlich auf reine Branchen-Veranstaltungen der Juristen und Anwälte. Darüber hinaus kommen sicherlich noch viele andere Branchenveranstaltugnen in Betracht, wo die Juristen dabei sind, aber nicht exklusiv zusammenfinden. Auch sollte jeder das für sich passende herausfinden, denn was für den einen funktioniert, mag für den anderen alles andere als befriedigend sein.

---

i

Doch Vorsicht. Sie sollten auch das Business-Networking strategisch und zielgerichtet angehen. Denn nicht jedes Treffen ist schon Netzwerken.

Zum Netzwerken wird ein Treffen erst, wenn man
1. es im Vorfeld auf seine Bedürfnisse und Ziele abgestimmt hat,
2. sich zum Treffen mit einer bestimmten Agenda begibt und die dort dann verfolgt und
3. hinterher ein engagiertes Follow up vornimmt.

---

Unabhängig von diesem Offline-Netzwerk gewinnt das **Online-Netzwerk** immer größere Bedeutung. Im offline-Netzwerk stellen Verabredungen zu bestimmten Zeiten an bestimmten Orten sicher, dass alle relevanten Personen miteinander kommunizieren können.

Anders im online-Netzwerk. Die online-Welt kennt keine Öffnungszeiten. Sie kennt noch nicht einmal die Bezeichnung 24/7 – denn das ist Teil ihrer DNA. Sie beschränkt sich auch nicht auf nur einen Ort: sie ist hier und überall gleichzeitig. Ja es gibt sie noch: die Kollegen, die ihre Kanzlei ohne Internet betreiben und als Anwalt niemals „online“ sind.

Doch was genau ist Ihr online-Netzwerk?

Ihr online-Netzwerk sind Ihre „Listen“. Welche Listen? Nun die nach den verschiedenen Kategorien sortierten Kontakte. Dies können beispielsweise Ihre Mandanten sein, Ihre Kooperationspartner aber eben auch Ihre Kollegen. Sie können auch noch weiter spezifizieren. Beispielsweise die familienrechtlichen Mandate von den strafrechtlichen unterscheiden, die Stammkunden von den Einmalkunden und diese wiederum von den „Interessenten“ und „potentiellen Mandanten“ unterscheiden. Wichtig ist, dass Sie Ihre Kontakte definieren und sortieren. Sie sehen wie einfach es ist zu starten, denn Kontakte in irgendeiner Form hat jeder.

> **i** Doch Stopp: Bevor Sie nun loslegen, sollten Sie sich noch einmal kurz zurücklehnen und definieren, was Sie mit Ihrem Netzwerk erreichen wollen. Denn nur dann sind Sie in der Lage aus der Fülle an Möglichkeiten bei den Kontakten und aus der Vielfalt der Möglichkeiten, mit diesen in Verbindung zu treten, die richtige Wahl zu treffen.

Dies ist gerade beim online-Netzwerken wichtig, weil Ihnen die online-Möglichkeiten eine unerschöpfliche Vielfalt rund um die Uhr bieten. Umso mehr müssen Sie geschickt auswählen, welche davon am erfolgversprechendsten sind. Sie können nicht alles ausprobieren[178]. Weil die online-Welt vernetzt ist und sich damit Chancen potenzieren oder zu Katastrophen entwickeln können. Ein zufriedener Kontakt, ein zufriedener Kunde kann in Sekundenbruchteilen mit einem Mausklick Ihren Marktwert enorm steigern – und zwar über Ländergrenzen hinweg – oder einen Großteil Ihrer potentiellen Neukunden für immer verschrecken[179].

Netzwerken und „Werken im Netz" sind eben nicht dasselbe[180].

Wie genau greifen online- und offline-Netzwerk ineinander?
Wie oft tauschen Sie im Alltag und im beruflichen Kontext Visitenkarten aus? Zurück im Büro sollten Sie sowohl ein individuelles Follow up per mail schreiben als auch sich mit dem Gesprächspartner auf Xing oder LinkedIn vernetzen. Häufig gelingt es in Netzwerken leichter, in Kontakt zu bleiben, die eigenen Kompetenzen darzustellen und die weitere Entwicklung und Aktivitäten des Gesprächspartners mitzuverfolgen.

Die Bedeutung des Business-Netzwerkens fasst meine Kollegin Dr. Schunder-Hartung als Veranstalterin der Netzwerktreffen AHA-Kanzleireihen zusammen:

> **i** *„Warum Anwälte netzwerken müssen: Die Anwaltschaft steht unter Druck wie nie – und das erstmals in ihrer Geschichte auch als Berufsgruppe. Legal Tech ist auf dem Vormarsch, und je mehr Algorithmen in der Lage sein werden, auch komplexe Wenn-Dann-Subsumtionen abzubilden, desto mehr geht es ans Eingemachte. Gleichzeitig hat § 5 RDG das Tor Dienstleistern aus anderen Branchen geöffnet, die eigentlich Bankprodukte oder Versicherungen verkaufen oder Unfallautos reparieren, ihren Kunden aber die damit zusammenhängende Rechtsberatung gleich mitliefern dürfen. Die Mandantschaft wiederum ist anspruchsvoller denn je, und zwar gerade auch auf den wirtschaftsrechtlichen Gebieten, die bisher am lukrativsten waren. In der Finanzkrise hat man inhouse zu arbeiten gelernt, jetzt lässt man „pitchen und paneln". Und*

---

**178** Dr. Tutschka, „Fünf Erfolgstipps für Netzwerken im Internet" im Blog JurCoach vom 14.10.2016.

**179** Dr. Tutschka, „Die drei größten Fehler beim Online-Netzwerken" im Blog JurCoach vom 9.6.2016.

**180** Sie verzeihen die kleine Wortspielerei :-).

*statt umso mehr heranzuklotzen, besinnt sich der Anwaltsnachwuchs immer stärker auf die bei den Alten eher berüchtigte Work-Life-Balance.*

*Wer in dieser Situation als Sozietät behauptet, ideal aufgestellt zu sein, der hat vor allem eins: Selbstbewusstsein und/oder eine sehr offensive Marketingstrategie. Für alle anderen gilt, dass sie vor allem gezielt danach suchen müssen, was noch gangbar ist und was nicht. Gefragt sind in dieser Situation besonders Normalitätsstrategien! Die allerdings findet man nicht im Austausch mit den Kolleg(inn)en der eigenen Kanzlei, auch nicht in den fachbezogenen Arbeitsgemeinschaften: Schmoren Anwälte im einen Fall im eigenen Saft, so tauschen Sie sich im anderen Fall mit Leuten aus, die nur eine Teilebene ihrer Sozietäten repräsentieren (können). Stattdessen ist der ehrliche Blick über den Zaun gefragt, und zwar auf die gesamten Nachbargrundstücke. Wie das geht? Durch den (a) kontinuierlichen, (b) vertraulichen Austausch über (c) die unterschiedlichsten Themen (c) auf Augenhöhe. Netzwerken eben, im besten Sinne.*

**Dr. Anette Schunder Hartung ist Inhaberin von aHa Strategische Kanzleientwicklung. Sie ist Rechtsanwältin, Business Coach IHK** und seit über 20 Jahren ausschließlich im juristischen Markt und artverwandten Berufen tätig. In Frankfurt, München und im Rheinland betreibt sie derzeit insgesamt sieben regelmäßige AHA Kanzleireihen-Netzwerktreffen, teilweise speziell zu Zukunftsthemen.

## 6. Kooperationspartner

Netzwerken und Kooperieren kann und sollte Hand-in-Hand gehen.

Mit den Kollegen **Kooperieren statt Konkurrieren**, kann eine Win-win-Situation auslösen: Ein umfangreicheres Fachbuch wie dieses ist nicht jedermanns Sache; ein Großprojekt und für die meisten Kollegen unattraktiv, da schlicht die Zeit dafür nicht zur Verfügung steht. Doch warum nicht so wie hier das funktionierende Netzwerk für eine Kooperation nutzen? Oder wie im Fachbuch von Frau Schieblon „Kanzleimanagement in der Praxis" das PMN-Netzwerk an Management-Partnern nutzen, um ein Gemeinschaftswerk dieser Kollegen zu erstellen?

Aber auch Kooperationen mit Anbietern anderer Bereiche, die ebenfalls einen Mehrwert für Ihre Zielgruppe generieren, kann sich auszahlen. Das muss nicht das klassische Autohaus oder die Autoreparaturwerkstatt oder der Versicherungsmakler als Partner sein. Es darf kreativer sein: etablieren Sie sich beispielsweise als Vortragender bzw. Keynote-Sprecher für Autohaus-Events oder nutzen Sie die Möglichkeiten bei Familienservices sich als Ansprechpartner für rechtliche Fragen zu etablieren[181].

**181** Busmann, „Chefsache Mandatenakquisition", S. 405.

Letztlich an dieser Stelle noch ein Wort zur Kooperation innerhalb der Kanzlei: Neben der immer wieder zu beantwortenden Frage, wie ein Anwalt seinen Mandanten am besten dienen kann, muss er sich auch damit befassen, auf welche Weise er das Erreichen der Kanzleiziele fördern und wie er seine Kollegen am besten unterstützen kann. Die ist nicht nur eine Frage des persönlichen Ehrgeizes oder gar der „Hackordnung" in einer Kanzlei. Diese Mitwirkungspflicht betrifft jeden Anwalt in der Kanzlei. Ältere Anwälte, die besonders gelungene Vertragsentwürfe wie den heiligen Gral hüten und sorgsam darauf bedacht sind, ihr Spezialwissen allenfalls tröpfchenweise auf jüngere Kollegen herabträufeln zu lassen, verkennen, dass ein solches Verhalten in krassem Widerspruch zu der für den Kanzleierfolg unerlässlichen Dienstleistungsmentalität steht. Ihre Pflicht ist es nicht nur, ihr Wissen und ihre Erfahrung in den Dienst der Mandanten zu stellen. Ihre Pflicht ist es auch, jüngere Kollegen zum Wohl der Kanzlei daran teilhaben zu lassen. Eine Kanzlei wird gute Nachwuchsanwälte auf die Dauer nur halten können, wenn sie diese auch fördert. Wer versucht, junge Anwälte „dumm zu halten", schadet seiner Kanzlei in unverantwortlicher Weise.

Jegliche Maßnahme – ob Netzwerken, Kooperation oder Weiterempfehlung – wird nur dann Erfolg haben, wenn es dem Anwalt gelingt, dem potentiellen Mandanten den Nutzen der Mandatserteilung aufzuzeigen und insbesondere den speziellen Vorteil darzulegen, den die Mandatierung gerade dieses und keines anderen Anwalts dem Mandanten bietet. In der Praxis mag dabei eine emotional begründete Hervorhebung (Unique Advertising Proposition) erfolgreicher sein, als eine sachlich fundierte Hervorhebung der Besonderheit einer Kanzlei und ihres Dienstleistungsangebots (Unique Selling Proposition).

## V. Sales und Akquise

„Nichts ist schwerer als sich selbst verkaufen" vielleicht auch aus diesem Grund scheuen viele Anwälte vor einer in anderen Branchen üblichen Werbemethode zurück, der Direktwerbung durch den Besuch eines potentiellen Mandanten. Natürlich ist es günstiger, für das Vorstellungsgespräch eines Anwalts bei einem potentiellen Mandanten einen Anknüpfungspunkt, etwa ein erstes Kennenlernen bei einer vorangegangenen kulturellen Veranstaltung, zu haben. Aber auch die „Kaltakquise" ist möglich und erlaubt. Der Anwalt darf nur keine Angst davor haben, einen Korb zu erhalten. Die Erfolgsquote von Kaltakquiseversuchen ist selbst bei Rainmakern relativ klein. Aber es gibt eine Erfolgsquote.

Kalt-Akquise ist nicht nur verpönt, sondern auch nur unter ganz engen Voraussetzungen zulässig.

Eine elegantere Form ist, sich bei „arrangierten“ Gelegenheiten in Bestform zu präsentieren. Entscheidend ist dabei der überzeugende „Pitch“. Zwar ist es dem Anwalt verboten, um die Erteilung eines Mandats im Einzelfall zu werben, § 43b BRAO. Der Anwalt darf aber um einen bestimmten Mandanten werben. Anwälte dürfen ihre Wunschkandidaten für eine neue Mandatsbeziehung direkt ansprechen, sich bei den potentiellen Mandanten vorstellen und darum bitten, ihnen ein Mandat zu erteilen oder sie zumindest weiterzuempfehlen.

Verboten ist allein die Werbung um ein bereits konkretisiertes Mandat. Der potentielle Mandant soll vor aufdringlichen Anwälten geschützt werden. Manchmal benötigt der Mandant diesen Schutz gar nicht. Bei einem beauty contest[182] ist das zu erteilende Mandat bereits sehr konkret umschrieben. Der Mandant will keinen Schutz vor aufdringlichen Anwälten. Vielmehr ist es der Mandant selbst, der mehrere Anwälte dazu einlädt, sich um die Erteilung dieses speziellen Mandats zu bewerben. Aus diesem Grund halte ich Beauty Contests für mit § 43b BRAO vereinbar.

Die Möglichkeiten sind also vielfältig. Die Weiterempfehlung ist jedoch nach wie vor die Königsdisziplin und als eine der besten Werbemethoden von Anwälten bezeichnet. Genaugenommen ist die Weiterempfehlung nämlich kein eigentliches Werbeinstrument. Denn der Anwalt hat allenfalls mittelbaren, nicht jedoch direkten Einfluss auf diese Werbemethode.

### 1. Die richtigen Mandanten finden und binden

Hier geht es nicht nur um die optimale **Abrundung des Marketing- und Kommunikationsprozesses**, so dass bloße Interessenten (wie beispielsweise die Leser des Kanzlei-Newsletters) zu Mandanten werden und langfristig Mandanten bleiben. Sondern es geht darum, die richtigen Mandanten zu finden und diese auch zu halten. Sales und Akquise gehen hier Hand in Hand mit Marketing und Kommunikation und bauen aufeinander auf.

Ist Ihre Positionierung und strategische Ausrichtung klar und ihre Marketing- und Kommunikationsstrategie darauf abgestimmt, kann diese nur die für Ihre Spezialisierung und Ihre Ressourcen richtigen Mandanten ansprechen.

**182** Busmann in Chefsache Mandantenakquisition“, S. 39.

Warum ist das wichtig?

Einerseits können Sie diese Mandanten natürlich sehr gut bedienen. Das erhöht das Potenzial auf Weiterempfehlung und unterstützt Ihren Expertenstatus. Ich möchte hier auch noch einmal an das Pareto-Prinzip erinnern. Nur die richtigen Mandate werden das Potenzial haben, 80 Prozent Umsatz zu erzeugen. Andererseits sind aber eben auch sehr viel besser in der Lage, kostenbewusst zu arbeiten, Prozesse zu optimieren und Ihre Qualität insgesamt zu verbessern. Dass es dennoch hin und wieder zu einem sprunghaften Anstieg dieser Mandate kommen kann, die Ihre Kapazitäten übersteigen, ist gewollt. Sie wollen ja schließlich wachsen. Spitzenzeiten können selbstverständlich mit temporären Lösungen abgefangen werden (dazu wurde im Rahmen des Business Developments berichtet).

Die falschen Mandanten anzuziehen bzw. langfristig zu bedienen kann hingegen fatale Folgen haben. Sie blockieren Ressourcen und zwingen zu uneffektiven Prozessen. Sie müssen sich mühsam in unbekannte Rechtsgebiete einarbeiten und erzeugen ein hohes Haftungsrisiko. Es kann sogar dazu führen, dass Sie diese Mandaten zu wichtigen finanziellen Bausteinen in Ihrem Business Plan werden, so dass Sie sich sogar über kurz oder lang überlegen müssen, Ihre Positionierung und strategische Ausrichtung entsprechend anzupassen. Ein Gefühl der Fremdbestimmtheit und der „feindlichen Übernahme“ wird sich einstellen.

**i** Sie sollten sich also auch am Ende Ihrer Akquisekette auf die Bedürfnisse Ihrer idealen Zielgruppe ausrichten und auch die Konsequenzen ziehen: Im Zweifel also ein Mandat ablehnen oder an den Kollegen verweisen, auch wenn es noch so lukrativ ist.

Zur Erinnerung daher noch einmal die Fragen, die Sie sich stellen sollten, um zum „Bedürfnisstiller“ Ihrer Zielgruppe zu werden:

Fragen zur Bedürfnisanalyse, © Dr. Geertje Tutschka

Zusammenfassend – und auch auf die Gefahr hin, dass sich das eine oder andere wiederholt – lasse ich Johanna Busmann, Autorin von „Chefsache Mandantenakquisition“, zu Wort kommen, die für dieses Buch ihre persönlichen Akquise-Sofort-Tipps für Ein- und Umsteiger im Anwaltsmarkt zusammengefasst hat:

---

i

*„Es gibt keine zweite Chance für den ersten Eindruck!*
*Wer als Anwalt frisch aus der Uni kommt, denkt, dass der Mandant ihn demnächst für sein Fachwissen bewundert, benötigt und bezahlt. Das ist so weit falsch.*
*Richtig ist: Der Mandant braucht die Sicherheit, dass der Anwalt ihn und sein Problem sowie die darin liegenden Herausforderungen versteht, kennt und sofort strukturiert. Mandanten honorieren diese Sicherheit jahrelang ungefragt durch Weiterempfehlungen ihres Anwalts.*
*Was beim Aufbau Ihres Geschäfts dominant sein muss – und wodurch es so wichtig ist – zeigt mein Beitrag in diesen fünf Punkten:*

*I. Philosophie – Drei Grundregeln*

*Bevor es losgeht: Rechtskenntnisse haben zu Beginn Ihrer Marktpositionierung die allergeringsten Auswirkungen auf Ihre Marktwahrnehmung. Später werden sie wieder wichtiger und können entscheidend sein über Sieg und Niederlage. Beherzigen Sie zuvor unbedingt:*

- *Regel: Verantwortung erkennen*
  *Wenn der Markt Sie nicht wahrnimmt, liegt das allein an Ihnen. Keine schlimme Konjunktur, kein anachronistisches Standesrecht und erst recht kein noch so böser Mitbewerber hatte jemals die Güte, dies für Sie zu erledigen. Trainieren Sie sich!*
- *Regel: Verantwortung übernehmen*
  *Nur was Sie selbst verantworten, können Sie auch ändern! Schwierigkeiten dienen als Gradmesser für ihre Entfernung zum Ziel. Je größer Ihre Schwierigkeit, desto intelligenter Ihre Strategie. Bleiben Sie allein verantwortlich für alles in Ihrer Umgebung!*
- *Regel: Ziel, Strategie und Marketing folgen aufeinander!*
  *Das Ziel ist immobil, Marketing ist variabel. Niemals umgekehrt! Durch das Kanzleiziel bestimmen Sie, für was Ihre Kanzlei in zwei Jahren bekannt sein wird. Ihre Strategie legt anschließend fest, wer Ihre Kunden sein werden, und das Kanzleimarketing bestimmt, wie Sie das methodisch und konkret schaffen. Lassen Sie keine dieser Stufen aus. Beginnen Sie IMMER mit der höchsten!*

*II. Strategie: Segmentieren Sie Ihre Mandanten!*

*Fruher suchten sich Mandanten einen Anwalt aus, heute ist das umgekehrt! Anwälte richten ihre Strategie auf eine bestimmte Gruppe von Mandanten. Beispiele:*
- *Branchenfokus: alle deutschen Zoodirektoren, alle Kommunen mit eigenem Schwimmbad im Umkreis von 300 km, alle online verkaufenden Stoffproduzenten;*
- *Rechtsgebietsfokus: Medizinrecht nur für Ärzte und Krankenhäuser, Sozialrecht nur für Hartz-IV-Empfänger, Wettbewerbsrecht nur für die Filmindustrie;*
- *Geo- (Sprach-) Fokus: Privatklientel im Umkreis von 100 km um die eigene Kanzlei, Hauskauf in Frankreich, Investitionen amerikanischer Unternehmen in Deutschland, russische Mandanten im Ruhrgebiet;*

- *Gruppenfokus: Wir vertreten nur Homosexuelle, Menschen mit Behinderung, Hausbesitzer, Senioren, Tierbesitzer, Kinder, Flüchtlinge, Sportler.*

*Betreiben Sie Brainstorming, was für diese Gruppe attraktiv ist und bieten Sie ihr genau das an! Richten Sie Ihre Fachanwaltstitel darauf aus! Folgen Sie Ihrer Passion!*
*Bedenken Sie: Unsortierte Klientel begegnet sich nicht, sortierte dagegen tauscht sich regelmäßig aus!*[183]

*III. Kanzleimarketing: Begeistern Sie Ihre Mandanten!*

*Akquise ist im Anwaltsalltag eine A-Aufgabe – und damit nicht delegierbar und nicht verschiebbar! Wollen Sie wirklich alte Mandanten zurück gewinnen, bestehende halten und neue akquirieren? Dann brauchen Sie ein Konzept zum Thema „Kanzleimarketing".*
*Folgende Themen (nur ein kleiner Ausschnitt) entscheiden und optimieren Sie bitte vor Ihrem ersten Außenauftritt:*
- *Ihre Vorträge sind spannend, verständlich, und attraktiv. Sie finden FÜR Publikum, nicht VOR Publikum statt.*
- *Ihre Leistungspräsentation ist zurückhaltend. Keine Angeberei. Keine Schüchternheit. Betonen Sie offensiv, was Sie NICHT können („Darauf bin ich nicht spezialisiert"). Dann betonen Sie automatisch, was Sie KÖNNEN. Spezifizieren und Quantifizieren Sie durch Zahlen, Aufzählungen und Beispiele.*
- *Ihr Telefonservice ist flexibel und aufmerksam. Ihre Assistentin hat einen eigenen Draht zum Mandanten. Sogar wenn sie in einem externen Call-Center sitzt.*
- *Ihre Broschüre wird von der Assistentin an Anfrager versendet und informiert über den Nutzen, den Mandanten durch Sie haben.*
- *Ihre „corporate identity" ist überall hörbar und sichtbar. Farben, Meldung am Telefon, Abläufe, immer gleich und verlässlich.*
- *Ihre Unternehmenskultur ist nach innen kommunikationsstark, verlässlich und gibt allen Orientierung. Fehler sind so wichtig, dass sie sich niemals wiederholen dürfen.*
- *Ihr Cross-Selling geschieht auf Ihre Anweisungen durch jeden. Zuvor haben Sie definiert, bei welchen Mandanten sich die Mandatsausweitung lohnt.*
- *Ihren Mitbewerb würdigen Sie jederzeit, ohne sich selbst klein zu machen.*
- *Aus der Sicht des Mandanten beurteilen, optimieren und präsentieren Sie Ihre Kanzlei und deren komplette Abläufe. Nicht etwa aus Not, Gewohnheit oder durch Tagesform.*
- *Einwände und Kritik drehen Sie zu Chancen und optimieren durch beides Ihre Vorgehensweise. Kritiker belohnen Sie!*
- *Durch „Nein mit Lösung" argumentieren Sie auch bei überzogenen Erwartungen Ihrer Mandanten.*
- *In Ihrer Kanzleikultur sind gegenseitiges Feed-back, regelmäßige Delegation und deren Kontrolle, die Aufwertung der Mitarbeiter, die Verlässlichkeit von Aufstiegschancen und die eindeutige Chefrolle fest verankert. Unsystematisches Gerede von „flachen Hierarchien" ersparen Sie sich und vor allem anderen.*
- *Ihr Beschwerdemanagement ist pro-aktiv. Sie sind begeistert, sobald ein Mandant sich die Mühe macht, Sie und Ihr Team konkret zu kritisieren. Dadurch verbessern Sie Ihre Wir-*

183 Abschnitt II ist aus: „Kanzleimarketing für Ein- und Umsteiger" in der E-Broschüre „Kanzleimarketing kompakt", DeutscherAnwaltverlag 2016.

*kung auf alle weiteren Mandanten. Sie wissen, dass in jeder Kritik ein Stück Wahrheit steckt. Sie wissen auch, dass der gefährlichste Kritiker der schweigende ist.*

*IV. Mandantengespräche*

*Gute Mandantengespräche sind Akquisitionsveranstaltungen. Kunden gewinnen und halten Sie nicht durch die Sache, sondern durch das Gefühl des Vertrauens, das Sie beim Mandanten hervorrufen.*

– *Vorsicht:*
  *Fachsprachen sprechen, Mandanten unterbrechen, Small-Talk verweigern (obwohl der Mandant Small-Talk braucht), während des Gesprächs auf die Uhr sehen, nicht zuhören, Versprechen brechen, dozieren statt fragen, Gespräch nicht strukturieren, Honorar gar nicht, defensiv, unvollständig oder unverständlich ansprechen – alles das sind selbstgefällige Inszenierungen, durch die ihr Marktwert sinkt.*

– *Lösung:*
  *Halbieren Sie – besonders als Marktneuling – zunächst generell und überall die Anzahl Ihrer Worte. Im selben Moment verdoppeln Sie die Anzahl Ihrer Fragen! Dadurch setzen Sie sich locker durch und sparen Energie.*
  *Strukturieren Sie das erste Gespräch mit dem Mandanten in 7 Teile (+ Rechtsberatung):*
  *Was ist der Kern Ihres Problems?*
  *Was ist Ihr Ziel?*
  *Wie wird bezahlt?*
  *Wie kamen Sie auf unsere Kanzlei?*
  *Wie läuft das Mandat ab?*
  *Hausaufgaben*
  *Assistentin vorstellen*

*V. Einwandbehandlung*

*Attacken, Einwände und Widerstände gehören zu Ihrem Alltag wie das Salz zur Suppe. Ihre Aufgabe: sie zu nutzen, indem Sie sie neutralisieren.*

– *Vorsicht:*
  *Anwälte fürchten Einwände, statt sie zu nutzen. Der Mandant sagt im Gerichtsflur zu Ihnen: „Sie haben sich nicht genug für mich eingesetzt". Sie verschärfen diesen kleinen Konflikt durch:*

| | |
|---|---|
| *Verharmlosung:* | *„Immerhin haben wir doch das Geld."* |
| *Verschiebung:* | *„Das Gericht hat da eine Rechtsauffassung vertreten."* |
| *Gegenangriff:* | *„Das können Sie schlecht beurteilen."* |
| *Rechtfertigung:* | *„Ich kam ja nicht zum Zug; bei dem Richter."* |
| *Zurechtweisung:* | *„Das war doch Teil unserer Strategie."* |
| *Übergehen:* | *„Die jetzt notwendigen Schritte wären ..."* |
| *Ablenkung:* | *„Wenn Sie mich fragen, es wäre jetzt am Besten, ..."* |
| *Vortrag:* | *„Sind Sie sich darüber im Klaren, dass ..."* |
| *Sarkasmus:* | *„Dann machen wir's beim nächsten Mal besser."* |
| *Opferstatus:* | *„Wie man es auch macht; es ist immer falsch."* |

- *Lösung:*
  *Wer fragt, führt! Neutralisieren Sie alle Arten von Attacken und nicht spezifizierten Einwänden durch offene Fragen: Mandantenpolterei wie etwa „Sie sind Dienstag schon wieder in Urlaub? Wann arbeiten Sie überhaupt?" beantworten Sie durch: „Was kann ich vor meinem Urlaub für Sie tun?" Das zwingt den Angreifer zum Denken und aktiviert sein Denkhirn.*

*VI. Reputation*

*Sprungbrettmandate*
*Von nix kommt nix! Ihre ersten Jahre als Anwalt sind hart, kompliziert und arbeitsintensiv. Persönliche Reputation (und der praktische Teil des Fachanwaltstitels) hängen anfangs ab von Sprungbrettmandaten. Wenden Sie sich deshalb an eine Kanzlei,*
- *deren Rechtsgebiets-Lücke Sie zu Ihrem Schwerpunkt machen (Einsteiger-Kanzlei ist früher entschieden als Ihr Schwerpunkt)*
- *die Ihr bereits fest stehendes Spezialgebiet noch nicht anbietet (Ihr Schwerpunkt ist früher entschieden als Kanzlei)*
- *die Ihr bereits fest stehendes Spezialgebiet dominant anbietet (am besten Boutique mit nur diesem Rechtsgebiet)*

*Weiterempfehlung*
*Der Mandant erwartet von Ihnen Fachwissen, Verständnis, Mitgefühl, zügige Bearbeitung, freundliche Ruhe im Erstgespräch und ständige Lösungsbereitschaft, auch bei Ihren Mitarbeitern.*

*Wenn er das alles bekommt, macht er noch immer keine unverlangte Werbung für Sie! das macht er erst, wenn Sie ihn begeistert haben! Die Grundregel lautet:*
- *Zufriedenheit entsteht, wenn Sie seine Erwartungen erfüllen,*
- *Begeisterung entsteht, wenn Sie seine Erwartungen übererfüllen.*

*A-, B- und C Mandanten!*
*Nicht jeder Mandant ist gleich viel „Wert". Auch wenn Sie diese Bemerkung anfangs als „politsch unkorrekt" empfinden: Sie kommen nicht drumrum, Ihre Mandanten aufzuteilen:*
- *A-Mandanten bringen hohes „organisches Referenzpotenzial „(Pastoren, Steuerberater, Ärzte, Friseure, Mitglieder im Tennisclub etc.), passen in Ihre (zukünftige) Ausrichtung, bringen hohe Umsätze, sind Lieferanten Ihrer eigentlichen Ziele oder führen Sie in eine ganz neue Mandantengruppe ein. Sie tragen manchmal ein für Sie neues Rechtsgebiet vor, in das Sie sich nächtelang einarbeiten – und später verlieben!*
- *B-Mandanten sind „die Masse" – für das Brot- und Buttergeschäft. Besonders wichtig am Anfang der Kanzlei und in der Umbruchphase einer Konzentration auf nur eine einzige Mandantengruppe. Nach und nach fokussieren!*
- *C-Mandanten gehören nicht in Ihre Kundenkartei. Sie haben Ministreitwerte, Bedarfe im „falschen" Rechtsgebiet", verhalten sich inadäquat. Wegdelegieren!"*

**Johanna Busmann, Autorin von „Chefsache Mandantenakquisition" und Inhaberin von www.anwalts-akquise.de in Hamburg.**

## 2. Ganzheitliche Services

Ganzheitliche Services sind davon gekennzeichnet, den Mandanten in seiner Lebenswirklichkeit umfassend abzuholen. So können Familien als Zielgruppe ein bestimmtes Bedarfs-Spektrum haben. Dieses muss jedoch nicht immer mit Rechtsberatung bedient werden.

Informationsabende, auf Familien abgestimmte Kanzleiprozesse (Öffnungszeiten, Spielecke etc.), passende Angebote von Kooperationspartnern können dazu beitragen, dass sich Mandanten bei Ihnen aufgehoben und abgeholt fühlen.

Die bedarfsgerechte Pflege dieser bestehenden Mandantenkontakte kann diese nicht nur zu langfristigen Mandatsbeziehungen ausbauen sondern auch zu sogenannten A-Mandanten machen[184]. Auch können mit sogenanntem „Cross Selling“ Begleitdienstleistungen angeboten werden[185].

Letztlich gehört auch eine gut **gebriefte Assistentin** am Telefon und Empfang der Kanzlei dazu. Zumeist sitzt diese Assistentin zwischen dem Dilemma, dass Mandanten den Anwalt sprechen möchten, der Anwalt den Mandanten jedoch nicht sprechen möchte. Bestimmte Strukturen und Routinen helfen der Assistentin, auf elegante Art und Weise den Mandanten zufrieden zu stellen und gegebenenfalls sogar das Mandat zu erweitern. Bedenken Sie, dass die Assistentin Ihr Kommunikationskanal zu Ihren Kunden ist. Eine entsprechend professionell auftretende Assistentin kann Ihren Verkauf und Ihre Akquise enorm steigern[186].

## 3. Verkauf von Know How und Expertise

Für bestimmte Mandate wird es erforderlich sein, einen sogenannten **Pitch** abzuliefern.

Dieser sogenannte „Beauty Contest“[187] verlangt die Präsentation einer bestimmten Kanzleileistung im Wettbewerb mit anderen Kanzleien. Neben den inhaltlichen Argumenten kommt es in erster Linie auf die Präsentation und die Performance der vortragenden Anwälte an. Es gibt vielfältige Spezialisten, beispielsweise für die professionelle Erstellung von Präsentationen oder Stimm-

---

**184** Constanze Eich, Networking und Akquise für Rechtsanwälte, S. 32f.

**185** Johanna Busmann, Chefsache Mandanten Akquisition, S. 60.

**186** Dr. Geertje Tutschka, „Wie aus Ihrem Kanzleiteam eine Mannschaft wird“ in NJW 24/2016.

**187** Johanna Busmann, Chefsache, Mandantenakquisitition, Seite 39,

und Performancetrainer, die hierbei unterstützen können. Am Ende wird auch die eigene Erfahrung eine gewisse Rolle spielen. Sie werden bei jedem Pitch besser werden!

Ein Pitch unterliegt einem bestimmten Aufbau. Er sollte in der Regel zwanzig Minuten betragen. Die sollten Sie nutzen, um den Kunden von sich zu überzeugen. Das wird nicht mit „Power Point Schlachten", „Bull Shit Bingo", oder „Phrasenhallali" funktionieren.

Sie sollten sich darauf konzentrieren, einen Nichtjuristen innerhalb kürzester Zeit
- von Ihrer Kompetenz,
- von dem Return on Investment im Falle des Vertrauensbeweises der Mandatierung, sowie
- von Ihrer Person überzeugen.

Ein Pitch folgt in der Regel folgendem Aufbau:
1. Stellen Sie sich, Ihre Kanzlei und Ihre Lösung vor (5 min.)
2. Erklären Sie, warum Ihre Lösung so genial ist, welches Budget Sie dafür vorsehen und warum dieses Budget die Investition wert ist (10 min.)
3. Machen Sie ein Angebot (2 min)
4. Schließen Sie Ihren Pitch mit einer überraschenden Idee, einem überzeugenden Argument, einem gesamtgesellschaftlichen Bezug ab, der Ihren Zuhörer einfängt und Sie in Erinnerung bleiben lässt (3 min)

Während es am Anfang und am Ende vor allen Dingen um sogenanntes „Framing" geht, das heißt die Darstellung Ihrer Kompetenz und die Dringlichkeit der Lösụng des Rechtsproblems, geht es bei Punkt 2 und Punkt 3 um die perfekte Präsentation der Keyfacts, der auf den Punkt gebrachten Rechtsfrage, sowie der Präsentation einer eleganten, individuellen Lösung. Wichtig ist hier auch, innerhalb des Präsentationsteams auf die jeweiligen Stärken und Schwächen zu achten und im Vorfeld Zuständigkeiten und Rede-Slots genau festzulegen. Die Präsentation im Team hat darüber hinaus den Vorteil, flexibel auf das Gegenüber reagieren zu können.

Haben Sie sich ein Rechtgebiet ausgesucht, indem regelmäßig Pitches verlangt werden, sollten Sie unbedingt in professionelles Pitching investieren und Ihr Team entsprechend trainieren[188].

**188** Oren Klaff, Pitch Anything, S. 97.

Know How und Expertise werden aber nicht nur beim Pitching „verkauft“, sondern auch bei allen **reputationssteigernden Marketinginstrumenten**, wie z.B. Veröffentlichungen, Vorträgen, Seminaren. Auch hier sollten Sie sich an den wesentlichen Punkten des Pitchings orientieren, um auch tatsächlich zu einer Mandatierung zu gelangen.

Anwaltliches Marketing beginnt aber nicht erst an der Bürotür. Auch **innerhalb der Kanzlei** müssen Anwälte sich und ihre Leistung vermarkten. Das gilt für den Gründungspartner ebenso wie für den jüngsten angestellten Anwalt. Mancher junge Anwalt macht sich nicht bewusst, dass sein Aufstieg in einer Kanzlei auch davon abhängt, wie er seine eigene Leistung intern vermarktet. Wer sich nicht für die die gesamte Kanzlei betreffenden Belange einsetzt, wer nicht bereit ist, Eigeninitiative zu entwickeln und beispielsweise das Konzept für ein kleines Seminar aus eigenem Antrieb auszuarbeiten, wer sich nicht dafür interessiert, an welchen Fällen die Kollegen in der Kanzlei gerade arbeiten und wie er sie möglicherweise unterstützen kann, der darf sich nicht wundern, wenn er auf seinem Schreibtisch nur die „ollen Kamellen“ und „uninteressanten Fälle“ findet. Junge Anwälte haben häufiger den Eindruck, dass ihre Partner sie nicht „an die richtigen Sachen“ heranlassen. Manchmal haben sie (leider) Recht. Dem können junge Anwälte jedoch entgegenwirken. Niemand verbietet es einem jungen Anwalt, sich ein Spezialgebiet, eine Nische zu suchen, in der er sich hervortut. Ein junger Anwalt kann sich beispielsweise vornehmen, den etwas verstaubten Internetauftritt der Kanzlei zu überarbeiten und sowohl den Inhalt als auch vielleicht das Layout besser zu gestalten. Der junge Anwalt kann auch versuchen, die Produktpalette der Kanzlei zu erweitern. Gerade LegalTech-Produkte bieten hier neue Möglichkeiten. Er wird prüfen, ob es ein zur strategischen Ausrichtung der Kanzlei passendes Rechtsgebiet gibt, in dem die Kanzlei bislang noch gar keine oder vielleicht nur rudimentäre Leistungen anbietet. Findet er einen solchen Bereich, dann kann er sich in diesem Bereich gezielt fortbilden und durch seine Spezialisierung nicht nur sich selbst, sondern auch seiner Kanzlei nutzen. In einer ordentlichen Kanzlei ist das Bessere stets des Guten Feinds. Macht der Nachwuchsanwalt seinen Vorschlag im richtigen Moment – bitte nicht, wenn die beiden Seniorpartner gerade ununterbrochen seit zwölf Stunden über einem komplizierten Projekt brüten – dann wird er mit seinem Vorschlag vermutlich auch Erfolg haben. Der Grundstein dafür, ihm mehr zuzutrauen, ist gelegt. Außerdem hat er bewiesen, dass er im Interesse der Kanzlei über den Tellerrand der ihm zur Bearbeitung zugeteilten Akten hinausschaut.

Internes Kanzleimarketing ist nicht allein auf die Anwälte beschränkt. Auch allen anderen Mitarbeitern der Kanzlei müssen die Anwälte immer wieder die eigene Kanzlei und die Kanzleiziele „verkaufen". Die Mitarbeiter der Kanzlei müssen nicht nur um die Strategie- und Marketingziele wissen. Sie müssen auch dahinterstehen. Menschen sind viel lieber Teil eines erfolgreichen Teams als einer Truppe von Verlierern. Arbeitnehmer sind stolz darauf, bei xyz zu schaffen. Sie identifizieren sich mit dem Unternehmen, der Kanzlei, für das sie arbeiten und setzen sich dementsprechend mehr für ihr Unternehmen ein. Sie werden ihren Bekannten und Freunden weitaus lieber von Ihren Erfolgen bei der renommierten Kanzlei xyz berichten. Erfolge der Kanzlei müssen deshalb nicht nur nach außen, sondern auch intern kommuniziert werden. An den Erfolgen einer Kanzlei, gleichgültig ob es sich dabei um gewonnene Prozesse, die Erteilung eines besonders interessanten Mandats oder das Gewinnen eines Marketingpreises handelt, sollte eine Kanzlei alle Mitarbeiter teilhaben lassen. Wird ein Anwalt im Fernsehen interviewt oder erscheint sein Aufsatz in der NJW, dann sollten alle Mitarbeiter der Kanzlei dies wissen. Außerdem: Nichts verbreitet sich so schnell wie „Gerüchte" und „schlechte Nachrichten". Haben Sie versäumt, Ihren Mitarbeitern „Erfolgsgeschichten" und „Redestoff" zu bescheren, werden diese dennoch über die Kanzlei reden. Schlimmstenfalls sich über Ihren ignoranten Chef beschweren und darüber, wie sehr sie ausgenutzt werden. Beugen Sie dem also rechtzeitig vor. Schließlich gehört zum kanzleiinternen Marketing auch der immer faire Umgang mit allen Mitarbeitern. Mehrarbeit und Überstunden fallen im Sekretariat einer Anwaltskanzlei häufiger als in anderen Unternehmen an. Jeder Anwalt sollte seinen Mitarbeitern zeigen, dass er ihren überobligatorischen Einsatz zu schätzen weiß. Anerkennung gegenüber Mitarbeitern hat nicht immer etwas mit einer Gehaltserhöhung zu tun. Auch Kleinigkeiten zählen. Das Weitergeben eines von einem Mandanten ausgesprochen Lobs, der Blumenstrauß zum Geburtstag oder die Bemerkung, dass in den chaotischen Vertragsverhandlungen der einzige Lichtblick die von der eigenen Sekretärin perfekt erstellte Dokumentation aller relevanten Unterlagen war, zeigen, dass ein Anwalt an seine Mitarbeiter denkt und ihnen ihr Engagement dankt[189].

### 4. Wissensvermittlung

Ein Bindeglied zwischen dem Verkauf von Expertise und Know How und dem ehrenamtlichen Engagement ist die Wissensvermittlung.

Auch dies sollte einerseits intern erfolgen durch die Weitergabe von Erfahrungswerten und „Produkten" an die nachfolgenden Generationen. Empfeh-

189 Dr. Tutschka in „Kanzleimarketing kompakt", S. 34.

lenswert ist, dies gerade in den Schlüsselqualifikationen der Kanzleimitglieder strategisch und strukturiert im Rahmen des Wissensauf- und –ausbaus- anzugehen. Dies kann durch interne Datenbanken, regelmäßige Treffen zur gemeinsamen Erarbeitung aktueller Rechtsprechung etc. aber auch durch gezieltes Talentmanagement und Personalentwicklung erfolgen. Ferner gehören in diese Rubrik die internen Mentorenprogramme, in denen erfahrene Partner junge Associates auf ihrem Weg zur Partnerschaft begleiten.

Mit der Wissenvermittlung außerhalb der Kanzlei können Anwälte sich als engagierte Experten profilieren, beispielsweise im Rahmen der Nachwuchsförderung an Universitäten und Repetitorien oder auch in der beruflichen Weiterbildung für Kollegen oder Nichtjuristen.

Auch hierbei können neue, innovative Produkte aus dem LegalTech-Bereich unterstützen und spielerisch den Zugang zum nächsten Mandat ebnen. Meine Empfehlung ist daher, sich regelmäßig im interessierten Kollegenkreis zum „Design Thinking“ zu treffen, um über neue Wege und Produktideen zur Wissensvermittlung (mit oder ohne Technik) nachzudenken.

Dr. Jochen Brandhoff, Gründer der Legal ®Evolution bringt es auf den Punkt:

i

*„Recht gut anwenden – das reicht nicht mehr aus. Ein Anwalt muss heute innovativ sein, in Geschäftsprozessen denken und Technik einsetzen, um wettbewerbsfähig zu sein.“*

**Dr. Jochen Brandhoff**
**Gründer der LEGAL ®EVOLUTION und Geschäftsführer der European LegalTech Expo GmbH, Frankfurt**

## 5. Engagement für Berufsstand und Gesellschaft

Für die meisten gehört das Engagement für Berufsstand und Gesellschaft nicht selbstverständlich zu ihrem Berufsbild dazu.

Auch wenn Anwälte gerngesehene Mitglieder und Funktionäre in Vereinigungen, Organisationen und Selbstverwaltungen sind, sehen sie dies eher als lästige Pflichtübung und/oder allenfalls Freizeitspaß.

Vereinigungen bieten jedoch gute Akquisitionsmöglichkeiten. Ein Anwalt wird kaum einen Sportverein, eine politische Partei oder den regionalen Industrieclub finden, in dem nicht mindestens ein weiterer Rechtsanwalt bereits Mitglied – nicht selten: Vorstandsmitglied – ist. Auch hier gilt die Devise: Wettbewerb belebt das Geschäft. Durch aktives Mitwirken in einer Vereinigung kann ein Anwalt den anderen Mitgliedern sehr schnell einen Eindruck von seinem common sense, seiner Servicebereitschaft und gelegentlich auch seiner fachlichen Kompetenz vermitteln. Nicht jeder Verein eignet sich für jeden Anwalt als Akquisitionsterrain oder Bühne zur Selbstdarstellung gleich gut. Nur der, dem die Verbands- und Vereinstätigkeit liegt, der zudem ein echtes Interesse am Gegenstand der Verbandstätigkeit hat, wird in diesem Verband oder Verein erfolgreiche Öffentlichkeitsarbeit für seine Kanzlei und sich betreiben können. Für den Anwalt, der die Juristerei einer ihm möglichen Karriere als Fußballprofi vorgezogen hat, wird sich eine Verbandstätigkeit im Bereich des Sports oder die Förderung des örtlichen Fußballvereins eher eignen als die Mitgliedschaft im Kleintierzüchterbund. Der Anwalt, dessen berufliches Ziel es ist, sozial schwachen Privatpersonen rechtlichen Beistand und Unterstützung zu geben, wird sich möglicherweise im Wirtschaftsclub nicht wohl fühlen. Wer von „Vereinsmeierei“ nichts hält, sollte diese auch nicht betreiben.

Auch die Mitgliedschaft in Berufsverbänden, wie beispielsweise dem örtlichen Anwaltverein, gehört dazu. Ich selbst engagiere mich zwar auch im Anwaltverein, dem Juristinnenbund und dem ÖRAK, seit Jahren jedoch insbesondere im internationalen Berufsverband für Coaches (Internationale Coach Federation – ICF) und bin Vorstandsvorsitzende von ICF Deutschland. Die Tätigkeit als Verbandsjurist wäre für mich nie in Betracht gekommen, da ich gestalterisch und führend an der Profession Coach mitwirken und das Potenzial von Coaching international mitentwickeln möchte. Als Delegierte im Round Table der deutschsprachigen Coachingverbände (RTC) kann ich Deutschland- und Europaweit die gesetzliche Definition von Coaching und der Profession Coach aktuell mitgestalten. Eine sehr spannende Aufgabe.

Es sollte sich also jeder Anwalt gut überlegen, welche Verbandsmitarbeit ihm persönlich liegt (Führung, Beratung oder bloße Mitgliedschaft). Der eine internationale Ausrichtung anstrebende junge Anwalt wird sich für eine Mitgliedschaft bei AIJA interessieren. Kontakte zu jungen Unternehmern und dem Führungsnachwuchs kann man bei den Wirtschaftsjunioren Deutschland e.V. knüpfen. Die Mitgliedschaft in einer politischen Partei hat schon so manchem Anwalt eine Karriere eröffnet, wenn auch nicht immer als Rechtsanwalt, sondern als Berufspolitiker.

Die Leistungen, die der Rechtsanwalt dabei erbringt sind nicht nur ehrenamtlich, sondern vielmals auch „Pro bono“, also unentgeltlich (nicht kostenlos). Eine pro-bono-Tätigkeit kann darin bestehen, für einen gemeinnützigen Verein eine Satzung zu entwerfen, die Mitgliederversammlung zu organisieren, für die

Eintragung des Vereins in das Vereinsregister und die Erteilung der Bescheinigung über die Steuerbefreiung des Vereins zu sorgen. Pro-bono-Tätigkeiten sollten mit demselben Engagement und Qualität erfolgen wie professionelle Rechtsberatung. Immerhin wollen Sie als Profi wahrgenommen werden und nicht als Dilettant. Nur dann haben sie den gewünschten öffentlichkeitswirksamen Effekt. Diese unentgeltlichen Dienstleistungen dienen im allgemeinen einem guten Zweck, das heißt, sie werden im Interesse einer gemeinnützigen Institution, die sich qualifizierte Rechtsberatung aus finanziellen Gründen nicht leisten kann, oder im Interesse einer anderen guten Sache erbracht. Wer für einen guten Zweck arbeitet, fördert nicht nur das Gemeinwohl. Er erwirbt auch das Wohlwollen und die Anerkennung seiner Mitmenschen. Dies setzt voraus, dass die pro-bono-Aktivität der Kanzlei bekannt gemacht wird.

Ehrenamtliche Tätigkeit ist jedoch am Ende immer mehr als ein reines Marketinginvestment: Sie tun das vor allem für sich selbst, für Ihre Kanzlei, Ihre Mitarbeiter, Kollegen und Mandanten. Für Sie persönlich ist es sinnstiftend und befriedigend. Allen anderen beweisen Sie damit, dass Sie Ihre Hausaufgaben gemacht haben und Sie als Anwalt und Kanzleiinhaber einen gewissen Erfolg haben: Sie erinnern sich an die Maslow'sche Bedürfnispyramide – Ehrenamt gilt als Königsdisziplin.

### Sonderabschnitt: Honorargespräch

Die meisten Anwälte scheuen sich nach wie vor, während der Mandatsanbahnung über das Honorar zu sprechen. Dabei ist dies ein ganz selbstverständlicher wie wichtiger Teil der Mandats- und Vertrauensbeziehung zwischen Anwalt und Mandant.

Die Situation ist bekannt: Der Mandant sitzt erstmalig in der Besprechung mit dem Rechtsanwalt. Er hat alle seine Unterlagen und Informationen präsentiert und der Anwalt hat einen ersten Lösungsvorschlag entwickelt. Bevor der Mandant nun die entsprechende Bevollmächtigung erteilt, stellt er die gefürchtete Frage nach dem Honorar. Der Anwalt schluckt und blättert verlegen in den Unterlagen. Im Allgemeinen hat er eine fähige Assistentin, die die Honorarrechnungen ordnungsgemäß erstellt. Er selbst ist lediglich grob informiert. Um sich keine Blöße zu geben, bleibt er in seinen Auskünften wage. Zum Glück ist zu Beginn des Mandates in den meisten Fällen nicht absehbar, welche konkreten Handlungen bis zum Erfolg notwendig sind und damit abrechenbar wären. Immerhin kann während dieser Zeit, die oft einen Zeitraum von mehreren Monaten oder Jahren umfasst, viel passieren. So verlässt sich der Anwalt bei der

Bezifferung seines Honorars eher auf sein Gefühl, welches aus der Erfahrung zur Abrechnung vergleichbarer Fälle gespeist wird, und wirft einen pauschalen Wert in das Gespräch. Fragt der Mandant nun genauer nach wie sich dieser Wert zusammensetzt, kann der Anwalt lediglich pauschal darauf verweisen, dass der Streitgegenstandswert maßgeblich ist und es für die Abrechnung eine Rechtsgrundlage gibt.

Dass dies kein Verkaufsgespräch ist, welches den Mandanten zum sofortigen Abschluss animiert, ist auch einem Verkaufslaien klar.

Dies ist auf folgende Fehler zurückzuführen:

1. Mangelnde Detailkenntnis des Anwalts zum Gebührenrecht
2. Gesetzliche Zwänge bei der Gebührenabrechnung
3. Mangelnde Kreativität des Anwalts bei der Gestaltung seiner Gebührenkalkulationen
4. Private und standesrechtliche Vorurteile, anwaltliche Leistung und Bezahlung in unmittelbaren Bezug zueinander zu setzen.

Diese Vorbehalte und Vorurteile des Anwaltes übertragen sich unmittelbar auf den investitionswilligen Mandanten und lassen diesen plötzlich daran zweifeln, das Mandat zu übertragen.

Was hindert Sie, das Honorar offen und direkt anzusprechen?

Neben Unkenntnis und Halbwissen sind es oft auch die eigenen Glaubenssätze zum Thema Geld. Hier kommen Sätze vor wie:

- Über Geld spricht man nicht
- Der Spatz in der Hand ist besser als die Taube auf dem Dach
- Geld stinkt nicht
- Geld hat man zu haben
- Verkäufer sind unehrlich

Kommen Sie Ihren eigenen Glaubenssätzen auf die Spur! Notieren Sie Sie Ihre eigenen Glaubenssätze, die Ihnen zum Thema Geldverdienen, Gewinnerzielen und Verkaufen einfallen, notieren sie außerdem Stichpunkten dazu, wie Sie persönlich zu diesen Themen stehen. Notieren Sie nun wie Sie meinen, von Anderen dazu wahrgenommen zu werden. In einem nächsten Schritt sollten Sie Familie und Freunde, vielleicht sogar Mitarbeiter im Büro befragen, wie diese Sie im Umgang mit Geld, beim Verkaufen oder bei der Mandatsakquise wahrnehmen. In den meisten Fällen gibt es hier bereits einige aufschlussreiche Aha-Momente.

Möchten Sie tiefer in dieses Thema einsteigen oder weichen Ihre persönliche Einschätzung und die Wahrnehmung Anderer zu sehr voneinander ab, empfehle ich Ihnen an dieser Stelle einen Coach oder Berater zu engagieren, der in relativ kurzer Zeit professionell genau die Knackpunkte heraus filtert und mit Ihnen daran arbeitet, die Sie daran hindern, erfolgreiche Verkaufsgespräche zu führen und Sie blockiert, sich voll und ganz unternehmerisch zu entfalten. An dieser Stelle möchte ich Sie dringend bitten, aufmerksam und verantwortungsbewusst mit diesem Thema umzugehen. In meiner Beraterpraxis mit Anwälten und Kanzleien treffe ich immer wieder auf Situationen, in denen Erfolgsstrategien an persönlichen Blockaden und Paradigmen des Kanzleiinhabers zu diesem Thema scheitern.

# E. Zurück in die Zukunft

Deutschlands führender Zukunftsvisionär Sven Gabor Janszky von „2b AHEAD“ hat in seiner Trendstudie zum **Kundenverhalten** 2020 ermittelt:

„Heute sind die Kunden von morgen gerade mal 17 Jahre alt. Im Jahr 2020 werden die Menschen zur gleichen Sekunde über Handy, Spielekonsole, ICQ, studiVZ kommunizieren und im Hintergrund MP3s hören und evtl. läuft der Fernseher auch noch. Man trifft sich mit seinen Communities und entscheidet darüber, ob Marken relevant sind oder nicht. Die Vernetzung des Konsumenten hat die Machtverhältnisse verschoben. Der Konsument vertraut mehr denn je seinen Wahlverwandtschaften. Interagiert und kommuniziert wird mit anderen Menschen. Der Weg zum Kunden führt daher verstärkt nicht mehr über Werbemedien – sondern über seine Beziehungen. Produktdifferenzierungen finden vorrangig in immateriellen Dimensionen statt – nicht in technischen Details und Preis. Die Bedürfnisse des Konsumenten sind sozialer und emotionaler Art: Anerkennung, Zugehörigkeit, Vertrauen, Orientierung. Die wichtigsten zukünftigen Innovationen finden im Servicebereich statt. Spezialistenwissen wie bei Ärzten und Anwälten wird an Bedeutung verlieren“ – so seine ausdrückliche Mahnung.

Als die drei wichtigsten Punkte in der **Arbeitswelt** von heute identifizierten Experten:

1. Sicherheit: mehr im psychologischen Sinne als im tatsächlichen (Gefühls- und Kommunikationsmanagement)
2. Klarheit: bei Strukturen, Zielen und Aufgaben (verlässliche Beziehungen)
3. Bedeutung: der eigenen Arbeit, der Unternehmenswerte

Diese Google-Studie von 2016 bezog sich zwar auf die eigenen Mitarbeiter – und man wird sagen können, dass dies nicht aussagekräftig ist für die Legal Branche, für die deutschsprachigen Kanzleien – dass Juristen anders sind. Mag sein. Die Paralegal-Teams in den Kanzleien sind es nach unserer Erfahrung jedoch nicht. Definitiv vergleichbar sind aber die Teams in der Wirtschaft – also die Klienten.

Sicherheit, Klarheit und Bedeutung: Was dabei in den Fokus rückt, ist der **Faktor Mensch**. Der Mensch mit seinen Ängsten und Bedürfnissen: seinem Charisma und seiner Persönlichkeit, seinen Talenten und Fähigkeiten, seiner Empathie und seiner Fähigkeit zu und seinem Bedürfnis nach Gemeinschaft, Kommunikation und Beziehung. Schlicht all dem, was ihn unverwechselbar macht; was ihn von jeder reproduzierenden, effektiven Maschine unterscheidet.

https://doi.org/10.1515/97831105191290-005

Soll das heißen, die Kanzlei von gestern ist die Kanzlei von morgen? Der hemdsärmelige Feld-, Wald- und Wiesenanwalt als Einzelkämpfer mit Charisma, Charme und Schreibmaschine als der Gewinner?! Den „Faktor Mensch" bringt dieser ohne Frage mit; im Guten wie im weniger Guten.

Rechtsinformationen werden für jeden immer und überall kostenfrei abrufbar sein. Ein Besprechungstermin mit dem Anwalt in einigen Tagen? Viel zu lang. Kanzleien werden sich auf das Kunden-/Mandantenverhalten einstellen und ebenso flexibel, online und rund um die Uhr reagieren, zumindest mit automatisierten Prozessen. Mandantenakquise wird in den Hintergrund treten; Pflege nachhaltiger Mandantenbeziehungen hingegen in den Fokus rücken müssen.

Kanzleien müssen eine **Servicekultur** entwickeln. Und eine **„menschliche Identität"**. Nur damit sind ihre Leistungen unterscheidbar und nur dann bedienen sie Mandanten- und Mitarbeiterbedürfnisse.

Fachweiterbildungen und Fachanwaltsspezialisierungen? Austauschbar! Kann der Anwalt gegenüber der Wissens-Konkurrenz aus den online-Foren hier tatsächlich standhalten? Und wodurch genau unterscheidet sich der Fachanwalt für Verkehrsrecht vom Kollegen um die Ecke, ebenfalls Fachanwalt für Verkehrsrecht? Was uns als Anwälte unverwechselbar macht und unsere Mandanten an uns binden wird, wird unsere Persönlichkeit sein.

Akquise durch Kanzleimarketing und Entwicklung von Kanzleimarken? Kann schmückendes Beiwerk sein. Aber am Ende des Tages können wir nur persönlich überzeugen. Ein knackiger Slogan oder eine Corporate Identity in dunkelblau wird den Mandanten nicht die emotionale Anerkennung und Zugehörigkeit vermitteln können oder Vertrauen und Orientierung geben.

Die Prognose für den Anwaltsmarkt hört sich für mich nach den „guten alten Zeiten" an: als der Mandant nämlich zum Anwalt kam, weil der schon immer helfen konnte, ein echt super Typ war und in der Stadt diese ein, zwei Projekte wirklich zum Laufen gekriegt hat.

## I. Routinearbeit: Kanzleivision und -strategie

Als Anwalt können Sie Ihre Kanzlei nicht auf alles vorbereiten.

Was Sie aber können ist, offen und neugierig zu sein:

- Trends beobachten,
- Innovationen verfolgen,
- Ihren Kindern zuhören.

Und an sich und Ihrer Kanzlei kontinuierlich zu arbeiten[1].

Das heißt, mit regelmäßigen Strategiemeetings sich auf die Veränderungen des Marktes im Allgemeinen und Ihrer Zielgruppe im Besonderen einzustellen. Das bedeutet auch, kontinuierlich an Kanzleiwerten und -kultur zu arbeiten. Und dies anschließend nicht für sich zu behalten, sondern an die zu kommunizieren, die es in erster Linie betrifft: Ihre Mitarbeiter und Mandanten.

---

i

Meine Empfehlung:
Fokussieren Sie sich! Suchen Sie sich Ihre ganz persönliche Herausforderung!
Formulieren Sie diese laut und deutlich. Wählen Sie Ihren ganz persönlichen Weg, sich dieser Herausforderung zu stellen! Und egal wie oft Sie dieser Weg in die Irre führt, Sie stolpern oder Umwege gehen müssen: wenn es Ihr Weg ist, dann behalten Sie Ihr Ziel im Auge bis der Tag kommt, an dem Sie Ihr Ziel erreicht haben.

---

Kanzleigründung und -management ist eben in erster Linie Kanzleientwicklung. Und Ihre persönliche Entwicklung. Bewusst, zielgerichtet und professionell. Es ist Wachstum, aber nicht um jeden Preis.

Interessant mag für Sie an dieser Stelle sein zu hören, dass es bestimmte Automatismen, Muster und Strukturen bei jedem Entwicklungsprozess gibt – ähnlich wie beim oben erwähnten Veränderungsprozess. Diese zu kennen und zu verstehen hilft, den Überblick und Ruhe zu bewahren, wenn wie in der Kindererziehung im hektischen Alltag mal wieder alles aus dem Ruder läuft. Die sogenannten Spiral Dynamics von Beck und Cowan – basierend auf dem Modell von Clare Graves – verdeutlichen diese Zusammenhänge und Wachstumsbewegungen komplexer Systeme wie Organisationen, Unternehmen, Gesellschaften aber auch von Teams, Kulturen und Familien. Als Kanzleiberater erlebe ich immer wieder, wie in Kanzleien das Einführen moderner Prozesse oder von Frauenförderprogrammen, die Aufnahme neuer Partner oder das Fusionieren großer Kanzleien scheitert, obwohl dies einen wichtigen Mehrwert darstellen würde und sich zuvor fähige Leute lange Gedanken darüber gemacht haben. Sie haben jedoch die Spiral Dynamics vernachlässigt – Neuerungen können nur dann erfolgreich und nachhaltig implemtiert werden, wenn die Maßnahmen auf die jeweilige Entwicklungsstufe von Kanzlei, Team und Führung abgestimmt sind. Gleichzeitig kann anhand dieses Modells sehr gut auch die Entwicklung be-

---

1 Statt **in** Ihrer Kanzlei rund um die Uhr zu arbeiten, wie es Gerber betont in „The E-Myth Attorney“, S. 57.

stimmter Geschäftsmodelle, Branchen oder auch die Zukunft Ihrer Kanzlei prognostiziert werden[2].

## II. Beobachten, Orientieren, Investieren

Die Branche und Ihre Zielgruppe zu beobachten, sich an Wettbewerbern und wirkungsvollen Lösungen anderer Branchen orientieren, um an den richtigen Stellen zu investieren, wird die Basis Ihrer Kanzleientwicklung sein.

Dabei zeichnen sich folgende Trends ab:
- es wird weniger, dafür aber größere Kanzleien geben[3]
- Qualitätsmanagement wird zunehmend systematischer und damit auch technikbasierter
- die Mandantenstruktur wird zukunftsentscheidend

Spezialisierungen auf der einen Seite und ganzheitliche Mandatsbearbeitung auf der anderen drängen Anwälte in Kooperationen mit Kollegen und anderen Dienstleistern. Dies optimiert gleichzeitig Prozesse, schont Ressourcen und reduziert Kosten. Weniger als die Hälfte der Nachwuchsjuristen möchte zukünftig keine eigene Kanzlei führen, sondern sich lieber auf die anwaltliche Tätigkeit fokussieren[4].

Das bedeutet für Sie als Kanzleiinhaber, dass sich Ihre Führungs- und Management – Aufgaben steigern werden und Sie für diese Themen professionelle Unterstützung benötigen. Das bedeutet aber auch, dass die beiden wertvollsten Ressourcen für Ihre Kanzleientwicklung Ihre Mitarbeiter und Ihre Kanzlei-IT (Legal Tech) sind:

Nehmen Sie das Bedürfnis der **Nachwuchsjuristen** ernst und richten sie Ihre Kanzlei und das „Employer Branding“ danach aus. Schließen Sie nicht von sich auf andere. Investieren Sie also nicht mit Partnerprogrammen in die Ausbildung zukünftiger Partner, sondern in umfängliche Spezialisierung und Per-

2 Leider gibt es noch kein Buch explizit zu den Spiral Dynamics in der Legal Branche. Allgemeines zum Modell jedoch bei Beck/Cowan, „Spiral Dynamics“ oder Krumm, „9 Levels of Value Systems“.

3 Der Einzelkämpfer wird verschwinden, so der aktuelle Branchenbericht der Sparkasse 2017 und die Prognos Studie 2013 zur Zukunft der Anwaltschaft für den deutschen Markt und LexisNexis WhitePaper „Die Digitalisierung der Rechtsbranche“, S. 58 von 11/2017 für den österreichischen Markt.

4 LexisNexis WhitePaper „Die Digitalisierung der Rechtsbranche“, S. 57 von 11/2017.

sönlichkeitsentwicklung Ihrer High Potenzials. Stimmen Sie die Entwicklung und Spezialisierung der nichtjuristischen Mitarbeiter auf das Know How und die Struktur Ihrer Nachwuchsjuristen ab und nicht auf die der Partner. Ihre Mitarbeiter und Ihr Kanzleiteam sind Ihr wertvollstes Entwicklungspotenzial.

Der Einsatz und die Entwicklung passgenauer **Kanzlei-IT** werden die kanzleiinternen Strukturen und Prozesse neu sortieren. Diese Investitionen werden gleichzeitig Ressourcen freisetzen und Kosten sparen. Der wesentliche Aspekt ist jedoch: sie können die Qualität Ihrer Beratungsprodukte nicht nur steigern, sondern auch immer wieder abliefern – und wissen sogar anhand zahlengenauer Auswertungen ganz genau, mit welchen Maßnahmen die Qualität noch gesteigert werden kann.

Zusätzlich sollten Sie Legal Tech auch für Innovation und Produktentwicklung[5] nutzen. Denn hinter Legal Tech stehen häufig nicht etwa junge technikaffine Nichtjuristen sondern etablierte Anwaltskanzleien: e-recht24.de, flightright.de, perconex.de und janolaw wurden allesamt von Kanzleien mitgegründet[6]. In den meisten Fällen geht es hier um „Standardisierung“ und „Packaging“ bis hin zu „Kommodifizierung“ und „Industrialisierung“ (dann ehemals) anwaltlicher Dienstleistung. Diese Leistungen werden aus dem Portfolio der anwaltlichen Rechtsberatung verschwinden (müssen)[7] – das jedenfalls prognostizieren 89,4% der Kanzleipartner in den USA[8].

Sogenannte Roboter-Anwälte würden Mandanten einer Umfrage zufolge in folgender Rangordnung in Anspruch nehmen: Für

1. Entschädigungsansprüche
2. Miet- und Wohnrechtsservice
3. Vertragserstellung und -prüfung
4. Strafrecht

Auffallend war, dass

- die Juristen die Antworten der Mandanten komplett anders eingestuft hatten[9],
- Männer immer viel mehr als Frauen standardisierte Technologieprodukte annahmen (34% zu 24%) und

5 Branchenbericht der Sparkasse 2017, S. 22.

6 LexisNexis WhitePaper „Die Digitalisierung der Rechtsbranche“, S. 57 von 11/2017.

7 Law Firms in Transition Survey, n=356, Altmann Weil.

8 LexisNexis WhitePaper „Die Digitalisierung der Rechtsbranche“, S. 7 von 11/2017.

9 Sowohl bei der Rangstufe als auch in den Beweggründen (98% der Juristen dachten wegen des Preisvorteils, tatsächlich nur 73%).

- deutlich weniger gar nicht an Roboter-Anwälten interessiert waren (16%) als von den Juristen angenommen (5%)[10].

Blockchain-Technologien, Smart Contracts und intelligente Recherche sind die Zukunftsjoker unter den LegalTech-Produkten[11].

## III. Wieder auf Anfang

Die Legal Branche befindet sich inmitten der größten Umwälzung der letzten Jahrzehnte:

- der sog. „Gender and Generation Shift" – Millennials und Familien stellen selbstbewusst völlig neue Anforderungen an die Arbeitswelt; Anwältinnen beanspruchen die gleichen und ebensoviele Entscheidungs-Positionen für dasselbe Gehalt in der Branche
- die Digitalisierung und globale Vernetzung – der Arbeitsalltag (Prozesse und Strukturen) von Anwälten und Juristen erfährt eine grundsätzliche Umstrukturierung, nicht erst seit beA
- Konkurrenz und disruptive Innovation – Legal Tech und neue Geschäftsmodelle drängen von außen in den Legal Markt und verschärfen die ohnehin immer stärker werdende Konkurrenzsituation

Noch werden diese Themen („Legal Tech", „beA" und „Gender Equality") auf allen Konferenzprogrammen, Medien und Netzwerken der Branche als „Hot Topic" angepriesen. Doch sind Sie das wirklich?

Obgleich die sog. „Zukunftsstudie des DAV" bereits 2013 festgestellt hat, dass „die Zukunft der Anwaltschaft weiblich ist", titelte die Kolumne der NJW noch drei Jahre später im April 2016 mit „Das Anwältinnenproblem". Obgleich bereits der Deutsche Anwaltstag DAT 2016 des Deutschen Anwaltvereins mit der Arbeitsgemeinschaft Kanzleimanagement den Schwerpunkt „Digitalisierung und Legal Tech" setzte, wurde auch der DAT 2017 unter dem Motto „Innovation und Legal Tech" veranstaltet und verspricht damit „besonders zukunftsweisende Themen, die den Anwaltsmarkt künftig noch stärker bewegen werden". Ähnlich auch der sog. Anwaltzukunftskongress (Soldan/Wolters Kluwer), der sich seit 2016 ausschließlich mit Legal Tech und Digitalisierung beschäftigt – und dabei übrigens fast ausschließlich auf die Herren der Branche setzt.

---

**10** So die LexisNexis Umfrage der Online Marktforschungs GmbH 04/2017.
**11** LexisNexis WhitePaper „Die Digitalisierung der Rechtsbranche", S. 38, 57 von 11/2017.

Die Themen der Branche werden im immer wieder neuen Format präsentiert und besprochen in der Hoffnung, Handlungsalternativen aufzeigen zu können. Selbstverständlich ist es unsere Aufgabe, die Digitalisierung rechtlich zu gestalten. Natürlich müssen wir als starker Partner des Mittelstandes diesen bei der Digitalisierung begleiten. Wenn wir Anwälte und Kanzleien es jedoch ernst meinen mit der neuen Servicekultur und uns endlich als Wirtschaftsfaktor begreifen wollen, dann müssen wir vor allem auch in eigener Sache zu der internationalen Diskussion zum Thema Digitalisierung mehr als nur „rechtliche Bedenken" äußern. Begriffe wie „Legal Innovation" und „Start up LEGAL" sollten wir mit Leben, Ideen und Projekten füllen. Think Tanks, Scrum und agile Teams, interdisziplinäre Konferenzen und Round Tables können hier Anstöße liefern. Vor allem aber sollte es auf der wöchentlichen Agenda jeder einzelnen Kanzlei stehen.

Schade, dass diese Themen bislang auf Anwaltstagen, der begleitenden AdvoTec oder auch bei Arbeitsgemeinschaftstreffen des DAV so wenig Beachtung finden. Wir kreisen ausschließlich um unser leidiges beA-Problem, statt aktiv auf Unternehmen und Innovationen zuzugehen und Chancen zu ergreifen. Die Digitalisierung wird stattfinden. Mit oder ohne uns. Wir können uns auf die Rolle des „Bedenkenträgers" zurückziehen und das beA weiter blockieren oder uns selbstbewusst am Aufbau neuer Märkte und Möglichkeiten beteiligen[12]. Jeder von uns hat die Wahl; die Wahl dabei zu sein[13].

Doch eines noch zum Schluss:
Wir sollten uns dabei nicht persönlich verlieren.
Unsere individuellen Ressourcen, unsere privaten Bedürfnisse und Wünsche sind nicht nur Antreiber und Motivation sondern gleichzeitig auch Gradmesser und Grenze. So wie wir nicht in Geschäftsfeldern arbeiten sollten, die unseren persönlichen Werten widersprechen (Stichwort: Tabakindustrie oder Waffenlobby), sollten wir auch nicht ständig unser Bedürfnis nach Schlaf, Regeneration, Bewegung, Familie und innigen Beziehungen ignorieren.

Wir sind Menschen. Wir leben nur einmal und diese Lebenszeit ist endlich.

Wenn Sie es schaffen, dass Ihre Kanzlei auf Sie und Ihre Bedürfnisse abgestimmt ist, Ihren Werten entspricht und mit einem motivierten Team langjährige zufriedene Mandanten betreut – haben Sie alles erreicht. Und sollten neu starten.

12 Dr. Tutschka, „Change is not in our DNA" im Blog JurCoach vom 25.3.2016.
13 Theiss, „Digitalisierung – wir brauchen keine Rechtsanwälte mehr" auf trend.at 2016.

Warum?
Nichts ist so schwierig wie den Status Quo zu halten.
Entwicklung ist Wachstum. Sie bauen nicht an der „Kanzlei der Ewigkeit“.
Wenn sie also nur eine Erkenntnis am Ende dieser Lektüre mitnehmen, dann diese:

**Haben Sie den Mut für Neuanfänge!**
**Machen Sie Fehler. Lernen Sie daraus. Machen Sie es besser.**

Wenn Sie also kein Entwicklungspotenzial in Ihrer Kanzlei sehen – egal aus welchen Gründen: Geben Sie sie auf!

Reiten Sie kein totes Pferd.

Verkaufen Sie sie, so dass neue Ideen, Werte oder Perspektiven frischen Wind bringen. Strukturieren Sie sie vollkommen um bis hin zu einer Umgründung.

Oder haben Sie den Mut, sie zu schließen!

Es muss nicht immer eine Insolvenz sein, die den Schlusspunkt setzt.

i Ein Mensch muss sich alle 3–5 Jahre „neu erfinden“, um seine Identität zu leben, authentisch zu sein und zufrieden. Ihre Kanzlei sollte ebenso lebendig sein: erlauben Sie es ihr!

Und sich.
Sie sind und bleiben Anwalt und Unternehmer (auch ohne Kanzlei).
Treffen Sie erwachsene Entscheidungen!
Sie selbst definieren Erfolg!

Alles auf Anfang.

### Das Beste zum Schluss

Kanzleigründung: lohnt sich das heute überhaupt noch? Sollte man nicht jedem raten, lieber etwas anderes zu studieren oder zumindest vernünftigerweise nicht in eigener Kanzlei tätig zu sein? Sollte man Unternehmer werden in einer Branche, die sich selbst in puncto Unternehmertum viele Begrenzungen und Regularien auferlegt und vor einem tiefgreifenden Wandel steht, ja vielleicht sogar vor dem Aus?

Kanzleimanagement: ein Begriff, der sich erst in den letzten Jahren im Zusammenhang mit Kanzleien etabliert hat und bislang eher nebenbei „passiert“ ist.

Und der sich heute von der reinen Verwaltung und Optimierung einer Kanzlei hin zur strategischen Kanzleientwicklung bewegen muss.

Das Beratergeschäft stirbt[14]. Eine der größten Errungenschaften des 20. Jahrhunderts ist, dass das Wissensmonopol einzelner Experten weitgehend obsolet geworden ist: Dank Internet und Digitalisierung kann heute jeder jederzeit überall Informationen kostenfrei abrufen. Wer heute also noch auf den Verkauf von Wissen baut, ist ein Dinosaurier.

Dasselbe gilt für Prozesse, die automatisiert werden können:
- Online-Scheidungen gibt es bereits in den Niederlanden und machen dort 5% aller Scheidungen aus,
- Kanada stellt eine preisgünstige Plattform für einfache Zivilrechtsstreitigkeiten zur Entlastung der Justiz und als preiswerte Rechtsgestaltung zur Verfügung
- Großbritannien plant ein Online-Gericht für Ansprüche unter 25.000 Pfund

Österreichs Behörden, Notare und Justiz sind Vorreiter bei der Digitalisierung, die dort bereits vor 30 Jahren startete. Heute nutzen 74% diesen Online-Service und es werden insgesamt 10% des Behördenservices digital abgewickelt – so viel wie sonst nirgendwo in Europa[15]. Mit dem Projekt „Justiz 3.0" sollen seit 2016 bis 2020 die österreichischen Gerichte papierlos werden[16].

Damit besteht jedoch auch die Chance, dass zukünftig der Faktor Mensch stärker in den Vordergrund tritt. Die Folge: Universitäten, Verlage[17] und auch Berater müssen umdenken und ihr Businesskonzept neu gestalten.

Und nicht nur das: Legal Tech, Diversity, Millennials, Digitalisierung lösen die klassischen Branchenstrukturen auf und umverteilen die etablierten Machtverhältnisse. Das stark konservative Berufsbild mit dem beschämend geringen Anteil von Anwältinnen in Macht- und Führungspositionen[18] und dem größten

---

14 Terpitz, „Das Geschäftsmodell der Strategen wackelt", in Handelsblatt vom 7.11.2010.

15 Zum Vergleich: in Deutschland nutzen diesen Service erst 45%, BRZ Direkt 01/2016, BRZ Read_It03/2016.

16 LexisNexis WhitePaper „Die Digitalisierung der Rechtsbranche", S. 36 von 11/2017.

17 So auch LexisNexis zu seiner Zeitschrift ARD im WhitePaper „Die Digitalisierung der Rechtsbranche", S. 58 von 11/2017.

18 Dr. Tutschka in „Justitia, wie haben ein Problem: ein Anwältinnenproblem", JuraBlogs vom 24.4.2016.

Gender Pay Gap aller Branchen[19] wird diesem Druck nicht standhalten können. Es ist schlicht nicht zukunftsfähig. Das erkennen Sie beispielsweise an den stark sinkenden Mitgliederzahlen des einzigen Berufsverbandes Deutscher Anwaltverein (DAV) von zehn Prozent im letzten Jahr trotz des anhaltenden Zuwachses an Anwälten[20] in Deutschland[21]. Das erkennen Sie aber auch daran, dass die noch konservativere österreichische Legal Branche (hier schafft es aufgrund der berufsrechtlichen und gesellschaftlichen Strukturen nur jede zweite Juristin überhaupt in den Anwaltsberuf[22] trotz Verdreifachung der Anwaltschaft) in den nächsten Jahren 86% ihrer Kanzleien verlieren wird[23].

Dieser Strukturwandel in der Legal-Branche ängstigt viele. Nicht das WAS (die Information) wird zukünftig wichtig sein, sondern das WIE (der Beratung). Statt Beratung werden die Kunden Mediation, Betreuung und sogar Management einfordern. Und die persönliche, vertrauensvolle Beziehung, die eben nicht austauschbar ist, wird immer wichtiger. Coaching wird in Beratung und Lehre Einzug halten und dort individuelles Lernen und Begleiten professionalisieren. Statt Rechtsberatung wird Rechtscoaching kommen; Legal Coaching, wenn man so will. Was bei Unternehmensberatern schon seit langem das Super Tool für eingefahrene oder schwierige Beratungs- und Umsetzungsprozesse ist, werden endlich auch die Rechtsberater entdecken. Mit einer entsprechenden Ausbildung bekommen Anwälte und Juristen endlich Methoden und Tools an die Hand, um wirklich die für den Mandanten beste Lösung zu finden[24].

Einzelne Branchen machen es bereits vor: keine Familienberatung, keine Unternehmensberatung arbeitet heute mehr ohne Coaching. Es gehört zum Standardrepertoire ganzheitlicher professioneller Beratungsdienstleistungen. Denn nicht selten ist der Kunde zu Beginn oder aber auch in der Mitte des Weges schlicht noch nicht bereit, bestimmte notwendige Schritte zu erkennen oder umzusetzen. Wann Coaching eingesetzt wird, zu welchem Zweck und in wel-

---

19 Dr. Tutschka in „Female Leadership im Legal Sector“, djbz 03/17, S. 137; Koch, „Anwältinnen im internationalen Vergleich, Anwaltsblatt 05/2017.

20 Dr. Tutschka im Interview „Es gab ganz entscheidende Entwicklungen“ , Wirtschaft und Weiterbildung 07-08/17, S. 54 ff.

21 In Österreich spielt der Berrufsverband ohnehin wenn überhaupt nur eine untergeordnete Rolle aufgrund der engagierten und ausgebauten Kammern.

22 Trotz 55% weiblicher JUS-Absolventen stagniert die Quote der Anwältinnen seit Jahren bei unter 30%.

23 LexisNexis WhitePaper „Die Digitalisierung der Rechtsbranche“, S. 58 von 11/2017.

24 Ich biete diese „Legal Coaching„-Ausbildung mit CLP (Consulting und Coaching for legal professionals) in Deutschland, Österreich und der Schweiz an.

chem Rahmen entscheidet dabei allein der Kunde[25]. Wichtig von Seiten des Coaches und Beraters ist allein, dass Coaching ebenso professionell erfolgt wie die Beratung selbst, das heißt mit einer soliden Ausbildung und anerkannten Zertifizierung[26] sowie profunder Erfahrung. So wie Sie eben auch in anderen Dienstleistungsbereichen – wie beispielsweise im Tourismus – dasselbe hohe Niveau in allen Bereichen eines Vier-Sterne Hotels erwarten – in der Küche ebenso wie im Zimmer und beim Service. Wenn mich heute also jemand fragt, ob ich nun Berater-Coach, coachender Berater, nur Berater oder Coach sei, dann antworte ich: Es kommt darauf an. Und zwar allein auf den Kunden, was dieser braucht und was dieser möchte. Ich bin serviceorientierter Dienstleister und kann mit der Erweiterung meiner Kompetenzen meinen Klienten einen Mehrwert bieten. Je nach Bedarf also Beratung oder Coaching[27].

Zukunftsforscher bescheinigen allem, was originär menschliche, emotionale und soziale Fähigkeiten abverlangt – wie Empathie, Individualität, Intuition, Vertrauen, Beziehungsfähigkeit – glänzende Aussichten in einer Zukunft, die von Digitalisierung, Automatismus und Standards geprägt sein wird. Das können auch andere Methoden wie Mediation, Therapie, Training, Mentoring abbilden, aber im Unterschied zu diesen rückt Coaching die persönliche Zukunft des Coachees in den Fokus. Coaching ist eine im Vergleich zu Beratung, Lehre und Therapie sehr junge Methode. Lange war sie Bestandteil der Psychologie, die sich selbst als eigenständige, anerkannte Wissenschaft erst Anfang des 19. Jahrhunderts etabliert hat. In den letzten fünfzig Jahren wurde Coaching dann kontinuierlich weiterentwickelt, als Methode und Profession weitgehend dank der Berufsverbände standardisiert und definiert, so dass sie nun bereit ist, ihr volles Potenzial zu entfalten.

Dabei kann **Coaching** für die Beraterbranche in drei Richtungen wirken:
1. als Spezialmethode vervollständigt sie das Beraterportfolio (Stichwort: Legal Coaching)
2. in Verbindung mit Supervision kann es Berater unterstützen, emotional Belastendes aus ihrer Arbeit besser zu verarbeiten (Stichwort: Psychohygiene) und

25 Buhse, „So sieht die Beratung der Zukunft aus" in Wirtschaftswoche vom 23.6.2016.

26 Ähnlich der Fachanwaltsausbildung in Deutschland mit einer Kombination aus Ausbildung (Theorie), evaluierter Praxiserfahrung und fortlaufendem Qualitätsmanagement (jährliche Fortbildungsverpflichtung).

27 Dr. Tutschka in „Coaching vs. Beratung – eine Frage der Perspektive" in Xing Coaches Magazin 06/2017.

3. kann Coaching besser als Beratung eine Branche im Umbruch unterstützen, die ihren eigenen Weg finden muss (Stichwort: Beraterberater)

Auch ich investiere immer wieder in einen Coach – sei es vor wichtigen Entscheidungen oder Herausforderungen oder bei anstehenden Veränderungen. Mit meinem Coach erörterte ich gezielt, warum ich bestimmte Dinge mache und andere nicht.

Damit bin ich mir zu jedem Zeitpunkt sehr bewusst darüber, WARUM ich Dinge tue, mich für Sachen einsetze oder Inititativen aufgebe, wohin ich genau möchte, was mich voranbringt und was nicht. Ich habe selten das Gefühl „im falschen Film“ zu sein.

Denn es gibt genau zwei Wege zu scheitern:
1. Wir lassen alles beim Alten und bleiben bei dem, was wir gut können oder
2. Wir jagen jeder neuen Idee, jeder Innovation hinterher.

i Tatsache ist: Was Ihnen in den letzten fünf Jahren geholfen hat erfolgreich zu sein und die Bedürfnisse Ihrer Kunden zu treffen, wird Sie nicht weiter wachsen lassen. Zukunftsfähig ist nur, wer bereit ist zu wachsen[28].

Und zwar nicht nur quantitativ, sondern qualitativ:
- Wer bereit ist, sich auf geänderte Bedingungen einzustellen;
- bereit, sich von Dingen zu verabschieden;
- bereit ist, die Perspektive zu wechseln.

Was braucht es also heute – für morgen?

Was es braucht, ist die Veränderung von Systemen wie das System der Ausbildung der Juristen von morgen, das der Fachanwaltschaften, das der Versorgung zukünftiger Juristen oder das der Partnerschaftsernennung.

Wie werden System verändert? Systeme krachen an den veränderten Bedingungen des Marktes und der Branche. Oder werden vorausschauend und zielgerichtet von Innen heraus verändert: durch die Veränderung der dahinterstehenden Strategie, die Anpassung der Führung, dem erforderlichen Kulturwechsel.

28 Dr. Tutschka, „The Future of the Legal Profession“, im Blog JurCoach vom 24.2.2017.

Was es braucht für die Legal Branche:

1. *Diversity (statt Gender and Generation Shift)*
   Die Welt wird transparenter und gleichzeitig ethisch komplexer; Vielfalt entsteht nicht durch ein ausgewogenes Geschlechterverhältnis dank Frauenquote, sondern durch religiöse, biographische, kulturelle, perspektivische, menschliche und ethnische Unterschiede. Schon mal was von „Third Culture Kids" gehört, von „Synästhesia"? Die Welt ist bunt. So auch wir.

2. *Kultur- und Strukturwandel (statt Digitalisierung und globaler Vernetzung)*
   „Soft Skills", IT-Skills[29], persönliche Reife und Reflexionsfähigkeit, Charisma, Kommunikationskompetenz (Fragen, Zuhören und Ausschalten der persönlichen Filter/Egomanagement), Change- und Krisenmanagement sind gefragt. Die Juraexamina sind als allgemeiner Ausgangspunkt für die eigentlich entscheidenden, differenzierenden Spezialisierungen zu werten (post graduate Talent Development). Dabei sind traditionelle Fachfortbildung und Spezialisierungen nur Qualitätssicherung der Ausgangsausbildung. Betriebswirtschaftliches Know How, die Entwicklung der Soft Skills, Persönlichkeitsentwicklung und Kommunikationsausbildungen differenzieren und verhindern die Austauschbarkeit[30].

3. *Kooperation (statt Konkurrenz und disruptiver Innovation)*
   Mit Teamevents und -incentives investieren Sie in Ihr stärkstes Potenzial. Netzwerke und Kooperationen begleiten Sie und Ihr Team durch emotionales Wildwasser, auf geschäftliche Gipfeltouren sowie in unbekanntes Business-Terrain.

Zeit, neue Ziele zu definieren. Zeit, neue Fragen zu stellen.

Was uns bis hierher gebracht hat, nämlich die Fokussierung auf die Herausforderungen unserer Branche, wird uns nicht in die Zukunft bringen. Wir müssen den Fokus erweitern und fragen:

Wie können wir mit Rechtsberatung als vertrauensvoller Partner und Begleiter unseren Mandanten und deren Kunden und/oder deren Familien helfen?

Dann ist nicht Rechtsberatung unsere Kernkompetenz, sondern die Etablierung der vertrauensvollen Partnerschaft und das kompetente Begleiten unserer Mandanten.

---

**29** LexisNexis WhitePaper „Die Digitalisierung der Rechtsbranche", S. 13 von 11/2017.

**30** Susskind, „The Future of the Legal Profession", S. 157.

**Und dann stimmt es irgendwie doch:**
**Die Kanzlei von gestern wird die Kanzlei von morgen sein.**

Denn das konnte der „Anwalt für alle Fälle“ schon immer.

So manche Prognose wird nicht oder nicht so eintreten. Doch schon heute in uns und unsere persönliche Entwicklung zu investieren wird sich so oder so auszahlen: auch wenn wir am Ende einfach nur als Jurist glücklich sind.
In diesem Sinne – Zurück in die Zukunft.

# Autorin und Mitwirkende

## Autorin

Dr. Geertje Tutschka, ACC ist seit zwanzig Jahren Anwältin in Deutschland, Österreich und den USA und begleitet Kanzleien in schwierigen Veränderungsprozessen und bei der Neuorientierung. 1970 in Sachsen-Anhalt geboren war es ihr in der DDR zunächst aus politischen Gründen verwehrt, mit einem Abitur „Mit Auszeichnung“ zu studieren. Nach der Wiedervereinigung absolvierte sie ihr Studium und Referendariat an der Universität Bielefeld bzw. am Landgericht Bielefeld/OLG Hamm in der kürzestmöglichen Zeit. Mit beiden Staatsexamen gehörte sie dennoch jeweils zu den besten 30% ihres Jahrgangs, so dass ihr Studienkredit nachträglich zum Stipendium umgewandelt wurde.

Da ihr Berufsziel von Anfang an Anwältin in eigener Kanzlei war, arbeitete sie schon während des Studiums in Anwaltskanzleien, um soviel Praxiserfahrung wie möglich, vor allem aber Erfahrung in Kanzleimanagement und – führung, strategischer Ausrichtung, Akquise und Marketing zu sammeln. Nach mehreren Jahren als angestellte Anwältin in verschiedenen Kanzleien und Rechtsabteilungen, legte sie eine vierjährige Familienpause ein, in der sie ihre drei Kinder bekam, im Vertragsrecht promovierte und sich in eigener Kanzlei selbstständig machte. Als ihr Mann als Unternehmensjurist während der Automobilkrise in die USA entsendet wurde, verlegte sie ihre Kanzlei nach Detroit, USA und spezialisierte sich auf Entsendungsrecht. Zusätzlich ließ sie sich zum interkulturellen Trainer und professionellen ICF-Business-Coach ausbilden und zertifizieren. Bereits hier engagierte sie sich als President of the PA International School und dem First International Round Table in der Organisationsentwicklung, Leadership and Strategy.

Seit ihrer Rückkehr nach Europa 2012 lebt und arbeitet sie als Berater, Coach und Trainer in Salzburg und München. Mit „CLP – Consulting for legal professionals“ gründete sie einen Serviceprovider für Coaching, Training und Mentoring von Juristen für Juristen als Bindeglied zwischen der rein juristischen Fachausbildung und Unternehmensberatung im deutschsprachigen Raum und ist damit überaus erfolgreich, so dass CLP mittlerweile in den englischsprachigen Raum expandiert. Seit 2016 bildet sie Anwälte und Juristen im Legal Coaching aus, einer von ihr entwickelten Methode, die sich an den internationalen Standards einer ICF-Ausbildung zum Konfliktcoach und Krisenmanager orientiert und die Kommunikationskompetenz und Perfomance von Juristen erhöht und damit deren Ausbildung sinnvoll ergänzt.

Sie selbst repräsentiert als Vorstandsvorsitzende der ICF den weltweit stärksten Verband professioneller Coaches für Deutschland, ist Mitglied des

https://doi.org/10.1515/9783110519129-006

Global Leaders Forum und Delegierte im Round Table der deutschsprachigen Coachingverbände (RTC) und verantwortet den Jahreskongress „Coachingtag“.

Sie betreibt mit JurCoach einen der erfolgreichsten Blogs in der Legal Branche zu Kanzlei- und Karriereentwicklung und schreibt regelmäßig für LTO, LinkedIn Pulse, Xing Magazin, NJW, Haufe, Soldan, Beck, Managerseminare, CoachingMagazin, Wirtschaft und Weiterbildung, Training Aktuell und andere Fachmagazine. Als gefragte Keynote-Speakerin zum Thema „Leadership und Strategy“ zählt sie seit Jahren zu den Top100 Trainern der Speakers Excellence sowie den Top-Profilen auf LinkedIn und Xing.

Sie ist Referentin des DAV und des ÖRAK, veröffentlichte mittlerweile zahlreiche Sach- und Fachbücher zu den Themen Kanzleimanagement, -marketing und -entwicklung. Für die Fernuniversität Hagen verantwortet sie außerdem die Studienunterlagen „Strategische Ausrichtung und Marketing für Kanzleien“ und „Zeitmanagement in der Anwaltskanzlei“. Sie engagiert sich ehrenamtlich in der Nachwuchsförderung bei Panda Law und MentorMe, unterstützt mit der CoachingInitiative Schulen und Lehrer in Krisensituationen sowie ehrenamtliche Katastrophenhelfer des Deutschen Roten Kreuzes.

Dr. Tutschka lebt mit ihrem Mann und den drei Kindern sowie diversen Tieren direkt auf der deutsch-österreichischen Grenze. Als Synästhetin spielt sie mehrere Instrumente, malt intensive Acrylbilder, schreibt Romane und Gedichte, kocht leidenschaftlich gern und genießt die Salzburger Kultur. Am Wochenende finden Sie sie mit ihrem Hund allein unterwegs in den Alpen, im Winter bei den Schlittenhunden und im Sommer auf einem der Fernwanderwege.

## Mitautoren

Dr. Jochen Brandhoff,
Rechtsanwalt, Gründer und Geschäftsführer der LEGAL ®EVOLUTION, Frankfurt

Johanna Busmann,
Inhaberin von anwalts-akquise.de, Hamburg

Dr. Arndt Eversberg,
Rechtsanwalt, Vorstand der ROLAND ProzessFinanz AG, Köln

Elisabeth Gawrych,
Rechtsanwältin, Lawyer on Demand für Vertragsrecht und -management, Unternehmensrecht, Gewinnerin PANDA Law 2015

Sebastian von Glahn,
Geschäftsführer der TalentRocket GmbH, München

Markus Hartung,
Rechtsanwalt,
Direktor des Bucerius Center on the Legal Profession an der Bucerius Law School, Hamburg
Vorsitzender des Berufsrechtsausschusses des Deutschen Anwaltvereins, Berlin

Anke Haug,
Rechtsanwältin,
Geschäftsführerin www.advoknowhaug.de, Anwaltsseminare und Fortbildung GmbH, Renningen

Katharina Miller & Isabelle Hoyer,
Beirätin & CEO PANDA Women Leadership Contest & Network, Mering

Pia Löffler,
Rechtsanwältin/Wirtschaftsjuristin, Inhaberin anwaltstexte, München

Dr. Andreas R.J. Schnee-Gronauer,
Rechtsanwalt und Diplom-Ökonom
Der Unternehmeranwalt, Schüttorf

Dr. Anette Schunder Hartung
Rechtsanwältin, Inhaberin von aHa Strategische Kanzleientwicklung, Frankfurt

Markus Weins
Geschäftsführung FFi Verlag GmbH und Inhaber von Kanzleimarketing.de, Hürth

Stefan Winheller
Rechtsanwalt, LL.M. Tax (USA), Fachanwalt für Steuerrecht
Gesellschafter, Geschäftsführer WINHELLER Rechtsanwaltsgesellschaft mbH, Frankfurt a.M.

Martin Wohlrabe
Rechtsanwalt, Geschäftsführer der CONSILIUM Rechtskommunikation GmbH, Berlin

# Literaturverzeichnis

*Astrid Auer-Reinsdorff/Andrea Brandenburg*, Multimedia und Urheberrecht, 2003.
*Edward Beck/Christopher Cowen*, Spiral Dynamics, 2011.
*Kenneth Blanchard*, Führungsstile, situatives Führen, 2016.
*Sabine Bode*, Kriegsenkel: Die Erben der vergessenen Generation, 2017.
*Claudia Bonacker*, Kanzleigründung und Kanzleistrategie in Haufe vom 20.1.2014.
*Prof. Ursula Bredel* (Professorin und Expertin für Orthographiedidaktik) in „Es ist gut für's Gehirn mit der Hand zu schreiben", Die Welt, 15.1.2015.
Studie „Dafür nehmen wir uns einen Anwalt – Erwartungshaltung von Unternehmen an moderne Anwälte im Konfliktmanagement", Bucerius Law School (CLP) in Zusammenarbeit mit Taylor Wessing.
New Directions in Legal Services" ARK Group, Bucerius CLP.
*Marcus Buckingham*, Entdecken Sie Ihre Stärken jetzt! Frankfurt/New York 2014.
*Johanna Busmann*, Chefsache Mandantenakquisition, Berlin 2016.
*Dr. Nicola Byok*, Partnerinnen-Barometer 2015.
Campus „Business Model Generation", „Business Model YOU", Ash Maurya „Scaling Lean". http://www.startplatz.de/business-model-buecher/
*Ilona Cosack*, Praxishandbuch Anwaltsmarketing, NWB Verlag 2013.
DATEV, „Effiziente Anwaltsorganisation", 2. Aufl., TeleLex, Nürnberg 2014.
DAV, Ratgeber für junge Rechtsanwälte und Rechtsanwältinnen, 13. Aufl., Berlin 2013.
*Zach Davis*, Zeitmanagement für Rechtsanwälte, TeleLex Nürnberg 2014.
*Jochen Dieselhorst/Lars Schreiber*, Die Rechtslage zum E-Mail-Spamming in Deutschland, Computer und Recht (CR) 2004, S. 680 ff.
*Constanze Eich*, Networking und Akquise für Rechtsanwälte, C.H.Beck 2016.
*Stefan Ernst*, Wireless LAN und das Strafrecht, CR 2003, S. 898 ff.
*Michael Felser/Hans-Willi Phillipp*, Die erfolgreiche Kanzleigründung, Köln 1997.
*Andrea Fendt*, Der Rechtsanwalt als Ausbilder, TeleLex, Nürnberg 2014.
*Eberhard Fedke*, Wirtschaftsunternehmen Anwalts- und Notarkanzlei, Köln 1993.
Foitzik, „Projektmanagement in Kanzleien", Kanzleimarketing.de vom 21.2.2018.
*Carolin Gattermann*, „Drei Business Bücher, die jeder Gründer lesen sollte", Startplatz vom 11.4.2017.
*Wolfgang Gaube/Arno Schubach*, Musterhandbuch zur Organisation und Qualitätssicherung in der Anwaltskanzlei, Neuwied 1999.
*Karlheinz A. Geißler*, Zeit – verweile doch ..., 5. Auflage, Freiburg 2003.
*Michael Gerber*, The E-Myth Attorney, Wiley & Sons, Inc. New Jersey 2010.
*Hans Ferdinand Groß*, Sozietäten, Bürogemeinschaften und sonstige Zusammenschlüsse von Freiberuflern, TeleLex, Nürnberg 2015.
*Dr. Anja Hall*, „Warum sollte man in der Großkanzlei nicht altwerden können?" in Legal Tribune Online vom 29.6.2016.
*Niko Härting*, Anwaltliche Werbung im Internet, AnwBl 2000, S. 343 ff.
*Niko Härting*, IT-Sicherheit in der Anwaltskanzlei, NJW 2005, S. 1248 ff.
*Wolfgang Hartung/Volker Römermann*, Marketing und Management (Handbuch für Rechtsanwälte), München 1999.
*Hartung/Bues/Halbleib*, „Legal Tech – die Digitalisierung des Rechtsmarktes", 2017.
*Joachim Hasebrook*, „Lebensphasen- und Kompetenzmanagement", Springer 2018.

https://doi.org/10.1515/9783110519129-007

*Dirk Heckmann*, Rechtspflichten zur Gewährleistung von IT-Sicherheit im Unternehmen – Maßstäbe für eine IT-Sicherheit, MultiMedia und Recht (MMR) 2006, S. 280 ff.
*Joachim Heilmann/Claudia Tege,* Recht und Pflichten bei der Kommunikation, Arbeit und Arbeitsrecht (AuA) 2001, S. 52 ff.
*Matthias Heine*, „Es ist gut furs Gehirn mit der Hand zu schreiben", Die Welt vom 15.1.2015.
*Benno Heussen*, Anwalt und Mandant, Band 6 der Schriftenreihe „Wege zur erfolgreichen Anwaltspraxis", Köln 1999.
*Benno Heussen*, Akquisition und Mandatsentwicklung, Neuwied, Kriftel 2001.
*Benno Heussen*, Time-Management für Anwälte, München 2004.
*Benno Heussen*, Anwaltsunternehmen führen, München 2016.
*Dr. David Hoeflmayr*, Kanzleimarketing, Erich Schmidt Verlag, 2012.
JUVE Handbuch 2017.
Kanzleihandbuch für Anwälte: Effiziente Anwaltsorganisation – Ablaufsicherheit durch optimierte Kanzleiprozess, TeleLex Nürnberg 2014.
*Dr. Matthias Kilian* in „Wirksamkeit anwaltlicher Marketingmaßnahmen", Soldan-Studie 2011, Deutscher AnwaltVerlag.
*Dr. Matthias Kilian*, „Anteile der Arbeitszeit" S. 32, Anwaltsblatt 01/2018.
*Rudolf Kissel*, Internet für und gegen alle?, NJW 2006, S. 801 ff.
*Oren Klaff*, Pitch Anything, McGrall Hill, New York 2011.
*Nancy Kline*, „Time to think", London 1999.
*Prof. Dr. Harald Koch*, „Anwältinnen im internationalen Vergleich", Anwaltsblatt 05/2017.
*Robert Koch*, Haftung für die Weiterverbreitung von Viren durch E-Mails, NJW 2004, S. 801 ff.
*Andreas Krämer/Reinhold Mauer/Anton Braun,* Erfolgreiche Anwaltswerbung, Band 7 der Schriftenreihe „Wege zur erfolgreichen Anwaltspraxis", Köln 1999.
*Rainer Krumm*, 9 Levels of a value system, 2014.
*Eckard König*, „Einführung in das systemische Denken und Handeln", 2016.
*Florian Körber*, Neue Medien und Strafrecht, K & R 2004, S. 20 ff.
*Werner Küstenmacher/Tiki/Lothar Seiwert,* Simplify your life, 8. Auflage, Frankfurt a.M., New York 2003.
*Lars Kutzner*, Die Beschlagnahme von Daten bei Berufsgeheimnisträgern, NJW 2005, S. 2652 ff.
*Frederic Laloux*, Reinventing Organizations, München 2015.
*Trimborn von Landenberg*, Erfolgreich starten als Rechtsanwalt, Deutscher Anwaltverlag 2013.
*Patrick Lencioni*, „Die 5 Dysfunktionen eines Teams", 2014.
*Jeffrey Liker*, „The Toyota Way to service excellence", 2016.
*Lars Lorber*, Menschenkenntnis – Der große Typentest, C.H.Beck München 2015.
*Pia Lorenz*, „Ist das beA nopch zu retten?", LTO vom 28.12.2017.
*Pia Löffler*, Praxishandbuch Onlinemarketing für Rechtsanwälte", TeleLex, Nürnberg 2015.
*Stephen Lundin*, „Fish", 2003.
*Jochen Mai*, „Zufriedenheit im Beruf" in Karriere-Bibel vom 1.5.2016.
*Perry Marshall*, 80/20 Sales and Marketing, 2013.
*Reinhold Maurer/Andreas Krämer,* Marketingstrategien für Rechtsanwälte, 2. Auflage, München 2001.
*Klaus J. Müller*, „Anwälte und Sprache", in: NJW 2003, S. 638.
*Marco v. Münchhausen*, So zähmen Sie Ihren inneren Schweinehund, Frankfurt a.M., New York 2002.
*Dr. Sebastian Naber* in „Partner vs. Associate" in JurCoach-Blog vom 17.6.2016.
*Joseph S. Nye*, „The Means to success in world politics", 2004.

*Ulrich Noack/Sascha Kremer*, Professionelle Online-Dienste für Juristen, NJW 2006, S. 3313 ff.
*Werner Pepels/Brunhilde Steckler*, AnwaltsMarketing, München 2003.
*Dirk Ploss/Stefan Kramer*, Der erfolgreiche Ausbau der Anwaltskanzlei, Frankfurt am Main 2002.
Prognos AG, Der Rechtsdienstleistungsmarkt 2030, Eine Zukunftsstudie für die deutsche Anwaltschaft, DAV 2013.
*Rachelle Römermann*, Anwaltliches Marketing-Management, Band 10 der Schriftenreihe „Wege zur erfolgreichen Anwaltspraxis", Hannover 2003.
*Thomas Sassenberg*, Umgang mit IT in der Anwaltskanzlei, AnwBl 2006, S. 196 ff.
*Claudia Schieblon* „Kanzleimanagement in der Praxis", 3. Aufl. 2015, Verlag Springer-Gabler.
*Wolfgang Schiefer/ Ulrich Hocke*, Marketing für Rechtsanwälte, 3. Auflage, Bonn 1999.
*Caspar Tobias Schlenk*, „Der Smartlaw Gründer startet das nächste Legal Start up" in Gründerszene vom 3.4.2016.
*Ben Schulz*, „Erfolg braucht Dein Gesicht", 2016.
*Ben Schulz*, Artgerechte Bodenhaltung, 2017.
*Ben Schulz*, „Mit Vollgas in den Crash", 2018.
*Bärbel Schwertfeger* (Psychologin) in „Sie können alles erreichen", KarriereSpiegel vom 6.12.2013.
*Lothar Seiwert*, Das neue 1x1 Zeitmanagement, 24. Auflage, München 2002.
*Lothar Seiwert*, Wenn Du es eilig hast, gehe langsam, 5. Auflage, Frankfurt a.M., New York 2000.
*Lothar Seiwert/ Buschbell, Hans/Mandelkow, Dieter*, Zeitmanagement für Rechtsanwälte, Landsberg 1992.
*Lothar Seiwert/Müller, Horst/Labaek-Noeller, Anette*, 30 Minuten Zeitmanagement für Chaoten, 4. Auflage, Offenbach 2002.
*Simon Simek*, Start with why, Penguin 2009.
Soldan Institut, Pressemitteilung, 28.1.2016.
Soldan Institut, Statistisches Jahrbuch der Anwaltschaft 2017/2018.
Der Forschungsbericht des Soldan Instituts „Rechtsanwälte und ihre Mitarbeiter" (Band 22) von Prof. Dr. Matthias Kilian und Kerstin Heckmann B.A. Deutschen Anwaltverlag.
Sparkassen Branchenbericht Rechtsmarkt 2017.
*Richard Susskind*, Tomorrow's Lawyers: An Introduction to your future, Oxford University Press 2013.
TQM, Qualitätsmanagement in der Anwaltskanzlei, Deutscher AnwaltVerein 1997.
*Dr. Geertje Tutschka*, „Was ist Ihnen Ihr Kanzleimarketing wert?" in Kanzleimarketing.de vom 26.1.2017.
*Dr. Geertje Tutschka* in „Female Leadership in der Legal Branche", S. 138 in djbZ 03/2017
*Dr. Geertje Tutschka*, „Jurist oder Juristin – (k)ein Unterschied", LTO vom 16.12.2015.
*Dr. Geertje Tutschka*, „The Future of the legal profession (Teil 1 und 2)", im Blog JurCoach vom 24.2.2017
*Dr. Geertje Tutschka*, Der Rechtsanwalt als Unternehmer, TeleLex Nürnberg 2016.
*Dr. Geertje Tutschka* in „The Pink Elephant in the room" im Blog JurCoach vom 24.5.2017.
*Dr. Geertje Tutschka*, „Kanzleigründung ist Unternehmensgründung" in Haufe vom 17.12.2015
*Dr. Geertje Tutschka*, „Partner vs. Associate", Kanzleijob.de vom 17.6.2016.
*Dr. Geertje Tutschka*, „Warum Ihr Kanzleibusinessplan jetzt zählt" in JurCoach vom 6.11.2015
*Dr. Geertje Tutschka* „In drei Schritten zu Ihrem Kanzlei-Marketingplan" in Huffington Post vom 18.11.2015

*Dr. Geertje Tutschka*, „Diversity in deutschen Kanzleien" in Edition F vom 30.3.2016.

*Dr. Geertje Tutschka*, „Justitia wir haben ein Problem" in JuraBlogs vom 26.4.2016.

*Dr. Geertje Tutschka*, „Spot Awards – der ideale Baustein für die Personalführung" vom 20.6.2016 im Blog JurCoach.

*Dr. Geertje Tutschka*, „Männer und Frauen in juristischen Berufen" in Legal Tribune online vom 16.11.2015.

*Dr. Geertje Tutschka*, „Warum Gender Diversity in deutschen Kanzleien so wichtig ist" in Soldan Insight vom 25.2.2016.

*Dr. Geertje Tutschka*, „Business Coaching für Anwälte" in NJW 24/2015.

*Dr. Geertje Tutschka*, „Wie aus Ihrem Kanzleiteam eine Mannschaft wird" in NJW 24/2016.

*Dr. Geertje Tutschka*, „Wie die Fußball EM Ihre Kanzlei verändern kann", vom 27.6.2016 im Blog JurCoach.

*Dr. Geertje Tutschka* im Interview, S. 55 „Coaching ist keine Beratung" im „IHK-Magazin für München und Oberbayern – Wirtschaft", 01/2018.

*Dr. Geertje Tutschka* „Coaching vs. Beratung – eine Frage der Perspektive" Xing-Coaches Magazin 06/2017.

*Dr. Geertje Tutschka* im Interview, S. 54 „Es gab ganz entscheidende Entwicklungen" in „Wirtschaft und Weiterbildung" 07/2017.

*Dr. Geertje Tutschka* in „Der Anwalt als Konflikt- und Krisenmanager", im JurCoach-Blog vom 3.10.2017

*Dr. Geertje Tutschka*, „The pink elephant in the room" in JurCoach – Blog vom 24.5.2017.

*Dr. Geertje Tutschka*, „Female Leadership im Legal Sector", S. 137 in DjbZ 03/2017

*Dr. Geertje Tutschka*, „Frauenquote für Anwaltskanzleien", vom 8.11.2015 im Blog JurCoach.

*Dr. Geertje Tutschka*, „Der Rechtsanwalt als Unternehmer", TeleLex Nürnberg 2016

*Dr. Geertje Tutschka*, „Verlässliche Arbeitszeiten trotz Großkanzlei" vom 9.2.2018 im Blog JurCoach.

*Dr. Geertje Tutschka* im Interview in „Managerseminare – Sonderheft Coaching" 05/2018.

*Dr. Geertje Tutschka* (Autorenteam) in „Kanzleimarketing kompakt", Deutscher AnwaltVerlag 2016

*Dr. Geertje Tutschka* (Autorenteam) „Qualitätsmanagement im Einzelcoaching", ICF 2018

*Dr. Geertje Tutschka, Anja Dittmeier, Birgit Kuschel*, „USA-Expat Quick Guide", Norderstedt 2018.

*Guido Wagner*, Outsourcing – mit Sicherheit, Datenschutz und Datensicherheit (DuD) 2005, S. 130 ff.

# Sachverzeichnis



https://doi.org/10.1515/97831105191290-008